에듀윌과 함께 시작하면,
당신도 합격할 수 있습니다!

외환전문역, 이름만 들어도 무게감이 느껴지는
이 자격증을 향해 묵묵히 걸어가고 있는 여러분.
그 길 위에 서 있는 것만으로도 이미 대단한 용기와
결단을 보여주고 계십니다.

지금 외우는 한 줄의 이론,
풀어보는 한 문제가 누군가에게는 안정된 미래가 되고,
자부심 넘치는 커리어가 될 것입니다.

때로는 정보의 바다 속에서 방향을 잃고,
방대한 공부량에 눌려 마음이 지칠 수도 있겠지요.

하지만 잊지 마세요.
여러분은 혼자가 아닙니다.
같은 목표를 향해 달리는 이들이 있고,
그 곁을 함께하는 에듀윌이 있습니다.

마지막 페이지를 덮으면,

에듀윌과 함께
합격의 길이 시작됩니다.

전과목 핵심이론
무료특강 제공

고퀄리티의 강의로 외환전문역
합격 문턱이 낮아집니다.

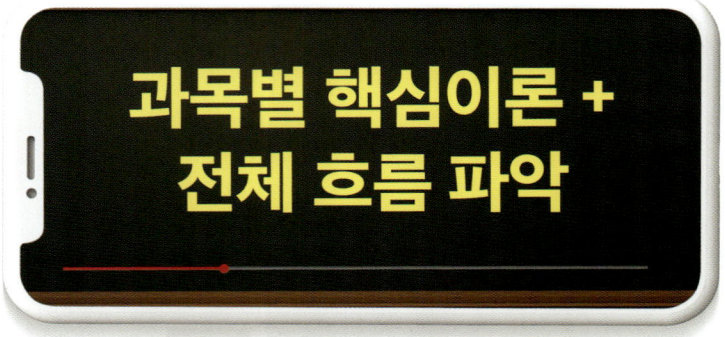

이용경로 | 에듀윌 도서몰 ▶ 동영상강의실 ▶ '외환전문역' 검색
(book.eduwill.net)

기초부터 심화까지 좀 더 완벽한 강의를 듣고 싶다면?

| 에듀윌 홈페이지 (eduwill.net) | ▶ | '외환전문역' 검색 | ▶ | 강의 확인 |

홈페이지
바로 가기

개념판서로 합격하는
에듀윌 경제/금융 시리즈

에듀윌에서 시작하면,
합격의 주인공은 여러분입니다.

외환전문역 I종, II종

자산관리사 1부, 2부 (25년 9월 출간 예정)

투자자산운용사 (25년 10월 출간 예정)

신용분석사 1부, 2부 (25년 11월 출간 예정)

* 교재 출간일과 표지 디자인은 내부 사정에 따라 변동될 수 있습니다.

나에게 맞는 최적 학습법

2주/4주 합격 플래너

2주 합격 플랜

▶ 하루 6시간 이상 학습
▶ 관련 분야 종사자, 전공자 추천

WEEK	DAY	학습내용	완료
WEEK 1	DAY 01	제1과목 1~2장	☐
	DAY 02	제1과목 3장+출제예상문제	☐
	DAY 03	제1과목 총 복습	☐
	DAY 04	제2과목 1~2장	☐
	DAY 05	제2과목 3~4장	☐
	DAY 06	제2과목 출제예상문제+신용장 통일규칙(UCP600)(PDF)	☐
	DAY 07	제2과목 총 복습	☐
WEEK 2	DAY 08	제3과목 1~2장	☐
	DAY 09	제3과목 3~4장	☐
	DAY 10	제3과목 출제예상문제	☐
	DAY 11	제3과목 총 복습	☐
	DAY 12	적중모의고사 2회 풀이	☐
	DAY 13	적중모의고사 2회 복습	☐
	DAY 14	최종 복습	☐

4주 합격 플랜

▶ 하루 3시간 이상 학습
▶ 초시생, 비전공자 추천

WEEK	DAY	학습내용	완료
WEEK 1	DAY 01	제1과목 1~2장	☐
	DAY 02	복습	☐
	DAY 03	제1과목 3장	☐
	DAY 04	복습	☐
	DAY 05	제1과목 출제예상문제	☐
	DAY 06	복습	☐
	DAY 07	제1과목 총 복습	☐
WEEK 2	DAY 08	제2과목 1~2장	☐
	DAY 09	복습	☐
	DAY 10	제2과목 3~4장	☐
	DAY 11	복습	☐
	DAY 12	제2과목 출제예상문제	☐
	DAY 13	복습	☐
	DAY 14	신용장통일규칙(UCP600)(PDF)	☐
WEEK 3	DAY 15	복습	☐
	DAY 16	제2과목 총 복습	☐
	DAY 17	제3과목 1~2장	☐
	DAY 18	복습	☐
	DAY 19	제3과목 3~4장	☐
	DAY 20	복습	☐
	DAY 21	제3과목 출제예상문제	☐
WEEK 4	DAY 22	복습	☐
	DAY 23	제3과목 총 복습	☐
	DAY 24	적중모의고사 1회 풀이	☐
	DAY 25	복습	☐
	DAY 26	적중모의고사 2회 풀이	☐
	DAY 27	복습	☐
	DAY 28	최종 복습	☐

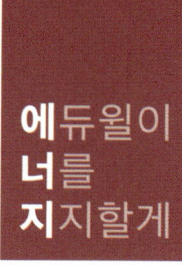

시작하라. 그 자체가 천재성이고, 힘이며, 마력이다.

– 요한 볼프강 폰 괴테(Johann Wolfgang von Goethe)

에듀윌
외환전문역 II종
총정리문제집 + 무료특강

저자의 말

"시험과 실무, 두 마리 토끼를 잡고자 하는 수험생 여러분께"

외국환거래법과 무역 관련 법령은 생소하고 어렵게 느껴질 수 있지만, 해외여행이나 투자, 기업의 대외 거래 등 일상과 업무 속에서 결코 피해 갈 수 없는 영역입니다. 관세사로서 단순한 신고 누락이 과태료나 형사처벌로 이어지는 안타까운 사례들을 수없이 마주하며, "조금만 더 알고 준비했더라면…" 하는 아쉬움을 자주 느껴왔습니다.

하지만 방대한 법령과 복잡한 규정 앞에서 학습을 미루거나 포기하게 되는 현실도 잘 알고 있습니다. 이 책은 그러한 장벽을 낮추고, 보다 전략적이고 효율적인 학습을 통해 여러분의 소중한 시간을 절약할 수 있도록 돕기 위해 집필되었습니다.

첫째, 복잡한 내용을 체계적으로 정리하여, 큰 틀과 흐름을 한눈에 파악할 수 있도록 구성했습니다. 이 교재를 통해 외환에 대한 기초를 탄탄히 다져둔다면, 이후 실무 영역이나 더 높은 단계의 시험 대비도 한층 수월해질 것입니다.

둘째, 실제 시험과 실무에 반드시 필요한 핵심 내용에 집중함으로써, 학습 부담은 줄이고 효과는 극대화할 수 있도록 구성하였습니다.

셋째, 최신 법령 개정 사항과 핵심 내용을 중점적으로 반영한 문제들을 통해, 개념의 이해는 물론 실전 감각까지 함께 키울 수 있습니다.

외환전문역으로 향하는 여정에 이 한 권이 든든한 동반자가 되기를 진심으로 기원합니다.

저자 임재희

| 약력 |
34기 관세사
(現) 관세법인 SAMC 인천지사 근무
(前) 관세법인 SAMC 본사 근무
(前) 해정 관세사무소 대표
(前) 기업 외환·무역 컴플라이언스 자문, 다수 수행

자격시험 Q&A

1. 외환전문역은 어떤 자격증인가요?

외환전문역은 외국환 관련 법령과 실무 지식을 평가하는 민간 자격시험으로, 은행·무역·수출입·회계 등 다양한 분야 종사자에게 실질적인 도움이 되는 전문 자격입니다. 외환 실무 역량을 객관적으로 증명할 수 있어, 업무 능력 향상은 물론 커리어 관리 측면에서도 높은 활용도를 지닙니다.

2. 자격증을 취득하면 어떤 분야에서 활용할 수 있나요?

은행의 외환·국제 부서를 비롯해 종합 무역상사, 수출입 기업, 관세법인·회계법인, 물류 회사, 해외 투자 자문사 등에서 널리 활용됩니다. 특히 외국환 관련 문서 작성, 해외 송금, 계약 체결, 규정 검토 등 실무 전반에서 경쟁력을 높여줍니다.

3. 비전공자나 실무 경험이 없어도 도전할 수 있나요?

외환 또는 무역 분야에 대한 사전 지식이 없는 수험생이라도, 4주 정도의 집중 학습으로 충분히 합격할 수 있습니다. 핵심 개념을 먼저 익히고, 문제 풀이를 반복 학습한다면 누구나 단기에 자격증을 취득하는 것이 가능합니다. 특히 본 교재는 핵심개념부터 출제예상문제, 모의고사까지 합격에 필요한 모든 것을 한 권에 담고 있어, 보다 효율적인 학습이 가능합니다.

4. 개정되는 법령이나 규정은 어떻게 대비해야 할까요?

외환전문역 시험은 매년 개정되는 한국금융연수원의 표준교재 내용을 기준으로 출제되며, 본 교재는 2025년판 표준교재의 개정 내용을 충실히 반영하였습니다. 이후 개정되는 법령, 규정, 기타 내용 등은 QR 코드를 통해 별도로 안내 드릴 예정이니, 반드시 확인하시고 최신 내용을 반영하여 학습해 주시기 바랍니다. (P.9 하단 QR 코드 스캔)

GUIDE | 시험안내

1 시험정보

- 원서접수: 한국금융연수원 홈페이지(www.kbi.or.kr)
  ※ 원서접수시간은 원서접수 첫날 10:00부터 마지막 날 20:00까지임
- 응시료: 55,000원(외환전문역 I종·II종 각각 별도)
- 준비물: 수험표, 신분증, 필기도구 및 일반 계산기(필수)
- 시험방법: 필기시험(객관식 4지 선다형)
- 응시자격: 제한 없음(누구나 응시 가능)

2 시험일정

구분	접수기간	시험일자	합격자발표일	시험지역
53회	2025.05.27.~06.03.	07.05.	07.18.	서울, 대전, 대구, 광주, 부산, 창원, 제주
54회	2025.10.14.~10.21.	11.22.	12.05.	서울, 대전, 대구, 광주, 부산, 창원, 제주
55회	2026년 2월 초~중순경	2026년 3월 말경	시험일로부터 2주 후	서울, 대전, 대구, 광주, 부산, 창원, 제주
56회	2026년 5월 말~6월 초경	2026년 7월 초경	시험일로부터 2주 후	서울, 대전, 대구, 광주, 부산, 창원, 제주

※ 2025년 한국금융연수원 시행일정 사전공고에 따른 내용이고, 2026년 일정은 최근 5년 사이의 일정을 통해 예상한 일정입니다.
※ 시험일정은 변경될 수 있으니 반드시 시행처 한국금융연수원(www.kbi.or.kr)에서 확인하시기 바랍니다.

3 시험시간

구분	시험과목	시험시간
외환전문역 I종	1. 외환관리실무 2. 외국환거래실무 3. 환리스크관리	10:00~12:00 (120분)
외환전문역 II종	1. 수출입실무 2. 국제무역규칙 3. 외환관련여신	13:00~15:00 (120분)

※ 외환전문역 I종, 외환전문역 II종은 별개의 자격으로 각각의 자격증을 따로 발급하며, I종 또는 II종만 따로 응시하거나 함께 응시할 수 있습니다.

4 합격기준

다음 각 호의 요건을 모두 충족한 경우
1. 시험과목별로 100점 만점을 기준으로 과목당 40점 이상이고
2. 전과목 평균이 60점 이상 득점자

※ 전과목 평균은 총 득점을 시험과목 총 배점의 합으로 나눈 백분율입니다.

5 시험과목

외환전문역 Ⅰ종

시험과목	주요 검정내용	문항수	배점
외환관리실무	1. 외국환거래 일반 2. 외국환은행의 외국환매매 / 대출 및 보증 3. 환전영업자의 외국환업무 4. 지급과 영수 / 자본거래 5. 해외직접투자 / 사후관리 등	35	50
외국환거래실무	1. 은행 및 본지점간 외환실무 2. 대고객 외환실무 / 외환회계 3. 외환관련 컴플라이언스업무 4. 각종 외환 사고사례	25	30
환리스크관리	1. 환리스크의 이해 / 선물환거래 2. 통화선물 / 스왑 / 옵션	20	20
합계		80	100

※ 외환관리실무와 외국환거래실무에서는 배점 2점짜리 문제가 각각 15문제, 5문제 출제됩니다.

외환전문역 Ⅱ종

시험과목	주요 검정내용	문항수	배점
수출입실무	1. 수출입실무기초 2. 수출업무 / 수입업무 등의 실무	35	50
국제무역규칙	1. 국제무역규칙 해설 및 실무적용 2. 신용장통일규칙(UCP) 3. 신용장대금상환통일규칙(URR) 4. 청구보증통일규칙(URDG) 5. 추심통일규칙(URC) 등	25	30
외환관련여신	1. 무역금융 2. 내국신용장 3. 무역어음 4. 외화대출 5. 외화지급보증 6. 외환회계	20	20
합계		80	100

※ 수출입실무와 국제무역규칙에서는 배점 2점짜리 문제가 각각 15문제, 5문제 출제됩니다.
※ 국제무역규칙 과목은 문제(지문과 보기)가 모두 영어로 출제됩니다.

STRUCTURE | 이 책의 구성

시험에 나온 핵심만 책에 담다

① 핵심 개념 판서
각 챕터의 주요 내용을 판서 형식으로 정리하여, 복잡한 개념도 한눈에 쉽게 이해할 수 있도록 구성했습니다.

② OX & 빈칸문제
판서로 학습한 내용을 OX와 빈칸 문제로 점검하며, 자연스럽게 개념을 반복 학습할 수 있습니다.

③ 개념확인문제
각 챕터의 핵심 개념과 중요 유형을 담은 문제를 풀며, 학습한 내용을 체계적으로 정리하고 전체 흐름을 다잡을 수 있습니다.

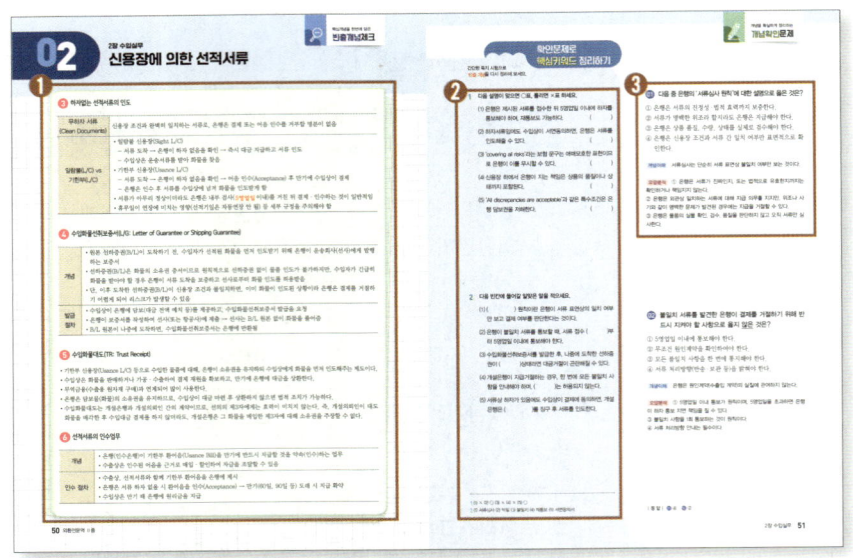

꼭 풀어야 할 과목별 출제예상문제

각 과목별 빈출 개념 및 유형을 엄선하여 구성한 출제예상문제를 통해, 학습한 내용을 실전 문제에 적용하는 능력을 기를 수 있습니다.

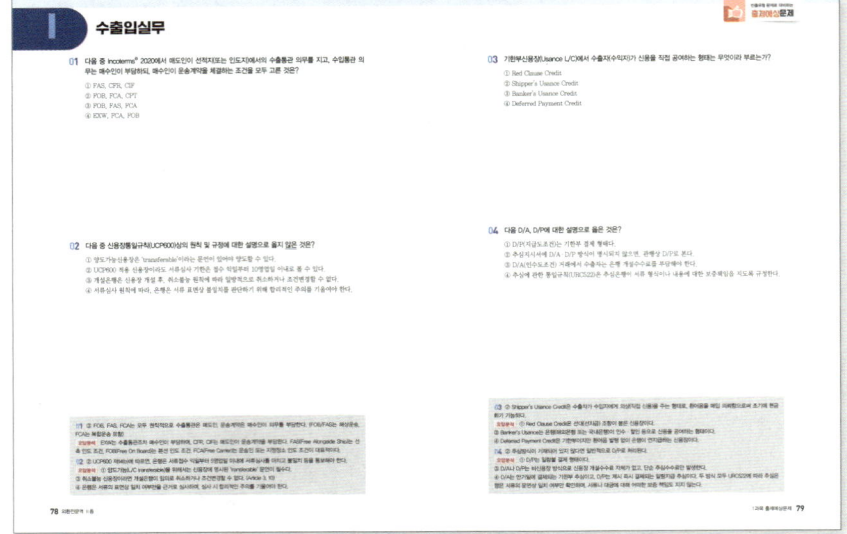

최종 점검 적중모의고사

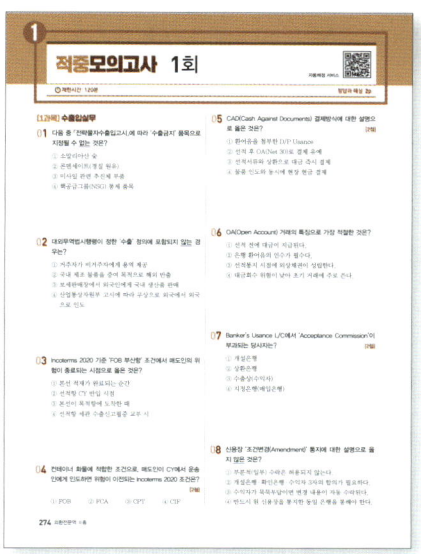

❶ 적중모의고사 2회분
적중모의고사 2회분을 통해 시험 직전 자신의 실력을 정확하게 점검하고 실전 감각을 극대화할 수 있습니다.

❷ 정답 및 해설
정답뿐 아니라 오답의 이유까지 상세하게 설명한 해설을 통해, 문제를 완전히 자신의 것으로 만들 수 있습니다.

추가 제공

❶ 저자의 외환전문역 I, II종 핵심 요약 강의
단기합격을 위한 저자의 외환전문역 I, II종 핵심 요약 강의를 무료로 제공합니다.
※ 수강경로: 에듀윌 도서몰 ▶ 동영상강의실 ▶ '외환전문역 I종' 또는 '외환전문역 II종' 검색

❷ 신용장통일규칙(UCP600) 원문 + 해석
국제무역의 기초가 되는 신용장통일규칙(UCP600)의 영문 원문과 상세 해석을 함께 제공합니다.
※ 이용경로: 에듀윌 도서몰 ▶ 도서자료실 ▶ 부가학습자료 ▶ '외환전문역 I종' 또는 '외환전문역 II종' 검색

❸ 개정 법령·규정·기타 내용 제공
2025년 7월 이후 개정되는 법령, 규정 등에 영향을 받는 본책 내 개념 및 문제 수정 내용은 아래 QR코드를 통해 제공합니다.

1과목

2과목

3과목

CONTENTS | 차례

외환전문역 Ⅱ종

1과목 수출입실무
- 1장 수출입실무 개요 ... 14
- 2장 수입실무 ... 42
- 3장 수출실무 ... 64
- 출제예상문제 ... 78

2과목 국제무역규칙
- 1장 신용장통일규칙(UCP600) ... 98
- 2장 ICC 은행간 화환신용장 대금상환에 관한 통일규칙(URR725) ... 142
- 3장 추심에 관한 통일규칙(URC522) ... 156
- 4장 청구보증통일규칙(URDG758) ... 178
- 출제예상문제 ... 190

3과목 외환관련여신
- 1장 무역금융 ... 206
- 2장 외환대출 ... 224
- 3장 외화지급보증 ... 238
- 4장 외환회계 ... 248
- 출제예상문제 ... 262

적중모의고사
- 적중모의고사 1회 ... 274
- 적중모의고사 2회 ... 284

외환전문역 I종 차례 살펴보기

1과목 외환관리실무

- 1장 외국환거래법의 총칙 — 14
- 2장 외국환업무 취급기관 등 — 28
- 3장 외국환 평형기금 — 60
- 4장 지급과 수령 — 64
- 5장 지급 등의 방법 — 72
- 6장 자본거래 — 92
- 7장 해외직접투자 및 부동산 취득 — 132
- 8장 보칙 — 146
- 출제예상문제 — 160

2과목 외국환거래실무

- 1장 은행 및 본지점 간 외환실무 — 180
- 2장 대고객 외환실무 — 194
- 3장 특수한 외환상품 — 216
- 4장 외국환회계 — 226
- 5장 외국환 컴플라이언스 업무 및 외국환거래 위규사례 — 240
- 출제예상문제 — 244

3과목 환리스크관리

- 1장 외환거래와 외환시장 — 260
- 2장 환리스크관리 — 270
- 3장 선물환거래와 외환스왑 — 280
- 4장 선물 — 288
- 5장 스왑 — 294
- 6장 옵션 — 300
- 출제예상문제 — 310

적중모의고사

- 적중모의고사 1회 — 322
- 적중모의고사 2회 — 332

과목 1

수출입실무

1과목 개정사항

2025년 이후 개정된 법령, 규정, 기타 내용을 QR코드를 통해 확인하시면 됩니다.

과목공략 포인트

- ☑ 수출입 전 과정을 〈거래선 조사 ▶ 계약 체결 ▶ 수출입 인허가 및 준비 ▶ 수출통관 ▶ 국제운송 ▶ 수입통관 ▶ 대금 결제 ▶ 사후관리〉 순서로 구조화하여 이해하면, 각 챕터의 개념이 유기적으로 연결되어 수월하게 학습할 수 있다.

- ☑ 주요 무역서류인 송품장(Invoice), 포장명세서(Packing List), 선하증권(B/L), 보험증권 등은 각각 목적·작성 주체·활용처가 다르므로, 비교 정리를 통해 기능 차이를 명확히 파악하는 것이 중요하다.

- ☑ 신용장(L/C), 추심(D/P, D/A), 송금(T/T) 등 주요 결제 방식은 절차, 요구 서류, 리스크 분담 구조가 다르므로, 방식별 특징과 장단점을 비교 정리하며 이해하는 것이 중요하다.

장별 출제경향 분석

구분	출제 빈도	빈출 키워드
1장 수출입실무 개요	■■■■■■■■	수출입계약, 매매조건, 국제계약서식, 신용장방식, D/P, D/A, T/T 송금, 환어음, 수출신용보험, 대금결제 방식, 무역서류 종류
2장 수입실무	■■■■■■	수입승인, 수입신용장 개설, 선적서류, 송장(Invoice), 포장명세서, 선하증권(B/L), 보험증권, 수입통관, 사후관리, 관세 납부
3장 수출실무	■■■■■■	수출승인, 수출물품 확보, 운송계약, 보험계약, 포장, 수출통관, 신고필증, 환어음 발행, 서류제출, 대금회수

01 수출입거래 개요

1장 수출입실무 개요

1 무역의 정의

무역의 개념	• 재화(상품)·서비스가 국경 혹은 거주자 상태를 넘어 이동할 때 발생하는 거래 전체 • 전통적 의미의 물품 수출·수입뿐만 아니라 용역·거래, 투자·자본 이동까지 포함하는 확장된 개념으로 진화
대외무역법상 무역	• '물품', '특정 용역', '전자적 형태의 무체물'을 수출입하는 행위 • 특정 용역: 건설·운수·금융·교육·문화오락 등 다양한 업종의 역무 제공을 포함 • 전자적 무체물: 소프트웨어, 음성·영상 데이터, 전자책, 데이터베이스 등
무역거래 VS 무역외거래	• 무역거래: 물품이 해외로 나가거나 들어오는 거래(수출·수입) • 무역외거래: 여행경비, 운송·보험, 용역 제공, 배당·이자, 해외유학비 등 재화가 아닌 서비스·자본 등 • 무역거래(수출·수입)로 인정받으면 관세환급, 무역금융, 수출실적 인정 등의 혜택이 있음

※ 외환거래의 분류
- 경상거래
  - 무역거래
  - 무역외거래
    - 서비스 용역
    - 소득/이자 등
- 자본거래

2 수출입거래의 정의

수출	• 국내에서 외국으로 물품이 이동(매매·증여·임대차 등 법률행위로 인한 이전) • 국내에서 제조된 물품을 보세판매장 등에서 외국인에게 판매 • 유상으로 외국에서 외국으로 물품을 인도하되(중계무역, 외국인도수출 등), 대금이 국내로 들어오는 경우 • 거주자가 비거주자에게 특정 용역을 해외에서 제공하거나 전자적 형태 무체물을 해외로 전송하는 경우 등
수입	• 외국에서 국내로 물품이 이동(매매·증여·교환 등) • 외국에서 외국으로 물품을 인수하되(중계무역, 외국인수수입) 대금을 국내에서 지급하는 경우 • 비거주자가 거주자에게 용역·무체물을 제공하는 형태

3 수출 절차

전형적인 수출절차는 아래와 같은 순서로 진행된다.

수출계약 체결	바이어와의 협상을 통해 품질, 가격, 결제방식 등을 합의 후 계약

▼

신용장 수취(또는 다른 결제방식 확정)	신규 거래에서는 대금리스크를 줄이기 위해 대체로 신용장(L/C)거래 방식을 선호함

▼

수출승인 등	수출입공고, 통합공고, 전략물자고시 등에 의해 제한되는 품목이면 승인·허가 필요

수출입거래 개요

1장 수출입실무 개요

▼	
생산 & 조달	• 자체 생산, 원부자재 구매, 외주 생산 등 • 수출용 원자재 수입 시 관세환급 및 무역금융 지원 가능
▼	
운송·보험 계약	• FOB 방식이면 주로 수출자는 선적만 담당 • CIF/CIP 방식이면 운송·보험계약까지 체결
▼	
수출통관	• 세관에 전자신고(EDI) → 신고필증 교부 → 본선 적재 • 제한·금지품목이 아닌지 확인(허위 신고 시 처벌)
▼	
선적 & 선하증권(B/L) 등 발급	• 선박(해상): 선하증권(B/L) 발급 • 항공: 항공화물운송장(AWB) 발급
▼	
서류제시·대금회수	신용장(L/C) 조건에 맞춰 서류(운송서류, 상업송장 등)를 은행에 제출하고 은행이 심사 후 대금 매입
▼	
사후관리	외화 입금 확인, 관세·부가세 환급, 승인요건 준수, 불법 외화도피 방지 등

※ 수출 절차는 거래형태나 결제방식에 따라 다소 변형될 수 있다.

4 수입절차

수입은 수출과 반대의 관점이며, 대금결제방식·수입승인·통관 절차 등을 거친다.

수입계약 체결	수출자가 발행한 Offer Sheet 또는 매매계약 확인
▼	
수입승인 등	자유품목이면 별도 승인 불필요, 제한·금지품목이면 승인·허가 필요
▼	
수입신용장 개설 (L/C 거래 시)	수입상이 은행에 여신약정 체결 후 신용장(L/C) 발행 의뢰
▼	
선적서류 도착 및 대금결제	수출자 은행이 개설은행에 서류를 송부하면 수입상은 대금 결제 후 서류 인수
▼	
수입통관	보세구역에 화물 도착 → 세관 신고·검사·관세납부 → 수입신고필증 교부 → 최종 물품 인도

확인문제로 핵심키워드 정리하기

간단한 쪽지 시험으로 빈출 개념을 다시 정리해 보세요.

1 다음 설명이 맞으면 ○표, 틀리면 ×표 하세요.

(1) 국내에서 외국으로 물품이 이동하더라도, 무조건 수출실적으로 인정되는 것은 아니다. ( )

(2) 거주자가 외국에서 외국으로 물품을 유상으로 매도한 경우, 반드시 수출거래로 인정된다. ( )

(3) 통합공고상 금지된 물품이라도, 다른 부처 법령에서 허용한다면 수출입이 가능하다. ( )

(4) 국내 거주자가 보세판매장에서 외국인에게 물품을 파는 것도 수출에 해당한다. ( )

(5) 외국환거래법상 보고 의무가 면제되는 거래라도 대외무역법상 수출·수입으로 인정될 수 있다. ( )

2 다음 빈칸에 들어갈 알맞은 말을 적으세요.

(1) 국내에서 생산된 물품을 ( )에서 외국인에게 유상 판매하면 수출로 인정된다.

(2) ( ) 방식에는 사전송금, 사후송금, CAD 등이 포함된다.

(3) 수출절차에서는 매매계약 체결 후 ( )나 전략물자수출입고시 등의 관계법령에 따라 제한 품목 여부를 확인해야 한다.

(4) 대금결제 리스크가 높을 때 주로 사용하는 방식은 ( )이다.

(5) 무역거래로 인정되면 ( ) 환급 및 무역금융 지원 등의 혜택을 받을 수 있다.

01 다음 중 대외무역법상 수출거래로 인정되는 사례는?

① 국내회사 C가 해외에서 무상으로 물품을 양도했다.
② 국내인도수출로 불리는 국내 물품을 이전했다.(대금 해외결제)
③ 국내회사 A가 국내회사 B에 물품을 판매하고 대금은 국내은행을 통해 결제했다.
④ 국내에서 생산된 물품을 보세판매장에서 외국인에게 판매하고 대금은 해외에서 송금했다.

개념이해 국내에서 생산된 물품을 보세판매장에서 외국인에게 판매하고 대금은 해외에서 송금하는 경우는 법령상 수출로 본다.

오답분석 ① '무상'으로 물품을 양도하는 것은 수출로 인정되지 않는다.
② 국내인도수출은 예외적으로 무역외거래로 본다.
③ 단순 국내거래이고, 외국과의 거래가 아니므로 수출이 아니다.

02 다음 중 수출절차의 흐름으로 옳은 것은?

① 환어음 매입 → 수출계약 → 통관 → 선적 → 수출승인 → 물품확보 → 운송·보험
② 물품확보 → 수출계약 → 선적 → 운송·보험 → 통관 → 환어음 매입 → 사후관리
③ 통관 → 원자재 수입 → 수출승인 → 수출계약 → 환어음 매입 → 선적 → 운송·보험
④ 수출계약 → 수출승인(필요 시) → 물품확보 → 운송·보험 → 통관 → 선적 → 국제이동 → 환어음 매입 → 사후관리

개념이해 일반적으로 수출은 '수출계약 → 수출승인(필요 시) → 물품확보 → 운송·보험 → 통관 → 선적 → 국제이동 → 환어음 매입 → 사후관리' 순서로 이루어진다.

---

1 (1) ○ (2) × (3) × (4) ○ (5) ○
2 (1) 보세판매장 (2) 송금 (3) 수출입공고 (4) 신용장 (5) 관세

03 수출통관 과정에서 주의해야 할 점으로 옳은 것은?

① 물품 적재 후에 수출신고필증을 신청한다.
② 유해 물품이라도 신고서만 내면 자동 통관된다.
③ 수출신고가 수리되기 전에 물품을 본선 적재해도 무방하다.
④ 신고가 수리되면 세관으로부터 수출신고필증을 교부받는다.

개념이해 원칙적으로 물품 적재 전까지 신고하고, 세관이 신고를 수리하면 수출신고필증을 발급하고, 그 이후에 본선 적재가 가능하다.

오답분석 ① 원칙적으로 수출신고가 수리된 후에 본선 적재가 가능하다. 즉, 적재 전 수출신고 후 세관이 신고를 수리하면 수출신고필증을 받은 후에 본선 적재를 해야 한다.
② 유해 물품, 전략물자, 식물·동물 검역 대상 물품 등은 반드시 별도 허가나 승인, 검역 등 절차를 거쳐야 하며, 신고서만 제출했다고 자동 통관되지 않는다.
③ 원칙적으로 수출신고가 수리된 후에 본선 적재가 가능하다.

04 수출자의 사후관리 항목이 아닌 것은?

① 외화 회수 여부 점검
② 해외선사와 운임 협상
③ 환어음 매입 후 은행의 결제 내역 확인
④ 관세·부가가치세 환급 관련 서류 보관

개념이해 사후관리는 대금 회수 및 환급과 관련된 사항들로, 해외선사와 운임 협상은 선적 전에 하는 절차이다.

오답분석 ① 수출대금이 외국으로부터 정상적으로 들어왔는지 사후적인 확인 및 관리가 필요하다.
③ 은행에서 환어음을 매입했더라도 수취 대금이 입금되었는지 사후적인 확인 및 관리가 필요하다.
④ 원재료에 대한 관세 환급 및 영세율 적용에 따른 부가세 환급 관련 사후적인 관리가 필요하다.

05 국내 거주자가 해외에서 물품을 마련해 제3국으로 유상 판매하고, 대금을 국내로 송금받았다면 어떤 형태로 분류되는가?

① 간접수출
② 중계무역
③ 외국인도수출
④ 국내인도수출

개념이해 국내 거주자가 해외(외국)에서 물품을 조달하여 다른 외국으로 판매하고 국내로 대금을 회수하면 이는 외국인도수출로 분류된다.

06 외환도피를 목적으로 고의적으로 수출대금을 국내로 반입하지 않을 경우 적용될 수 있는 법률은?

① 민법
② 상법
③ 관세법
④ 국내재산도피방지법 및 외국환거래법

개념이해 외화를 고의적으로 회수하지 않으면 국내재산도피방지법 및 외국환거래법에 의거하여 처벌이 가능하다.

| 정답 | 01 ④ 02 ④ 03 ④ 04 ② 05 ③ 06 ④

02 국제매매계약

1장 수출입실무 개요

❶ 국제매매계약의 의의 및 성격

국제매매계약은 국가가 다른 매도인(Seller)과 매수인(Buyer)이 물품을 사고파는 행위에 대해 맺는 약정이다.

낙성계약 (consensual contract)	청약(Offer)에 대한 승낙(Acceptance)만으로 성립하는 계약 └→ 일부 조건 변경 승낙은 반대청약이 되어 계약성립이 되지 않음
쌍무계약 (bilateral contract)	당사자 쌍방이 모두 의무(매도인은 인도 의무, 매수인은 지급 의무)를 부담하는 계약
유상계약 (remunerative contract)	물품과 대금이 서로 교환되는 대가성이 존재하는 계약
불요식계약 (informal contract)	서면, 구두 또는 기타 방법으로도 성립 가능하며, 증명에도 특정 형식을 요구하지 않는 계약

❷ 국제매매계약의 성립 절차

해외시장조사	정치·경제·문화·법규·소비자 취향 등을 미리 파악해 판매 가능성 여부를 판단

▼

거래선의 발굴	무역사절단, 전시회, 무역알선 사이트, KOTRA나 무역협회 등을 통해 잠재 Buyer/Seller 탐색

▼

신용조사 및 거래제의	• Dun & Bradstreet(D&B)과 같은 글로벌 신용조사기관, KOTRA나 무역보험공사 등의 국내기관을 통해 상대방의 재무상태·상도덕·거래실적 등을 점검 • 상대방의 신용도(Character, Capital, Capacity)를 확인 • 거래제의서(Business Proposal), 견적송장(Pro forma Invoice), 카탈로그, 샘플 등을 보내며 조건 협상 진행

▼

청약과 승낙	• 청약(Offer)과 무조건 승낙(Acceptance)으로 계약이 성립 • 매도인이 Selling Offer를, 매수인이 Buying Offer를 제시할 수 있음 • 조건부 승낙(일부 조건을 수정해 제안)은 새로운 청약인 반대청약(Counter Offer)가 되어 상대방의 무조건 승낙이 있어야 계약이 성립함

▼

계약서의 작성	• 서면으로 계약서를 작성해 분쟁을 예방 • Offer Sheet, Purchase Order, Sales Contract 등 다양한 형식이 있으나, 모두 당사자 서명이 있어야 법적 증빙이 확실해짐 • 계약서에는 품질, 수량, 가격, 결제조건, 인도조건, 클레임, 중재조항 등이 명시되어야 함 • 신용장(L/C) 거래, D/P, D/A 거래, 송금방식 등으로 외화 지급·수령을 할 때 은행에 '계약 관련 증빙서류'를 제출해야 하므로, 원본성 있는 계약서가 필요함 • 장기적으로 거래할 상대라면, 공통 적용 조항(불가항력·중재조항·준거법 등)은 별도의 일반협정서(General Agreement)로 정해두고, 건별 거래 때에는 간단한 개별 계약서(Sales Note, Purchase Note 등)만 작성하기도 함

02 국제매매계약

1장 수출입실무 개요

❸ 국제매매계약 시 필요 문서

계약 관련 문서	• 물품매매계약서(Sales Contract, Purchase Contract)
	  – 수출자와 수입자가 계약을 체결할 때 작성하는 문서로, 거래조건과 이행 방식이 명시됨
	  – 보통 D/P, D/A, 신용장(L/C) 거래에서 필수적으로 사용됨
	  – 법적 효력이 있는 공식 계약 문서
	• 견적확약서(Offer Sheet)
	  – 수출자가 수입자에게 가격과 거래 조건을 제시하는 문서로, 수입자가 이를 승인하면 계약이 성립될 수 있음
	  – 가격 및 조건 제안이 목적이며, 수입자의 승인이 필요함
	• 구매주문서(Purchase Order)
	  – 수입자가 수출자에게 상품 구매를 요청하는 문서로, 수량·가격·결제 조건 등을 포함하며, 수출자가 이를 승인하면 계약이 성립됨
	  – 주문 내역을 명확화할 수 있으며, 계약서 대신 활용이 가능함
	• 견적송장(Pro-forma Invoice)
	  – 수출자가 수입자에게 거래 조건(가격·수량·결제 방법 등)을 미리 알려주는 견적용 송장으로, 신용장 개설이나 수입 승인에 활용됨
	  – Pro-forma Invoice는 거래 전 예상 내역을 기재한 가견적 서류로, **실제 결제용으로는 사용되지 않음**
	  – 거래 조건 협의 및 사전 절차시 활용되며, 법적 효력은 없음

계약 이후 문서	• 상업송장(Commercial Invoice)
	  – 실제 물품이 선적된 후, 수출자가 대금 청구를 위해 발행하는 공식 송장으로, 수출 통관 및 결제 과정에서 필수적인 서류
	  – 계약 내용과 일치해야 하며, 최종 대금 청구서이나 **계약 관련 문서가 아님 → 계약 이후 문서**

❹ 국제매매계약의 주요 거래조건

품질조건	• 품질조건에서는 품질의 확정 방법 및 책임 소재가 중요함
	• 품질 결정방법
	  – 검사매매(Inspection Sales): 독립적인 검사기관의 증명서 요구
	  – 견본매매(Sales by Sample): 사전에 승인된 샘플과 동일해야 함
	  – 표준품매매(Standard): 농산물이나 광산물처럼 표준품(average quality)을 기준으로 함
	    ① 평균중등품질조건(FAQ, Fair Average Quality): 곡물, 과일, 농산물에서 주로 사용
	    ② 판매적격품질조건(GMQ, Good Merchantable Quality): 어류, 목재 등에서 주로 사용
	    ③ 보통품질조건(USQ, Usual Standard Quality): 목화 등에서 주로 사용
	  – 상표매매(Brand): 유명 브랜드·상표를 기준으로 품질을 확정함
	  – 명세서매매(Specification): 기계, 선박처럼 도면이나 규격표를 기준으로 삼음

02 국제매매계약

1장 수출입실무 개요

품질조건	• 품질 결정시점 – 선적품질조건(Shipped Quality Terms): 주로 공산품에 사용되며 수출자가 **선적 전** 사증기관(Surveyor)의 품질증명서(Certificate of Quality) 또는 선적 전 검사증명서(PSI)를 구매자에게 제공하여 약정한 품질과 선적한 품질이 동일하다는 점 입증 – 양륙품질조건(Landed Quality Terms): 농산물·수산물처럼 운송 중 변질 위험이 큰 것은 **양륙 시** 품질을 기준으로 삼기 때문에 판매자가 운송 중 품질손실을 책임지며, 구매자가 도착한 제품의 품질이 계약과 불일치하다는 점을 사증기관(Surveyor)의 감정보고서를 근거로 판매자에게 클레임 제기
수량조건	• 수량 표시단위는 개수(Pcs, Doz, Carton), 용적(CBM, CFT, Barrel), 중량(kg, lb, MT) 등 다양하며, 컨테이너(TEU, FEU) 단위로 표기할 수도 있음 • 중량 계량 시점 – 선적중량조건: 선적 시 계량값으로 결제금액 결정 – 양륙중량조건: 양륙 시 계량값을 기준으로 결제 – 계약에 따라 중량 기준을 Gross Weight(총중량)이나 Net Weight(순중량) 중 하나로 정함 • 과부족 용인조건 〈신용장 Bulk Cargo ±5% 과부족용인조건 → 벌크 5%〉 [UCP600 제30조(신용장 금액, 수량 그리고 단가의 허용치)] a. 신용장 금액 또는 신용장에서 표시된 수량 또는 단가와 관련하여 사용된 'about' 또는 'approximately'라는 단어는, 그것이 언급하는 금액, 수량 또는 단가에 관하여 10%를 초과하지 않는 범위 내에서 많거나 적은 편차를 허용하는 것으로 해석된다. b. 만일 신용장이 수량을 포장단위 또는 개별단위의 특정 숫자로 기재하지 않고 청구금액의 총액이 신용장의 금액을 초과하지 않는 경우에는, 물품의 수량에서 5%를 초과하지 않는 범위 내의 많거나 적은 편차는 허용된다. c. 물품의 수량이 신용장에 기재된 경우 전량 선적되고 단가가 신용장에 기재된 경우 감액되지 않은 때 또는 제30조(b)항이 적용되지 않는 때에는, 분할선적이 허용되지 않더라도 신용장 금액의 5% 이내의 편차는 허용된다. 이 편차는 신용장이 특정 편차를 명시하거나 제30조(a)항에서 언급된 표현을 사용하는 때에는 적용되지 않는다.
가격조건	• 통화·단가와 함께 Incoterms(FOB, CIF, CIP 등)에 따라 가격 구성 결정 • 달러화(USD), 유로화(EUR), 엔화(JPY) 등이 대표적이고 환율 변동 리스크를 고려해야 함 • 가격조건의 종류 – FOB, FCA: 본선 적재까지는 매도인이 비용·위험 부담, 선적 후 위험은 매수인에게 이전 – CFR, CPT: 운임은 매도인 부담, 위험은 선적 완료 시점부터 매수인이 부담 – CIF, CIP: 운임·보험료를 매도인이 부담, 위험 이전 시점은 CFR과 동일 – FCA, CPT, CIP: 복합운송 가능 ※ FOB, CFR, CIF: 해상 및 내수로 운송에만 사용 가능 – DAP, DPU, DDP: 도착지까지의 비용·위험을 매도인이 부담하며, DDP는 관세까지 매도인이 부담

02 국제매매계약

1장 수출입실무 개요

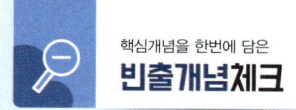

선적조건	• 선적일, 선적항, 도착항, 선적 방식, 분할선적 허용 여부, 환적 허용 여부 등을 합의하며, 지연 시 페널티나 클레임 여부를 계약서에 명시할 수 있음
	• 선적조건의 종류
	  - 최종 선적일(Latest Shipment Date)[UCP600 제4조]
	    신용장에 지정된 최종 선적일은 판매자가 물품을 선적할 수 있는 마지막 기한이며, 이 날짜 이후의 선적은 지급 거부 사유가 될 수 있음
	  - 부분 선적(Partial Shipment)[UCP600 제14조, 제16조]
	    신용장에서 별도 제한이 없는 경우, 물품을 여러 차례에 나누어 선적할 수 있음(단, 제한이 명시된 경우 전체 물품을 한 번에 선적해야 함)
	  - 환적(Transshipment)[UCP600 제14조, 제16조]
	    신용장에서 환적을 명시적으로 허용한 경우에만 환적이 가능
	  - 운송서류(Transport Documents)[UCP600 제2조, 제14조, 제16조]
	    운송서류(선하증권 등)는 선적 사실, 물품의 종류, 선적일 등 필수 정보를 명확하게 기재해야 하며, 신용장 조건과 일치하지 않을 경우 지급이 거부될 수 있음
	  - 서류 검토 및 불일치 처리[UCP600 제14조, 제16조]
	    제출된 서류는 신용장의 모든 조건과 완벽하게 부합해야 하며, 한 가지라도 불일치할 경우 은행은 지급을 거부할 수 있음

보험조건	• CIF, CIP 조건이라면 매도인은 적하보험 가입 의무가 있음
	• 보통 송장금액의 110% 이상으로 보험에 가입하고, ICC(A/B/C) 약관 중 선택함
	• 무역보험의 종류
	  - 수출신용보험(Export Credit Insurance)
	    수출 대금이 회수되지 못하는 위험(수입자의 파산, 지급 불능 등)을 보장하는 보험으로, 국가신용위험(정치적 위험)과 상업적 위험 모두를 커버할 수 있음(보험약관에 따라 상이)
	  - 해상적하보험(Marine Cargo Insurance)
	    선박, 항공기, 트럭 등 운송수단으로 물품을 운송하는 과정에서 발생할 수 있는 파손·멸실 위험을 보장하는 국제 거래에서 가장 대표적인 형태의 무역보험 중 하나로, ICC(Institute Cargo Clauses) 약관이 전 세계적으로 표준처럼 활용됨
	    ※ ICC(Institute Cargo Clauses)
	    • ICC(Institute Cargo Clauses)는 영국 런던보험업자협회(Institute of London Underwriters)에서 제정한 화물보험 표준 약관으로, 국제 무역에서 화물보험의 기준으로 널리 사용됨
	    • 흔히 ICC(A), ICC(B), ICC(C) 3가지로 구분하며, 포괄 범위와 면책 조항에서 차이가 있음
	      - ICC(A): 'All Risks' 수준(가장 포괄적인 담보)
	      - ICC(B): 주요 위험 담보
	      - ICC(C): 최소한의 위험 담보
	    • 'Free from Particular Average(FPA)'와 같이 부분 손실 제외 보장형태도 있음
	    • Incoterms® 2020의 CIF 조건은 일반적으로 ICC(C) 수준 이상, CIP 조건은 ICC(A) 수준 이상을 권장하고 있음
	  - 보증보험(Performance Bond, Bid Bond 등)
	    무역 계약의 이행(납품, 품질, 금액 등)을 보증해 주는 역할을 하며, 수입자가 선지급금을 지불했음에도 수출자가 계약을 이행하지 못할 경우를 대비해 활용
	  - 기타 특수 보험
	    항만책임보험, 조업사고보험, 정치적 리스크보험, 환리스크보험 등 거래 성격과 위험 유형에 따라 다양함

02 국제매매계약
1장 수출입실무 개요

결제조건	• 신용장(L/C)
	  – 은행이 지급 보증을 서므로 안전도가 높음
	  – 수수료가 비교적 비싸고 서류가 복잡할 수 있음
	• 추심(D/P, D/A)
	  – D/P(지급도): 서류와 맞바꿔 현금 결제
	  – D/A(인수도): 기한부 환어음에 매수인이 인수 서명하고 서류를 받으며, 만기에 결제
	• 송금(T/T)
	  – 단순하지만 매수인의 신용위험이 있을 수 있음
	  – 선지급(매도인 유리), 후지급, 중도금 등 여러 형태로 나뉨

5 Incoterms® 2020의 개요

- 제정기관: 국제상업회의소(ICC)
- 목적: 매도인·매수인이 물품을 인도·인수할 때 운송비·보험료·통관비 등 다양한 비용과 위험을 누가 부담하는지를 명확하게 정해 분쟁을 줄이기 위함이다.
- CIP에서 매도인은 이전보다 더 포괄적인 담보인 ICC(A)로 보험을 들어야 하는 것이 권장사항이 됐으며, CIF는 여전히 최소담보인 ICC(C) 수준을 유지하고 있다.

6 Incoterms® 2020 서문

목표	핵심내용
규칙의 역할·한계	'무엇을 한다 / 하지 않는다'를 명확히 규정함
기본 원칙 제시	의무·위험·비용 및 주변 계약(운송·보험 등)과의 관계 제시
규칙 선택 가이드	거래별 최적 Incoterms® 선정 기준 및 절차 제시
2010 → 2020 개정 내용	DAT가 DPU로 변경, 보험담보 상향(CIP), 보안비용 명시 등

7 Incoterms® 2020의 기본 구조

- Incoterms® 2020 요약

구분	내용	규율범위
의무	누가 무엇을 수행하는가?	운송 주선·보험·서류·통관
위험	언제·어디서 매도인 → 매수인으로 위험이 이전되는가?	'인도(Delivery)' 시점 및 장소
비용	각 단계에서 비용은 누가 부담하는가?	Incoterms® 2020 Article 9에서 규정 → A9(매도인 비용) / B9(매수인 비용)

02 국제매매계약

1장 수출입실무 개요

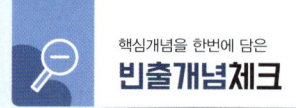

- Incoterms® 2020 규칙 그룹별 인도·위험·비용

그룹	규칙	인도지점	위험이전	비용분담
E	EXW	매도인 영업장	인도지점과 동일	매수인 부담이 가장 큼
F	FCA · FAS · FOB	선적 전 지정장소	인도지점과 동일	선적 전 매도인 / 선적 후 매수인
C	CFR · CIF · CPT · CIP	· 위험: 선적지 · 비용: 목적지	선적지	운임·보험(CIF, CIP 한정) 매도인 / 선적 후 매수인
D	DAP · DPU · DDP	목적지(수입지)	인도지점과 동일	매도인 부담이 가장 큼 (DDP: 관세·세금 포함)

- Incoterms® 2020에서 다루지 않는 영역
  - 물품 사양, 가격 조건, 대금 지급 방식
  - 계약 체결·위반·손해배상·준거법 및 분쟁 해결 절차
  - 소유권 이전 시점
  - 정부 제재, 관세 규정, 지적재산권 및 강제사유(불가항력, 면책사유)
  ※ 위 사안들은 매매계약 또는 별도 계약 조항에서 규정해야 한다.

8 Incoterms® 2020 규칙을 계약에 편입하는 표준 문구

- CIP Busan Incoterms® 2020
- DAP 100 Main St, Seoul Incoterms® 2020

※ 세 글자 조건 약어(CIP, DAP 등) + 지정 장소/항구 + 'Incoterms® 2020'
※ 지정 장소·항구는 위험·비용 분기점이므로 반드시 구체적으로 명시해야 한다.

9 Incoterms® 2020 11개 규칙 상세 비교표

- 규칙별 핵심 비교

규칙	운송방식	인도지점(위험이전)	매도인 주요의무	매수인 주요의무	특이사항
EXW	모든 운송	매도인 영업장(적재 전)	포장·인도 통지	전 운송·수출입 통관·위험·비용	매도인의 적재 의무 없음(매도인 최소 의무)
FCA	모든 운송	지정 인도 장소/선적지	적재·수출 통관·서류	주운송·보험·위험 이후 비용	매수인 요청 시, 매도인은 '본선 적재부기(On-board)'가 있는 선하증권(B/L) 발행 가능(신용장 거래에 유리)
FAS	해상	선착장(본선 옆)	선착장 인도·수출 통관	본선적재·운송·보험	벌크·프로젝트 화물 선적에 활용
FOB	해상	본선적재 완료 시	본선적재·수출 통관	운임·보험·목적지 비용	· 전통적 해상 조건 · 컨테이너는 FCA 조건 권장

02 국제매매계약
1장 수출입실무 개요

CFR	해상	본선적재 시	운임 포함 선적·서류	목적지 하역·보험·위험 이후 비용	비용과 위험 분리형
CIF	해상	본선적재 시	CFR + 적하보험(ICC(C))	목적지 하역·위험 이후 비용	보험 최소담보 수준(ICC(C)) 명시
CPT	모든 운송	선적지 운송인 인도 시	운임 포함 선적·서류	목적지 비용·보험	복합운송용 '운임 포함' 조건
CIP	모든 운송	선적지 운송인 인도 시	CPT + 포괄보험(ICC(A))	목적지 비용·추가 보험	보험담보 상향(ICC(A))
DAP	모든 운송	목적지 도착 후 하역 전	선적·운송·위험·비용 → 목적지까지	하역·수입 통관·세금	매도인은 도착지에서 하역 의무는 없음
DPU	모든 운송	목적지 하역 후	DAP + 하역	수입 통관·세금	2020 명칭 변경(기존 DAT → 현재 DPU)
DDP	모든 운송	목적지 도착 후 하역 전	DAP + 수입 통관·세금 납부	하역(선택)	매도인 최대 부담 조건, 수입국 위험 고려

- 보험·서류·보안 비용 비교

규칙	보험 의무	서류	보안 비용(2020)
CIF · CIP	매도인 의무(ICC(C) / ICC(A))	선적 서류·보험증권	매도인 부담(선적 전)
기타 규칙	당사자 합의	상업송장·포장서 등	• 위험 이전 전: 매도인 • 위험 이전 후: 매수인

🔟 Incoterms® 2020과 주변 계약과의 연계

계약 유형	Incoterms® 2020 연계 포인트
운송 계약	• E·F 조건: 운송 계약을 매수인이 주선 • C·D 조건: 운송 계약을 매도인이 주선
보험 계약	• CIF·CIP 조건: 매도인의 의무 • 나머지 조건: 임의(당사자 합의)

금융(신용장)	• 운송 서류(B/L) 수령 방법이 중요함
	• FCA 옵션 활용(FCA + On-board B/L 발급 요청)
	  − 매도인이 운송인에게 '본선 적재 표시가 포함된 선하증권(On-board B/L)'을 발급받아 매수인에게 전달할 수 있도록 신용장(L/C) 조건에 특별 조항을 넣어 활용하는 옵션
	  − FCA 조건은 매도인이 직접 선적하지 않기 때문에 '본선 적재 선하증권'을 받기 어려워, 신용장 거래 시 이를 보완하는 옵션 조항임

통관·세금	• E·F·C 조건: 수입 통관·세금 매수인 부담 • DDP 조건: 수입 통관·세금 매도인 부담

02 1장 수출입실무 개요
국제매매계약

⑪ Incoterms® 2010 → 2020 주요 개정 사항

항목	2010판	2020판 개정
DAT	DAT(Delivered at Terminal): 인도목적지 터미널	DPU(Delivered at Place Unloaded)로 변경: 하역 후 인도 강조
CIP 보험 담보	ICC(C) 담보	ICC(A)로 상향(매도인이 더 넓은 보험범위 책임)
보안 관련 비용	암시적·불명확	A9/B9에 명시 → 보안 관련 비용의 부담 주체 명확화
FCA & B/L 옵션	없음	매수인이 운송인에게 '본선 적재 선하증권(On-board B/L)' 발행 지시 가능(FCA 옵션 조항)
해설 가독성	단문 위주 설명	수평 비교표, 아이콘, 도해 삽입 등 가독성 향상

※ ICC(C)는 가장 기본적인(주요한) 위험만 보장하며, ICC(A)는 거의 모든 위험을 보장하는 포괄적 담보 조건이다.

⑫ Incoterms® 2020 변형(비표준) 사용 시 주의사항

- 표준 규칙을 임의로 수정할 경우, 계약서에 수정·우선순위 명시가 반드시 필요하다.
- 관할법·준거법·분쟁 해결 절차를 반드시 병기해야 한다.
- 운송·보험·통관 책임 범위가 중첩되지 않도록 교차 확인해야 한다.

⑬ Incoterms® 2020 출제 포인트

CFR·CIF	• CFR = FOB + 해상운임 • CIF = CFR + 보험료
빈출 보기	• 오답: CIF = FOB + 해상운임 • 정답: CIF = FOB + 해상운임 + 보험료

확인문제로 핵심키워드 정리하기

간단한 쪽지 시험으로 빈출 개념을 다시 정리해 보세요.

1 다음 설명이 맞으면 ○표, 틀리면 ×표 하세요.

(1) 국제매매계약은 낙성계약이므로 반드시 서면 계약서를 작성해야 효력이 발생한다. ( )

(2) 청약에 대해 수락의사를 표시하되 가격만 낮춰달라고 요구한다면, 이는 반대청약에 해당한다. ( )

(3) 품질조건이 명시되지 않은 계약은 무효다. ( )

(4) 1,000kg의 무게단위는 Long Ton만 써야 한다. ( )

(5) CIF 계약에서 보험료는 매도인이 부담하지만, 해상위험은 본선적재 이후부터 매수인에게 이전된다. ( )

2 다음 빈칸에 들어갈 알맞은 말을 적으세요.

(1) 국제매매계약은 서면이 없어도 합의만으로 성립하는 ( ) 계약이다.

(2) ( )은 거래 당사자가 청약 조건 중 일부를 변경해 제시하는 것으로, 기존 청약을 거절하고 새로운 청약을 제시하는 것을 의미한다.

(3) 무역계약의 품질결정방식 중 ( ) 거래는 일정한 규격·등급 기준에 따라 품질을 결정한다.

(4) 농산물·광산물 같이 포장단위 없이 대량 운송되는 화물을 ( )(Bulk Cargo)이라 부른다.

(5) ( ) 조건에서는 매도인이 본선에 물품을 적재할 때까지 모든 비용과 위험을 부담하며, 물품이 본선에 적재된 후부터는 매수인이 부담한다.

---

01 국제매매계약의 주요 성격으로 옳지 않은 것은?

① 낙성계약
② 쌍무계약
③ 편무계약
④ 불요식계약

개념이해 편무계약이란 계약 당사자 일방만 의무를 부담하고, 상대방은 의무 없이 권리만 갖는 계약으로, 국제매매계약은 쌍방이 의무를 부담하는 쌍무계약으로 이루어진다. 즉, 국제매매계약은 '낙성, 쌍무, 유상, 불요식'계약이다.

오답분석 ①④ 국제매매계약은 형식을 불요하고 당사자의 의사의 합치(합의)만으로 성립된다.
② 국제매매계약은 매도인이 물품을 인도할 의무와 매수인이 대금을 지급할 의무라는 쌍방의 의무가 존재한다.

02 반대청약(Counter Offer)에 관한 설명 중 옳은 것은?

① 구두 형태로는 불가능하다.
② 기존 청약을 거절하고 새 청약을 제시하는 것이다.
③ 조건 변경이 있어도 기존 청약이 자동으로 성립된다.
④ 기존 청약 효력을 존속시키면서 조건만 수정하는 것이다.

개념이해 반대청약이란 기존 청약을 거절하고 새로운 조건의 청약을 제시하는 것을 말한다.

오답분석 ① 청약과 승약 자체는 불요식 계약이므로 구두, 서면 여부와 무관하다.
③ 조건 변경이 있으면 기존 청약은 성립하지 않는다.
④ 기존 청약의 효력을 존속시키지 않고 오히려 거절하는 것이다.

---

1 (1) × (2) ○ (3) × (4) × (5) ○
2 (1) 불요식 (2) 반대청약 (3) 표준품 (4) 벌크화물 (5) FOB

03 다음 중 품질조건에 대한 설명으로 옳지 않은 것은?

① 품질등급(Grade) 기준으로 거래하는 경우도 있다.
② 표준품(Standard)은 대표 표본이나 규격으로 품질을 결정한다.
③ 견본매매(Sale by Sample)는 견본과 동일 품질로 납품해야 한다.
④ 명세서(Description) 방식은 계약서에 간략히 기재만 하면 되며, 품질이 불분명해도 상관없다.

개념이해 명세서 방식은 제품의 세부 스펙·성능 등을 구체적으로 기재해 품질을 분명히 해야 한다.

04 아래 설명에 해당하는 운송 조건은?

> 매도인이 지정한 항구까지의 운임만 부담하고, 물품이 본선 적재된 이후 위험은 매수인에게 이전된다. 또한, 보험은 매수인이 가입해야 한다.

① CIF
② CIP
③ CPT
④ CFR

개념이해 CFR(해상전용)이란 운임(Cost+Freight)은 매도인이 부담, 보험은 매수인이 부담, 위험은 선적 후 매수인이 부담하는 조건이다.

05 FOB 조건에서 매도인이 부담하는 위험과 비용은 어느 시점까지인가?

① 선적지 항만에 도착할 때까지
② 물품이 본선에 적재될 때까지
③ 물품을 공장에서 꺼내는 시점까지
④ 물품이 최종 목적지에 도착할 때까지

개념이해 FOB 조건은 물품이 본선에 적재되는 시점까지 매도인이 위험과 비용을 부담하고, 이후 위험과 비용은 매수인이 부담한다.

06 다음 중 보험조건 관련 설명이 옳지 않은 것은?

① CIF나 CIP에서는 매도인이 보험에 부보한다.
② FOB나 FCA에서는 매수인이 직접 보험을 가입하는 것이 일반적이다.
③ 신용장 방식일 때는 보험금액, 보험조건을 신용장(L/C)과 일치시켜야 한다.
④ (구)협회적하약관 FPA는 전손만 담보하며, 예외적으로 선박충돌 등 단독해손은 포함되지 않는다.

개념이해 FPA(Free from Particular Average)는 전손+공동해손+(일부 예외상 단독해손) 담보를 포함한다. 즉, 선박 충돌, 좌초 등으로 인한 단독해손도 포함된다.

오답분석 ① 두 조건은 모두 매도인이 적하보험 가입 의무를 지며, CIF는 ICC(C), CIP는 ICC(A) 이상으로 부보해야 한다.
② 두 조건은 보험 가입 의무가 없으므로, 매수인이 필요 시 자율적으로 가입하는 것이 일반적이다.
③ 신용장 방식에서 보험 조건이 명시되어 있을 경우, 반드시 이에 맞게 보험서류를 준비해야 한다.

| 정답 | 01 ③ 02 ② 03 ④ 04 ④ 05 ② 06 ④

03 수출입거래의 형태 및 대금결제방식

1장 수출입실무 개요

❶ 수출입거래의 형태

- 직접수출입: 수출자와 수입자가 직접 거래를 체결하는 가장 단순하고 일반적인 형태이다.
- 특정거래형태 수출입

위탁판매수출	• 물품을 무환으로 수출한 후 판매된 범위 안에서 대금을 결제하는 계약에 의한 수출 • 실적 인정 기준: 수출통관액(FOB)
수탁판매수입	• 물품을 무환으로 수입한 후 판매된 범위 안에서 대금을 결제하는 계약에 의한 수입 • 실적 인정 기준: 수입통관액(CIF)

위탁가공무역	• 가공임을 지급하는 조건으로 외국에서 가공할 원료를 수출·조달하여 가공 후 수입 또는 외국 인도
	• 실적 인정 기준
	  – 외국인도수출: 외국환은행 입금액
	  – 위탁가공 판매: 판매액 – 원자재 수출금액 – 가공임
	※ 수출신고서상 거래구분: 29 → '위탁가공을 위한 원자재 수출·수입'을 식별하는 공식 코드
	※ 수출신고서상 거래방법: PT → Processing Trade(위탁가공무역)를 의미하며, 임가공료(가공임) 지급 방식의 거래임을 나타냄

수탁가공무역	• 가득액을 영수하기 위해 원자재를 수입·가공 후 위탁자 또는 지정된 자에게 수출(내수 처리 가능) • 실적 인정 기준: 외국환은행의 입금액
임대수출	• 임대 계약으로 물품을 수출 후 일정 기간 후 재수입하거나 소유권을 이전하는 수출 • 실적 인정 기준: 수출통관액(FOB)
임차수입	• 임차 계약으로 물품을 수입 후 일정 기간 후 재수출하거나 소유권을 이전받는 수입 • 실적 인정 기준: 수입통관액(CIF)
연계무역	• 물물교환, 구상무역, 대응구매, 제품환매 등의 형태로 수출·수입이 연계된 무역 • '수출'과 '수입'이 상호 연계되어 동시에 또는 일정 기간 안에 이뤄지는 거래 • 실적 인정 기준: 외국환은행의 결제액 또는 확인액
중계무역	• 수출 목적으로 수입한 물품을 국내에 반입하지 않고 보세구역 등에서 직접 수출하는 무역(Back-to-Back L/C 활용 가능) • 실적 인정 기준: 수출금액(FOB) – 수입금액(CIF) = 가득액
외국인수수입	• 수입대금은 국내에서 지급되지만, 물품은 외국에서 인수·제공받는 수입 • 실적 인정 기준: 외국환은행의 지급액
외국인도수출	• 수출대금은 국내에서 영수하지만, 외국에서 보유 중인 물품을 국내로 들여와 통관하지 않고 외국에서 외국으로 인도·제공하는 수출 • 실적 인정 기준: 외국환은행의 입금액
무환수출입	• 외국환 거래 없이 이루어지는 물품의 수출·수입 • 실적 인정 기준: 수출통관액(FOB) 또는 수입통관액(CIF)

03 1장 수출입실무 개요
수출입거래의 형태 및 대금결제방식

- 특정거래형태 중 연계무역의 종류

물물교환 (Barter Trade)	• 개념: 물품 대 물품으로 맞교환하는 거래로, 중간에 환거래(외화 결제)가 발생하지 않음 • 특징: 서로 동등한 가치의 상품을 교환하는 것으로 대금은 상품으로 치름 ※ 예: 우리나라가 곡물을 수출하고, 상대국의 원자재를 받음
구상무역 (Compensation Trade)	• 개념: 수출·수입이 하나의 계약서에 포괄적으로 약정되어 있으며, 수출대금의 일정 비율(20~100%)만큼 반드시 상대방 물품(또는 다른 재화)을 구매해야 한다는 조건이 붙음 • 특징: "내가 너희 물건 사줄게, 대신 너희도 일정 기간 내 우리 물건을 몇 퍼센트 이상 사 줘."와 같은 방식으로 단일 계약서에 그 의무가 명시됨(개발도상국 등이 외화를 절약하거나 상호 수입을 촉진하기 위해 사용하는 방식)
대응구매 (Counter Purchase)	• 개념: 구상무역과 유사하지만, 별도의 계약서 두 개를 이용해 수출계약과 수입계약을 형식상 분리함(수출계약에는 '일정 기간 내 일정액을 다시 사 달라'는 의무만 포괄적으로 넣고, 구체적인 물품 구매는 별도 계약으로 진행) • 특징: 국영기업·정부기관이 자국 상품 판로 확보를 위해 외국 기업에게 자국 상품 구매를 의무화할 때 많이 사용하며, 유럽·미국 등 선진국도 무역마찰 해결 방안으로 활용함
제품환매 (Buy Back)	• 개념: 주로 플랜트·산업설비·기술 등을 수출하면서, 그 설비·기술로 생산되는 완제품을 일정 비율 이상 되사겠다(환매)고 약정하는 형태 • 특징: 예를 들어 철강 생산 라인을 수출하고, 그 라인으로 만든 철판·철근을 일정 기간 동안 일정 물량 매입해 주는 방식으로, 상대방 입장에서는 설비 구입 부담을 덜고, 수출자는 안정적으로 완제품을 확보·재판매 가능

- 특정거래형태 중 연계무역에서 활용되는 신용장

Back-to-Back L/C (동시개설 신용장)	• 개념: 상대방이 대응신용장(Counter L/C)을 동시에 열어야만 원신용장이 유효해지는 조건을 달아 발행하는 신용장 • 연계무역의 용도: 서로 신용장을 동시에 개설함으로 인해 불이행 위험을 낮춤 • 중계무역의 용도: 흔히 '견질신용장(Master L/C) + Sub L/C(Baby L/C)' 형태로도 불리며, 중계상이 원신용장을 담보(견질)로 하여 또 다른 신용장을 개설함
Thomas L/C (토마스신용장)	• 개념: 일정 기한 내 일정 금액의 대응신용장(Counter L/C)을 발행하겠다는 '보증서'가 있어야 본 신용장이 유효하게 만든 구조 • 특징: 실제로는 동시 개설이 어렵거나 물품 인도 시기가 서로 달라 시차가 생길 때 사용함(A가 먼저 물품을 선적하고 B는 나중에 신용장을 개설할 때, 'B가 신용장 발행 보증서를 내지 않으면 A의 신용장은 무효'라는 조건을 달 수 있음)

Escrow L/C (기탁신용장)	• 개념: 신용장의 결제대금을 곧바로 수익자에게 주지 않고, 중립된 은행 계정(Escrow Account)에 예치해 둔 뒤, 나중에 상대방이 약정된 수입 의무를 이행할 때만 그 대금을 인출할 수 있도록 제한하는 신용장
	• 작동 방식
	  - 개설은행(혹은 중립은행)에 'Escrow 계정'을 열고, L/C 대금을 그 계정에 기탁
	  - 상대편이 연계무역상의 대응수입을 이행하거나, 특정 조건을 충족하면 계좌에서 대금이 풀려 수익자가 사용할 수 있음
	• 효과: 서로 신뢰가 낮은 상황에서 'A가 물건만 받고 결제를 안 하면 어떡하지?' 또는 'B가 돈만 받고 대응수입을 안 하면 어떡하지?'와 같은 위험을 줄일 수 있음

03 수출입거래의 형태 및 대금결제방식

1장 수출입실무 개요

❷ 대금결제방식

신용장
(Letter of
Credit)
	• 은행을 통해 서류를 매개로 대금 결제가 이뤄지므로, 수출자가 결제불이행 위험을 줄일 수 있음(거래의 안전성)
	• 신용장의 종류
	  - 일람불신용장(At Sight L/C)
	    ① 수출자가 신용장 조건에 일치하는 서류를 제시하면 즉시 대금을 지급받을 수 있는 방식
	    ② 은행의 지급 보증이 포함되어 있어 비교적 안전한 방식임
	  - 매입신용장(Negotiation L/C)
	    ① 수출자가 은행에 신용장 조건에 맞는 서류와 환어음을 제시하면, 은행은 이를 할인(매입)하고, 개설은행에 대금을 청구하는 방식
	    ② Shipper's Usance, Banker's Usance 등 다양한 기한부 매입 형태로 변형 가능
	  - 인수신용장(Acceptance L/C)
	    ① 수출자가 기한부 환어음(Draft)을 제시하면, 개설은행이나 인수은행은 이를 인수(accept)하고 만기일에 대금을 지급
	    ② 수출자는 인수된 환어음을 할인하여 조기 현금화할 수 있음
	  - 연지급신용장(Deferred Payment L/C)
	    ① 환어음 없이도, 은행이 지정된 만기일에 대금을 지급하는 방식
	    ② 은행의 연지급 보증이 포함됨
	  - Red Clause L/C: 수출자가 선적 전이라도 선대(先貸)금을 미리 지급받을 수 있는 방식
	  - Standby L/C
	    ① 본래 지급수단이 아니라 보증수단의 성격을 가진 신용장
	    ② 조건부 이벤트 발생 시에만 청구

추심 (Collection)	• D/P(일람불): 물품 도착 시 은행이 서류와 대금을 즉시 교환하는 방식 • D/A(기한부): 기한부 환어음을 매수인이 인수한 후 만기일에 대금을 지급하는 방식으로, 은행의 지급보증이 없어 수출자에게 신용위험이 존재함 • 환어음을 발행함
송금 (Remittance)	• T/T(전신송금), M/T(우편송금) 등이 있음 • 사전송금(Advance Remittance): T/T in Advance, CWO 등 • 사후송금(Later Remittance): OA(Open Account), CAD 등
현금	• COD(Cash On Delivery): 물품 인도 시점에 매수인이 현금을 지급하고, 그 대가로 물품을 수령하는 방식 • CAD(Cash Against Documents): 선적 서류를 수령할 때 현금을 지급하고, 해당 서류를 통해 물품을 수입하는 방식 • European D/P: 수출자가 발행한 선적 서류가 은행을 통해 수입자에게 전달되며, 수입자는 서류를 수령하기 위해 즉시 지급(Payment)을 완료해야 하는 방식 ※ D/P는 환어음을 발행해야 하지만, European D/P는 환어음을 발행하지 않는다는 차이점이 있음
OA (Open Account)	• 선적 후 일정 기간 뒤에 대금을 청구(외상거래)하는 방식 • 수출자의 위험이 높으므로 주로 본지사간 등 신뢰도 높은 거래처와의 거래 시 사용
국제팩터링	• 수출채권을 전문 팩터에게 양도하고, 팩터가 수수료를 제하고 선지급하는 방식 • 무신용장 외상거래 시에 자주 활용됨
포페이팅	중장기 어음을 소구권 없이 매각해 자금을 조달하는 방식으로, 주로 1~10년 중장기 수출거래에 쓰임

확인문제로 핵심키워드 정리하기

간단한 쪽지 시험으로 빈출 개념을 다시 정리해 보세요.

1 다음 설명이 맞으면 ○표, 틀리면 ×표 하세요.

(1) 중계무역은 국내의 보세구역 바깥으로 물품을 이동시키지 않은 채, 해외와 해외 간 거래를 진행하고, 대금결제는 국내에서 이뤄진다. ( )

(2) 외국인도수출에서 물품은 반드시 통관절차를 거친 후 해외로 반출되어야 하므로 국내 세관에서 수출신고를 거쳐야 한다. ( )

(3) 국내인도수출이더라도 대금을 해외에서 결제하면 법적으로 수출실적으로 인정된다. ( )

(4) CAD(Cash Against Documents) 방식은 물품이 선적된 뒤, 수출국 내 수입자 지사·대리인에게 서류를 제시하고 바로 결제받는 형태다. ( )

(5) D/A(인수도조건) 거래에서는 서류를 수입자에게 먼저 넘기고, 대금은 이후에 받게 되므로 수출자 입장에서는 리스크가 매우 낮다. ( )

2 다음 빈칸에 들어갈 알맞은 말을 적으세요.

(1) 국내에서 물품을 통관하지 않고 외국으로 보내며, 대금은 국내에서 수령하는 방식을 (　　　)수출이라고 한다.

(2) (　　　) 방식에서 수출자는 물품 운송 후 추심지시서와 함께 서류를 은행을 통해 보내고, 수입자는 서류와 맞바꿔 대금을 즉시 결제한다.

(3) 수출자 입장에서 (　　　) 거래는 물품 선적 후에 서류를 넘기고도 외상기간을 기다려야 하므로 대금 회수 리스크가 크다.

(4) 무신용장 외상거래에서 (　　　) 방식을 통해 수출자는 팩터사에게 채권을 양도하여 현금을 조기에 확보할 수 있다.

(5) (　　　)은 중장기 어음을 소구권 없이 매각하여 자금을 조달하는 거래로, 장기 수출거래에서 활용된다.

개념을 확실하게 정리하는 개념확인문제

01 다음 중 국내 거주자가 해외에서 물품을 조달해 제3국에 유상으로 판매하고, 대금을 국내로 송금받는 형태는?

① 중계무역
② 무환수출
③ 국내인도수출
④ 외국인도수출

개념이해 중계무역은 거주자가 해외에서 물품을 매입한 뒤 국내 통관 없이 제3국으로 판매(수출계약)하는 양방향 거래로, 〈해외 조달 → 제3국 유상 판매 → 대금 국내 송금〉은 해외 물품 매입과 제3국으로의 판매라는 두 계약이 모두 존재하는 전형적인 중계무역의 구조이다.

오답분석 ② 무환수출은 샘플, 기증, 무상원조 등 대가 없이 수출하는 형태를 말한다.
③ 국내인도수출은 외국에 판매하되, 물품은 국내에서 인도되는 형태를 말한다. (주한 외국 공관 구매 등)
④ 외국인도수출은 국내에 반입되지 않은 외국물품을 외국으로 인도하는 형태로, 수출계약이 1개만 존재하며 수출신고가 필요하지 않다는 특징이 있다. (예: 중국 공장에서 생산한 완제품을 미국으로 수출하는 형태)

02 D/P와 D/A에 대한 설명으로 가장 옳은 것은?

① D/P와 D/A 모두 사전에 신용장 개설이 필수이다.
② D/P는 운송서류와 대금이 동시에 교환되므로, 수출자 리스크가 D/A보다 낮다.
③ D/A의 경우 수출자는 대금 수령 후에야 운송서류를 넘겨주게 되므로, 리스크가 더 작다.
④ D/P는 물품 수취 후 결제일을 약속하고 결제하며, D/A는 운송서류 제시와 동시에 결제하는 방식이다.

개념이해 D/P(지급도조건)는 서류와 맞바꿔 즉시 결제를 요구하므로 리스크가 비교적 낮고, D/A(인수도조건)는 외상 결제방식이라 수출자에게 불리하다.

오답분석 ① D/P, D/A는 대표적인 비신용장 결제 방식으로, D/A는 선(先) 서류인도·후(後) 결제 형태이다.
③ D/A는 환어음 인수만으로 서류가 먼저 넘어가고, 대금은 나중에 지급되므로 수출자 리스크가 더 크다.
④ D/P는 운송서류 제시와 동시에 결제하는 방식(즉시 결제)이고, D/A는 물품 수취 후 결제일을 약속하고 결제하는 방식(기한부 결제)이다.

| 정답 | **01** ① **02** ②

1 (1) ○ (2) × (3) × (4) ○ (5) ×
2 (1) 외국인도 (2) D/P (3) D/A (4) 국제팩터링 (5) 포페이팅

개념확인문제

03 다음 중 수출자가 외상채권을 양도해 조기 현금화를 할 수 있는 제도는?

① 포페이팅
② 중계무역
③ D/A 결제
④ 해외직접투자

개념이해 포페이팅과 국제팩터링 모두 외상채권을 전문기관에 매각(할인)해 즉시 자금을 확보하는 방식이다. 포페이팅은 주로 중장기, 무소구(Non-recourse) 어음 거래를 의미하는 반면, 국제팩터링은 단기 외상거래에 자주 사용된다.

04 CAD(Cash Against Documents)의 특징으로 알맞은 것은?

① 수출국에서 물품만 받고 결제는 현지은행을 통해 추후에 한다.
② 결제 전 서류를 먼저 받은 후, 수입자가 나중에 대금을 지불한다.
③ 수출국 내 수입자 지사나 대리인을 통해 서류 제시와 함께 현금 결제가 이뤄진다.
④ 서류와 대금을 즉시 교환하는 형태라 수출자는 안전성이 송금방식보다 떨어진다.

개념이해 CAD는 운송서류 상환 즉시 현금을 지급받는 형태다. 수출국 내에 수입자 대리인이 있다면 선적 전 검사(PSI) 후 서류 교환이 가능하다.

오답분석 ① 후불(연지급)에 가까운 개념이다.
② CAD는 서류와 대금을 동시에 교환하는 방식이다.
④ 결제 후 바로 서류를 건네므로 수출자의 안전도는 중간 정도로 본다.

05 다음에서 설명하는 결제방식으로 옳은 것은?

> 수출자가 환어음 없이도 기한부로 결제받을 수 있으며, 만기에 지정은행이 대금을 보장해 지급한다. 중장기 어음에 대한 인수 없이 기일에 지급만 해주는 형태이다.

① 인수신용장
② 매입신용장
③ 보증신용장
④ 연지급신용장

개념이해 연지급신용장(Deferred Payment L/C)은 환어음 발행 없이 만기에 지급받는 신용장으로, 인수신용장과 달리 어음을 따로 인수하지 않는다.

오답분석 ① 수출자가 기한부 환어음(Draft)을 제시하면, 개설은행이나 인수은행은 이를 인수(accept)하고 만기일에 대금을 지급하는 방식이다.
② 수출자가 은행에 신용장 조건에 맞는 서류와 환어음을 제시하면, 은행은 이를 할인(매입)하고 개설은행에 대금을 청구하는 방식이다.
③ 보증신용장(Standby L/C)은 지급수단이 아닌 보증수단으로, 계약 불이행 시 지급을 청구하는 방식이다.

06 포페이팅에 대한 설명으로 옳지 않은 것은?

① 변동금리부로 할인이 이뤄지는 것이 일반적이다.
② 수출자는 어음을 할인하여 조기에 현금화할 수 있다.
③ 대부분 환어음이나 약속어음 등을 대안 보증 없이 제공한다.
④ 중·장기 어음(약 1~10년)을 매각하며, 무소구권이 일반적이다.

개념이해 포페이팅은 통상 변동금리부가 아닌 고정금리로 할인하는 방식이 일반적이다.

| 정답 | 03 ① 04 ③ 05 ④ 06 ①

04 무역관리제도

1장 수출입실무 개요

핵심개념을 한번에 담은
빈출개념체크

1 무역관리(Trade Control)의 의의

무역관리의 개념	• 국가가 자국과 해외 간 무역거래를 대상으로 수출·수입을 관리·감독하는 일련의 제도와 규범을 의미 • 세계 각국은 자국 이익(국방·공공안전·환경 등)을 위해 일정 수준으로 무역을 통제함(무역 자유방임은 거의 존재하지 않음)
무역관리의 목적	국제수지의 균형, 통상의 확대, 국민경제 발전, 공공의 안전 및 질서유지 등을 고려해 국가가 필요한 최소 범위에서 수출입을 제한하거나 지원함
무역관리의 법적 근거	• 우리나라의 무역관리 관련 근거법은 대외무역법(및 하위 시행령·시행규칙), 기타 타법(관세법, 외국환거래법, 남북교류협력에관한법률 등)이 유기적으로 연동됨 • 무역(물품 이동) 자체는 대외무역법·관세법, 대금결제는 외국환거래법이 관할하는 이원적 구조

2 무역관리의 체계

직접통제 & 간접통제	• 직접통제: 수출입 허가·승인·수량제한 등 법령에 의한 직접적 규제 • 간접통제: 관세·보조금·금융정책 등으로 무역을 유도
관리대상	• 거래 '품목'별 통제: 수출입공고, 통합공고, 전략물자 고시 등 • 거래 '형태(유형)'별 통제: 플랜트수출승인, 특정거래인정 등 • 결제 '방법'별 통제: 외국환거래법에 따른 지급·수령·상계 등 신고 의무 • 거래 '상대방'별 통제: 수출입금지국 등 • 대북한교역(남북교류협력법) 등 별도 규정
대외무역법·관세법·외국환거래법의 관계	• 대외무역법: 전체적인 무역관리의 틀. 품목별·형태별로 제한·승인·허가 등 규정 • 관세법: 통관 절차, 세금 징수, 밀수 단속 등 물품 이동·관세 관련 규정 • 외국환거래법: 대금 결제(외환)에 대한 신고, 절차 등 규정 • 그 밖에 남북교역은 남북교류협력법, 외국인 투자 관련은 외국인투자촉진법을 별도 적용

3 거래품목 중심의 무역관리

수출입공고	• 산업통상자원부가 특정 물품의 수출·수입을 금지·제한할 필요가 있을 때, 해당 품목과 절차 등을 수출입공고에 명시함 • 수출입공고에 없는 품목은 자유품목(자동승인품목)으로 별도 승인 없이 수출입 가능 • 공고상 수출(또는 수입) 금지 품목은 절대 불가하며, 수출(또는 수입) 제한 품목은 공고에 따른 허가 또는 승인 기관(협회 등)에서 허가를 받아야 함
통합공고	• 대외무역법 이외에도 여러 특별법(약사법, 식품위생법, 축산물위생관리법 등)에서 무역 제한을 둘 수 있음 • 이 법령들을 한곳에 모아 '통합공고'로 발표하여, 무역업체들이 확인할 수 있게끔 편의를 제공 • 통합공고의 내용 중 '요건확인품목'은 각 법령 소관 주무부처(식약처, 농림축산식품부 등)에서 허가·검사·인증 등을 받은 뒤 수출입이 가능함(세관장 확인 대상)

1장 수출입실무 개요
무역관리제도

전략물자 수출입고시	• 전략물자(Strategic Items)란 국가안보, 국제평화 등에 위험이 될 수 있는 무기·군수물자·이중용도 품목(원자력, 화학, 생물, 미사일 등)을 말함 • 전략물자 품목을 수출·수입할 때는 사전에 '전략물자수출입고시' 기준에 따라 산업통상자원부, 방위사업청 등에 허가를 받아야 함
관세법상 통관 제한	• 관세법을 통해 수출·수입을 전면 금지하거나 조건을 붙일 수 있음(저작권·상표권 침해물품, 불건전 간행물 등) • 관세당국은 통관 시점에서 불법·유해물품을 차단

4 거래 형태(유형) 중심의 무역관리

플랜트수출승인	• 미화 **50만불** 이상인 기재·장치나 산업설비, 일괄수주방식(설계+설비+시공+기술) 등을 수출하려면 사전 승인이 필요 • 주로 대형 플랜트, 발전소, 담수화·정유·제철·건설 등 복합 설비에 적용
특정거래인정	과거에는 무환수출(금전 교환 없이 상품 이동), 중계무역(물품이 해외에서 해외로 이동하고 대금만 국내로 이동) 등이 특정거래로 인정되려면 사전에 신고해야 했으나, 현재는 무환수출·중계무역 관련 특정거래인정 신고 규정이 폐지되어 절차가 간소화됨

5 외국환거래법상 결제방법·채권회수 등에 대한 관리

외국환거래의 신고·보고 대상	• 대금 지급·수령은 외국환거래법에 따라 일정 범위 내에서 신고·보고·허가 등이 필요함 • 제3자 지급(수입대금을 다른 사람에게 송금), 상계거래(서로 채권·채무를 차감 후 차액만 결제), 사전송금(선수금), 장기연지급 등은 규정상 신고나 보고 대상임
지급·수령의 특수 형태	• 제3자 지급: 원칙적으로 거래 당사자끼리 결제해야 하나, 제3자(다른 비거주자·거주자)와 결제 시에는 건당 금액 등에 따라 외국환은행이나 한국은행에 사전·사후 신고해야 함(일정 범위 이하는 신고 불필요) • 외국환은행을 거치지 않는 지급: 일반적으로 송금·계좌이체 등 은행 경로를 이용해야 하지만, 직접 현찰·수표로 결제 등은 일정 금액 이하만 자유이며, 초과 시 한국은행에 신고 필요 • 상계(Netting): 쌍방·다자 간 채권·채무를 상쇄해 차액만 결제하는 것으로, 5천~1만 달러 이하(또는 무역조건 충족) 등 일부는 신고 면제, 그 외는 외국환은행·한국은행에 사전 신고 또는 사후 보고 해야 함
결제 기간 (대응수출·수입)	선수금(수출) 혹은 사전송금(수입)의 경우, 정해진 기간 안에 물품 선적(또는 통관)을 해야 하고, 불가능하면 한국은행 신고 후 연장해야 함 ※ 건당 5만불 초과 수출선수금은 '1년 이내' 선적(대응수출)하지 않으면 환불 또는 신고 연장
대외채권회수	• 과거에는 수출대금을 3년 내 들여오지 않으면 '인정·신고 제도'가 적용되었으나 2017년에 폐지가 되었고, 대신 불필요한 해외자산 방치나 외화도피 시 거액의 벌금·징역형이 가능해짐 • 외환위기 등 긴급 상황 시 정부가 다시 채권회수를 강제할 수 있는 세이프가드 규정은 남아 있음

확인문제로 핵심키워드 정리하기

간단한 쪽지 시험으로 빈출 개념을 다시 정리해 보세요.

1 다음 설명이 맞으면 ○표, 틀리면 ×표 하세요.

(1) 우리나라 무역은 원칙적으로 민간의 자율에 맡기는 자유무역체제를 채택하므로, 별도의 승인이나 허가제도는 전혀 없다. ( )

(2) 국내 거주자가 외화자금을 해외로 보내면서 외국환은행을 거치지 않는 경우, 일정 금액 이상은 한국은행총재에게 사전에 신고해야 한다. ( )

(3) 중계무역 시 수출실적은 수출금액에서 수입금액을 차감한 금액이 아니라, 수출금액 전액으로 인정된다. ( )

(4) 통합공고나 수출입공고에 의해 금지된 품목이라도 다른 부처에서 허용하면 수출입이 가능하다. ( )

(5) 남북교역은 원칙적으로 무역거래로 보지 않으며, 별도의 제도적 관리 대상도 아니다. ( )

2 다음 빈칸에 들어갈 알맞은 말을 적으세요.

(1) 대외무역법, ( )법, 관세법 등은 우리나라 무역관리의 핵심 법령이다.

(2) ( ) List System제도는 수출입이 금지·제한되는 품목만 열거하고, 그 외 품목은 자유롭게 거래할 수 있도록 한다.

(3) 특정 물품이 전략물자에 해당하는지 여부는 ( )자원부에서 정한 '전략물자수출입고시' 등을 통해 확인한다.

(4) ( )법에서는 일정 금액 초과의 해외 임대차, 해외송금, 해외직접투자 등의 신고·승인을 규정하고 있다.

(5) 중계무역에서 수출입금액 간 차액만 실적으로 인정된다는 기준은 ( )법에서 구체적으로 정하고 있다.

---

01 다음 중 우리나라 무역관리에 관한 설명으로 옳은 것은?

① 남북교역은 무역관리 대상에서 완전히 제외된다.
② 모든 수출입거래는 산업통상자원부 승인 없이 자유롭게 이뤄진다.
③ 무역관리는 중앙부처 단일 창구로만 진행되며, 위탁관리 방식을 허용하지 않는다.
④ 거래품목·거래유형·결제방법·거래상대방 등에 따라 다른 법령이 적용될 수 있다.

개념이해 무역관리 대상은 거래품목·거래형태·결제방법·거래상대방 등 다양한 면에서 대외무역법, 외국환거래법, 관세법, 남북교류협력법 등의 여러 법령 규제가 각각 적용된다.

오답분석 ① 남북 간 거래는 일반 무역과 구분되지만, '남북교류협력에 관한 법률' 등 별도 법령에 따라 특수한 형태로 별도 관리된다.
② 일부 품목은 통제 대상(예: 전략물자, 농산물, 문화재 등)이며, 자유무역 원칙이 적용되더라도 승인·허가·신고가 필요한 경우가 존재한다.
③ 무역관리는 산업통상자원부 외에도 식약처, 환경부, 산림청, 관세청 등 다양한 부처와 기관에 위탁되어 운영된다.

02 다음 중 통합공고 또는 수출입공고에서 금지하고 있는 물품이라면, 다른 법령에서 허용하더라도 수출입이 가능한지에 대한 설명으로 옳은 것은?

① 관세법이 허용하면 가능하다.
② 다른 법령이 대외무역법보다 우선하므로 가능하다.
③ 국경일이나 국제행사 시에는 예외적 허가가 가능하다.
④ 상충 시 통합공고가 우선 적용되므로 수출입이 불가능하다.

개념이해 통합공고 및 수출입공고는 수출입이 가능한 품목과 제한·금지 품목을 명확하게 규정하고 있으며, 이는 다른 법령보다 우선 적용되는 기준이다. 따라서 통합공고에서 수출입이 금지된 품목은, 타 법령에서 허용하더라도 수출입이 원칙적으로 불가능하다.

---

1 (1) × (2) ○ (3) × (4) × (5) ×
2

| 정답 | 01 ④ 02 ④

03 원산지증명서 제출이 필요한 경우로 보기 어려운 것은?

① 전략물자 여부를 확인하기 위한 경우
② FTA 관세 적용 대상인지 확인하기 위한 경우
③ 일반 물품의 통관에서 단순히 수입상의 요청만 있는 경우
④ 통합공고로 특정 지역에서 수입을 금지한 물품인지 확인하기 위한 경우

개념이해 원산지증명서는 통합공고상 제한 물품, 전략물자, FTA 적용 등을 확인할 때 주로 요구된다. 단순 요청만으로는 반드시 제출 의무가 생기는 것은 아니다.

04 외국환거래법상, 다음 중 사전에 한국은행총재에게 신고해야 할 가능성이 가장 높은 거래는?

① 1만 달러 미만 해외송금
② 2만 달러 이하 해외여행경비 결제
③ 5천만 달러 규모 해외 임대차계약 체결
④ 외국의 인터넷 쇼핑몰에서 300달러 소액 구매

개념이해 높은 금액(수천만 달러 이상)의 해외 임대차 금액은 사전 신고 대상에 해당할 수 있다.

05 남북교역에 대한 설명으로 가장 옳은 것은?

① 남북교역은 반드시 신용장 결제로만 해야 한다.
② 대북교역은 무역이 아니므로 통계에 잡히지 않는다.
③ 남북교역은 일반 무역거래와 별개 규정이 적용되는 특수 영역이다.
④ 남북은 한 국가이므로 일반 대외무역법상 수출·수입 절차와 완전히 동일하다.

개념이해 남북은 특수관계로, 별도의 남북교류협력법 등이 적용된다.

오답분석 ① 신용장(L/C) 외에도 현금결제, 상계결제 등 다양한 방식을 허용한다.
② 남북교역도 '특수무역'으로 별도 집계된다.
④ 헌법상 한민족이라 하더라도 실제 대외무역법과는 다른 별도 절차가 적용된다.

06 대외무역관리의 궁극적 목적으로 옳지 <u>않은</u> 것은?

① 전략물자 확산 방지
② 외환 및 재정질서 유지
③ 국가 안보 및 공익 보호
④ 무역상 사적 계약의 자유를 절대 보장

개념이해 무역관리제도는 국가의 공익·안보·재정질서 및 국제규범 준수를 위해 사적 계약의 자유를 완전히 보장하지는 않는다.

| 정답 | 03 ③ 04 ③ 05 ③ 06 ④

1장 수출입실무 개요
05 신용장에 관한 일반이론

1 상업신용장의 정의

- 신용장(Letter of Credit, L/C)은 개설은행이 수익자(주로 수출상)에게 특정 조건 충족 시 일정 금액을 지급하겠다는 조건부 지급확약서이다.
- UCP600에 따르면, 신용장은 **일치하는 제시(Complying Presentation)에 대한 결제(Honour)를 보장하는 취소불능 약정**으로 정의된다.
- 수출입 당사자 간 신용 위험을 은행 신용으로 대체하여 대금 결제와 물품 인도의 시점 차이에서 오는 위험을 완화한다.

2 신용장의 효용

수출상	• 수입상 신용과 무관하게 대금 회수 안정성 확보 • 취소불능 신용장은 일방적으로 취소가 불가능하기에 생산 계획 수립이 용이함 • 신용장을 담보로 무역 금융(어음 할인) 시 활용이 가능함 • 서류 제시 즉시 전액 대금 회수
수입상	• 은행 신용으로 협상력 강화 및 신규 거래선 확보가 용이 • Banker's Usance(은행 기한부)를 활용한 외상거래의 효과 • 서류 불일치 시 지급 거부 권리 보유 • 선적기일·유효기일 등을 통한 물류 통제 가능
개설은행	안전한 여신 수단 및 외환 수익 창출
매입은행	개설은행의 지급 보장 하에 안정적 자금 운용

3 신용장의 한계

수출상	• 서류 상 사소한 오류로 지급 거절 가능 → 대금 회수 지연 • 복잡한 신용장 조항 준비에 어려움이 있음
수입상	• 서류와 실제 물품 불일치 시 대금 지급 의무 발생 가능 • 허위 서류로 인한 사기 위험 존재

05 신용장에 관한 일반이론

1장 수출입실무 개요

④ 신용장의 특성

독립성 (Principle of Independence)	• 신용장은 기초 계약(매매계약 등)과 완전히 독립된 법적 효력을 가짐 • 은행은 기초 계약 내용을 확인하지 않으며, 계약 분쟁이 신용장 지급에 영향을 미치지 않음 ※ 매매계약 취소 시 신용장은 유효하며, 민법상 청구로 해결
추상성 (Principle of Abstraction)	서류만을 기준으로 거래를 진행하며, 물품의 실제 상태와는 무관함 ※ UCP600[제5조]: '은행은 서류만을 다루며, 물품·서비스와 무관함'
엄밀일치 vs 상당일치 원칙	• 엄밀일치: 서류와 신용장 조건이 완전히 일치해야 함 • 상당일치: 서류가 신용장 조건과 충돌하지 않으면 허용(현행 UCP600 및 ISBP745 기준)
사기거래 배제 (Fraud Rule)	• 서류 위조·사기 시 지급 거절 가능(단, 매입은행 등 선의의 제3자는 보호함) • 적용 요건: 사기 입증, 피해 발생, 명백한 증거 필요 • Sztejn vs J. Henry Schroder 사건 → 신용장의 독립성 원칙은 고의적인 사기 행위가 있는 경우에는 적용되지 않으며, 은행은 사기 사실 인지 시 지급 거부가 가능하다는 판례 ※ 법원의 지급금지 명령(Injunction): 우리나라의 가처분 제도와 유사한 것으로, 영미법 등에서는 서류 위조 등의 명백한 사기가 입증될 경우, 법원이 신용장 개설은행에 대금 지급을 금지하는 명령을 내릴 수 있음

⑤ 신용장의 기본 요건

UCP600 준거 문언	신용장 본문에 반드시 명시
서류 명세	운송서류(B/L 등), 상업송장, 증명서 등 필수
취소불능 표시	UCP600 기준 모든 신용장은 기본적으로 취소 불능
이용방법	Sight(일람출급), Deferred Payment(연지급), Acceptance(인수), Negotiation(매입)
유효기일	서류 제시 마감일 명시(미명시 시 선적 후 21일 이내)
서류제시기간	선적일로부터 지정 기간 내 제시(미명시 시 21일 이내)

⑥ 신용장 거래의 순환

계약 체결	수출상과 수입상 간의 매매계약
신용장 개설	수입상이 개설은행에 신청
통지·확인	통지은행이 수출상에게 전달
선적 및 서류 제시	수출상이 지정은행에 서류 제출
대금 지급	지정은행이 수출상에 대금 지급 후 개설은행에 상환 청구
서류 인도	개설은행이 수입상에게 서류 전달
대외 결제	개설은행이 지정은행에 외환 송금

05 1장 수출입실무 개요
신용장에 관한 일반이론

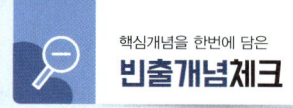

7 신용장 거래의 당사자

기본 당사자	개설은행(Issuing Bank), 수익자(Beneficiary), 확인은행(Confirming Bank)
기타 당사자	개설의뢰인(Applicant), 통지은행(Advising Bank), 지급은행(Paying Bank), 매입은행(Negotiating Bank)
법적 관계	• 수출상과 수입상은 매매계약에 따름 • 개설은행과 수익자는 신용장 조건에 따른 독립적 의무를 부담 • 개설은행과 개설의뢰인은 신용장 개설계약에 따름

8 신용장의 기본 요건

상업신용장 vs 스탠바이(Standby)신용장	• 상업신용장: 무역 결제용 • 스탠바이(Standby)신용장: 채무 보증용
취소 불능 vs 취소 가능	UCP600 기준 **취소 불능**만 인정함
확인신용장	개설은행 + 확인은행의 이중 보증
이용방법	• 지급신용장: 일람출급, 무어음 가능 • 인수신용장: 기한부, 어음 필수 • 매입신용장: 어음 할인을 통한 자금 조달
특수 신용장	• 양도가능신용장: 수익자가 권리 일부를 양도 가능 • 백투백(Back-to-Back)신용장: 중계무역 시 원신용장을 담보로 개설 • 에스크로(Escrow)신용장: 대금을 제3자 계좌에 기탁 후 조건 충족 시 인출

9 UCP600 주요 포인트

Article	키워드	내용
Art. 4	독립성(Principle of Independence)	신용장은 기초계약(Sales Contract)과는 별개의 거래
Art. 7	개설은행의 무조건 지급의무	오직 '일치하는 제시(Complying presentation)' 만으로 책임이 발생
Art. 10	조건변경 · 취소	조건 변경(Amend), 취소(Cancel) 시 당사자 전원의 동의 필요(개설은행, 수익자, 확인은행 등)
Art. 14	서류심사 기한 원칙	• 합리적 주의 기준 → 은행은 서류가 표면상 일관되고 신용장 조건에 맞는지 합리적 수준에서 심사해야 함 • 서류 접수일을 포함하여 **5은행영업일** 이내에 심사 → 'on or before the fifth banking day following the day of presentation.'
Art. 16	거절 · 면제(Waiver) 통지	• 불일치 사항 발견 시 일괄적 · 1회 통보 • 거절 사유 및 처리 방향 명시 필수
Art. 28	보험 서류 요건	CIF 조건에서 All Risks 문구 기재 시 실제 보장 범위 해석에 주의

확인문제로 핵심키워드 정리하기

간단한 쪽지 시험으로 빈출 개념을 다시 정리해 보세요.

1 다음 설명이 맞으면 ○표, 틀리면 ×표 하세요.

(1) 상업신용장은 UCP600의 규정을 반드시 준용해야 하므로, 신용장 문면에 'UCP600을 따른다'는 문구가 없어도 자동 적용된다. ( )

(2) 취소불능신용장은 개설은행이 일방적으로 취소할 수 없지만, 관계자 전원의 동의가 있다면 취소 가능하다. ( )

(3) 매입신용장은 반드시 기한부 환어음만을 요구하고, 일람출급은 적용되지 않는다. ( )

(4) Back-to-Back L/C에서 원신용장과 제2신용장은 별개 서류지만, 사실상 서로 담보관계가 있다. ( )

(5) 연지급신용장은 환어음 발행 없이 만기에 대금 지급 약정을 하는 형태다. ( )

2 다음 빈칸에 들어갈 알맞은 말을 적으세요.

(1) 신용장통일규칙(UCP) 상, (　　　) 조건이란 서류 제출을 명시하지 않은 채 특정 행위만 요구하는 조항으로, 무시된다.

(2) (　　　)신용장은 수출자(First Beneficiary)가 제3자(Second Beneficiary)에게 신용장을 양도할 수 있는 형태로, 중계무역에 자주 쓰인다.

(3) (　　　)신용장은 기한부 환어음을 발행하고, 그 어음을 은행이 인수한 뒤 만기에 지급한다.

(4) 지급(　　　)은 사전에 개설의뢰인이 사기 가능성을 통보하거나, 법원에서 서류가 위조된 사실을 확인한 경우 발동될 수 있는 예외조치다.

(5) 모든 신용장 거래는 (　　　)를 근거로 결제함을 원칙으로 한다.

---

01 신용장통일규칙(UCP600) 적용을 위해서는 어떻게 해야 하는가?

① 국가별 법령에 의해 의무 적용된다.
② 신용장 문면에 적용 문언을 기재해야 한다.
③ 모든 신용장은 자동으로 UCP600이 적용된다.
④ 수출입계약서에 'UCP 준수'라 쓰여 있으면 충분하다.

개념이해 UCP600은 임의규범이므로, 신용장 본문에 준거 문언이 있어야 적용이 가능하다.

02 신용장 거래에서 '독립성 원칙'이 의미하는 것으로 옳지 않은 것은?

① 서류가 일치하면, 은행은 물품 하자 여부와 무관하게 결제한다.
② 실물 하자가 분명하다면 은행이 직접 책임지고 배상해야 한다.
③ 신용장과 근거가 되는 매매계약(underlying contract)은 별개로 본다.
④ 매매계약상 하자가 있어도, 서류상 이상이 없으면 은행은 지급해야 한다.

개념이해 독립성 원칙에 따라 은행은 서류만 책임지고, 물품 하자는 은행이 책임지지 않는다.

---

1 (1) × (2) ○ (3) × (4) ○ (5) ○
2 (1) 비서류적 (2) 양도가능 (3) 인수 (4) 금지명령 (5) 서류

개념확인문제

03 연지급신용장(Deferred Payment L/C)과 인수신용장(Acceptance L/C)의 주요 차이점으로 옳은 것은?

① 두 신용장 모두 환어음 발행이 필수다.
② 인수신용장은 환어음을 발행하지 않는다.
③ 연지급신용장은 반드시 환어음을 발행해야 한다.
④ 연지급신용장은 환어음이 없고, 인수신용장은 환어음을 발행해 은행이 인수한다.

개념이해 연지급신용장은 어음 없이 만기에 지급하고, 인수신용장은 기한부 어음을 발행하고 은행이 인수하는 점이 다르다.

오답분석 ①③ 연지급신용장은 환어음을 사용하지 않는다.
② 인수신용장은 기한부 환어음을 발행하여 은행이 이를 인수(acceptance)한다.

04 양도가능신용장(Transferable L/C)에 대한 설명 중 옳지 않은 것은?

① 신용장 문면에 'Transferable' 표기가 있어야 한다.
② 양도받은 제2수익자는 다시 제3수익자에게 무제한 양도가 가능하다.
③ 조건변경부 양도의 경우, 개설은행이 아닌 양도은행을 통해 서류 송부를 해야 한다.
④ 원수익자가 제2수익자에게 양도할 수 있으나, 조건이 전부 또는 일부 변경될 수 있다.

개념이해 양도가능신용장은 일반적으로 1회에 한해 양도할 수 있으며, 무제한 연속 양도는 허용되지 않는다.

05 사기거래 배제가 적용될 수 있는 신용장 거래 상황은?

① 신용장상 선적기일이 지났는데 서류 제출이 늦은 경우
② 결제기한이 너무 길어 수입자의 현금 흐름에 부담이 된 경우
③ 서류가 위조·변조된 것이 명백하여 법원이 지급금지 명령을 내린 경우
④ 수입자가 물품이 마음에 들지 않는다는 이유로 서류 인도를 거부한 경우

개념이해 사기거래는 서류가 위조·변조됐다는 명백한 증거가 있을 때 법원 명령(Injunction)으로 지급 중단이 가능하다.

오답분석 ① 제시 불일치(discrepancy)에 해당하여 개설은행이 지급을 거절할 수 있지만, 사기 예외에 해당하지는 않는다.
② 수입자의 자금사정 문제는 지급 거절 사유가 아니며, 사기 예외와도 무관하다.
④ 단순한 품질 불만족은 신용장 독립성 원칙상 거절 사유가 아니며, 사기 예외도 적용되지 않는다.

06 다음 중 신용장 서류심사 시 은행이 반드시 요구하지 않는 서류는?

① 실물 물품 검수증
② 보험증권(Insurance Policy)
③ 해상운송서류(Bill of Lading)
④ 상업송장(Commercial Invoice)

개념이해 신용장거래는 서류거래가 원칙이므로 실물 물품 검수증은 요구되지 않는다. (비서류적 조건)

오답분석 ② 보험증권(Insurance Policy)은 신용장의 조건에 따라 요구하지 않을 수도 있다.
③ 해상운송서류는 물품 선적의 증거로, 운송 관련 조건이면 은행이 반드시 요구한다.
④ 상업송장은 대금 청구의 근거 문서로, 은행이 반드시 요구한다.

| 정답 | 01 ② 02 ② 03 ④ 04 ② 05 ③ 06 ①

01 수입신용장의 개설

2장 수입실무

❶ 수입신용장의 의의 및 개설 절차

수입신용장의 의의	• 수입상(개설의뢰인)이 거래은행(개설은행)에 요청하여 발행하는 결제확약서 • 신용장 조건과 일치하는 서류(Complying Presentation)를 제시하면 은행이 대금을 지급하겠다고 보증함 • 개설은행의 지급의무는 처음에는 **우발채무**이지만, 수출상이 신용장 조건에 맞는 서류를 제시하면 **확정채무**로 전환됨
수입신용장 개설 절차	**신용장 개설 약정**: 수입상은 먼저 개설은행과 신용장 개설약정을 체결하고, 은행은 수입상(개설의뢰인)의 신용도를 평가해 신용장 한도를 설정함 ▼ **신용장 발행 신청서 제출**: 수입상은 은행에 신용장발행신청서(Application for L/C)와 물품매도확약서(Offer Sheet) 또는 계약서(Contract), 그리고 필요한 경우 수입승인서 등을 함께 제출함 ▼ **은행 심사**: 은행은 신청서 내용(상품명·수량·가격, 운송조건, 보험조건, 결제 방식, 선적기일, 유효기일 등)을 면밀히 확인하고, 제한·금지 품목 여부나 외환거래규정상 신고 필요 여부 등을 종합적으로 검토함 ▼ **신용장 개설 및 통지**: 문제가 없으면 개설은행이 신용장을 발행하고, 통지은행(Advising Bank)을 통해 신용장을 수출상에게 통지함 • 수입신용장은 **취소불능신용장(Irrevocable Credit)**이 대부분이며, 취소 가능 여부를 반드시 표시해야 함 • 매입, 일람불, 기한부(Usance) 등 이용방식을 정확히 표기해야 함 • 과부족 허용범위(More or Less), 환어음 만기, 선적기일·유효기일, 서류제시기간 등을 면밀히 설정해야 함

❷ 신용장발행신청서의 의의 및 심사

신용장발행신청서	• 신용장 개설의 기초가 되는 핵심 문서로, 모든 조건을 구체적이고 정확하게 기재해야 함 • 국제상업회의소(ICC)에서도 표준 양식을 권고함
신용장발행신청서 심사	• 취소가능·취소불능: 취소불능신용장(Irrevocable L/C)이 일반적임 • 결제 방식 　- 일람출급(Sight), 연지급(Deferred), 인수(Acceptance), 매입(Negotiation) 중 무엇인지 결정 　- 기한부신용장(Usance)인 경우 Shipper's, Overseas Banker's, Domestic Banker's Usance를 확인 • 금액 및 통화: 신용장 금액(표시통화 등)과 개설 한도 확인(과부족 허용 시 한도 초과 문제 주의) • 환어음: 만기, 어음발행금액 등을 점검(별도 명시가 없으면 상업송장(Invoice) 금액의 100%까지 환어음 발행 가능) 　※ 환어음의 지급인(drawee)이 개설의뢰인(수입자, applicant)이 되도록 하여 그 어음으로 지급·인수를 요구하는 형태의 신용장은 발행 금지 • 운송서류 　- 선하증권(B/L)·복합운송서류 등은 수하인을 은행으로 지정 　- 항공화물운송장(AWB) 역시 은행 명의로 해야 담보 확보가 가능함 　- 무역거래조건에 따라 Freight Collect(F그룹)/Freight Prepaid(C·D그룹)를 구분

01 수입신용장의 개설

2장 수입실무

| 신용장발행신청서 심사 시 주의사항 | • 보험서류
　- CIF · CIP 등에서는 수출자가 보험을 가입하므로 신용장에 보험서류 제시 요구
　- FOB · FAS · FCA · CFR · CPT 등에서는 수입자 스스로 부보(이 경우 신용장에 보험서류를 요구하지 않음)
• 상품명세
　- 상품명, 수량, 단가, 원산지, 무역조건 등을 매매계약서와 동일하게 기재
　- 불명확하게 기재하면 사기 · 분쟁 위험이 발생함
• 선적지 · 도착지: 매매계약서와 동일해야 하며, 특정 항구 혹은 지리적 범위(Any European Ports)로 기재할 수도 있음
• 선적기일(최종 선적일): 선적 완료해야 할 마지막 일자(표시하지 않으면 유효기일이 곧 선적기일이 됨)
• 유효기일(Expiry Date): 서류가 은행에 제시되어야 할 최종일자(매입 등 실제 결제일과는 구분됨)
• 서류제시기간(Period for Presentation): 선적 후 일정 기간 안에 서류를 제출해야 함
　① 원본 운송서류 포함 시: 선적 후 21 calendar days(Art 14 c)
　② 그 외 서류: 신용장에 명시된 만기일까지(Art 6 d)
• 양도 가능 여부: 신용장에 transferable 문구가 있어야 수출자가 권리를 제3자에게 양도할 수 있음(Factoring과는 다름) |

③ 신용장 개설에 따른 유의사항

- 신용장 개설을 위한 지시 및 신용장의 완전 정확성
- 불명확한 용어 사용 제한

> [UCP600 제3조(해석)]
> • 서류의 발행자를 표현하기 위하여 사용되는 'first class(일류)', 'well known(저명한)', 'qualified(자격 있는)', 'independent(독립적인)', 'official(공적인)', 'competent(능력 있는)' 또는 'local(현지의)'라는 용어들은 수익자를 제외하고, 해당 서류를 발행하는 모든 서류 발행자가 사용할 수 있다.
> • 서류에 사용하도록 요구되지 않았다면 '신속하게(prompt)', '즉시(immediately)' 또는 '가능한 한 빨리(as soon as possible)'라는 단어들은 무시된다.

- 과도한 명세 삽입 억제

> [UCP600 제4조(신용장과 원인계약)]
> b. 개설은행은 개설의뢰인이 원인계약이나 견적송장 등의 사본을 신용장의 일부분으로 포함시키려는 어떠한 시도도 하지 못하게 하여야 한다.

- 외국법률 및 관습을 준수할 의무

> [UCP600 제37조(지시받은 당사자의 행위에 대한 면책)]
> d. 개설의뢰인은 외국의 법과 관행이 부과하는 모든 의무와 책임에 대하여 은행에 보상할 의무와 책임이 있다.

- 신용장 개설 시 은행 유의사항
  - 담보권 확보: 선하증권 수하인을 개설은행으로 하거나, 보험서류 배서양도 등으로 채권 보전
  - 결제통화: 원화 · 외화 모두 가능하며, 원화신용장은 국내은행에 비거주자원화계정이 있어야 실제 결제 가능
  - 사전송금 등 신고대상: 일정 범위(계약 건당 미화 1만 달러를 초과하는 수출입대금을 물품 선적 전 1년을 초과하여 지급하거나 수령하는 경우 등)는 외국환거래규정에 따라 한국은행에 신고가 필요하다.

01 수입신용장의 개설

2장 수입실무

④ 신용장의 개설 방법

우편신용장	• 우편을 통해 개설은행이 신용장을 보내는 전통 방식 • 최근에는 속도가 느려 잘 쓰이지 않음
전신신용장	• 텔렉스(Telex), SWIFT 방식으로 신용장을 전송 • 최근에는 SWIFT 방식을 주로 사용함
약식전보(Pre-Advice)	• 간단하게 줄인 형태로 보내는 전보(telegram) • 우편으로 된 신용장은 늦게 받게 되므로, 그 내용을 간단히 전보로 먼저 알려주는 방식

⑤ 통지은행, 상환은행, 인수은행

통지은행 (Advising Bank)	• 개설은행이 발행한 신용장의 진정성 여부를 점검하고 수출상에게 전달 • 수출국 내 주요 은행이 통지은행 역할을 맡는 경우가 많음
상환은행 (Reimbursing Bank)	• 매입은행 또는 지정은행이 대금을 지급한 뒤, 개설은행 대신 해당 금액을 상환해주는 은행 • 개설은행과 상환은행 간 별도의 상환약정(Reimbursement Agreement)이 필요
인수은행 (Accepting Bank)	• 기한부어음(Usance Bill)을 만기까지 인수(Acceptance)해주는 은행 • 개설은행이 직접 인수은행이 되거나 제3은행이 지정될 수도 있음

⑥ 일람출급신용장(Sight L/C)

일람출급신용장 (Sight L/C)의 의의	• 서류 제시와 동시에(일람) 대금을 지급하는 신용장 • 은행은 서류 검사(하자 여부)를 거쳐, 하자가 없다면 바로 지급함 • 수출상은 선적 후 서류를 제시하면 즉시 결제를 받기에 자금회전이 빠름
일람출급신용장 (Sight L/C)의 종류	• 매입신용장: 매입(Negotiation) 방식, 환어음 발행 We hereby issue in your favour this documentary credit which is available **by negotiation of your draft at sight drawn on the ABC Bank, New York, N.Y.** → 우리는 귀하를 수익자로 하여, **ABC은행 뉴욕 앞으로 발행된 일람불환어음이 매입 방식으로 이용될 수 있는 이 신용장을 개설합니다.** We hereby engage with drawers and/or bona fide holders that draft drawn and negotiated in conformity with the terms and conditions of this credit will be duly honoured on presentation. The amount of each draft must be endorsed on the reverse of this credit by the negotiation bank. → 우리는 이 신용장의 조건과 조항에 따라 발행되고 매입된 어음이 제시될 경우 정당하게 지급될 것임을 어음발행인 및 선의의 소지자와 약속합니다. 매입은행은 신용장의 뒷면에 각 어음금액을 배서해야 합니다. 〈지정은행 표시방법〉 "Credit available with **지정은행** by **Sight Payment(지급) / Deferred Payment(연지급) / Acceptance(인수)**."

01 수입신용장의 개설

2장 수입실무

빈출개념체크 핵심개념을 한번에 담은

일람출급신용장 (Sight L/C)의 종류	• 지급신용장: 지급(Payment) 방식, 환어음 없음 We hereby issue in your favour this documentary credit which is available **by payment against presentations of the following documents**. → 우리는 **다음의 서류들이 제시될 경우 지급 방식**으로 이용할 수 있는 이 신용장을 귀하를 수익자로 하여 개설합니다. We hereby engage that payment will be duly made against documents presented in conformity with the terms and conditions of this credit. → 우리는 이 신용장의 조건과 조항에 일치하는 서류가 제시될 경우, 정당한 지급이 이루어질 것임을 확약합니다. 〈지정은행 표시방법〉 – 매입제한 신용장 : "Negotiation under this credit is restricted to the ABC Bank." – 자유매입 신용장 : "Credit available with any bank by negotiation."

7 기한부신용장(Usance L/C)

의의	수익자(수출자)가 일정 기간(30일, 60일 등) 후에 대금을 받을 수 있는 신용장(일정 기간 이후에 외상 결제가 가능한 신용장)
종류	• Shipper's Usance: 수출자가 외상 조건으로 일정 기간 후 결제를 허용하는 방식 • Banker's Usance: 은행이 일정 기간 후 결제를 약속하며 지급을 보증하는 방식(은행이 개입해 Usance 이자를 조정)
장단점	• 수입상은 결제를 유예할 수 있어 유동성에 유리함 • 수출상은 대금 회수가 늦어질 수 있으나, 어음을 할인받아 현금화할 수 있음

01 수입신용장의 개설
2장 수입실무

⑧ 신용장의 조건변경과 취소

조건변경 (Amendment)	• 취소불능신용장이라 해도 **당사자(개설은행, 수익자, 확인은행)** 모두 합의하면 금액·선적기일 등 변경 가능 • 수정 내용은 신용장 'Amendment' 전문을 통해 공식 통보됨
취소 (Cancellation)	• 취소불능신용장은 원칙적으로 수익자 동의 없이 일방적으로 취소할 수 없고, 유효기일이 경과하거나 당사자 간의 합의 시에만 취소가 가능함 • 수익자 침묵 ≠ 수락: 서류 제시 시 변경 조건 수락으로 **간주** [UCP600 제10조(조건변경(Amendments)) 요약] • 조건변경에는 수익자의 동의가 필요함 　- 원칙적으로 신용장은 개설은행, 확인은행(있는 경우), 수익자의 동의 없이 변경 또는 취소될 수 없음 　- 단, 제38조(양도가능 신용장)에 따른 경우는 예외 • 개설은행과 확인은행의 조건변경 구속력 　- 개설은행이 조건을 변경하면 즉시 취소 불가능하게 구속됨 　- 확인은행도 조건변경을 확인(Confirm)할 수 있으며, 이를 통지한 경우 구속됨 　- 단, 확인은행이 조건변경을 단순히 통지만 하고 확인을 연장하지 않을 경우, 이를 즉시 개설은행과 수익자에게 알려야 함 • 수익자의 수락 전까지 원신용장 유지 　- 수익자가 조건변경을 수락할 때까지는 기존 신용장의 조건이 유지됨 　- 수익자는 조건변경에 대해 수락 또는 거절을 명확히 통보해야 함 　- 만약 수익자가 명시적으로 거절하지 않고, 변경된 조건에 부합하는 서류를 제시하면 수락한 것으로 간주 → 이때부터 신용장이 변경된 조건으로 적용됨 • 조건변경 통지은행의 역할 　조건변경을 통지한 은행은 수익자의 수락/거절 여부를 조건변경을 보낸 은행(개설은행 등)에게 다시 통보해야 함 • 조건변경의 부분 수락 불가 　조건변경 내용 중 일부만 수락하는 것은 허용되지 않음 → 일부만 수락하면 전체 조건변경을 거절한 것으로 간주됨 • 자동 승인 규정 무효 　조건변경 문구에 '일정 시간 내 거절하지 않으면 자동으로 효력 발생'이라는 조항이 포함되어 있어도 이는 인정되지 않음

확인문제로 핵심키워드 정리하기

간단한 쪽지 시험으로 빈출 개념을 다시 정리해 보세요.

1 다음 설명이 맞으면 ○표, 틀리면 ×표 하세요.

(1) F그룹(FOB, FAS, FCA)은 일반적으로 Freight Prepaid가 원칙이다. ( )

(2) 신용장의 이용방법이 기한부(Usance)인 경우, 반드시 개설은행이 인수해야 한다. ( )

(3) 환어음 발행금액에 대해 별도 제한이 없는 경우, 상업송장금액의 100%까지 발행 가능하다. ( )

(4) CFR 조건으로 신용장을 개설하는 경우, 개설은행은 보험서류 제시를 당연히 요구한다. ( )

(5) 월 표시가 혼동될 수 있으므로, 신용장발행일자 중 월은 반드시 문자(JAN 등)로 기재해야 한다. ( )

2 다음 빈칸에 들어갈 알맞은 말을 적으세요.

(1) 수출입공고나 통합공고 등에서 수입이 제한되는 물품을 들여오려면 (   )를 미리 받아야 한다.

(2) 비거주자는 국내은행에 (   )자유원계정이 없다면 원화표시 신용장을 개설하기 어렵다.

(3) (   )발행신청서는 수입상이 은행에 제출하는 가장 중요한 서류로, 신용장 조건이 모두 기재되어 있다.

(4) F그룹 무역조건하에서는 수출자가 보험료를 부담하지 않으므로, 신용장에서는 (   )의 제시를 요구하지 않는다.

(5) (   )은 은행이 일치하는 제시에 대해 수입화물대금을 최종 지급하겠다고 보증하는 조건부 지급확약이다.

---

01 다음 중 'Shipper's Usance Credit'에 대한 설명으로 옳은 것은?

① 해외은행이 어음을 인수하고 할인하는 기한부 신용장이다.
② 수입자가 은행에 담보를 예치하지 않아도 신용장이 개설된다.
③ 개설은행이 수출자에게 먼저 대금을 지급하고, 나중에 수입자에게 상환받는 방식이다.
④ 수출자가 외상으로 물건을 팔되, 환어음을 매입 의뢰해 만기 전 현금화할 수 있는 방식이다.

개념이해 Shipper's Usance는 '수출자가 직접 수입자에게 신용(외상)을 주는' 구조의 기한부신용장이다. 수출자는 환어음 매입으로 사전에 현금화할 수 있다.

오답분석 Overseas Banker's Usance는 '해외은행이 인수·할인', Domestic Banker's Usance는 '국내은행이 인수·할인', Shipper's Usance는 '수출자(Shipper)'가 직접 외상을 주되, 서류 도착 시 매입 의뢰하는 형태이다.

02 다음 중 수입신용장 개설 절차와 관련된 설명으로 옳은 것은?

① 무역업고유번호가 없어도, 어떤 형태의 수입도 자유롭게 진행 가능하다.
② 은행은 수입상이 약정을 체결하지 않아도 일단 신용장을 먼저 발행한다.
③ 취소가능신용장은 수출자 동의 없이 언제든 개설은행이 취소할 수 있다.
④ 수입상이 은행에 '신용장발행신청서'를 제출하고, 은행이 이를 심사해 신용장을 발행한다.

개념이해 수입신용장 개설절차: 무역업고유번호, 외환·여신 약정 → 신용장발행신청서 제출 → 심사 후 신용장(L/C) 발행

오답분석 ① 무역업고유번호 없이 단순 수입은 가능하나 신용장 개설에는 필수적이다. (통계·관세 행정 목적)
② 신용장 개설은 은행이 수입자 대신 먼저 돈을 지급하는 신용 제공 행위이므로 대출 약정, 담보 제공, 심사 절차 등이 없이 개설될 수 없다.
③ 취소가능신용장이더라도 수출자의 동의 없이 개설은행이 일방적으로 취소할 수 없다.

---

1 (1) × (2) × (3) ○ (4) × (5) ○
2 (1) 수입승인서 (2) 비거주자 (3) 신용장 (4) 보험서류 (5) 수입신용장

| 정답 | **01** ④ **02** ④

03 다음 중 운임과 보험 관계가 바르게 연결된 것은?

① CFR: Freight Collect, 수출자 보험 부담
② CIF: Freight Prepaid, 수출자 보험 부담
③ FOB: Freight Prepaid, 수출자 보험 부담
④ FCA: Freight Prepaid, 수입자 보험 부담

개념이해 CIF: 운임 선지급(Prepaid), 보험까지 수출자 부담

오답분석 ① CFR, CPT: 운임 선지급(Prepaid), 보험은 수입자 부담
③④ FOB, FAS, FCA: 운임 후지급(Collect), 보험은 수입자 부담

04 다음 중 '신용장의 유효기일(Expiry Date)'에 대한 설명으로 옳은 것은?

① 환어음이 만기가 되는 날을 의미한다.
② 물품이 실제로 도착해야 하는 최종일을 의미한다.
③ 지정은행이나 개설은행에 서류가 제시되어야 하는 마지막 날짜를 의미한다.
④ 수출자가 물품 선적을 시작하기 전에 반드시 확인해야 하며, 선적기일과는 무관하다.

개념이해 유효기일은 '서류가 제시될 수 있는 최종일자'이다. 선적기일(물품 선적 마감일)과는 별개이나 연동되기도 한다.

오답분석 ① 환어음의 만기일은 결제일자에 따라 별도로 계산되며, 신용장의 유효기일과는 다를 수 있다.
② 유효기일은 서류가 은행에 제시되어야 하는 기한이지, 물품 도착일과는 무관하다.
④ 선적기일이 표시되지 않으면 '신용장의 유효기일 = 선적기일'이 될 수 있다.

05 다음 중 개설은행과 개설의뢰인(수입상) 간에 맺는 약정서로 옳은 것은?

① 선취보증서, 지시서
② 수입승인서, 외환면허장
③ 품질보증서, 무역업고유번호증
④ 외국환거래 약정서, 여신거래 약정서

개념이해 보통 개설은행과 개설의뢰인(수입상)이 '외국환거래 약정서', '여신거래 약정서'를 체결해야 신용장 개설이 가능하다.

오답분석 ① 선취보증서는 B/L을 받기 전에 물품을 인도받기 위해 제출하는 보증서이며, 지시서는 통상 수출입 실무에서 사용하는 지시 문서이다.
② 수입승인서는 무역업고유번호와는 별개로, 제한품목 수입 시 제출한다.
③ 품질보증서는 공급자(수출자)가 품질을 보증하는 서류로 은행과 무관하며, 무역업고유번호증은 무역업 등록 시 발급받는 번호 증서로 계약서가 아니다.

06 환어음 만기표시가 '일람후정기출급(After Sight)'으로 되어 있는데, 은행에 제시해도 만기가 확정되지 않는다고 주장하는 경우, 옳은 해석은?

① 환어음의 발행일이 곧 만기가 된다.
② 운송서류 도착일을 기준으로 계산한다.
③ 일람후정기출급은 사실상 일람출급과 같다.
④ 일람후정기출급 어음은 인수일로부터 정해진 기간 후에 만기가 확정된다.

개념이해 일람후정기출급은 '환어음을 인수(Acceptance)한 날로부터 n일 후 만기'의 형태이다.

오답분석 ① 환어음의 발행일을 기준으로 만기를 산정하는 것은 '일자후정기출급(After Date)' 방식에 해당한다.
② 환어음의 만기는 운송서류의 도착일과는 무관하며, 일람후정기출급의 경우 제시 후 인수일을 기준으로 만기를 계산한다.
③ 일람출급(Sight)은 서류와 동시에 지급, 일자후정기출급(After Date)은 발행일을 기준으로 만기를 산정하는 차이점이 있다.

| 정답 | 03 ② 04 ③ 05 ④ 06 ④

02 신용장에 의한 선적서류

2장 수입실무

1 선적서류의 인도

선적서류 인도 업무	수출상(수익자)이 신용장 조건에 맞춰 준비한 선적서류(B/L, Commercial Invoice, Packing List, Insurance Policy 등)를 개설은행 혹은 지정은행에 제시하면, 은행이 이를 심사하여 수입상(개설의뢰인)에게 인도하는 일련의 절차
선적서류 인도 시 은행의 역할	• 서류 심사: 하자(불일치) 여부를 가려냄 • 결제 또는 인수: 일람불(Sight)인지, 기한부(Usance)인지에 따라 대금을 지급하거나 어음을 인수함 • 선적서류 인도: 수입상이 대금을 결제(또는 결제약정)하면 최종적으로 운송서류를 넘겨주어 화물을 찾을 수 있게 함
선적서류의 하자 여부에 따른 업무흐름	• 하자없는 서류: 은행은 즉시 결제(또는 인수)하고, 서류를 수입상에게 인도 • 하자있는 서류: 은행은 결제를 거절하거나, 수입상이 하자를 수락(waiver)하면 조건부로 결제·인도 [UCP600 제15조(일치하는 제시(Complying Presentation))] a. 개설은행은 제시가 일치한다고 판단할 경우 결제(honour)하여야 한다. b. 확인은행은 제시가 일치한다고 판단할 경우 결제(honour) 또는 매입하고 그 서류들을 개설은행에 송부하여야 한다. c. 지정은행은 제시가 일치한다고 판단하고 결제(honour) 또는 매입할 경우 그 서류들을 확인은행 또는 개설은행에 송부하여야 한다.

※ 'Usance'는 국제 무역에서 지급을 미루는 기간을 의미한다. 신용장 거래에서 이 조건이 적용되면, 수입자는 화물 인수나 서류 제출 후 정해진 기간(30일, 60일, 90일 등)이 지난 후에 대금을 지급할 수 있게 된다. 이와 같이 지급 시기를 연기함으로써 수입자는 자금 운용에 여유를 얻고, 수출자는 명확한 지급 조건에 따라 거래를 진행할 수 있다.

2 하자있는 선적서류의 인도

하자의 유형	• 금액·수량 불일치: 신용장과 송장(Invoice)의 가격·수량이 일치하지 않음 • 서류 불완전: 필수서류(원본 B/L 등) 누락, 서명·날짜 기재사항 오류 등 • 운송서류 불일치: B/L상 화물명세와 상업송장 내용이 다르거나 환적 불허 조건인데 환적 흔적이 있는 경우 등
은행의 하자있는 선적서류 처리	• 결제거절: 불일치가 중대하다면 일단 거절 통보 • 하자수정·재발행: 수출상(수익자)이 신속히 수정서류를 재제출하는 방법 • 하자수락(Waiver): 수입상이 '이 하자를 받아들이겠다'고 하면, 은행은 대금을 지급할 수 있음 [UCP600 제16조(하자 있는 서류, 권리포기(waiver)및 통지) 요약] • 결제·매입 거절: 서류 불일치 시 은행이 결제 또는 매입을 거절할 수 있음 • 권리포기 교섭: 개설은행이 독자적인 판단으로 의뢰인과 하자에 대해 권리포기를 협의할 수 있으나, 기간은 연장되지 않음 • 통지 의무 및 방법: 거절 결정 시 제시자에게 단 한 번 통지(전신 등 신속한 수단, 5영업일 이내)하여 거절 이유 등을 알림 • 서류 반환 및 청구권: 통지 후 언제든 서류 반환이 가능하며, 이미 지급된 대금은 이자와 함께 반환 청구할 수 있음

02 2장 수입실무
신용장에 의한 선적서류

③ 하자없는 선적서류의 인도

무하자 서류 (Clean Documents)	신용장 조건과 완벽히 일치하는 서류로, 은행은 결제 또는 어음 인수를 거부할 명분이 없음
일람불(L/C) vs 기한부(L/C)	• 일람불 신용장(Sight L/C) – 서류 도착 → 은행이 하자 없음을 확인 → 즉시 대금 지급하고 서류 인도 – 수입상은 운송서류를 받아 화물을 찾음 • 기한부 신용장(Usance L/C) – 서류 도착 → 은행이 하자 없음을 확인 → 어음 인수(Acceptance) 후 만기에 수입상이 결제 – 은행은 인수 후 서류를 수입상에 넘겨 화물을 인도받게 함 • 서류가 아무리 정상이더라도 은행은 내부 검사(**5영업일** 이내)를 거친 뒤 결제·인수하는 것이 일반적임 • 휴무일이 연장에 미치는 영향(선적기일은 자동연장 안 됨) 등 세부 규정을 주의해야 함

④ 수입화물선취보증서(L/G: Letter of Guarantee or Shipping Guarantee)

개념	• 원본 선하증권(B/L)이 도착하기 전, 수입자가 선적된 화물을 먼저 인도받기 위해 은행이 운송회사(선사)에게 발행하는 보증서 • 선하증권(B/L)은 화물의 소유권 증서이므로 원칙적으로 선하증권 없이 물품 인도가 불가하지만, 수입자가 긴급히 화물을 받아야 할 경우 은행이 서류 도착을 보증하고 선사로부터 화물 인도를 허용받음 • 단, 이후 도착한 선하증권(B/L)이 신용장 조건과 불일치하면, 이미 화물이 인도된 상황이라 은행은 결제를 거절하기 어렵게 되어 리스크가 발생할 수 있음
발급 절차	• 수입상이 은행에 담보(대금 전액 예치 등)를 제공하고, 수입화물선취보증서 발급을 요청 • 은행이 보증서를 작성하여 선사(또는 항공사)에 제출 → 선사는 B/L 원본 없이 화물을 풀어줌 • B/L 원본이 나중에 도착하면, 수입화물선취보증서는 은행에 반환됨

⑤ 수입화물대도(TR: Trust Receipt)

• 기한부 신용장(Usance L/C) 등으로 수입한 물품에 대해, 은행이 소유권을 유지하되 수입상에게 화물을 먼저 인도해주는 제도이다.
• 수입상은 화물을 판매하거나 가공·수출하여 결제 재원을 확보하고, 만기에 은행에 대금을 상환한다.
• 무역금융(수출용 원자재 구매)과 연계되어 많이 사용한다.
• 은행은 담보물(화물)의 소유권을 유지하므로, 수입상이 대금 마련 후 상환하지 않으면 법적 조치가 가능하다.
• 수입화물대도는 개설은행과 개설의뢰인 간의 계약이므로, 선의의 제3자에게는 효력이 미치지 않는다. 즉, 개설의뢰인이 대도 화물을 매각한 후 수입대금 결제를 하지 않더라도, 개설은행은 그 화물을 매입한 제3자에 대해 소유권을 주장할 수 없다.

⑥ 선적서류의 인수업무

개념	• 은행(인수은행)이 기한부 환어음(Usance Bill)을 만기에 반드시 지급할 것을 약속(인수)하는 업무 • 수출상은 인수된 어음을 근거로 매입·할인하여 자금을 조달할 수 있음
인수 절차	• 수출상, 선적서류와 함께 기한부 환어음을 은행에 제시 • 은행은 서류 하자 없을 시 환어음을 인수(Acceptance) → 만기(60일, 90일 등) 도래 시 지급 확약 • 수입상은 만기 때 은행에 원리금을 지급

확인문제로 핵심키워드 정리하기

간단한 쪽지 시험으로 빈출 개념을 다시 정리해 보세요.

1 다음 설명이 맞으면 ○표, 틀리면 ×표 하세요.

(1) 은행은 제시된 서류를 접수한 뒤 5영업일 이내에 하자를 통보해야 하며, 재통보도 가능하다. ( )

(2) 하자서류임에도 수입상이 서면동의하면, 은행은 서류를 인도해줄 수 있다. ( )

(3) 'covering all risks'라는 보험 문구는 애매모호한 표현이므로 은행이 이를 무시할 수 있다. ( )

(4) 신용장 하에서 은행이 지는 책임은 상품의 품질이나 상태까지 포함된다. ( )

(5) 'All discrepancies are acceptable'과 같은 특수조건은 은행 담보권을 저해한다. ( )

2 다음 빈칸에 들어갈 알맞은 말을 적으세요.

(1) ( ) 원칙이란 은행이 서류 표면상의 일치 여부만 보고 결제 여부를 판단한다는 것이다.

(2) 은행이 불일치 서류를 통보할 때, 서류 접수 ( )부터 5영업일 이내에 통보해야 한다.

(3) 수입화물선취보증서를 발급한 후, 나중에 도착한 선하증권이 ( )상태라면 대금거절이 곤란해질 수 있다.

(4) 개설은행이 지급거절하는 경우, 한 번에 모든 불일치 사항을 안내해야 하며, ( )는 허용되지 않는다.

(5) 서류상 하자가 있음에도 수입상이 결제에 동의하면, 개설은행은 ( )를 징구 후 서류를 인도한다.

---

01 다음 중 은행의 '서류심사 원칙'에 대한 설명으로 옳은 것은?

① 은행은 서류의 진정성·법적 효력까지 보증한다.
② 서류가 명백한 위조라 할지라도 은행은 지급해야 한다.
③ 은행은 상품 품질, 수량, 상태를 실제로 검수해야 한다.
④ 은행은 신용장 조건과 서류 간 일치 여부만 표면적으로 확인한다.

개념이해 서류심사는 단순히 서류 표면상 불일치 여부만 보는 것이다.

오답분석 ① 은행은 서류가 진짜인지, 또는 법적으로 유효한지까지는 확인하거나 책임지지 않는다.
② 은행은 외관상 일치하는 서류에 대해 지급 의무를 지지만, 위조나 사기와 같이 명백한 문제가 발견된 경우에는 지급을 거절할 수 있다.
③ 은행은 물품의 실물 확인, 검수, 품질을 판단하지 않고 오직 서류만 심사한다.

02 불일치 서류를 발견한 은행이 결제를 거절하기 위해 반드시 지켜야 할 사항으로 옳지 <u>않은</u> 것은?

① 5영업일 이내에 통보해야 한다.
② 무조건 원인계약을 확인하여야 한다.
③ 모든 불일치 사항을 한 번에 통지해야 한다.
④ 서류 처리방향(반송·보관 등)을 밝혀야 한다.

개념이해 은행은 원인계약(수출입 계약)의 실질에 관여하지 않는다.

오답분석 ① 5영업일 이내 통보가 원칙이며, 5영업일을 초과하면 은행이 하자 통보 지연 책임을 질 수 있다.
③ 불일치 사항을 1회 통보하는 것이 원칙이다.
④ 서류 처리방향 안내는 필수이다.

---

1 (1) × (2) ○ (3) × (4) × (5) ○
2 (1) 서류심사 (2) 익일 (3) 불일치 (4) 재통보 (5) 서면동의서

| 정답 | 01 ④ 02 ②

03 'All discrepancies are acceptable'라는 특수조건이 함의하는 위험성으로 옳은 것은?

① 수출자는 오히려 불이익을 입는다.
② 운송서류를 반드시 항공운송장으로 써야 한다.
③ 서류가 일치해도 수입상은 언제든 결제를 거절할 수 있다.
④ 모든 불일치를 허용하므로, 은행 담보권이 사실상 약화된다.

개념이해 불일치를 전부 허용하면 은행이 요구하는 담보적 안전장치가 무력화된다. 마찬가지로 'Non-negotiable documents acceptable' 등도 은행의 담보권을 해치는 조건이다.

오답분석 ① 이 조건은 수출자에게 유리한 조건으로, 서류 불일치가 있어도 대금 회수가 용이해져 오히려 수출자의 위험을 줄여준다.
② 이 조건은 운송서류의 종류나 형식과는 무관하며, 단지 서류상 불일치 전반에 대한 수락 의사를 나타낸다.
③ 이 조건은 오히려 불일치 서류도 수입상이 수용하겠다는 의미로, 수입상은 결제를 거절할 수 없게 되는 구조다.

04 다음 중 불명확한(애매한) 용어로 분류되어 은행이 무시할 수 있는 사례로 옳지 <u>않은</u> 것은?

① covering all risks
② qualified inspector
③ freight to be arranged soon
④ shipment must be effected immediately

개념이해 'covering all risks'는 명확한 해석이 가능하다.

오답분석 ② 'qualified'는 어떤 기관 또는 기준에 따라 자격이 있다는 것인지 불명확한 표현이다.
③ 'soon'은 명확한 시점을 특정하지 않으므로 모호한 표현이다.
④ 'immediately'는 명확한 시점을 특정하지 않으므로 모호한 표현이다.

05 하자서류라도 개설의뢰인이 동의하면, 은행이 서류를 인도할 수 있는 이유로 옳은 것은?

① 신용장의 효력이 자동 소멸했기 때문이다.
② 은행은 어차피 결제책임이 없기 때문이다.
③ 수출자에게 어음을 재발행하라고 요구했기 때문이다.
④ 개설의뢰인이 하자를 알고도 결제를 받아들이면 담보력 훼손 문제가 없어지기 때문이다.

개념이해 개설의뢰인(수입상)이 하자임을 인지하고도 대금을 지급하겠다고 서면동의하면, 은행도 담보권 보호 의무에서 자유로워진다.

오답분석 ① 신용장의 소멸 여부는 서류 인도 권한과 직접적인 관련이 없다.
② 신용장 거래에서 개설은행(issuing bank)은 서류 일치 시 결제 책임을 진다.
③ 어음의 재발행 여부는 은행의 서류 처리 결정과 무관하다.

06 서류 불일치를 통보하면서 일부 하자만 지적하고 나머지를 누락한 경우 은행이 위험해지는 이유는?

① 환어음을 무효로 만든다.
② 수입상에게 법적 책임이 전가된다.
③ 수출자가 하자를 고쳐서 다시 제출할 수 있다.
④ 나중에 발견된 하자를 재통보할 수 없으므로, 거절권을 상실할 수 있다.

개념이해 은행은 서류에 하자가 있을 경우, 이를 거절하면서 발견된 모든 하자 사항을 한 번에 통보해야 한다. 일부 하자만 통보하고 나머지를 누락하면, 추후 누락된 하자를 근거로 다시 거절하는 것이 허용되지 않으며, 이는 거절권 상실로 이어질 수 있다. 이 경우 은행은 원하지 않던 지급책임을 떠안게 되거나, 수입상과 분쟁이 발생할 수 있어 상당한 법적·재무적 리스크에 노출된다.

오답분석 ① 하자 통보 누락은 환어음의 유효성 자체를 무효로 만들지는 않는다.
② 서류 심사 및 거절 통보의무는 은행의 책임이며, 하자 누락의 결과를 수입상에게 전가할 수 없다.
③ 수출자가 하자를 고쳐 재제출할 수는 있지만, 이는 은행의 위험과는 무관하다.

| 정답 | 03 ④ 04 ① 05 ④ 06 ④

03 D/P, D/A 방식에 의한 수입

2장 수입실무

1 D/P, D/A 방식의 개요

구분	내용
추심결제 (Collecting)	• D/P(Documents against Payment)와 D/A(Documents against Acceptance) 방식은 신용장(L/C) 없이 거래하는 대표적인 무신용장 방식임 • 수출상이 〈환어음 + 상업서류〉를 은행에 맡기면, 은행이 수입지의 은행을 통해 수입상에게 서류를 '지급(D/P) 대 인도' 혹은 '인수(D/A) 대 인도' 형식으로 넘겨주는 방식임 • URC522(추심에 관한 통일규칙)가 적용되며, 신용장(L/C)과 달리 은행이 지급보증을 하지 않음
D/P(Documents against Payment)	• 수입자는 선적서류를 받기 위해 대금을 즉시 지급해야 함 • 수출자는 대금 회수 위험이 적음(확실한 결제 방식) • 수입자는 물건을 받기 전에 미리 대금을 준비해야 하는 부담이 있음
D/A(Documents against Acceptance)	• 수입자는 대금 지급 없이 먼저 선적서류를 받고 물건을 통관할 수 있음 • 대금 결제는 만기일(보통 30~90일 후)에 이루어짐 • 수출자는 대금을 늦게 받을 위험이 있으며, 수입상이 부도날 가능성도 있음

2 D/P, D/A 방식의 비교

구분	D/P	D/A
결제방식	대금을 즉시 지급하면 선적서류 인도	환어음을 인수(Acceptance)하면 선적서류 인도 후 만기일에 대금 결제
수입자의 부담	선적서류를 받기 위해 즉시 대금 결제 필요	선적서류를 미리 받고 대금은 나중에 결제 가능
수출자의 부담	대금 회수 안정성이 높음	대금 지급이 확정되지 않음(수입상의 신용에 의존)
수입자의 유동성	현금 흐름이 부족하면 부담될 수 있음	만기일까지 대금 결제를 유예할 수 있어 유리함

3 D/P, D/A 방식의 특징

- 비용이 상대적으로 적게 든다. (신용장 개설수수료 등 없음)
- 수출자 입장에서는 신용장 대비 결제 안정성이 떨어질 수 있다.
- 추심지시서에 방식이 명시되지 않으면 보통 D/P로 간주한다. → 빈출 포인트!

〈추심지시서(Collection Instruction)〉
- 추심수출상이 추심은행(송금은행)에 서류를 맡기며 'D/P 또는 D/A 방식으로 추심해 달라'는 지시를 전달함
- 추심지시서에는 '어음금액, 환어음 종류, 서류 명세, 이자 · 수수료 부담자' 등이 기재됨

구분	신용장(L/C) 방식	D/P, D/A 방식
은행의 역할	은행이 대금 지급을 보증	은행이 개입하지만 지급 보증은 없음
비용	신용장 개설 수수료, 인수 수수료 등 부과	개설 비용 없음, 비용 절감 가능
거래 안정성	수출자의 대금 회수가 안정적	수출자가 대금 미회수 위험 부담

03 D/P, D/A 방식에 의한 수입

2장 수입실무

④ D/P, D/A 방식의 거래 절차

매매계약 체결	• 수출상(판매자)과 수입상(구매자)이 계약을 체결하고, 대금결제 방식을 D/P 또는 D/A 방식으로 합의함 • 수입승인(필요 시): 전략물자, 특정 품목(의약품 등)일 경우 수입승인을 받아야 함
수출자의 선적 및 서류 준비	• 수출상은 계약에 따라 상품을 선적하고, 대금 회수를 위해 필요한 추심서류(환어음, 송장, 선하증권 등)를 준비함 • 추심서류 구성 예시 　- D/P, D/A 환어음(Bill of Exchange): 수입자가 결제해야 하는 금액을 명시 　- 상업송장(Commercial Invoice): 물품 가격, 품명, 수량 기재 　- 운송서류(B/L, AWB): 선적된 화물 정보를 포함
수출자가 은행을 통해 추심 요청(추심의뢰)	• 수출상은 자신의 거래은행(추심의뢰은행, Remitting Bank)에게 대금 회수를 요청함 • 거래은행은 수입국의 은행(추심은행, Collecting Bank)에게 서류를 송부하여 대금 회수를 진행함 • 추심방식에 따른 차이점 　- D/P(일람출급): 대금 지급이 있어야 서류 인도 가능 　- D/A(기한부출급): 수입상이 어음을 인수(Acceptance)하면 서류를 인도, 대금 지급은 어음 만기일까지 연기됨
수입국 은행(추심은행)의 서류 도착 통보 및 수입상 대응	수입국 은행(추심은행)은 수입상에게 '선적서류가 도착했으니 대금을 지급하거나 어음을 인수하라'는 통지를 보냄
대금 결제 및 대금 회수	• D/P 방식: 수입상 대금 지급 → 추심은행이 대금을 수출국 은행에 송금 → 수출상이 대금 수령 • D/A 방식: 수입상이 어음 인수 후 선적서류 수령 → 만기일에 대금 지급 → 은행을 통해 수출상에게 대금 지급
결제 완료 및 거래 종료	• 모든 대금이 지급되면 거래가 종료됨 • 만약 D/A 방식에서 수입상이 만기일에 대금을 지급하지 않으면, 수출상은 대금 미회수 위험 발생

03 2장 수입실무
D/P, D/A 방식에 의한 수입

5 D/P, D/A 방식에서 은행의 역할

은행 역할	설명
추심의뢰은행 (Remitting Bank)	수출상이 거래하는 은행으로, 추심을 요청하여 서류를 수입국 은행으로 송부
추심은행 (Collecting Bank)	수입상이 거래하는 은행으로, 추심의뢰은행으로부터 서류를 받고 수입상에게 제시

제시은행
(Presenting Bank)
	• 수입상에게 선적서류를 전달하는 역할을 하는 은행(추심은행과 동일할 수도 있음)
	• 서류심사
	  – 신용장 거래처럼 '일치 · 불일치'를 따지기보다는, '추심지시서에 부합하는지' 정도만 형식적으로 확인함
	  – 은행이 지급을 보증하지 않으므로 세부 심사 강도는 L/C보다 약함

6 거절증서(Protest)

개념	어음을 인수 · 지급 거절당했음을 공증인이나 집달관이 작성한 공정증서로 확인하는 것
필요성	• 어음상의 소구권을 행사하기 위한 형식적 요건이 될 수 있음 • 추심지시서에 거절증서 작성 지시가 있으면 추심은행은 인수 거절 시 즉시 거절증서를 작성해야 하고, 작성 후 일정 기간 내 배서인 · 발행인에게 통지함

확인문제로 핵심키워드 정리하기

간단한 쪽지 시험으로 빈출 개념을 다시 정리해 보세요.

1 다음 설명이 맞으면 ○표, 틀리면 ×표 하세요.

(1) D/P 방식에서는 수입상이 대금을 지급해야만 선적서류를 받을 수 있다. ( )

(2) D/A 방식에서는 수입상이 어음을 인수한 후에도 대금을 지급하지 않으면, 은행이 대신 지급을 보증한다. ( )

(3) D/P 방식은 수출상 입장에서 대금 회수 위험이 낮은 결제 방식이다. ( )

(4) D/A 방식에서는 수입상이 어음을 인수하면 즉시 대금을 지급해야 한다. ( )

(5) D/P 방식에서는 수입상이 대금을 지급하지 않을 경우, 수출상은 물품을 다시 회수할 수 있다. ( )

2 다음 빈칸에 들어갈 알맞은 말을 적으세요.

(1) D/P 방식은 ( ) 지급과 동시에 선적서류가 인도되는 방식이다.

(2) D/A 방식에서는 수입상이 어음을 인수하면 선적서류를 받을 수 있지만, 대금 지급은 ( )에 이루어진다.

(3) D/P 방식은 ( ) 방식이라고도 불리며, 수출상의 대금 미회수 위험이 적은 방식이다.

(4) D/A 방식은 기한부출금 방식으로, 수입상이 대금 결제를 ( )까지 유예할 수 있다.

(5) D/P, D/A 거래에서 수출상은 ( )은행을 통해 대금 회수를 요청한다.

---

01 다음 중 D/P 방식의 특징으로 옳은 것은?

① 수출상이 은행의 지급 보증을 받을 수 있다.
② 수입상이 대금을 지급해야만 선적서류를 받을 수 있다.
③ 수입상이 대금을 지급하지 않아도 물품을 받을 수 있다.
④ 수입상이 대금을 지급하기 전에 선적서류를 받을 수 있다.

개념이해 D/P 방식에서는 수입상이 대금을 지급해야만 선적서류를 받을 수 있으며, 이를 일람출급(Sight Draft) 방식이라고 한다. D/P 방식은 수출상 입장에서 대금 미회수 위험이 낮은 방식이며, 신용장 개설 없이도 거래할 수 있다는 장점이 있다.

02 다음 중 D/A 방식에서 수출상이 직면할 수 있는 가장 큰 위험은?

① 수출상이 어음을 발행할 수 없다.
② 추심은행이 대금을 대신 지급해야 한다.
③ 수입상이 대금을 지급하기 전에 서류를 받을 수 없다.
④ 수입상이 만기일에 대금을 지급하지 않을 가능성이 있다.

개념이해 D/A 방식에서는 수입상이 어음을 인수(Acceptance)하면 선적서류를 받을 수 있지만, 대금 지급은 만기일에 이루어진다. 따라서 수입상이 만기일에 대금을 지급하지 않을 경우, 수출상이 대금을 회수하지 못할 위험이 크다. 이를 방지하기 위해 수출상은 어음보증(Bank Guarantee) 확보, 수입상 신용평가, 분할 결제 요구 등의 방법을 사용할 수 있다.

---

1 (1) ○ (2) × (3) ○ (4) × (5) ○
2 (1) 대금 (2) 만기일 (3) 일람출급 (4) 만기일 (5) 추심의뢰

03 다음 중 D/P 방식과 관련한 설명으로 옳지 않은 것은?

① D/P 방식은 일람출급 방식이다.
② 수출상 입장에서 대금 미회수 위험이 낮다.
③ 수입상이 대금을 지급해야만 선적서류를 받을 수 있다.
④ 수입상은 은행으로부터 대금 지급 보증을 받을 수 있다.

개념이해 D/P 방식은 은행이 단순히 서류를 전달하는 역할만 하며, 대금 지급을 보증하지 않는다. 즉, 신용장 방식(L/C)과는 달리, D/P 방식은 수출상이 수입상의 신용을 신뢰해야 하는 방식이다.

04 D/A 방식에서 수입상이 대금을 지급하는 시점은 언제인가?

① 선적 전
② 어음 만기일
③ 어음을 인수할 때
④ 선적서류를 받을 때

개념이해 D/A 방식에서는 수입상이 어음을 인수(Acceptance)하면 선적서류를 받을 수 있지만, 대금 지급은 어음 만기일에 이루어진다. 일반적으로 어음 만기는 30~90일 후로 설정되며, 수입상은 이 기간 동안 대금 결제를 유예할 수 있다.

05 D/P와 D/A 방식의 공통적인 특징으로 옳은 것은?

① 은행이 대금 지급을 보증한다.
② 수출상이 대금 미회수 위험이 없다.
③ 신용장 방식과 비교했을 때 비용이 적게 든다.
④ 수입상이 대금을 지급하기 전에는 서류를 받을 수 없다.

개념이해 D/P, D/A 방식은 신용장 개설 비용이 필요하지 않기 때문에, 신용장 방식보다 비용이 적게 든다.

오답분석 ①② D/P와 D/A 방식 모두 은행이 지급을 보증하지 않으므로, 수출상 입장에서는 대금 미회수 위험이 존재한다.
④ D/P 방식에는 해당되지만, D/A는 어음을 인수(acceptance)만 해도 서류 인도가 가능하므로 공통된 특징은 아니다.

06 추심은행(Collecting Bank)의 역할로 옳은 것은?

① 수입상에게 대금 지급을 보증한다.
② 수출상에게 대금을 대신 지급한다.
③ 대금을 회수할 수 없는 경우 직접 소송을 진행한다.
④ 수출국 은행으로부터 서류를 받아 수입상에게 제시한다.

개념이해 추심은행(Collecting Bank)은 수출국의 은행(추심의뢰은행)으로부터 서류를 받아 수입상에게 제시하는 역할을 한다.

오답분석 ① 추심은행은 단순 서류 전달 및 대금 수령 역할을 하며, 지급을 보증하는 기능은 전혀 없다.
② 대금은 수입상으로부터 실제 지급받은 후 송심은행을 거쳐 수출상에게 전달되며, 추심은행이 자금을 선지급하는 구조는 아니다.
③ 추심은행은 단순 대리인일 뿐, 법적 청구 주체가 아니므로 소송을 직접 제기하지 않는다.

| 정답 | 01 ② 02 ④ 03 ④ 04 ② 05 ③ 06 ④

04 | 2장 수입실무
보증신용장과 청구보증

1 보증신용장의 개념

- 보증신용장(Standby Letter of Credit)은 일반적인 상업신용장(Commercial L/C)과 달리, 수출대금 결제가 아니라 계약이행 보증, 대출원리금 상환 보증 등의 목적을 위해 발행되는 신용장이다.
- 미국에서 개발된 형태로, 만약 거래 상대방(계약 상대)이 해당 의무(납품, 시공, 대출상환 등)를 불이행할 경우, 수익자가 은행에 서류를 제시해 보상금(Damage Payment)을 수령할 수 있도록 하는 장치이다.

2 보증신용장의 특징

구분	내용
Backup 용도	• 본래대로라면 서류 제시가 이루어지지 않아야 할 신용장임 • 수익자는 상대방 불이행 시에만 청구 서류를 제시해 은행에서 대금을 회수함
ISP98/UCP600 적용	• 국제상업회의소(ICC)의 ISP98(International Standby Practices 1998) 규정이 보증신용장에 특화된 규범임 • 보증신용장도 화환신용장과 마찬가지로 UCP600이 적용될 수 있음
거래범위	광범위한 보증 목적에 쓰임 ※ 건설 계약(계약이행보증), 대출원리금 상환보증, 수출 선금 환급보증(Advance Payment Refund Guarantee) 대체 수단 등
추상성	• 이행 불이행과 상관없이, 서류 일치만 확인되면 은행이 대금을 지급해야 함 • 은행은 Underlying Contract(본 계약) 분쟁에는 개입하지 않음

3 청구보증(Demand Guarantee)의 개념

- 청구보증(Demand Guarantee)은 은행(또는 보증기관)이 수익자에게 '주채무자가 계약불이행을 하면, 은행이 수익자가 요구(demand)하는 대금을 즉시 지급하겠다'라고 보증하는 서류이다.
- ICC가 제정한 URDG758(Uniform Rules for Demand Guarantees)이 주된 규칙이다.
- 영어권에서는 'Demand Guarantee' 외에도 'Bank Guarantee'라는 용어를 쓰기도 한다.

4 청구보증 vs 보증신용장 비교

구분	보증신용장(Standby L/C)	청구보증(Demand Guarantee)
서류명칭	'Standby Letter of Credit'이라는 신용장 형식을 가진 보증	'Guarantee'라는 별도 보증문서 형식
주된 규칙	ISP98 또는 UCP600 적용	URDG758 적용
활용 목적	미국 법 체계에서 발전, 신용장 시스템을 활용하여 보증 기능 수행	유럽 등에서 전통적인 은행 보증서 형태로 발전
실무상 구분	신용장을 활용한 보증 방식으로, 국제적으로 많이 사용됨	전통적인 보증 문서 형식으로 특정 지역(유럽 등)에서 선호

보증신용장과 청구보증

2장 수입실무 / 04

5 보증신용장과 청구보증의 주요 활용 사례

구분	내용
수입 계약에서 선금 (Advance Payment) 환급 보증	수입자가 선금(계약금)을 먼저 지급해야 할 때, '혹시 수출자가 납품을 안 하면 돌려받을 수 있나?'라는 의문이 생길 수 있는데, 이때 수출자가 은행에 보증신용장(Standby L/C)이나 청구보증(Demand Guarantee)를 발행해주면, 만일 미납품 시 수입자가 은행으로부터 선금을 돌려받을 수 있음
계약이행보증	건설·플랜트 등 대규모 프로젝트에서, 시공사가 계약을 제대로 이행하지 않으면 발주처에 손실이 생기는데, 시공사(수출자)가 보증신용장(Standby L/C)이나 청구보증(Demand Guarantee)을 발행해 '불이행 시 은행이 손해액을 지급하겠다'고 보증함
하자보수보증 (Maintenance Guarantee)	제품인도 후 하자보수 기간 동안, 만일 제조사의 A/S 불이행이 있을 경우 보증금액을 발주처에게 지급하는 약정
금융거래 보증	수출자 혹은 수입자가 은행에서 대출을 받았을 때, 다른 은행이 Standby L/C를 발행해 '원리금 상환이 안 되면 지급'을 보증하기도 함

6 서류 요구 및 지급절차

단계	내용
발행(issuance)	주채무자가 은행에 보증 발행을 신청하면, 은행은 주채무자의 신용도, 담보 등을 평가한 후 보증 서류를 발행함
▼	
보증문서 통지	보증받는 상대(수익자)측 은행으로 전달되면, 수익자는 문구를 확인하고 이상이 없으면 보증 효력이 발생함
▼	
불이행 시 서류 제시	만약 의무 불이행(프로젝트 미완, 납품 지연 등)이 발생하면 수익자는 정해진 서류(청구서 + 불이행증명서 등)를 은행에 제시하고, 은행은 URDG758, ISP98 등에서 규정한 방식으로 서류 일치 여부를 심사함
▼	
지급 혹은 거절	서류가 보증 문구와 일치하면 은행이 즉시 대금을 지급하고, 불일치(having discrepancy) 시에는 은행이 거절할 수 있음(단, 구체적 거절사유와 근거를 제시해야 함)

04 보증신용장과 청구보증

2장 수입실무

7 보증신용장·청구보증과 일반신용장의 비교

구분	일반신용장 (Commercial L/C)	보증신용장 (Standby L/C)	청구보증 (Demand Guarantee)
발행 목적	상품 대금 결제	계약 불이행 보증, 선급금 환급, 대출 보증, 성능 보증 등	
실제 서류 제시 빈도	거래 대부분에서 실제 제시됨(선적 후 대금 청구)	비정상 상황(불이행, 계약 파기)에서만 제시됨	
적용 규범	UCP600, ISBP745	ISP98 또는 UCP600	URDG758

※ 세 신용장 모두 '독립성의 원칙'에 따라 서류가 일치하면 은행(보증인)이 1차 책임을 진다.
※ 특히, 청구보증도 2차 책임 보증이 아니라 서류에 따라 즉시 이행되는 1차 책임을 진다는 점에 주의해야 한다.

8 보증신용장·청구보증의 실무 포인트

발행 은행의 위험관리	• 보증서 발행 시, 은행은 주채무자의 신용평가와 담보 확보가 필수적임 • 의무불이행이 발생하면 수익자에게 지체 없이 대금을 지급해야 하므로 리스크가 큼
문구와 서류	실제 보증문구(guarantee wording)에 상세한 요구서류(불이행증명, 서명방식 등)가 포함되며, 수익자는 이를 충족해야 지급을 받을 수 있음
무역 vs 건설·플랜트	• 무역거래: '선급금 환급보증(Advance Payment Guarantee)'이나 '계약이행보증(Performance Guarantee)'으로 활용 • 건설·플랜트: '하자보수보증(Maintenance Guarantee)' 등이 필수적임

확인문제로 핵심키워드 정리하기

간단한 쪽지 시험으로
빈출 개념을 다시 정리해 보세요.

1 다음 설명이 맞으면 ○표, 틀리면 ×표 하세요.

(1) 보증신용장(Standby L/C)은 주로 화환신용장과 동일하게 무역물품 결제 목적으로 사용한다. (　)

(2) 보증신용장도 UCP600을 적용할 수 있다. (　)

(3) 청구보증(Demand Guarantee)은 주채무자와 독립되어 1차 지급책임을 진다. (　)

(4) 보증신용장은 원인계약(공사계약 등)이 취소되면 자동으로 효력이 소멸된다. (　)

(5) 청구보증에서 서류심사는 서류심사 원칙이 배제된다. (　)

2 다음 빈칸에 들어갈 알맞은 말을 적으세요.

(1) 보증신용장(Standby L/C)은 무역 외 거래의 (　) 수단으로 사용되기도 한다.

(2) 청구보증(Demand Guarantee)은 (　)을 적용받는 사례가 많다.

(3) Standby L/C와 화환신용장은 모두 (　) 통일규칙(UCP600)을 적용할 수 있다.

(4) 청구보증은 주채무자의 불이행 여부와 상관없이 (　) 제시만 맞으면 은행이 대금을 지급한다.

(5) 보증신용장은 원인계약과 독립적이므로, (　)의 원칙이 적용된다.

(6) (　)은 URDG758을 따르는 독립·추상적 보증 형태로서, 1차 책임을 진다.

개념확인문제

01 청구보증(Demand Guarantee)이 주채무와 독립적이라고 하는 이유로 적절한 것은?

① 일반 보증서와 동일하게 보충적 책임을 진다.
② 주채무자가 부도나면 은행 책임도 바로 소멸한다.
③ 보증인이 원인계약 불이행 여부를 직접 확인하고 지급한다.
④ 주채무 불이행과 상관없이, 서류 제시가 일치하면 은행이 1차적으로 지급한다.

개념이해 청구보증은 '주채무와 관계없이 독립된 지급보증'이므로 은행이 1차 지급책임을 진다.

02 보증신용장과 청구보증의 공통점으로 가장 적절한 것은?

① 모두 UCP600을 적용한다.
② 모두 무역거래 이외에는 사용할 수 없다.
③ 일람후정기출급 어음을 반드시 사용한다.
④ 주채무 불이행을 증명하는 서류를 제시하면 은행이 독립적으로 지급한다.

개념이해 보증신용장·청구보증 모두 '독립성 원칙'을 적용하며, 주채무 불이행(위반)을 서류로 증명하면 은행이 직접 지급한다.

오답분석 ① 청구보증은 무조건 URDG758을 적용해야 하나, 보증신용장은 UCP600/ISP98 등 선택이 가능하다.
② 청구보증(Demand Guarantee)은 건설, 입찰, 납품보증 등 다양한 비무역 분야에서도 사용 가능하며, 보증신용장도 일반 지급보증 수단으로 활용될 수 있어 무역거래에 한정되지 않는다.
③ 보증신용장과 청구보증 모두 어음 사용이 필수 요소가 아니며, 지급요구 서류만 제출하면 된다.

---

1 (1) × (2) ○ (3) ○ (4) × (5) ×
2 (1) 보증 (2) URDG758 (3) 신용장 (4) 서류 (5) 독립성 (6) 청구보증

| 정답 | 01 ④　02 ④

03 보증신용장(Standby L/C)에서 실제로 결제가 이뤄지는 전형적인 상황은?

① 상업송장을 발행하지 않은 경우
② 수출자가 물품 대금 전액을 미리 받는 선지급 상황
③ 수입자가 환어음을 지급도 하지 않고 운송서류를 회수하는 경우
④ 공사계약에서 계약이행이 불이행된 경우, 상대방이 보증신용장 조건에 따라 은행에 서류를 제시하는 경우

개념이해 보증신용장(Standby L/C)은 의무불이행이 발생할 때 행사되는 이행보증성 신용장이다.

오답분석 ①②③ 보증신용장(standby L/C)은 평상시에는 결제되지 않으며, 의무불이행 시 서류 제시로 청구가 이뤄진다.

04 청구보증(Demand Guarantee)에 URDG758이 적용되는 가장 큰 이유는?

① 기한부신용장을 연장하기 위해서이다.
② 무역거래조건을 조정하기 위해서이다.
③ 수출입 물품 결제 시 환어음을 사용해야 하기 때문이다.
④ 국제적 보증거래에서 서류심사 방식의 통일된 규칙을 제공하기 위해서이다.

개념이해 URDG758은 보증거래에서 서류 제시 절차, 문면심사, 통지 방식 등을 규정한다.

오답분석 ① 기한부신용장의 연장은 신용장 거래와 관련된 개념으로, 청구보증 및 URDG758의 적용 목적과는 무관하다.
② URDG758은 무역거래조건을 조정하는 규칙이 아니며, 신용장통일규칙(UCP600)과도 구별된다.
③ 청구보증은 환어음을 사용하지 않으며, D/P나 D/A 같은 추심방식과도 관련이 없다.

05 보증신용장(Standby L/C)과 화환신용장(Commercial L/C)의 공통점으로 옳지 않은 것은?

① UCP600을 적용할 수 있다.
② 은행이 독립적으로 서류를 심사한다.
③ 둘 다 주계약과 종속적인 2차 보증이다.
④ 원인계약 문제가 있어도 서류 일치 시 은행은 지급해야 한다.

개념이해 둘 다 주계약과는 독립적·추상적이므로, 2차 보증이 아니라 1차 지급의무가 발생한다. (보증신용장은 'Standby' 형태지만, 독립성 원칙은 동일함)

오답분석 ① 화환신용장에는 기본적으로 UCP600이 적용되며, 보증신용장은 보통 ISP98이 적용되지만 명시적으로 UCP600을 적용한다고 규정하면 적용 가능하다.
② 두 신용장 모두 서류의 문면상 일치 여부만을 기준으로 심사하는 서류심사 원칙이 적용된다.
④ 두 신용장 모두 독립약정 원칙에 따라 원인계약의 분쟁과 관계없이 서류가 일치하면 지급해야 한다.

06 보증신용장과 청구보증이 실제 무역실무에서 널리 활용되는 이유로 옳은 것은?

① 상업송장, 선적서류 등이 필요하지 않아서이다.
② 은행 개입이 전혀 없어 비용이 완전 무료이다.
③ 무역거래보다 환어음 발행이 간편하기 때문이다.
④ 주채무 불이행 시 서류 제시만으로 신속히 대금 지급을 확보하기 위해서이다.

개념이해 보증신용장과 청구보증은 채무불이행 사태가 발생하면 즉시 은행이 지급하는 강력한 보증 효과 때문에 많이 사용된다. (보증신용장과 청구보증은 특히 건설·프로젝트 파이낸싱 등에서 자주 사용됨)

| 정답 | 03 ④ 04 ④ 05 ③ 06 ④

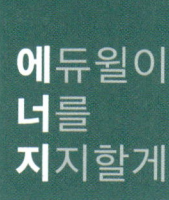

아는 세계에서 모르는 세계로 넘어가지 않으면
우리는 아무것도 배울 수 없다.

– 클로드 베르나르 (Claude Bernard)

01 신용장의 통지·확인·양도

3장 수출실무

❶ 신용장의 통지(Advice)

통지의 의의	• 개설은행(수입지 은행)이 발행한 신용장을 수출지 은행(통지은행)이 수익자에게 전달해주는 과정 • 신용장은 주로 통지은행을 거쳐 전달되므로, 개설은행이 수익자에게 직접 보내는 경우는 거의 없음 • 통지은행은 신용장의 외견상 진정성(서명·전문 등의 진위)을 확인 후 수익자에게 통지함
통지은행의 의무와 지위	• 통지은행은 신용장을 통지하기 전에 **외견상 진정성**을 검사해야 함 • 진정성을 확인할 수 없을 때는 개설은행에 알리고, 수익자에게도 '진정성 불명확' 사실을 안내해야 함 • 통지은행이 '확인은행'이 아니라면 서류 일치 시 **결제·매입 의무 ×**(통지 역할만 함) • 개설은행과 통지은행 간에는 보통 환거래(코레스) 관계가 있으나, 없는 은행의 신용장이라도 통지 자체는 가능하되 면책 문언을 달아야 함
통지 방법	• 우편신용장(Mail Credit): 우편으로 원본이 도착하면, 서명감 대조 후 수익자에게 신용장 원본을 교부함 • 전신신용장(Teletransmission Credit): 텔렉스·SWIFT 등으로 받은 신용장을 그대로 유효 서류로 보고, 수익자에게 통지함 • SWIFT 통지가 현재 가장 일반적이며, 보안성과 비용 측면에서 유리함 • 예비통지(Pre-Advice)와 우편확인서(Mail Confirmation) 관계도 주의해야 하며, 'For your information only'처럼 참고용 문언이 있으면 정식 증서가 아닐 수 있음
신용장 조건변경·취소	• 신용장 취소나 조건변경은 **개설은행, 수익자, (확인은행이 존재한다면) 확인은행** 전원의 합의가 있어야 함 • 통지은행은 개설은행으로부터 조건변경 통지를 받으면 즉시 수익자에게 알리고, 수익자가 수락하지 않으면 그 사실을 개설은행에 알림 → NOT 수입자(개설의뢰인) • 부분적 수락은 불가하며, 수익자가 특별히 거부하지 않다가 결국 조건변경 내용과 맞춘 서류를 제시하면 그 순간 조건변경이 수락된 것으로 봄
신용장의 분실·재발행	신용장 원본을 수익자가 분실한 경우, 통지은행은 국내 외국환은행과 개설은행에 통지하고, 재발행 절차를 밟을 수 있음

❷ 신용장의 확인

확인의 개념	• 신용장을 발행한 개설은행이 1차로 결제(지급·인수·연지급·매입 등)를 보장하는데, 신용도가 낮거나 **국가적 리스크**가 있을 경우 확인은행(제3은행)이 그 결제 책임을 추가로 보장하는 제도 • 확인은행이 '일치하는 서류 제시'에 대해서는 개설은행과 마찬가지로 결제·인수·매입 의무를 짐 • 확인은행은 신용장에 **확인을 추가하는 시점**으로부터 **취소가 불가능한 결제(honour) 또는 매입의 의무**(=개설은행과 동일한 상환의무)를 부담함

확인은행의 선택·역할	• 개설은행 요청
	  – 개설은행이 '이 신용장을 OO은행이 확인해주길 바란다'고 지정하거나, 'Confirmation requested'라고 전문에 명시함
	  – 요청을 받은 은행은 확인을 추가할지 말지를 자율적으로 결정함
	• 확인 부담
	  – 확인은행은 개설은행의 지급 리스크뿐만 아니라, 개설은행이 위치한 국가의 정치·경제적 위험(환거래 제한, 외환 통제 등)도 고려하여 확인 여부를 결정함
	  – 확인은행은 일치 서류에 대해 결제(또는 매입)를 반드시 이행해야 하고, 이후 개설은행에 상환을 청구함

01 신용장의 통지·확인·양도

3장 수출실무

신용장 확인의 종류	• 일람지급(Sight Payment)확인: 신용장이 sight 조건일 때, 확인은행이 일치 서류 제시 시 즉시 지급을 확약 • 연지급(Deferred Payment)확인: 만기일(선적 후 60일 등)에 확인은행이 지급할 것을 확약 • 인수(Acceptance)확인: 환어음을 인수하고 만기에 지급하겠다고 약속 • 매입(Negotiation)확인: 환어음·서류를 상환청구권 없이 매입함을 확약(Without Recourse)
신용장 확인 시 유의사항	• 확인은행의 신중한 심사 – 개설은행과 여신 한도가 있는지, 개설은행 건전성, 국가 리스크 등을 검토 – 적절히 담보 확보가 안 되면 확인을 거절할 수 있음 • 확인범위 – 확인은행은 특정 조건(일정 기간, 일정 금액 등)만 확인할 수도 있으나, 일반적으로 신용장 전액을 확인하는 것이 일반적임 – 일부 항목(서류)만 보증하는 제한적 확인도 가능하나 흔치 않음 • 조건변경 시 – 원신용장에 확인이 붙었어도, 추가로 들어온 조건변경(amendment)에 대해 확인은행은 다시 확인을 거부할 수 있음 → We do not add our confirmation to this amendment. – 개설은행·확인은행·수익자 모두 합의해야 유효한 변경이 됨

③ 신용장의 양도(Transferable L/C)

양도가능 신용장	• 제1수익자가 신용장을 제2수익자에게 전부 혹은 일부를 넘겨 대신 사용할 수 있게 하는 것 • 보통 중개무역이나 하청 형태로 자주 활용됨 ※ 제1수익자가 물품을 직접 생산하지 않고, 제2수익자가 생산·수출하도록 하는 경우 등
양도의 요건	• 신용장에 transferable이라고 명시해야만 양도 가능하며, 'assignable', 'transmissible', 'divisible' 등은 인정되지 않음 • 양도은행(Transferring Bank) – 보통 신용장을 통지·매입할 권한이 있는 지정은행임 – 양도은행은 신용장의 원래 조건이 UCP600에 부합하는지, 양도 후 발생할 수 있는 리스크(지급 지연, 채권 보전 등)를 고려하여 양도 요청을 거절할 수 있음 • 1회 양도 원칙: 제2수익자가 양도된 신용장을 다시 제3수익자에게 양도 불가능(No sub-transfer) ※ 단, 원래 수익자에게 재양도하는 특수 케이스는 허용(물품 납기상 변동)
양도의 방식	• 전액양도와 분할양도 – 전액양도: 신용장 전체를 한 사람(제2수익자)에게 전부 넘김 – 분할양도: 신용장 전체를 분할하여 여러 제2수익자에게 나누어 줌 • 국내양도와 국외양도 – 국내양도: 제2수익자가 동일 국내에 있는 경우 – 국외양도: 제2수익자가 해외에 있는 경우 ※ 국내인지 국외인지에 따라 서류·절차가 달라짐 • 단순양도와 조건변경부양도 – 단순양도: 원신용장의 조건을 변경하지 않고 그대로 양도함 – 조건변경부양도: 신용장 금액, 단가, 유효기일 등을 축소·단축하여 양도(중계마진 확보 목적 등)

3장 수출실무
신용장의 통지·확인·양도

변경 가능한 항목 (Condition)	• 원칙적으로 원신용장 조건 그대로 양도해야 하지만, 다음 항목은 예외로 변경 가능('감액 · 단축' 등) – 금액과 단가를 감액할 수 있음(제1수익자가 중계마진 확보 목적) – 유효기일, 서류제시기간, 선적기일 단축 가능(서류 교체 등 여유 확보) – 보험부보비율 상향 가능(감액분이 발생해도 원신용장 요구를 충족하기 위해) – 개설의뢰인의 이름 대신 제1수익자 이름으로 바꿀 수 있음(직거래 방지)

④ 제1수익자의 권리 및 의무

권리	• 제2수익자가 만든 상업송장 · 환어음을 원신용장 조건에 맞춰 새로 만든 송장 · 어음으로 교체할 수 있으며, 이를 통해 양도차익 확보 가능 • 교체 권한을 행사하려면 양도은행이 최초 요구하는 시점에 즉시 응해야 하며, 지연 시 권리를 상실할 수 있음
의무	• 양도 수수료 부담: 통상 양도비용(handling charge)은 제1수익자가 냄 • 조건변경서 통지 지시: 이후 개설은행이 내보내는 조건변경(amendment)을 제2수익자에게도 전달할 것인지, 아니면 제1수익자만 받고 말 것인지를 명확하게 지시해야 함 • 교체 요청 즉시 대응: 양도은행이 제1수익자에게 '서류 교체 요청'을 하면, 첫 요구 시 교체해야 차익을 확보할 수 있음

⑤ 신용장 양도 시 절차 및 서류

양도신청서	• 제1수익자가 양도은행에 'Application for Transfer' 제출 • 변경 가능한 항목(금액 · 단가 · 유효기일 등)과 변경방식 기재
신용장 원본	• 분할양도면 사본에 '원본대조필'을 찍고, 양도장(Advice of Transfer)이 첨부됨 • 전액양도면 원본 자체를 넘길 수도 있음 • 양도장(Advice of Transfer) 발행 • 양도은행은 제1수익자의 신청을 검토 후, 제2수익자에게 'Transferred Credit' 형태로 통지
조건변경 통지	이후 개설은행이 보내는 amendment가 있으면, 양도은행은 제1수익자의 지시에 맞춰 제2수익자에게 통지할지 말지를 결정함

확인문제로 핵심키워드 정리하기

간단한 쪽지 시험으로 빈출 개념을 다시 정리해 보세요.

1 다음 설명이 맞으면 ○표, 틀리면 ×표 하세요.

(1) 제1수익자가 원신용장의 금액을 낮추어 제2수익자에게 양도하면, 그 차액만큼 제1수익자는 마진을 얻을 수 있다. ( )

(2) 확인은행이 신용장에 확인을 추가한 경우, 신용장 조건과 불일치하는 서류라도 확인은행은 결제 책임을 진다. ( )

(3) 분할선적이 허용된다면, 신용장 금액을 여러 명의 제2수익자에게 나누어 양도할 수 있다. ( )

(4) 취소불능신용장이라면 누구나 신용장에 확인을 추가할 수 있다. ( )

(5) 양도가능신용장은 'transferable'이라는 문구가 없더라도, 'assignable'이란 말만 있어도 은행이 양도를 수리한다. ( )

2 다음 빈칸에 들어갈 알맞은 말을 적으세요.

(1) ( )은 수출자(수익자)가 개설은행의 신용도나 국가 위험을 우려해, 다른 은행의 결제 보장을 추가로 확보하는 제도이다.

(2) 분실신고가 들어온 신용장을 다시 발행하는 경우, 통지은행은 ( ) 통지서를 작성하여 각 외국환은행과 개설은행에 알릴 수 있다.

(3) 개설은행은 신용장에 ( )이라고 명확히 표기해야 양도가 가능하다.

(4) 제1수익자가 원신용장을 제2수익자에게 분할로 넘기려면, 신용장에 ( )이 허용되어야 한다.

(5) 개설은행으로부터 조건변경서를 받았으나 수익자가 이를 수락하지 않고 거부 의사도 밝히지 않은 채 서류를 제출하지 않으면, 그 조건변경은 아직 ( ) 상태로 남게 된다.

---

01 다음 중 통지은행의 의무에 대한 설명으로 옳지 <u>않은</u> 것은?

① 신용장을 통지하지 않기로 결정한 경우, 개설은행에 즉시 통보해야 한다.
② 신용장의 분실·지연·오류 전송 등에 대해서 통지은행은 일반적으로 책임지지 않는다.
③ 신용장을 통지하기로 결정했다면, 외견상 진정성 확인에 합리적 주의를 기울여야 한다.
④ 신용장이 '위조(fake) 서명'처럼 보이더라도 통지는 자유롭게 할 수 있으며, 수익자에게 알릴 필요가 없다.

개념이해 통지은행이 진정성 확인이 어렵지만 통지를 한다면, 반드시 수익자에게 그 불확실성을 안내해야 한다.

오답분석 ① 신용장을 통지하지 않기로 하면, 통지은행은 그 사실을 개설은행에 즉시 알려야 할 의무가 있다.
② 통지은행은 단순 통지 역할만 수행하며, 일반적으로 정상적인 절차를 따랐다면 송신 오류나 지연에 대한 책임은 지지 않는다.
③ 통지은행은 개설은행이 아닌 한 결제 책임은 없으나, 서명 진위나 외견상 위조 여부는 확인해볼 의무가 있다.

02 확인신용장에 대한 설명으로 옳은 것은?

① 확인은행은 취소가능신용장에도 확인을 붙일 수 있다.
② 확인은행이 원신용장을 확인했으면, 어떤 불일치 서류라도 무조건 결제한다.
③ 개설은행이 요청해도, 확인은행이 확인을 거절하면 확인은 성립되지 않는다.
④ 확인은행은 원신용장에 확인을 추가하면, 조건변경서에는 자동으로 확인이 추가된다.

개념이해 확인은행은 신용공여 여력 등의 이유로 확인 요청을 거절할 수 있으며, 거절하면 확인은 성립되지 않는다.

오답분석 ① 취소가능신용장에는 원칙적으로 확인을 붙일 수 없다. 확정적 지급확약이 없기 때문에 확인의 의미가 성립하지 못한다.
② 문면상 일치한 서류에 대해서만 지급 확약이 발생하며, 서류 불일치 시에는 지급 거절이 가능하다.
④ 조건변경서에 대한 확인은 선택사항이다.

---

1 (1) ○ (2) × (3) ○ (4) × (5) ×
2 (1) 확인 (2) 신용장분실 (3) transferable (4) 분할선적 (5) 미수락

| 정답 | 01 ④ 02 ③

03. 양도가능신용장에 대한 설명 중 옳지 않은 것은?

① 제1수익자는 금액과 단가를 낮춰 양도할 수 있다.
② 'transferable'이라는 단어가 반드시 포함돼야 한다.
③ 제2수익자는 신용장을 다른 수익자에게 재양도할 수 있다.
④ 분할선적이 허용되는 한 여러 제2수익자에게 분할 양도할 수 있다.

개념이해 제2수익자가 재양도(2차 양도)하는 것은 불가능하며, 오직 제1수익자가 여러 사람(제2수익자)에게 분할해줄 수 있을 뿐이다.

오답분석 ① 보통 중계무역에서 제1수익자가 마진 확보 목적으로 금액·단가를 감액한다.
② UCP600에 명시된 바와 같이, 신용장이 양도가능하려면 명시적으로 'transferable'이라는 단어가 포함되어야 한다.
④ 신용장에서 분할선적이 명시적으로 허용되어 있다면, 제1수익자는 여러 제2수익자에게 부분적으로 신용장을 나누어 양도할 수 있다.

04. 다음 중 '신용장 조건변경'에 관한 설명으로 가장 적절한 것은?

① 개설은행이 일방적으로 조건변경을 통지하면 즉시 효력이 발생한다.
② 확인은행이 없는 경우에는 수익자 동의 없이도 조건변경이 가능하다.
③ 수익자가 조건변경을 명시적으로 거절하지 않으면 자동으로 수락된 것으로 본다.
④ 수익자가 조건변경 내용에 맞춰 서류를 실제로 제시하면, 그 시점에 조건변경을 수락한 것으로 본다.

개념이해 수익자가 서류를 제출할 때, 변경된 조건에 맞춰 제시하면 곧 '조건변경을 수락'한 것으로 본다.

오답분석 ① 개설은행·수익자·확인은행(존재 시) 모두 합의해야 하므로 일방 통보는 효력이 없다.
② 확인은행의 존재 여부와 무관하게, 수익자의 동의는 필수이다.
③ 명시적 거부가 없더라도 서류를 제출하지 않으면 미수락 상태이다.

05. 확인은행의 책임 범위로 옳은 것은?

① 개설은행이 부도났을 때는 확인은행도 지급을 거절할 수 있다.
② 원신용장에 확인을 했으면, 조건변경서에 대해서도 자동 확약이 성립한다.
③ 다른 지정은행이 매입을 거절해도, 확인은행은 일치 서류라면 결제 의무를 진다.
④ 일치 서류가 제시되면 결제·매입 의무를 지고, 확인 범위를 넘어 불일치 서류도 결제해야 한다.

개념이해 확인은행(Confirming Bank)은 서류가 신용장 조건과 일치하는 한, 그 어떤 사정과 관계없이 수익자에게 결제 또는 매입의무를 진다. 즉, 다른 지정은행이 매입을 거절하더라도, 확인은행은 자신이 부가한 확약에 따라 반드시 지급해야 한다.

오답분석 ① 확인된 신용장은 개설은행 부도와 관계없이 확인은행이 결제해야 한다.
② 조건변경서에 대한 확인은 별도로 수락해야 하며, 자동으로 확인이 추가되지 않는다.
④ 불일치 서류까지 책임지는 것은 아니다.

06. 통지은행이 신용장을 접수했으나, 환거래은행이 아닌 발행은행이라 서명감 대조가 불가능하다면 어떤 절차가 가장 적절한가?

① 통지은행은 반드시 그 신용장을 폐기해야 한다.
② 통지은행은 확인은행 역할을 자의적으로 수행한다.
③ 통지은행은 바로 매입 후 서류를 개설은행에 보낸다.
④ 통지은행은 면책 문언(진정성 확인 불가)을 달고, 정보용으로만 수익자에게 통지할 수 있다.

개념이해 은행 간 계약관계(코레스 관계)가 없으면 서명 진위를 확인하기 어려우므로, 'Information Only, Without Responsibility' 등의 문구로 통지가 가능하다.

오답분석 ① 통지은행이 자의적으로 신용장을 폐기할 수 없다.
② 통지은행은 임의로 확인은행이 될 수 없다.
③ 통지은행은 진정성 확인이 불가능한 상황에서 서류를 개설은행에 보낼 수 없다.

| 정답 | 03 ③ 04 ④ 05 ③ 06 ④

02 서류의 심사 및 매입

3장 수출실무

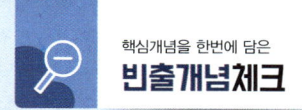

1 서류심사의 기초

신용장 거래의 본질 (서류거래 원칙)	은행은 실제 물품보다 제시된 서류가 신용장 조건과 맞는지(서류일치)만 확인함
일치서류 (Complying Presentation)	모든 요구 서류(상업송장, 환어음, 운송서류, 보험서류 등)가 신용장 조건 및 국제규칙(UCP600 등)에 부합해야 '일치'로 봄
서류제시기간	• 선적 후 며칠 이내에 서류를 은행에 제시하라는 식으로 설정됨 • 은행 영업일 기준 심사 기간(제시일 익일 5영업일) 내에 하자를 통보할 수 있음

2 환어음(Draft)의 의의와 종류

환어음의 개념	• 일정 금액을 만기(일람 · 기한부)에 지급해달라는 '지급요청증권' • 신용장에서는 보통 **수익자가 환어음을 발행**하고, **개설은행을 지급인으로 지정**함 • D/P, D/A(추심) 방식에서는 보통 수출상이 발행인, 수입상이 지급인이 됨
기재사항과 심사 시 유의점	• 환어음은 법에서 정한 필수 기재사항(발행일 · 지급인 · 수취인 등)을 누락하면 효력을 잃는 요식증권임 • 연지급신용장(Deferred Payment L/C) 같은 경우 환어음을 발행하지 않는 경우가 많음(서류만으로 지급 약속)
환어음의 예시	Bill of Exchange Date: [DD/MM/YYYY] At [____] days after sight (or after date), pay to the order of [Beneficiary Name] the sum of [Currency and Amount in figures and words] being the value received for the merchandise shipped under Letter of Credit No. [L/C No.] issued by [Issuing Bank Name], dated [L/C Issue Date]. Drawn under Letter of Credit No. [L/C No.] available with [Negotiating Bank Name] by negotiation. To: [Name and Address of the Drawee – usually the issuing bank] [Signature of Drawer] [Name, Title, and Address of the Drawer (usually the exporter/beneficiary)]	환어음 날짜: [YYYY년 MM월 DD일] 본 어음은 [일람 후 ○일 / 일자 후 ○일]에, [수익자 성명]의 지시에 따라 [통화 및 금액(숫자 및 영문)]을 지급하여 주십시오. 이는 다음의 신용장 조건에 따라 선적된 물품의 대금으로서, [L/C 번호]번 신용장에 근거하며, 이는 [개설은행명]이 [신용장 발행일]에 개설한 것입니다. 본 어음은 [매입은행명]에서 매입 조건으로 사용 가능한 [L/C 번호]번 신용장에 근거하여 발행된 것입니다. 지급처: [지급인 이름 및 주소 – 일반적으로 개설은행] [발행인의 서명] [발행인 성명, 직함, 주소 – (일반적으로 수출업자/수익자)]

02 서류의 심사 및 매입
3장 수출실무

환어음의 예시	• At ___ days after sight: 일람 후 며칠 지급인지, 또는 일자 후 지급인지 조건에 따라 작성함
	  – 일람불일 경우: At sight
	  – 일람 후 60일일 경우: At 60 days after sight
	• Pay to the order of: 어음을 제시하는 자 또는 그 지시에 따라 지급하라는 표현으로, 양도 가능성을 포함함
	• Drawn under Letter of Credit No. ___: 본 어음이 특정 신용장 조건에 따라 발행되었음을 명시하여 은행이 지급 책임을 인식할 수 있도록 함
	• Negotiation: 매입조건 신용장의 경우, 매입은행이 지급 청구권을 가지게 되므로, 'by negotiation'이라는 문구를 포함함

❸ 상업송장(Commercial Invoice)

의의	• 수출 물품의 거래 내용을 적은 핵심 서류로, 품명·수량·단가·금액 등이 신용장과 일치해야 함 • 보통 'Invoice' 표제를 갖춘 문서를 말하며, Pro-forma Invoice는 신용장에서 허용하지 않는 한 대체 불가함
작성 주체	• 신용장이 양도되지 않았다면 상업송장은 수익자가 발행하고, 개설의뢰인 앞으로 발행됨 • 서명·일자 등은 신용장의 요구사항에 따라 달라짐

❹ 운송서류(B/L, AWB 등)

선하증권(Bill of Lading, B/L)	• 해상 운송 시 사용되는 대표 서류로 운송인(Carrier), 선장(Master) 또는 대리인이 서명해야 함 • 원본(Full set)이 요구되며, 'Clean on Board' 여부, 'Shipper's load and count' 문구 존재 여부 등이 주요 검토 사항
Short Form B/L	• 후면 약관이 생략되고, 별도 문서를 참조하는 형태 • 은행 실무에서 문제없이 취급 가능하나, 신용장 조건상 허용 여부 주의
Air Waybill(AWB)	• 항공 운송 시 발행되는 서류이며, 기명식으로만 발행됨 • **배서양도 불가**(유통증권이 아님)

❺ 보험서류

보험증권(Policy), 보험증명서(Certificate)	• 신용장에서 요구할 때, 보험 서류는 보험회사·대리인이 서명 발행하고, 부보통화·부보비율을 맞춰야 함 • **부보각서(Cover Note)는 정식 증권이 아니므로 보험금 직접 청구권을 보장하지 않음**
부보비율	• 일반적으로 신용장 조건에서 110% 이상 부보를 많이 요구함 • 신용장 통화와 동일한 통화로 표시해야 함

❻ 매입(Negotiation)의 개념

• 수출자가 신용장 조건에 맞춰 서류를 내면, 매입은행(또는 지정은행)이 환어음을 사들이고(매입), 수출자에게 즉시 대금을 지급하면, 이후 개설은행에 서류를 보내 상환받는 구조다.
• 불일치 서류라면 매입은행이 '유보부 매입'으로 처리하거나, 서류를 반송할 수 있다.

개념확인문제

확인문제로 핵심키워드 정리하기

간단한 쪽지 시험으로 빈출 개념을 다시 정리해 보세요.

1 다음 설명이 맞으면 ○표, 틀리면 ×표 하세요.

(1) 선하증권(B/L)은 운송인(Carrier)이나 선장이 서명해야 하며, 대리인 명의 서명은 하자로 본다. (　　)

(2) 상업송장은 수익자가 발행하고 개설의뢰인 앞으로 발행되는 것이 원칙이다. (　　)

(3) 신용장에 'about USD 10,000'라 명시되면 ±10% 범위 내 과부족이 허용된다. (　　)

(4) Short Form B/L은 후면 약관이 모두 인쇄되어 있고, 추가로 참조 문구가 필요 없다. (　　)

(5) 환어음은 신용장 방식에서 원칙적으로 수익자가 발행인이 되고, 개설은행이 지급인이 된다. (　　)

2 다음 빈칸에 들어갈 알맞은 말을 적으세요.

(1) 신용장은 실제 물품 자체가 아닌 (　　)를 근거로 거래가 이뤄진다는 점에서 서류거래의 성격을 가진다.

(2) (　　)이란 발행일, 지급인, 금액, 수취인 등 필수 기재사항을 모두 갖추어야 하는 요식증권이다.

(3) 신용장에서 'Short Form B/L'을 허용한다면, 선하증권 후면의 (　　)약관이 생략된 형태를 수리하겠다는 의미가 된다.

(4) 상업송장은 (　　) 또는 환어음에 작성된 날짜·금액 등과 일치하도록 해야 하며, 불일치 시 하자가 발생한다.

(5) 보험서류는 신용장에 명시된 (　　) 이상으로 부보되어야 하고, 동일 통화로 표시되어야 한다.

---

01 다음 중 환어음(Draft)에 대한 설명으로 가장 옳은 것은?

① 환어음 발행일은 선적일을 초과해도 무방하다.
② 환어음은 선택사항이므로, 법적 효력이 없는 임의 서류다.
③ 신용장 방식에서는 개설은행을 지급인으로 하는 환어음을 발행할 수 있다.
④ D/P나 D/A 결제에서 환어음 지급인은 대개 수출자이다.

개념이해 신용장(= 은행 신용)에 의한 결제에서는 개설은행이 환어음의 지급인이 되는 것이 일반적이다.

오답분석 ① 발행일은 신용장 유효기일 이내여야 한다.
② 환어음은 엄연히 법적 효력을 가진 요식증권이다.
④ D/P · D/A 결제에서는 보통 수입상이 지급인이다.

02 선하증권(B/L)에 대한 설명 중 적절한 것은?

① 'Clean on board' 문언이 있으면 적하보험을 배제한다는 의미다.
② 'Shipper's load and count' 문구가 있어도 Clean B/L로 인정되지 않는다.
③ B/L은 운송인(Carrier), 선장(Master) 또는 그 대리인이 서명해야 한다.
④ Short Form B/L은 뒷면 약관이 반드시 모든 언어로 번역되어 있어야 한다.

개념이해 B/L은 운송인이나 선장(또는 대리인)의 서명이 필수이다.

오답분석 ① 'Clean on board'는 외관상 이상이 없음을 표시하는 문언이다.
② 'Shipper's Load and Count' 문구는 운송인이 화물의 수량, 내용물, 포장 상태 등에 대한 책임을 지지 않기 위해 관용적으로 사용하는 면책 문구이다. UCP600 제26조(b) 및 ISBP745 제19항에서는 이러한 문구의 사용이 선하증권(B/L)의 외관상 이상을 의미하는 것이 아니며, 해당 문구가 기재되었더라도 Clean B/L로 간주됨을 명시하고 있다. 즉, 해당 문구는 운송인의 일반적인 책임 제한 조항으로 허용되며, Clean B/L 요건에 부합하는 것으로 인정된다.
④ Short Form B/L은 약관을 생략할 수 있는 간략형 선하증권이며, 모든 언어로 번역될 필요는 없다.

---

1 (1) × (2) ○ (3) ○ (4) × (5) ○
2 (1) 서류 (2) 환어음 (3) 상세 (4) 신용장 (5) 부보비율

| 정답 | **01** ③ **02** ③

03 상업송장(Commercial Invoice)에 대한 설명 중 옳지 <u>않은</u> 것은?

① 상업송장은 반드시 수출국의 관세당국이 발행해야 한다.
② 신용장상 요구가 없다면 서명·일자가 꼭 없어도 인정될 수 있다.
③ 신용장이 양도되지 않았다면, 개설의뢰인(수입자)에게 청구하는 형태로 발행된다.
④ Pro-forma Invoice가 있어도, 신용장에서 요구하지 않았다면 대체 서류로 사용할 수 없다.

개념이해 상업송장은 수출자가 발행하는 서류이며, 관세당국이 발행하는 것은 아니다.

오답분석 ② 서명이나 일자가 필수인 경우도 있지만, 신용장에서 명시하지 않으면 생략되는 경우도 있다.
③ 신용장이 양도되지 않은 경우, 상업송장은 개설의뢰인(수입상)을 청구 대상자로 하여 발행한다.
④ Pro-forma Invoice는 거래 제안서의 성격으로 정식 거래에 따른 상업송장을 대체할 수 없으며, 신용장상 명시된 경우가 아니면 제출할 수 없다.

04 '수량의 과부족'에 대한 신용장 조건이 없고, 금액 앞에 'approximately'라는 단어가 붙었다면 어느 정도의 오차가 허용되는가?

① ±5%
② ±10%
③ 최대 ±20%
④ 전혀 허용되지 않는다.

개념이해 보통 'about'이나 'approximately' 문언은 ±10% 범위 허용으로 해석된다.

오답분석 수량 단위가 Carton, Pallet처럼 포장단위로 명시된 경우에는 과부족 규정이 달리 적용될 수 있다. (벌크 화물에만 과부족 규정이 적용됨)

보충학습 UCP600 제30조 과부족 허용 규정
- Article 30(a): 신용장 조건에 about 또는 approximately가 명시된 경우, 금액·수량·단가 모두 ±10% 범위 내에서 허용
- Article 30(b): 단가 미표시 + 부분 선적 허용 상태에서 수량만 명시된 경우, 수량의 ±5% 허용(단, 총 매입액은 신용장 금액을 초과할 수 없음)
- Article 30(c): 단가 표시 + 전량 선적(부분 선적 금지 조건이 아닐 때)이면, 신용장 금액의 5%까지 부족 인출 허용(단, 초과 인출은 금지)

05 Insurance Certificate와 달리 Cover Note가 가진 특성은?

① Cover Note는 발행일이 환어음보다 늦어야 한다.
② Cover Note는 보통 신용장에서 가장 선호되는 서류이다.
③ Cover Note도 정식 보험증권으로 인정되므로 보험금 청구권이 보장된다.
④ Cover Note는 보험중개업자가 발행하며, 부보가 예약된 사실을 일시적으로 보여줄 뿐 청구권은 불완전하다.

개념이해 Cover Note는 부보각서이며, 정식 보험서류가 아니므로 직접 청구권이 보장되지 않는다.

오답분석 ① 환어음과 직접적인 일자 비교는 의미가 없다.

06 해상 운송 시 선하증권에 본선적재일(On Board Date)이 명시되지 않은 'Received for shipment B/L'이 신용장 조건과 불일치할 수 있다. 그 이유로 옳은 것은?

① 은행이 운임 환급을 요구할 수 있기 때문이다.
② 송장금액이 B/L에 기재되지 않았기 때문이다.
③ 해상 운송이 아니라 항공 운송 서류가 되기 때문이다.
④ 본선적재부기가 없으면 신용장에 명시된 선적일 확인이 불가능하기 때문이다.

개념이해 본선적재일이 없으면, 실제로 언제 선적했는지 증명이 어려워 신용장 선적기한 준수 여부 확인이 되지 않는다. 따라서 UCP 규정상 On Board Date 표기가 중시된다.

| 정답 | 03 ① 04 ② 05 ④ 06 ④

03 수출대금의 사후관리

3장 수출실무

1 수출대금 사후관리의 개요

- 매입한 수출환어음 및 선적서류를 신용장 개설은행 또는 수입지 추심은행에 송부하여 해외 대금을 회수하거나, 지급·인수 거절에 따른 부도대금을 회수할 때까지 관리하는 절차를 말한다.
- 주요 목표는 대금 회수를 신속히 하고 채권 보전을 철저히 하여 무역 거래의 안전성을 확보하는 데 있다.

2 하자 및 부도통보 접수 시 업무 처리

부당한 하자 통보	• 경미한 서류상의 불일치나 기타 사소한 하자를 근거로 지급 거절할 경우, 국제규정(UCP600, ISBP 등)을 인용하여 항의하고 지급거절 철회를 요구할 수 있음 • 매매계약 위반 또는 비서류적 조건 위반을 이유로 한 지급거절에도 동일하게 대응하며, 서류 접수 후 **5영업일** 이내 통보가 원칙임
정당한 하자 통보	• 정당한 하자 통보가 접수되면, 매입은행은 이를 매입의뢰인에게 즉시 통지하고 신속한 대금 입금 및 채권 보전을 위한 조치를 취함 • 보관 중인 매입서류에 하자 내용을 기재하고 전결권자 결재 후, 보완 가능한 경우 유효기간 내 보완 후 재송부함

3 만기 및 D/A 어음 기한 연장

- 신용장 방식의 만기 연장은 수익자, 개설은행, 확인은행 등 당사자 전원의 동의와 신청인의 여신·채권 보전 상황에 따라 사전 승인을 받은 후 관련 서류(기간연장신청서, 조건변경서 등)를 준비하여 진행한다.
- D/A 방식의 어음 기한 연장은 수출상과 수입상 간 합의에 따라 진행되며, 일정 거래액의 경우 추가 신고 절차가 요구될 수 있다.

4 부도처리 및 후속 조치

부도처리 시기 및 연장	• 개설(또는 추심)은행으로부터 확정적 부도 통지가 있거나, 매입일(또는 만기일)부터 1개월 이내에 입금이 없을 경우 부도 처리가 이루어짐 • 거래·담보 상황에 따라 영업점장이 부도처리 예정일을 최대 1개월까지 연장할 수 있으며, 연장 시 내부 결재 절차를 반드시 이행해야 함
소구권 행사 및 담보물 처분	• 지급거절 원인을 분석한 후 매입의뢰인에게 상환을 촉구하며, 필요 시 상계권 행사와 담보물 처분을 통해 채권 회수를 추진함 • 선하증권 등 담보서류를 활용하여 해외 화물의 행방 파악, 현지 구매자 물색, 국내 재선적(Ship Back) 등의 방법으로 부도대금 회수를 도모함

03 수출대금의 사후관리

3장 수출실무

5 신규 여신 취급 제한 및 회계 처리

- 부도매입 외환, 연체 대출금 등 부실채권 정리 전 신규 매입(어음 기한 연장 포함)은 제한하며, 해당 Desk에 신규 여신 취급 주의를 환기한다.
- 부도 처리 후 6개월 이내 회수되지 않은 부도대금은 **원화미수금** 계정으로 전환하여 환율 변동에 따른 평가손익 왜곡을 방지하고, 부실채권은 매각 또는 대손충당금 계정에서 상각한다.

6 입금지연 이자 및 만기지연이자 청구

- 환가료 징수기간 이후 대외입금이 지연될 경우, 신용장 방식은 〈연환가료율 + 1.5%〉 요율, 무신용장 방식은 〈여신 연체이율〉을 적용하여 이자를 산정한다.
- 입금지연 이자: $\text{매입금액} \times \text{적용 요율} \times \dfrac{\text{경과일수}}{360(\text{또는 } 365)} \times \text{매매 기준율}$
- 확정 만기일 경과 후 서류 처리 지연 시, 상대은행 귀책 사유에 따른 별도의 이율을 적용하여 이자를 청구할 수 있다.

확인문제로 핵심키워드 정리하기

간단한 쪽지 시험으로 빈출 개념을 다시 정리해 보세요.

1 다음 설명이 맞으면 ○표, 틀리면 ×표 하세요.

(1) 매입한 수출환어음 및 선적서류는 신용장 개설은행 또는 수입지 추심은행에 송부되어 대금 회수를 목적으로 한다. (　　)

(2) 지급거절 통보는 서류 접수 후 5영업일 이내에 반드시 이루어져야 한다. (　　)

(3) 보완 가능한 하자는 유효기간 내 보완 후 재송부할 수 있다. (　　)

(4) 만기 연장은 관련 당사자의 사전 동의 및 여신전결권자의 승인을 받지 않아도 자동으로 이루어진다. (　　)

(5) 부도처리는 매입일(또는 만기일)로부터 1개월 내 입금 미확인 시 자동으로 발생한다. (　　)

2 다음 빈칸에 들어갈 알맞은 말을 적으세요.

(1) 수출대금 사후관리의 주요 목표는 대금 회수를 신속히 하고, (　　) 보전을 철저히 하여 무역 거래의 안전성을 확보하는 데 있다.

(2) 경미한 불일치나 사소한 하자를 근거로 한 부당한 지급거절에 대해서는 국제규정인 (　　) 또는 ISBP를 인용하여 항의하고 지급거절 철회를 요구할 수 있다.

(3) 신용장 방식의 만기 연장은 수익자, 개설은행, 확인은행 등 당사자 전원의 동의가 필요하며, 관련 서류로는 조건변경서 및 (　　)신청서 등이 있다.

(4) 부도 처리 후 6개월 이내 회수되지 않은 대금은 외화계정이 아닌 원화(　　) 계정으로 전환하여 평가손익 왜곡을 방지한다.

(5) 입금지연 이자는 〈매입금액×(　　)× 경과 일수÷360(또는 365)×매매 기준율〉로 구할 수 있다.

개념확인문제

01 지급거절 통보 기준 기간은 얼마인가?

① 3영업일
② 5영업일
③ 7영업일
④ 10영업일

개념이해 지급거절 통보는 서류 접수 후 5영업일 이내에 이루어져야 한다. 이 기간 내 통보가 이루어지지 않으면 지급거절의 근거가 약해질 수 있다.

02 만기 연장 절차에 필수적으로 포함되어야 하는 서류는 무엇인가?

① 보완서류
② 상환보증서
③ 신용장 개설신청서
④ 기간연장신청서와 조건변경서

개념이해 만기 연장은 기간연장신청서와 조건변경서를 포함한 서류 제출 및 사전 승인이 필요하다. 이러한 서류들은 연장 절차의 정당성을 입증하는 핵심 자료이다.

---

1 (1) ○ (2) ○ (3) ○ (4) × (5) ○
2 (1) 채권 (2) UCP600 (3) 기간연장 (4) 미수금 (5) 적용 요율

| 정답 | **01** ② **02** ④

04 3장 수출실무
수출실적

1 수출실적

수출실적의 개념 및 분류	• 수출실적은 수출 거래로 인한 외화 입금실적 또는 수출신고필증상의 통관 금액을 의미하며, 대외무역관리규정에 따른 기준에 의해 산정됨 • 주요 분류 　- 총수출실적: 외국으로의 수출 통관, 외국인도 수출, 전자적 무체물 수출, 용역제공 수출, 내국신용장·구매확인서에 의한 국내 공급 등을 포함 　- 직수출실적: 관세청 통관 기준에 따른 수출(입)실적, 수출신고필증상의 FOB 금액 기준 　- 융자대상수출실적: 한국은행 무역금융 규정에 따른 산정 기준으로, 자사제품과 타사제품 수출실적으로 구분됨
수출실적의 인정 범위 및 기준	• 대외무역관리규정에 따라 '유상 수출'과 면제 대상 수출(박람회 출품용 무상 반출 등)로 구분되며, 물품, 용역, 전자적 무체물 등 다양한 형태의 수출이 포함됨 • 수출실적은 수출신용장, 내국신용장, 수출계약서, 외화표시 물품공급계약서, 구매확인서 등 관련 서류에 따라 인정 시점과 산정 기준(FOB, CIF 등)이 달라짐 • 무역금융 융자대상 수출실적의 경우, 외화 획득 금액 중 국내에서 창출된 부가가치 부분만 인정됨

2 수출실적 인정 시점

- 신용장 및 내국신용장의 경우, 해당 수출환어음 또는 판매대금추심의뢰서가 매입(또는 추심의뢰)된 시점이 기준이 되며, 미회수 부도 부분은 차감 후 산입된다.
- 수출계약서 및 외화표시 물품공급계약서의 경우 대금 입금 시점이 기준이며, 선수금영수 방식은 수출 이행 시점을 따른다.
- 구매확인서에 의한 수출실적은 제출 서류(구매확인서, 세금계산서, 무통장입금증 등)를 통해 확인된다.

3 수출실적 증명 발급 및 절차

- 외국환은행, 한국무역협회장, 기타 지정 기관 등이 수출실적 증명을 발급하며, 발급 대상 및 제출 서류(구매확인서, 세금계산서 등)는 각 기관의 규정에 따른다.
- 용역수출 및 전자적 무체물 수출의 경우, 관련 협회장이 발급하는 증명서가 있으므로 해당 규정을 확인한다.

확인문제로 핵심키워드 정리하기

간단한 쪽지 시험으로 빈출 개념을 다시 정리해 보세요.

1 다음 설명이 맞으면 ○표, 틀리면 ×표 하세요.

(1) 수출실적은 외화 입금실적과 수출신고필증상의 통관 금액을 모두 포함한다. ( )

(2) 총수출실적은 관세청 통관 기준에 의해서만 산정된다. ( )

(3) 직수출실적은 수출신고필증상의 FOB 금액을 기준으로 산정된다. ( )

(4) 융자대상수출실적은 한국은행 무역금융 규정에 따라 산정된다. ( )

(5) 유상 수출과 면제 대상 수출 모두 수출실적으로 인정된다. ( )

2 다음 빈칸에 들어갈 알맞은 말을 적으세요.

(1) 총수출실적에는 외국으로의 수출 통관, 전자적 무체물 수출, 내국신용장에 의한 국내 공급 외에도 ( ) 수출과 용역제공 수출이 포함된다.

(2) 수출계약서 또는 외화표시 물품공급계약서에 따른 수출실적은 ( ) 입금 시점이 인정 기준이 된다.

(3) 무역금융 융자대상 수출실적은 외화 획득 금액 중 ( )에서 창출된 부가가치 부분만 인정된다.

(4) 신용장 또는 내국신용장 방식의 수출실적은 수출환어음 또는 ( )추심의뢰서가 매입 또는 추심의뢰된 시점을 기준으로 한다.

(5) 전자적 무체물 또는 용역 수출의 실적 증명은 관련 ( )이 발급하는 증명서로 확인된다.

01 융자대상수출실적은 외화 획득액 중 어느 부분만을 산정하여 반영하는가?

① FOB 금액
② 전체 외화 입금액
③ 관세청 통관 금액
④ 국내 부가가치 창출 부분

개념이해 융자대상수출실적은 국내에서 창출된 부가가치 부분만을 산정하여 적용된다. 이는 무역금융 지원 및 융자한도 산정에 중요한 역할을 하며, 부가가치 창출이 핵심 기준이다.

02 총수출실적에 포함되는 항목으로 옳지 않은 것은?

① 외국인도 수출
② 해외 관광객 구매
③ 전자적 무체물 수출
④ 내국신용장에 의한 국내 공급

개념이해 해외 관광객 구매는 일반적으로 총수출실적에 포함되지 않는다. (총수출실적이란 통관 및 공식 신고 기준에 의한 수출 실적을 의미함)

---

1 (1) ○ (2) × (3) ○ (4) ○ (5) ○
2 (1) 외국인도 (2) 대금 (3) 국내 (4) 판매대금 (5) 협회장

| 정답 | **01** ④　**02** ②

Ⅰ 수출입실무

01 다음 중 Incoterms® 2020에서 매도인이 선적지(또는 인도지)에서의 수출통관 의무를 지고, 수입통관 의무는 매수인이 부담하되, 매수인이 운송계약을 체결하는 조건을 모두 고른 것은?

① FAS, CFR, CIF
② FOB, FCA, CPT
③ FOB, FAS, FCA
④ EXW, FCA, FOB

02 다음 중 신용장통일규칙(UCP600)상의 원칙 및 규정에 대한 설명으로 옳지 <u>않은</u> 것은?

① 양도가능신용장은 'transferable'이라는 문언이 있어야 양도할 수 있다.
② UCP600 적용 신용장이라도 서류심사 기한은 접수 익일부터 10영업일 이내로 볼 수 있다.
③ 개설은행은 신용장 개설 후, 취소불능 원칙에 따라 일방적으로 취소하거나 조건변경할 수 없다.
④ 서류심사 원칙에 따라, 은행은 서류 표면상 불일치를 판단하기 위해 합리적인 주의를 기울여야 한다.

---

01 ③ FOB, FAS, FCA는 모두 원칙적으로 수출통관은 매도인, 운송계약은 매수인이 의무를 부담한다. (FOB/FAS는 해상운송, FCA는 복합운송 포함)
오답분석 EXW는 수출통관조차 매수인이 부담하며, CFR, CIF는 매도인이 운송계약을 부담한다. FAS(Free Alongside Ship)는 선측 인도 조건, FOB(Free On Board)는 본선 인도 조건, FCA(Free Carrier)는 운송인 또는 지정장소 인도 조건이 대표적이다.
02 ② UCP600 제14(b)에 따르면, 은행은 서류접수 익일부터 5영업일 이내에 서류심사를 마치고 불일치 등을 통보해야 한다.
오답분석 ① 양도가능(L/C transferable)을 위해서는 신용장에 명시된 'transferable' 문언이 필수다.
③ 취소불능 신용장이라면 개설은행이 임의로 취소하거나 조건변경할 수 없다. (Article 3, 10)
④ 은행은 서류의 표면상 일치 여부만을 근거로 심사하며, 심사 시 합리적인 주의를 기울여야 한다.

03 기한부신용장(Usance L/C)에서 수출자(수익자)가 신용을 직접 공여하는 형태는 무엇이라 부르는가?

① Red Clause Credit
② Shipper's Usance Credit
③ Banker's Usance Credit
④ Deferred Payment Credit

04 다음 D/A, D/P에 대한 설명으로 옳은 것은?

① D/P(지급도조건)는 기한부 결제 형태다.
② 추심지시서에 D/A·D/P 방식이 명시되지 않으면, 관행상 D/P로 본다.
③ D/A(인수도조건) 거래에서 수출자는 은행 개설수수료를 부담해야 한다.
④ 추심에 관한 통일규칙(URC522)은 추심은행이 서류 형식이나 내용에 대한 보증책임을 지도록 규정한다.

---

03 ② Shipper's Usance Credit은 수출자가 수입자에게 외상(직접 신용)을 주는 형태로, 환어음을 매입 의뢰함으로써 조기에 현금화가 가능하다.

오답분석 ① Red Clause Credit은 선대(선지급) 조항이 붙은 신용장이다.
③ Banker's Usance는 은행(해외은행 또는 국내은행)이 인수·할인 등으로 신용을 공여하는 형태이다.
④ Deferred Payment Credit은 기한부이지만 환어음 발행 없이 은행이 연지급하는 신용장이다.

04 ② 추심방식이 기재되어 있지 않다면 일반적으로 D/P로 처리된다.

오답분석 ① D/P는 일람불 결제 형태이다.
③ D/A나 D/P는 비신용장 방식으로 신용장 개설수수료 자체가 없고, 단순 추심수수료만 발생한다.
④ D/A는 만기일에 결제되는 기한부 추심이고, D/P는 제시 즉시 결제되는 일람지급 추심이다. 두 방식 모두 URC522에 따라 추심은행은 서류의 문면상 일치 여부만 확인하며, 서류나 대금에 대해 어떠한 보증 책임도 지지 않는다.

수출입실무

05 보증신용장(Standby L/C)과 청구보증(Demand Guarantee)의 공통점으로 적절한 것은?

① UCP600 적용이 불가능하다.
② URDG758이 적용되어야 한다.
③ 주채무 불이행 시 2차 책임만 부담한다.
④ 원인계약(Underlying Contract)과 분리된 독립적 지급약정이다.

06 Back-to-Back L/C에서 제1수익자(중개상)의 주된 위험으로 옳은 것은?

① 중개상이 아니라 최종 매수인이 모든 선적 과정을 책임진다.
② 양도신용장과 달리, 원신용장 조건을 그대로 제2수익자에게 자동 이전한다.
③ 제2수익자가 선적하지 않아도 제1수익자는 개설은행에 대금 청구를 할 수 있다.
④ 원신용장이 취소되더라도 제2신용장은 유효하며, 제1수익자가 자금 부담을 질 수 있다.

---

05 ④ Standby L/C와 청구보증 모두 독립적·추상적 지급보증으로, 주채무와 관계없이 서류 제시가 일치하면 지급해야 한다.
오답분석 ①② Standby L/C는 UCP600이나 ISP98을 적용하고, 청구보증은 URDG758을 적용한다.
③ 둘 다 1차적 책임을 지는 독립보증이다. (전통적 보증의 2차 책임과 다름)

06 ④ Back-to-Back L/C는 중개상(제1수익자)이 원신용장을 담보로, 실제 공급자인 제2수익자에게 별도의 신용장(제2신용장)을 개설하는 방식이다. 이 구조는 두 개의 독립된 신용장으로 이루어지므로, 원신용장이 취소되거나 대금이 회수되지 않더라도 제2신용장이 여전히 유효하며, 중개상(제1수익자)은 제2수익자에 대한 지급 책임을 부담하게 되어 자금상 위험이 발생할 수 있다.
오답분석 ① 중개상은 원신용장과 제2신용장 간의 리스크를 안게 된다.
② 양도신용장(Transferable L/C)과 달리, Back-to-Back L/C는 별도의 L/C를 발행한다.
③ 선적 및 서류 제시는 대금 청구의 필수 요건이며, 제2수익자의 이행 없이는 제1수익자도 대금 청구가 불가능하다.

07 환어음(Bill of Exchange)과 관련된 설명 중 옳지 <u>않은</u> 것은?

① 일람출급 어음(Sight)은 제시 즉시 결제되는 것이 원칙이다.
② 만기된 기한부 환어음은 서류제출 이전이라도 결제 청구가 가능하다.
③ 일람후정기출급 어음(After Sight)은 인수일을 기준으로 만기를 계산한다.
④ 일자후정기출급 어음(After Date)은 어음 발행일을 기준으로 만기를 계산한다.

08 CFR 조건으로 계약했는데, 실제로 수출자가 선적 후 운임만 부담하고 보험계약을 체결하지 않았다. 그러나 신용장에는 보험서류 제시를 요구하고 있다면, 어떤 조치가 필요한가?

① 운임 후지급 조건이 아니므로 신용장 요구는 무효이다.
② 수출자는 보험 가입 없이도 운임 선지급이므로 문제 없다.
③ 신용장을 변경하거나, 수출자가 별도로 부보한 뒤 보험서류를 첨부해야 한다.
④ 수입자는 적하보험을 들어야 하므로 수출자는 보험서류를 제출하지 않더라도 일치서류로 인정된다.

---

07 ② 환어음은 서류와 결제 시점이 밀접하다. 기한부 환어음은 만기가 되더라도 제시(서류) 없이 자동 결제되는 것이 아니며, 서류 제시와 인수 과정을 거쳐야 한다.
오답분석 ①③④ 환어음 만기 유형의 대표적인 특징이다.

08 ③ CFR 조건에서는 운임은 수출자가 부담하되, 보험은 수입자가 가입하는 것이 원칙이다. 그러나 신용장에서 보험서류 제시를 요구하는 경우, 이는 신용장 조건이 우선하므로 수출자는 직접 부보하고 보험서류를 첨부하거나, 신용장 조건변경을 요청해야 한다.
오답분석 ① 신용장 조건은 당사자 간 계약조건과 별개로 독립적인 효력을 가지며, 계약 조건과 다르다는 이유로 신용장 요구가 무효가 되지 않는다.
② Incoterms® 2020상 CFR은 해상운송 전용 조건으로 보험은 포함되지 않는다. 따라서 L/C가 보험서류를 요구하면 별도로 가입해야 한다.
④ 무역계약 조건과 신용장 조건은 별개이다. 신용장이 보험서류를 요구한다면 수출자 제출 의무가 발생하며, 미제출 시 서류 불일치로 처리된다.

I 수출입실무

09 'Covering all risks'라는 문구가 보험서류에 기재된 경우, UCP600상 은행의 처리 원칙으로 옳은 것은?

① 모호한 표현이라서 무시해도 된다.
② 분명한 담보범위를 의미하므로 하자가 아니다.
③ 모든 위험이 불분명하므로 하자로 간주하고 거절한다
④ 선적서류에 기재된 보험 문구와 상관없이 전쟁위험 담보가 자동 포함된다.

10 CMA, DMB, DMBU 같은 약어들이 의미하는 것은?

① 관세 환급용 서류 약식 표기
② Bank Guarantee 관련 서류의 준말
③ 모두 무화환어음 종류를 지칭하는 기초서류 명칭
④ 외국환은행 내부 계정으로서 대금결제 처리 시 사용하는 관리 계정

---

09 ② UCP600 해석상 'Covering all risks'는 명확한 표현으로 간주한다. 따라서 은행은 이를 불명확 용어로 처리하지 않으며, 'all risks' 문구가 있는 보험서류를 수리한다. (Article 28 h)
오답분석 ④ 전쟁위험은 별도 조항으로, 'all risks'라고 해도 전쟁·파업(SRCC) 등은 별도 조건을 첨부해야 할 수 있다. (Article 14, 28 / 무역보험약관)

10 ④ CMA(Cash Management Account), DMB(Demand Bills), DMBU 등은 은행 내부적으로 수입대금을 결제하거나 추심 시 사용하는 계정·약식 코드이다. 무역실무에서 표면적으로 잘 나오진 않지만, 결제 처리 내부에서 종종 표기된다. (Bank's demand bills 등)

11 신용장 하에서 환어음 발행금액이 '110% 인보이스 금액'으로 지시된 경우, 실제 상업송장 금액이 100,000달러라면 환어음 최대 발행 가능 금액은?

① 10,000달러
② 100,000달러
③ 110,000달러
④ 120,000달러

12 UCP600 제16조에 따르면, 은행이 서류 불일치(하자)를 통보하는 방식으로 옳지 않은 것은?

① 서류 처리방향(반송·보관 등)도 명시해야 한다.
② 서류접수 익일부터 5영업일 이내에 통보해야 한다.
③ 모든 불일치 사유를 한 번에 기재해 통보해야 한다.
④ 불일치 사항 중 일부만 먼저 통지하고, 나머지는 별도 통보가 가능하다.

---

11 ③ '어음은 인보이스 금액의 110%까지 발행 가능' = 100,000 × 110% = 110,000달러
→ 해당 문제와 같이 신용장 조건에서 어음발행금액이 인보이스 대비 일정 퍼센트 허용인 경우가 종종 있다.

12 ④ 은행은 불일치 사항을 1회에 모두 지적해야 한다. (재통지 불허)

오답분석 ① 은행은 하자 통보 시 서류를 어떻게 처리할 것인지에 대한 의사(보관, 반송 등)를 반드시 함께 명시해야 한다.
② 불일치 통지 시기는 서류접수 익일부터 5영업일 이내이다. (UCP600 Article 14, 16)
③ 모든 불일치 사항을 일괄 통보하는 것이 원칙이다.

수출입실무

13 수입화물선취보증서(L/G)를 발급받아 화물을 먼저 인도받았는데, 나중에 도착한 서류에서 불일치가 발견되었다. 이때 은행이 불일치를 근거로 결제를 거절하기 <u>어려운</u> 이유는?

① 수입자는 선취보증서 발급 비용만 내면 되기 때문이다.
② UCP600에서 L/G 발급 시 불일치 보호 규정을 두기 때문이다.
③ 이미 화물 인도가 이뤄져 담보력이 사실상 소멸되었기 때문이다.
④ 수출자가 서류 제출을 하지 않아도 대금이 자동 결제되기 때문이다.

14 SWIFT 통신 'MT700' 메시지를 수령한 통지은행이 해야 할 작업으로 가장 적절한 것은?

① 개설은행에 서류 매입을 요청
② MT700은 신용장이 아니므로 무시
③ UCP500을 적용하여 해석 후 수익자에게 통지
④ 신용장 외견상의 진정성을 검사하고, 이상 없으면 수익자에 통지

---

13 ③ 수입물품선취보증서(L/G) 발급 후 수입상이 화물을 이미 인도받은 경우, 은행은 실질적으로 화물에 대한 담보권을 상실하게 되며, 수입자가 화물을 이미 수령한 뒤 서류 불일치를 이유로 결제를 거절하는 것은 인정되기 어렵다.
오답분석 ① 수입물품선취보증서(L/G)는 단순 비용 문제가 아닌, 은행에 대한 지급 책임을 수입상이 부담하는 구조이다.
② UCP600에는 수입물품선취보증서(L/G) 관련 명시 규정이 없다.
④ 대금 결제는 서류 제시 및 신용장 조건 충족을 전제로 하며, 자동 결제되지 않는다.
14 ④ MT700 메시지는 SWIFT 방식 신용장 전문으로, 통지은행은 '외견상 진정성'을 확인하고 수익자에게 통지해야 한다.
오답분석 ③ UCP600 적용이 일반적이다. (UCP500은 개정 전 규정임)

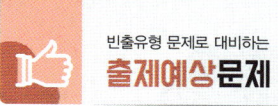

15 외국환거래법상 '지급등의 방식'에서, 건당 미화 2만 달러를 초과하는 사전송금방식(Advanced Payment) 수입거래를 선적서류 도착 전 1년 이상 일찍 결제하려는 경우 필요한 절차는?

① 별도 제한 없음
② 한국은행총재 신고
③ 산업통상자원부 장관 승인
④ 외국환은행에서 자동 결제 가능

16 다음 중 '신용장대금의 상환을 개설은행이 해외의 특정은행에 위임'하여, 서류가 일치하면 해당 상환은행이 지정은행에 직접 지급해주는 구조의 신용장은?

① Negotiation Credit
② Acceptance Credit
③ Reimbursement Credit
④ Deferred Payment Credit

---

15 ② 건당 2만 달러 초과 사전송금을 선적서류 도착 전 1년 이상 일찍 결제하려면 한국은행총재에게 신고해야 한다. (외국환거래규정)

보충학습 외국환거래규정 제5-8조(지급등의 방법의 신고)
- 거주자가 수출입대금(물품거래 대금으로 한정)을 다음에 해당하는 방법으로 지급등을 하고자 하면 한국은행총재에게 신고하여야 한다. (다만, 선박, 철도차량, 항공기, 「대외무역법」에 의한 산업설비를 수출입하는 경우에는 신고를 요하지 않음)
  - 계약건당 미화 10만불을 초과하는 수출대금을 물품의 선적 전 1년을 초과하여 수령하고자 하는 경우
  - 계약건당 미화 10만불을 초과하는 수입대금을 선적서류 또는 물품의 수령 전 1년을 초과하여 지급하고자 하는 경우
- 사후신고: 수출입 상대방의 귀책 등 불가피한 사유가 인정되는 경우에는 1년을 초과한 날로부터 3월 이내에 한국은행총재에게 사후신고를 할 수 있다.
- 국/관 통보: 신고를 받은 한국은행총재는 매월별로 익월 10일 이내에 동 신고사실을 국세청장 및 관세청장에게 통보하여야 한다.

16 ③ Reimbursement Credit(상환방식신용장)은 개설은행이 상환은행을 지정해, 서류 일치 시 지정은행이 상환은행에서 대금을 지급받도록 한다.

오답분석 ① 매입신용장으로, 수익자가 지정은행에 서류를 제시하고 매입(Negotiation)을 요청하면 해당 은행이 자금을 선지급(매입)하고, 추후 개설은행에 상환받는 구조이다.
② 기한부 인수신용장으로, 기한부 어음이 제시되면 지정은행 또는 개설은행이 어음을 인수(Acceptance)하고 만기일에 지급하는 구조이다.
④ 연지급 신용장으로, 어음 없이 기한부 지급 약정만으로 서류가 일치하면 만기일에 지급하는 방식이다.

Ⅰ 수출입실무

17 D/A 거래에서 수입상이 인수한 환어음을 만기까지 결제하지 않은 경우, 수출자가 취할 수 있는 일반적 조치로 알맞은 것은?

① 하자 통보
② 개설은행에 대금을 청구
③ 환어음을 무효처리하고 신용장 개설을 강제
④ 거절증서(Protest) 작성 후 어음 소구권 행사

18 Red Clause Credit(선대신용장)에서 수출자가 가질 수 있는 가장 큰 이점은?

① 은행 수수료 없이 거래 가능하다.
② D/A 결제와 동일하게 기한부로 처리된다.
③ 수입자에게 책임을 전가하고 계약 해제할 수 있다.
④ 선적 전에 일부 자금을 선취할 수 있어 운전자금 부담이 줄어든다.

---

17 ④ D/A(인수도조건)에서 만기일 미결제 시, 수출자는 인수거절·지급거절에 대한 거절증서(Protest)를 발행해 소구권을 행사할 수 있다.

오답분석 ② D/A 거래는 신용장이 수반되지 않기 때문에 개설은행이 존재하지 않으며, 은행(추심은행 포함)은 지급을 보증하지 않는다.

18 ④ Red Clause Credit은 개설은행이 '선적 전'에 일정 금액을 수출자에게 선지급(선대)하는 조항이 붙은 신용장이다. 대금 회수가 보장되므로 수출자는 자금 부담을 덜 수 있지만, 개설은행은 그만큼 위험부담이 커진다.

19 수출신고필증(Export Declaration)의 발급자 및 역할에 대한 설명으로 옳은 것은?

① 무역협회가 발급, 무역실적 증명
② 외국환은행이 발급, 대금 결제 사실 증명
③ 수출통관 후 세관이 발급, 수출사실을 증명
④ 상공회의소가 발급, 원산지증명서 대체 역할

20 FCR(Forwarder's Cargo Receipt)과 House B/L(House Bill of Lading)의 차이로 옳은 것은?

① House B/L은 포워더 발행이 불가능하다.
② 둘 다 권리증권이나, FCR은 운임 후불만 가능하다.
③ FCR은 권리증권이며, House B/L은 단순화물수취증이다.
④ FCR은 화물운송주선인의 수취증서이며, House B/L은 운송서류로 권리증권의 기능을 한다.

---

19 ③ 수출신고필증은 수출통관 후 세관이 교부하는 문서로, 수출사실을 증명하고 수출업체의 관세환급 등의 자료로 쓰인다.
　오답분석　④ 상공회의소가 발급하는 서류는 원산지증명서(C/O)이며, 무역협회가 무역실적을 관리한다.

20 ④ FCR(Forwarder's Cargo Receipt)은 운송주선인이 화물 수령 사실을 증명하는 단순 수취증서로 권리증권이 아니다. 반면, House B/L은 포워더가 발행하는 운송장으로 서류상 권리증권의 기능을 갖는다.
　오답분석　① Master B/L은 선사 발행이며, House B/L은 포워더 발행이다.
② FCR은 권리증권이 아니며, 운임 조건은 선불/후불 모두 가능하다.
③ FCR은 단순화물수취증이며, House B/L은 권리증권의 효력을 가진다.

I 수출입실무

21 무화환어음(Clean Bill)은 어떠한 경우에 주로 쓰이는가?

① 포괄위임장 형태로 관세 당국에 제출할 때
② 물품대금이 아닌 무역외거래(용역 등) 대금 결제 시
③ 신용장 서류를 모두 구비했지만 매입은행이 거절할 때
④ 은행 보증 없이 어음을 발행해도 신용장 조건 충족이 될 때

22 다음 중 FTA 원산지 증명서 작성 시 고려사항으로 옳은 것은?

① FTA 원산지 증명은 구매처와 상관없이 무조건 발급 가능하다.
② 인증수출자가 자율 발급하면 상공회의소 확인 없이도 유효하다.
③ 서류 발급을 위해서는 상공회의소가 무조건 실사를 해야 한다.
④ HS Code가 달라도 최종 상품명이 동일하면 동일 원산지로 간주한다.

---

21 ② 무화환어음은 상업송장 등 운송서류가 첨부되지 않은 환어음으로, 운송과 직접 연계되지 않은 용역대금, 무역외거래에 종종 쓰인다. 화환어음(Documentary Bill)은 운송서류 등에 첨부하는 반면, 무화환어음(Clean Bill)은 서류가 없다는 차이점이 있다.

22 ② 인증수출자는 요건 충족 시 FTA 원산지 증명서를 자율 발급 가능하며, 이때도 사후검증 등 조건이 따르지만 상공회의소 확인이 필수는 아니다.

오답분석 ① FTA 원산지 증명은 협정별 요건 충족이 필요하다.
③ 일반적인 원산지 증명 발급 절차에서 상공회의소의 실사는 필수 요건이 아니며, 필요한 경우에 한해 관세청이나 상공회의소가 실사할 수 있다.
④ HS Code가 다르면 품목분류가 다르므로 원산지 기준도 달라질 수 있다.

23 DDP 조건과 CIP 조건의 주요 차이점으로 가장 적절한 것은?

① 둘 다 보험은 수입자가 부보해야 한다.
② DDP는 해상운송 전용 조건이며, CIP는 내륙운송만 가능하다.
③ CIP는 매도인이 인도 시점까지의 모든 세금을 부담하며, DDP는 운임만 매수인이 부담한다.
④ DDP(Delivered Duty Paid)는 수입통관·관세 등을 매도인이 부담하지만, CIP(Carriage and Insurance Paid to)는 매수인이 수입관세를 부담한다.

24 외환포지션(Exchange Position)과 관련하여 '은행이 매입환율(Bid)로 산 달러를 다시 매도환율(Offered)로 팔아 차익을 얻는 구조'는 무엇을 의미하는가?

① 헤지거래
② 커버드 알비트라지
③ 환시세 변동으로 인한 대규모 환차손
④ 스프레드(Spread)를 통한 은행의 외환 수익

---

23 ④ DDP는 매도인이 수입국 관세·세금까지 부담하며, CIP는 운송·보험은 매도인이 부담하나, 관세·세금은 매수인이 부담한다. (Incoterms® 2020을 기준으로 DDP는 '관세지급 인도', CIP는 '운송·보험료 지급 인도')

오답분석 ① DDP는 보험 조건 자체가 없는 반면, CIP는 매도인이 보험을 가입해야 한다. (단, DDP 조건은 인도시점까지의 모든 위험이 수출자 부담이므로 수출자가 자신을 위해 보험을 가입하는 것이 일반적임)
② 두 조건 모두 모든 운송 방식에 적용 가능하다.
③ DDP는 인도 시점까지 매도인이 모든 세금을 부담하지만, CIP는 보험료는 매도인이 부담하고 세금(관세 등)은 매수인이 부담한다.

24 ④ 은행은 외화를 매입할 때의 환율(Bid rate)과 매도할 때의 환율(Offered rate) 사이의 차이인 스프레드(Spread)를 통해 수익을 창출한다.

I 수출입실무

25 양하품질조건(LSD)에 대한 설명으로 옳은 것은?

① 선적품질조건(SD)과 동일한 의미이다.
② 무역관리규정상 반입불가 품목에 적용하는 품질조건이다.
③ 매도인이 물품을 선적했을 때 품질을 확정한다는 조건이다.
④ 수입항에서 물품을 양하했을 때 품질을 확정하는 조건이다.

26 MRA(Marine/Risk Additional)나 WRA(War Risk Additional)와 같은 보험 용어가 의미하는 것은?

① 할증 보험료(Additional Premium)
② 중복담보 시 할인받는 추가 특약
③ 보험증권 서명 누락 시 공증받는 절차
④ 선박에 대한 책임을 중복 부담하는 종합보험

---

25 ④ LSD(Landed Quality) 또는 Landed Basis는 물품을 양하한 시점의 품질·중량 등을 기준으로 거래하며, 농산물·광산물 등에서 종종 활용된다.
오답분석 ① 선적품질조건(SD)은 선적 시의 품질을 기준으로 하고, 양하품질조건(LSD)은 양하 시의 품질을 기준으로 한다는 차이점이 있다. (반대되는 개념)
② 양하품질조건(LSD)은 계약상 품질 확정 시점에 대한 조건이지, 수입금지 품목이나 무역관리규정과는 직접적인 관련이 없다.
③ 선적품질조건(Shipping Quality Terms, SD)에 해당한다.

26 ① MRA, WRA 등은 전쟁위험이나 특정 해상위험에 대한 '할증보험료'를 지칭하는 약어로, 전쟁위험(WR), 파업위험(SRCC) 등은 별도로 할증이 붙는다. (근거규정: 적하보험약관(ICC), 무역보험 이론)

27 다음 중 통지은행(Advising Bank)의 의무 및 책임에 대한 설명으로 옳은 것은?

① 수출대금을 사전에 보증해야 한다.
② 신용장을 통지하면 그 자체로 결제 책임을 부담한다.
③ UCP600 적용 신용장은 자동적으로 통지은행이 인수은행도 겸하게 된다.
④ 신용장의 '외견상 진정성'을 검사해야 하며, 이상이 있으면 개설은행과 수익자에게 알린다.

28 구매확인서(내국신용장)와 관련된 설명으로 옳지 않은 것은?

① 무역보험법상 보증 대상이 될 수 있다.
② 내국신용장 어음 결제 시 기한부 환어음을 사용할 수 있다.
③ 수출물품 또는 수출용원자재를 국내에서 구매하기 위해 발행한다.
④ 구매확인서로 국내 원자재를 구매하면, 반드시 CIF 조건으로만 수출해야 한다.

---

27 ④ 통지은행은 신용장의 '외견상 진정성(Apparent Authenticity)'을 검사하고 이상이 있을 시 개설은행과 수익자에게 알려야 한다.
오답분석 ① 통지은행은 보증의무가 없다.
② 확인은행이 아닌 한 결제 책임은 없다. 통지은행은 단순히 통지자의 역할만 할 뿐이다.
③ 신용장 내에서 별도로 지정하지 않는 이상, 통지은행이 자동으로 인수은행이 되지 않는다.

28 ④ 구매확인서(내국신용장)는 국내 원부자재 구매 시 발행하며, 수출조건(CIF · FOB 등)에 직접적인 제한은 없다.
오답분석 ① 구매확인서(내국신용장)는 보증기관의 보증 범위에 들어가며, 기한부 내국신용장도 보증이 가능하다.
② 기한부 L/C로 발행되면 기한부 환어음으로 결제할 수 있으며, 결제 시점에 따라 매입 또는 인수 방식으로 처리된다.
③ 구매확인서(내국신용장)란 수출계약을 체결한 자가 국내 공급자에게 원자재를 구매하기 위해 발행한다.

수출입실무

29 추심거래(URC522)에서, 은행이 수출자로부터 추심서류를 수령했으나 일부 서류 누락이 발견된 경우 어떻게 해야 하는가?

① 누락 서류를 자신이 임의로 보충한다.
② 보세구역에 화물이 도착했으므로 상관없다.
③ 수입자에게 일단 서류를 넘겨 확인을 받는다.
④ 지체 없이 추심의뢰은행(수출자 측 은행)에게 통지한다.

30 관세 환급은 '수출용 원자재에 부과된 관세 등을 수출 시에 되돌려주는' 제도다. 다음 중 관세 환급 방식으로 옳지 않은 것은?

① 개별환급
② 일괄환급
③ 경감환급
④ 채권환급

---

29 ④ URC522에 따르면, 추심은행은 서류 누락 등 이상이 있으면 지체 없이 추심의뢰은행에 알려야 한다.
오답분석 ① 추심은행은 불일치 서류를 임의로 수정할 권한이 없다.

30 ③ 관세 환급 제도에는 개별환급, 정액(일괄)환급, 간이정액 환급, 채권환급 등이 있다. '경감환급'이란 용어는 보편적이지 않다.
오답분석 ② 일괄환급은 표준환급률을 적용하며, 간이정액환급과 유사한 개념이다. (근거규정: 관세법, 수출용 원재료에 대한 관세 등 환급특례법)

31 과거 UCP500에서의 Reinstatement Clause(복원조항)는 어떤 의미인가?

① 신용장 금액 사용 후 자동 취소되는 조건
② 환어음 인수 거절 시 법적 책임을 묻는 조항
③ 은행이 조건부로 결제 시 위험을 감수하는 조항
④ 신용장 금액 일부 사용 시, 자동으로 소진된 금액이 다시 복원되는 조항

32 수출대행(수출 대리)이란 어떤 거래 형태를 말하는가?

① 수출업자가 해외 바이어를 대신해 물품을 생산하는 형태
② 완성된 제품을 중계무역 방식으로 다른 나라에 재수출하는 형태
③ 물품을 국내에서 사들이지 않고, 타인 명의로 환어음을 개설하는 형태
④ 국내 제조업체를 대신해 무역업자가 수출절차를 대행하고, 실질수출자는 국내 제조자인 형태

---

31 ④ Reinstatement Clause(복원조항)는 일부 대금이 사용되어도 신용장 한도가 자동 복원되는 조건을 말한다. 과거 UCP500에서 언급되던 특약 조항으로 UCP600에서는 명시적인 규정이 없으며, 현재는 개별 약정으로 볼 수 있다.

32 ④ 수출대행이란 무역업고유번호 등 자격이 있는 대리업자가 실제 생산자의 수출을 대행하며, 관세환급 등은 제조자에게 귀속되는 거래 형태이다.

수출입실무

33 환가료(Discount Charge)와 A/D Charge가 구분되는 Banker's Usance 거래에서 'A/D Charge'가 의미하는 것은?

① Add-on Duty: 관세 할증
② Advance Deposit: 수입자에게 청구되는 예치금
③ Additional Document 비용: 서류 추가 발행 시 비용
④ Acceptance/Discount 수수료: 해외 인수은행이 어음을 인수·할인하면서 발생하는 금융비용

34 DMBU(Demand Bills Usance) 방식으로 수입하는 경우, 실제로는 일람불이지만 결제가 기한부처럼 이루어지는 이유는?

① 관세청이 수입통관을 지연해 결제를 늦췄다.
② 수출자가 어음을 재발행해서 기한부로 만든다.
③ UCP600에서 일람불을 기한부처럼 간주한다고 규정했다.
④ 은행이 일람불 서류를 받았으나, 내부적으로 수입자에 대해 신용을 연장해줘서 만기일에 결제하게 했다.

---

33 ④ Banker's Usance에서 해외은행이 어음을 인수·할인해줄 때 부과하는 금융비용을 A/D Charge라고 한다.
→ 환가료(국내은행 매입수수료)와 해외 인수은행의 할인료(A/D Charge)는 별도로 부과된다.
34 ④ 일람불 어음(Demand Bill)이지만, 은행이 수입자에게 외화대출(또는 당좌대월) 형식으로 'Usance(유예)'를 주는 것이 DMBU 방식이다. (외환 내부계정으로 처리되어 실무상 기한부 효과를 냄)

35 URDG758 청구보증에서 말하는 '독립성'의 핵심은?

① 보증은 주채무와 별도로 독립적·1차적 책임을 진다.
② 주채무자 불이행 시, 청구보증서도 자동으로 무효가 된다.
③ 보증금을 청구할 때마다 주채무 당사자와 협의가 필수이다.
④ 보증인이 원인계약을 사후 심사해 불이행 사실을 확인해야 지급한다.

35 ① 청구보증(Demand Guarantee)은 주채무와 분리된 독립적 보증이므로, 보증인이 1차 지급책임을 진다.
오답분석 ②③④ 전통적 보증인 2차 책임(주채무 불이행 시 보충적)에 대한 설명이며, 청구보증은 주채무 불이행 여부와는 별개로 서류심사만으로 지급한다. (근거규정: URDG758)

과목 2

국제무역규칙

2과목 개정사항
2025년 이후 개정된 법령, 규정, 기타 내용을 QR코드를 통해 확인하시면 됩니다.

과목공략 포인트

- UCP600, URR725, URC522, URDG758은 각각 적용 범위와 사용 절차, 관련 당사자 등이 상이하므로, 규칙별 역할과 상호 관계를 먼저 파악한 후 조항 학습에 들어가는 것이 효과적이다.
- 각 규칙에서 규정하는 지급 책임의 구조를 이해하는 것이 중요하다. 지급 책임이 있는 주체가 누구인지, 어떤 조건에서 의무가 발생하는지를 중점적으로 정리하면 문장형 지문에도 빠르게 대응할 수 있다.
- 제시 기간, 서류 심사, 지급조건 등 각 규칙마다 반복되는 개념들은 출제 포인트이므로 반드시 비교 정리해야 한다. 예를 들어 '서류심사 기준'은 UCP와 URC에서 비슷하면서도 다르게 적용되므로, 이런 항목들을 표 형태로 정리하며 학습하면 비교 문제도 쉽게 풀어낼 수 있다.

장별 출제경향 분석

구분	출제 빈도	빈출 키워드
1장 신용장통일규칙 (UCP600)	████████████	Issuing Bank, Advising Bank, Confirming Bank, Applicant, Beneficiary, Documentary Credit, Complying Presentation, Negotiation, Honour, Discrepancy, Presentation Period, Transport Document, Expiry Date, Reimbursement
2장 ICC 은행간 화환신용장 대금상환에 관한 통일규칙 (URR725)	████	Reimbursing Bank, Claiming Bank, Reimbursement Authorization, Reimbursement Undertaking, Availability, Amendments, Charges, Maturity Date, Claim Submission, Currency, Reimbursement Instruction
3장 추심에 관한 통일규칙 (URC522)	████████	Collection Instruction, Principal, Remitting Bank, Collecting Bank, Drawee, Bill of Exchange, Documents Against Payment (D/P), Documents Against Acceptance (D/A), Presentation, Payment Instruction, Release Conditions
4장 청구보증통일규칙 (URDG758)	█████	Guarantor, Principal, Beneficiary, Demand, Supporting Documents, Guarantee Amount, Expiry Date, Presentation, Non-compliance, Extension, Reduction, Transfer, Counter-Guarantee, Governing Law

01 1장 신용장통일규칙(UCP600)
Article 1~5

1 Article 1: Application of UCP (신용장통일규칙의 적용범위)

(1) 요약정리
- 적용 대상: UCP600은 모든 화환신용장(documentary credit)과 보증신용장(standby letter of credit)에 적용된다. (단, 신용장 본문에 'UCP 적용'이 명시되어야 함)
- 명시적 포함: 'This credit is subject to UCP600' 적용문구가 명시되어야 하며, 문구가 없다면 UCP600은 적용되지 않는다.
- 구속력: 신용장 문면에서 **명시적으로(expressly)** 수정 또는 배제되지 않는 한, 해당 규칙은 모든 당사자에게 구속력이 있다.

(2) 중요 Point
- UCP 600은 **화환신용장 + Standby L/C**에 한정되어 적용된다.
- 국제표준은행관행(ISBP) 등과 함께 시험에 자주 등장한다.
- 명시적 약정이 없으면 자동 적용되지 않는다. (expressly indicated)
- 보증신용장(standby letter of credit)을 포함한다. (to the extent to which they may be applicable) → 즉, standby L/C에는 적용 가능한 범위 안에서만 UCP600이 적용된다.

(3) 빈출 함정

함정 1	• UCP는 모든 신용장에 자동으로 적용된다? → × ▶ 팩트: UCP는 신용장에 명시적으로 적시해야 적용된다.
함정 2	• UCP600은 보증신용장(Standby L/C) 외에는 적용이 불가하다? → × ▶ 팩트: 화환신용장(documentary credit)도 'UCP 적용' 명기 시 적용 가능하다.
함정 3	• UCP600 내용 중 일부만 임의로 적용이 가능하다? → × ▶ 팩트: 상호 동의가 있어야 수정·배제가 가능하다.

2 Article 2: Definitions(정의)

(1) 요약정리

통지은행 (Advising Bank)	개설은행의 요청에 따라 신용장을 통지하는 은행 ▶ Advising bank means the bank that advises the credit at the request of the issuing bank.
개설의뢰인 (Applicant)	신용장 개설을 신청한 당사자 ▶ Applicant means the party on whose request the credit is issued.
은행영업일 (Banking day)	이 규칙이 적용되는 행위가 이루어지는 장소에서 은행이 통상적으로 영업하는 날 ▶ Banking day means a day on which a bank is regularly open at the place at which an act subject to these rules is to be performed.
수익자 (Beneficiary)	신용장 개설을 통하여 이익을 받는 당사자 ▶ Beneficiary means the party in whose favour a credit is issued.
일치하는 제시 (Complying presentation)	신용장 조건, 적용 가능한 범위 내에서의 이 규칙의 규정, 그리고 국제표준은행관행에 따른 제시 ▶ Complying presentation means a presentation that is in accordance with the terms and conditions of the credit, the applicable provisions of these rules and international standard banking practice.
확인 (Confirmation)	**일치하는 제시**에 대해 **결제(honour) 또는 매입**하겠다는 개설은행의 확약에 추가하여 **확인은행이 하는 확약** ▶ Confirmation means a definite undertaking of the confirming bank, in addition to that of the issuing bank, to honour or negotiate a complying presentation.

01 1장 신용장통일규칙(UCP600)
Article 1~5

핵심개념을 한번에 담은 **빈출개념체크**

확인은행 (Confirming bank)	개설은행의 수권 또는 요청에 의하여 신용장에 확인을 한 은행 ▶ Confirming bank means the bank that adds its confirmation to a credit upon the issuing bank's authorization or request.
신용장 (Credit)	그 명칭과 상관없이 개설은행이 일치하는 제시에 대하여 결제(honour)하겠다는 확약으로서 **취소가 불가능**한 모든 약정 ▶ Credit means any arrangement, however named or described, that is **irrevocable** and thereby constitutes a definite undertaking of the issuing bank to honour a complying presentation.
결제 (Honour)	• 일람지급(sight payment), 연지급(deferred payment) 또는 인수(acceptance)로 결제하는 행위 　– 신용장이 **일람지급**에 의하여 이용 가능하다면 일람지급으로 지급하는 것 　– 신용장이 **연지급**에 의하여 이용 가능하다면 연지급을 확약하고 만기에 지급하는 것 　– 신용장이 **인수**에 의하여 이용 가능하다면 **수익자가 발행한 환어음을 인수**하고 만기에 지급하는 것 ▶ Honour means: 　• to pay at sight if the credit is available **by sight payment**. 　• to incur a deferred payment undertaking and pay at maturity if the credit is available by **deferred payment**. 　• to accept a bill of **exchange ('draft')** drawn by the beneficiary and pay at maturity if the credit is available **by acceptance**.
개설은행 (Issuing bank)	개설의뢰인의 신청 또는 그 자신을 위하여 신용장을 개설한 은행 ▶ Issuing bank means the bank that issues a credit at the request of an applicant or on its own behalf.
매입 (Negotiation)	일치하는 제시에 대하여 지정은행이 지정은행에 상환하여야 하는 은행영업일 또는 그 전에 대금을 지급하거나 대금지급에 동의함으로써 환어음(지정은행이 아닌 은행 앞으로 발행된) 및/또는 서류를 매수(purchase)하는 것 ▶ Negotiation means the purchase by the nominated bank of drafts(drawn on a bank other than the nominated bank) and/or documents under a complying presentation, by advancing or agreeing to advance funds to the beneficiary on or before the banking day on which reimbursement is due to the nominated bank.
지정은행 (Nominated bank)	신용장에서 권한을 받은 특정한 은행이며, 모든 은행에 대한 수권이 있는 신용장의 경우에는 모든 은행 ▶ Nominated bank means the bank with which the credit is available or any bank in the case of a credit available with any bank.
제시 (Presentation)	신용장에 의하여 이루어지는 개설은행 또는 지정은행에 대한 서류의 인도 또는 그렇게 인도된 그 서류 자체 ▶ Presentation means either the delivery of documents under a credit to the issuing bank or nominated bank or the documents so delivered.
제시자 (Presenter)	제시를 하는 수익자, 은행 또는 다른 당사자 ▶ Presenter means a beneficiary, bank or other party that makes a presentation.

(2) 중요 Point
- '일치하는 제시(Complying presentation)'와 '확인(confirmation)'의 정의는 시험에 빈출되므로 필수적으로 숙지해야 한다.
- '은행영업일(Banking day)'은 해당 행위가 이루어지는 **현지 기준**으로 정의한다.
- '확인(Confirmation)'은 '통지(advice)'와 달리 추가적인 결제 의무가 생긴다.
- '결제(Honour)'는 일람지급(sight payment), 연지급(deferred payment), 인수(acceptance)의 세 가지 형태로 구체화된다.

1장 신용장통일규칙(UCP600)
Article 1~5

(3) 빈출 함정

함정 1	• 개설의뢰인(Applicant)과 수익자(Beneficiary)는 동일하다? → ✕ ▶ 팩트: 개설의뢰인(Applicant)과 수익자(Beneficiary)는 다르다.
함정 2	• 확인은 단순 통지로 그친다? → ✕ ▶ 팩트: 확인(Confirmation)은 단순 통지가 아닌 의무를 부담한다.
함정 3	• 일치하는 제시(Complying presentation)란 신용장 조건에만 부합하면 된다? → ✕ ▶ 팩트: 일치하는 제시(Complying presentation)란 신용장 조건, 적용 가능한 범위 내에서의 이 규칙의 규정, 그리고 국제표준은행관행에 따른 제시를 말한다.

❸ Article 3: Interpretations (해석)

(1) 요약정리

단수와 복수	단수 단어는 복수를 포함하고, 복수 단어는 단수를 포함함 ▶ Where applicable, words in the singular include the plural and in the plural include the singular.
신용장의 취소 여부	'취소불능' 표시가 없어도 신용장은 취소가 불가능함 ▶ A credit is irrevocable even if there is no indication to that effect.
서류 서명 방식	서류는 자필, 팩시밀리서명, 천공서명, 스탬프, 상징 또는 기타 기계식·전자식 방법으로 서명 가능함 ▶ A document may be signed by handwriting, facsimile signature, perforated signature, stamp, symbol or any other mechanical or electronic method of authentication.
서류 요건 충족	공증, 사증, 공인 등 서류 요건은 해당 서류의 모든 서명, 표시, 스탬프, 라벨로 충족된 것으로 봄 ▶ A requirement for a document to be legalized, visaed, certified or similar will be satisfied by any signature, mark, stamp or label on the document which appears to satisfy that requirement.
동일 은행의 지점 구분	서로 다른 국가에 위치한 동일 은행의 지점은 별도의 은행으로 간주됨 ▶ Branches of a bank in different countries are considered to be separate banks.
특정 용어의 사용	'first class, well known, qualified, independent, official, competent, local' 등의 용어는 수익자를 제외한 모든 서류 발행자가 사용 가능함 ▶ Terms such as 'first class', 'well known', 'qualified', 'independent', 'official', competent or 'local' used to describe the issuer of a document allow any issuer except the beneficiary to issue that document.
'신속하게', '즉시', '가능한 한 빨리' 용어 사용	서류에 요구되지 않은 경우 이 용어들은 무시됨 ▶ Unless required to be used in a document, words such as 'prompt', 'immediately' or as soon as possible will be disregarded.
'on or about' 표현	특정 일자가 첫날과 마지막 날을 포함하여 전후 5일 내에 해당하는 기간으로 해석됨 ▶ The expression 'on or about' or similar will be interpreted as a stipulation that an event is to occur during a period of five calendar days before until five calendar days after the specified date, both start and end dates included.

01 1장 신용장통일규칙(UCP600)
Article 1~5

선적기간 관련 용어	'to', 'until', 'till', 'from', 'between' 사용 시 명시된 일자들을 포함하며, 'before'와 'after'는 해당 일자를 제외함 ▶ The words 'to', 'until', 'till', 'from' and 'between' when used to determine a period of shipment include the date or dates mentioned, and the words 'before' and 'after' exclude the date mentioned.
만기 관련 용어	'from'과 'after' 사용 시 명시된 만기일은 제외됨 ▶ The words 'from' and 'after' when used to determine a maturity date exclude the date mentioned.
월의 '전반'과 '후반'	'전반(first half)'은 1일부터 15일까지, '후반(second)'은 16일부터 말일까지를 포함함 ▶ The terms 'first half' and 'second half' of a month shall be construed respectively as the 1st to the 15th and the 16th to the last day of the month, all dates inclusive.
월의 '초', '중', '말'	'초 (beginning)'는 1일부터 10일, '중(middle)'은 11일부터 20일, '말(end)'은 21일부터 말일까지를 포함함 ▶ The terms 'beginning', 'middle' and 'end' of a month shall be construed respectively as the 1st to the 10th, the 11th to the 20th and the 21st to the last day of the month, all dates inclusive.

(2) 중요 Point

- 단수/복수: 단수 표현은 복수를, 복수 표현은 단수를 포함한다. → 단수/복수 해석은 신용장 조건의 유연한 적용을 이해하는 데 중요한 요소임
- 지점: 서로 다른 국가에 있는 은행 지점은 별개 은행으로 간주된다. → 지점의 별개 취급은 관할권 및 책임 분쟁에서 자주 출제됨(어느 지점이 책임지는지 등)
- 모호한 표현: 'prompt', 'immediately', 'as soon as possible' 등은 서류에 필수로 요구되지 않으면 무시된다. → 모호한 시간 표현 무시는 명확성 보장을 위한 규정으로, 시험에 자주 출제되므로 필수적으로 숙지해야 함
- 'about(약)', 'approximately(대략)' → ±10% 허용 (금액·수량·단가)
- 'to/until/till/from/between' → 해당 일자(들)를 포함
- 'before / after' → 해당 일자(들)를 제외

(3) 빈출 함정

함정 1	• 각 지점은 모두 동일 은행으로 간주한다? → ✗ ▶ 팩트: 서로 다른 국가에 있는 은행 지점은 별개 은행으로 간주한다. • 정답: separate banks / 오답: same bank
함정 2	• 'prompt' 등의 표현은 법적 효력이 있다? → ✗ ▶ 'prompt', 'immediately'와 같은 모호한 표현은 서류에 필수로 요구되지 않으면 무시됨 • 정답: disregarded / 오답: binding
함정 3	• 단수/복수는 독립적인 의미이다? → ✗ ▶ 팩트: 단수 표현은 복수를, 복수 표현은 단수를 포함한다. • 정답: includes each other / 오답: separate meanings

01 1장 신용장통일규칙(UCP600)
Article 1~5

4 Article 4: Credits v. Contracts (신용장과 계약)

(1) 요약정리
- 신용장은 매매 등 원인계약과는 별개의 거래이다. (신용장의 독립성)
- 은행은 계약 내용, 상품, 서비스, 이행과 무관하며 서류만 취급한다.
- 은행은 계약 관계에서 발생한 주장이나 항변에 영향을 받지 않는다.

(2) 중요 Point
- **신용장의 독립성 원칙(independence principle)**은 UCP의 핵심으로, 반드시 숙지해야 한다.
  ※ [Fraud Exception & Court Injunction]
  일반적으로 은행은 서류 일치 여부만 보고 결제하지만, 명백한 사기(fraud)나 법원의 지급중지 명령(injunction)이 있는 경우 지급을 거절하거나 중지할 수 있다. 즉, 독립성에도 예외가 존재한다.
- 은행은 물품 상태나 계약 이행 여부가 아닌 서류만 다룬다. → 기획재정부장관이 고시한 사항으로 한정
- 수익자는 은행 간 계약 관계를 원용할 수 없다.

(3) 빈출 함정

함정 1	• 은행이 상품 품질을 책임진다? → ✕ ▶ 팩트: 은행은 계약 내용, 상품, 서비스, 이행과 무관하며 서류만 취급한다. • 정답: not concerned / 오답: responsible
함정 2	• 신용장은 계약에 종속된다? → ✕ ▶ 신용장은 그 성격상 기초가 되는 매매계약 또는 기타 계약과는 별개의 거래이다. → 신용장의 독립성 원칙 (independence principle) • 정답: independent / 오답: dependent
함정 3	• 은행이 계약 이행을 보증한다? → ✕ ▶ 팩트: 은행은 물품 상태나 계약 이행 여부가 아닌 서류만 다룬다. • 정답: no liability / 오답: guarantees performance
함정 4	The issuing bank may refuse payment if the goods are defective under the sales contract? (물품이 매매계약상 불량품이라면, 개설은행은 지급을 거절할 수 있다?) → ✕ ▶ 팩트: 개설은행의 지급 여부는 오직 서류가 신용장 조건에 부합하는지 여부로만 판단하며, 서류가 신용장의 조건에 부합하면, 물품이 계약상 불량품이더라도 개설은행은 대금을 지급해야 한다.
함정 5	A credit can be canceled if the underlying contract is canceled? (기초 계약이 취소되면, 신용장도 취소될 수 있다?) → ✕ ▶ 팩트: 신용장은 일단 발행되면 유효하며, 기초계약이 취소되었다는 이유만으로는 취소될 수 없다. (단, 모든 관련 당사자의 동의가 있을 경우에는 취소가 가능함)

01 1장 신용장통일규칙(UCP600)
Article 1~5

5 Article 5: Documents vs Goods/Services/Performance (서류와 상품/서비스/ 이행)

(1) 요약정리
- 서류 중심: 은행은 서류만 취급하며, 상품, 서비스, 이행과는 무관하다.
- 표면상 심사: 서류가 신용장 조건과 표면상 일치하는지만 확인한다.

(2) 중요 Point
- 은행의 책임은 서류의 표면상 일치(on their face) 여부로 한정된다. → 시험 빈출!
- 상품의 실제 상태(품질, 수량 등)는 결제와 무관하다.
- 'Documents only' 원칙은 UCP의 기본 전제이다.

(3) 빈출 함정

함정 1	• 은행이 서류의 사실 여부를 확인한다? → × ▶ 팩트: 은행의 책임은 서류의 표면상 일치(on their face) 여부로 한정된다. • 정답: on their face / 오답: verify accuracy
함정 2	• 상품 상태가 결제에 영향을 준다? → × ▶ 팩트: 상품의 실제 상태(품질, 수량 등)는 결제와 무관하다. • 정답: not concerned / 오답: affects payment
함정 3	• 은행이 서류 외 요소를 검토한다? → × ▶ 팩트: 은행은 서류가 신용장 조건과 표면상 일치하는지만 확인한다. • 정답: documents only / 오답: goods included

확인문제로 핵심키워드 정리하기

간단한 쪽지 시험으로 빈출 개념을 다시 정리해 보세요.

1 다음 설명이 맞으면 ○표, 틀리면 ×표 하세요.

(1) Under UCP600, the 'Issuing Bank' and the 'Applicant' are effectively the same entity. ( )

(2) Even if a credit does not explicitly state that it is irrevocable, it is deemed irrevocable under UCP600. ( )

(3) A 'Nominated Bank' must always be a single, specifically named bank rather than 'any bank.' ( )

(4) 'Negotiation' requires that the draft be drawn on a bank other than the nominated bank itself. ( )

(5) If a credit says 'From October 1,' is includes October 1 in the calculation of maturity. ( )

2 다음 빈칸에 들어갈 알맞은 말을 적으세요.

(1) Under UCP600, A '( ) Bank' is the one that adds its confirmation to a credit upon the issuing bank's request.

(2) The ( ) Bank is the bank that issues a credit at the request of an applicant.

(3) If maturity is set '( )(or After) October 1' that date is excluded from the count.

(4) A '( ) presentation' complies with the credit terms, UCP600 provisions, and ISBP.

(5) UCP600 applies if the credit expressly states 'Subject to ( )' or 'ICC Publication No.600.'

---

01 Which best describes 'Negotiation' under UCP600?

① When the beneficiary is paid on sight without a draft.
② When a nominated bank purchases a draft drawn on itself.
③ When the issuing bank accepts its own draft and purchases it from itself.
④ When a nominated bank purchases a draft drawn on a different bank and/or documents under a complying presentation.

개념이해 Negotiation means the purchase by the nominated bank of drafts (drawn on a bank other than the nominated bank)and/or documents under a complying presentation, by advancing or agreeing to advance funds to the beneficiary on or before the banking day on which reimbursement is due to the nominated bank.
→ 매입이란, 지정은행(nominated bank)이 자신이 아닌 다른 은행을 지급인으로 한 환어음 또는 신용장 조건에 부합하는 서류(compliant presentation)를 매입(=선지급 또는 지급 약속)하는 행위를 말한다. 이때 지급 또는 지급 약속은, 상환을 받을 예정일 이전 또는 그 날까지 이루어져야 한다.

02 If a credit says 'First class insurance company', which is correct under UCP600?

① The beneficiary can issue the insurance document itself.
② Only well-known large insurance companies can issue it.
③ Only a nationally certified insurer may issue the document.
④ Any issuer except the beneficiary (unless otherwise stated) may issue it.

개념이해 'First class insurance company'는 일반적이고 모호한 표현(ambiguous term)으로 간주되므로, 은행은 일반적인 표면상 요건만으로 서류를 심사한다. 따라서 특별한 지시가 없는 한, 수익자를 제외한 누구든지 보험서류를 발행할 수 있으며, 그 회사가 'first class'인지 여부를 은행이 판단하지 않는다.

오답분석 ① 일반적으로 수익자는 보험서류 발행이 불가능하다. (신용장에서 명시된 경우 제외)
② 'well-known'이라는 기준은 UCP600에서 강제되지 않는다.
③ UCP600에 규정되어 있지 않은 내용이다.

---

1 (1) × (2) ○ (3) × (4) ○ (5) ×
2 (1) Confirming (2) Issuing (3) From (4) Complying (5) UCP600

03 Which condition must be met for UCP600 to apply?

① The underlying contract must specify UCP600.
② The credit must explicitly say 'Subject to UCP600.'
③ UCP600 applies automatically to all letters of credit.
④ An oral agreement between buyer and seller is sufficient.

개념이해 UCP600은 모든 신용장에 자동으로 적용되는 규정이 아니며, UCP600 적용 여부는 해당 신용장 문면에 명시되어 있어야 한다.

오답분석 ① 매매계약서의 명시는 신용장에 영향을 미치지 않으며, 신용장 자체에 규정이 있어야 한다.
③ UCP600은 자동 적용되지 않으며, 적용을 위해 명시가 필요하다.
④ 구두합의는 법적 효력이 없으며, UCP600 적용은 신용장 문면에 명시되어야 한다.

04 Which is not required in document examination by the bank?

① Checking that documents match the credit
② Verifying the goods' actual quality/packaging
③ Making sure the documents are internally consistent
④ Checking the apparent authenticity of the documents

개념이해 은행은 서류심사 원칙에 따라 서류의 외형상 일치 여부만 확인하며, 물품의 실제 품질이나 포장 상태는 확인 대상이 아니다.

오답분석 ① 서류가 신용장 조건과 일치하는지 확인하는 것은 은행의 기본적 의무이다.
③ 서류들 간 내용이 상호 일치하는지 확인하는 것은 은행의 심사 대상이다.
④ 서류의 외형상 진정성(서명, 양식 등)을 합리적인 수준에서 확인하는 것이 요구된다.

05 If the credit does not say 'Irrevocable', how is it treated under UCP600?

① It is automatically considered revocable.
② It is automatically considered irrevocable.
③ It requires separate proof of irrevocability.
④ The issuing bank must amend the credit clarifying irrevocability.

개념이해 UCP600에서는 신용장에 '취소불능(Irrevocable)' 문구가 없어도, 모든 신용장은 자동적으로 취소불능으로 간주한다.

오답분석 ① UCP600은 모든 신용장을 취소불능으로 간주한다.
③ 별도의 증명은 필요 없으며, 규칙상 자동으로 적용된다.
④ 별도 수정 없이도 규정상 자동으로 취소불능 신용장이 된다.

| 정답 | 01 ④ 02 ④ 03 ② 04 ② 05 ② |

02

1장 신용장통일규칙(UCP600)
Article 6~10

❶ Article 6: Availability, Expiry Date and Place for Presentation (이용 가능성, 만기일 및 제시 장소)

(1) 요약정리
- 이용가능성: 신용장은 이용 가능한 은행과 결제 방식(일람지급, 연지급, 인수, 매입)을 명시해야 한다.
- 만기일: 모든 신용장은 제시를 위한 만기일(expiry date)을 명시해야 한다.
- 환어음: 신용장은 개설의뢰인(수입자)을 지급인으로 하는 환어음 방식으로 개설할 수 없다.
- 제시 기간
  - 제시를 위한 유효기일을 반드시 명시해야 한다. (결제·매입을 위한 유효기일이 명시되어 있다면, 이는 제시를 위한 유효기일로 간주함)
  - 수익자(또는 그 대리인)의 제시는 유효기일 당일 또는 그전까지 이루어져야 한다.
- 제시 장소: 해당 신용장을 이용할 수 있는 은행의 소재지
  - 모든 은행에서 이용 가능한 신용장의 제시장소: 모든 은행의 소재지
  - 개설은행 이외의 장소가 지정된 경우: 개설은행 외의 제시 장소가 별도로 명시된 경우, 개설은행 소재지와 지정된 제시 장소 모두에서 제시 가능

(2) 중요 Point
- 이용 가능 은행과 방식 명시는 필수이다. → 시험 빈출!
- 21일 규정은 기본값(운송서류 원본을 포함하고 신용장이 별도 기간을 정하지 않은 경우, 선적일+21 calendar days 또는 신용장 만기일 중 더 이른 날까지 제시해야 함(Article 14 c))이며, 신용장이 다른 기간을 명시하면 변경 가능하다. (변경 여부 확인 중요)
- 만기일과 선적일은 별개의 개념이므로 주의해야 한다.

(3) 빈출 함정

함정 1	• 21일 규정은 절대적이다? → ✕ ▶ 팩트: 21일 규정은 기본값이며, 신용장이 다른 기간을 명시하면 변경이 가능하다. (변경 여부 확인 중요) • 정답: unless otherwise specified / 오답: always 21 days
함정 2	• 만기일은 곧 선적 기한이다? → ✕ ▶ 팩트: 만기일과 선적일은 별개의 개념이다. • 정답: expiry date / 오답: shipment deadline
함정 3	• 이용 방식 명시는 선택적이다? → ✕ ▶ 팩트: 이용 가능 은행과 방식 명시는 필수이다. • 정답: must state / 오답: optional
함정 4	A credit does not need to show the expiry date? (신용장에는 유효기일을 표시할 필요가 없다?) → ✕ ▶ 팩트: 신용장은 만기일(유효기일)을 명시해야 하며, 그렇지 않으면 UCP600에 부합하지 않는다.
함정 5	If the place of expiry is not stated, the beneficiary may present documents in any country? (신용장에 제시장소가 명시되지 않은 경우, 수익자는 어느 나라에서든 서류를 제시할 수 있다?) → ✕ ▶ 팩트: 보통 신용장에 제시장소에 대한 명시가 없으면, '개설은행의 소재지'가 제시장소로 간주된다.

02 1장 신용장통일규칙(UCP600)
Article 6~10

② Article 7: Issuing Bank Undertaking (개설은행의 확약)

(1) 요약정리
- 결제 확약: 일치하는 제시(complying presentation)가 있으면 개설은행은 결제(honour) 의무를 진다.
- 상환: 지정은행이 일치하는 제시를 결제하거나 매입하면 개설은행이 상환(reimburse)한다.
- 연지급·인수 방식의 경우, 지정은행이 선지급·매입했더라도 개설은행의 상환은 만기일에 이루어진다.

(2) 중요 Point
- 일치하는 제시가 있으면 개설은행의 결제 의무는 절대적이자 핵심 원칙이다.
- 상환 의무(reimbursement)는 지정은행을 보호한다. → 시험 빈출!
- '결제(Honour)'의 세 가지 형태(일람지급, 연지급, 인수)와 연결의 이해가 필요하다.

(3) 빈출 함정

함정 1	• 개설은행은 상품 결함으로 결제를 거부할 수 있다? → × ▶ 팩트: 일치하는 제시(complying presentation)가 있으면 개설은행은 결제(honour) 의무를 진다. 정답: complying presentation / 오답: goods defect
함정 2	• 상환은 확인은행의 역할이다? → × ▶ 팩트: 지정은행이 일치하는 제시를 결제하거나 매입하면 개설은행이 상환(reimburse)한다. 정답: issuing bank / 오답: confirming bank
함정 3	• 결제는 선택적이다? → × ▶ 팩트: 일치하는 제시가 있으면 개설은행의 결제 의무는 절대적이자 핵심 원칙이다. 정답: must honour / 오답: optional

③ Article 8: Confirming Bank Undertaking (확인은행의 확약)

(1) 요약정리
- 추가 확약: 확인은행은 개설은행의 확약에 추가하여, 일치하는 제시에 대해 결제하거나, 무소구(negotiate without recourse)로 매입할 것을 확정적으로(irrevocably) 약속한다.
- 상환: 다른 지정은행이 결제나 매입할 경우, 확인은행은 상환(reimburse)의무를 부담한다.

(2) 중요 Point
- 확인은 수익자에게 추가 보장을 제공하며, 개설은행의 의무와는 별개이다.
- 확인은행도 일치하는 제시에 대한 결제 의무가 있으며, 확인을 추가한 순간부터 취소불능(irrevocably)이다.
- 'Honour'와 'Negotiate'의 차이(결제 vs 자금 선지급 후 매입)를 구분해야 한다.

02 1장 신용장통일규칙(UCP600)
Article 6~10

(3) 빈출 함정

함정 1	• 확인은행의 확인은 필수이다? → ✗ ▶ 팩트: 확인은행은 개설은행의 요청 또는 허가가 있을 경우에만 신용장에 대해 확인을 추가할 수 있다. • 정답: optional / 오답: mandatory
함정 2	• 확인은행과 통지은행은 같은가? → ✗ ▶ 팩트: 확인은행과 통지은행은 다르다. • 정답: confirming bank / 오답: advising bank
함정 3	• 상환은 개설은행만 가능하다? → ✗ ▶ 팩트: 다른 지정은행이 결제나 매입 시 확인은행이 상환(reimburse)한다. • 정답: confirming bank / 오답: issuing bank only

4 Article 9: Advising of Credits and Amendments (신용장 및 수정의 통지)

(1) 요약정리
- 통지은행의 역할: 신용장 또는 수정의 외견상 진정성(authenticity)을 확인하고 수익자에게 통지(advice)한다.
- 확약 없음: 통지은행은 결제(honour)나 매입(negotiate)에 대한 의무를 지지 않는다.

(2) 중요 Point
- 통지은행은 단순 통지 역할만 하며 결제 의무가 없다. → no undertaking
- 진정성 확인은 통지은행의 주요 책임이다. → 시험 빈출!
- 확인은행(추가 확약)과 통지은행(확약 없음)을 구분해야 한다.

(3) 빈출 함정

함정 1	• 통지은행이 결제한다? → ✗ ▶ 팩트: 통지은행은 결제(honour)나 매입(negotiate)에 대한 의무를 지지 않는다. (통지은행과 확인은행은 다름) • 정답: no undertaking / 오답: obligated to pay
함정 2	• 확인과 통지는 동일하다? → ✗ ▶ 팩트: 통지는 신용장을 수익자에게 전달하는 것이고, 확인은 은행이 신용장 지급을 보증하는 것이다. • 정답: advise / 오답: confirm
함정 3	• 진정성 확인은 생략 가능하다? → ✗ ▶ 팩트: 진정성 확인은 통지은행의 주요 책임이다. • 정답: authenticate / 오답: optional

02 1장 신용장통일규칙(UCP600) Article 6~10

5 Article 10: Amendments (수정)

(1) 요약정리
- 동의 필요: 수정은 개설은행, 확인은행(있는 경우), 수익자의 동의가 있어야 한다.
- 부분 수락 불가: 수정은 전부 수락하거나 거절해야 하며, 일부 수락은 불가하다.
- 수익자 침묵: 수익자가 수정에 응답하지 않으면 일치하는 제시로 수락 간주된다.

(2) 중요 Point
- 모든 당사자의 동의가 수정의 전제이다. → 시험 빈출!
- 부분 수락 불가 규정이 엄격히 적용된다. → no partial acceptance
- 침묵 시 일치하는 제시로 수락 간주되므로 제시 시점에 주의해야 한다.

(3) 빈출 함정

함정 1	• 수정이 동의 없이도 효력이 있다? → × ▶ 팩트: 모든 당사자의 동의가 수정의 전제이다. • 정답: agreement required / 오답: automatically binding
함정 2	• 부분 수락이 가능하다? → × ▶ 팩트: 부분 수락 불가 규정이 엄격히 적용된다. • 정답: no partial acceptance / 오답: partially acceptable
함정 3	• 침묵이 거절로 간주된다? → × ▶ 팩트: 침묵 시 일치하는 제시로 수락 간주된다. • 정답: acceptance by presentation / 오답: rejection by silence

확인문제로 핵심키워드 정리하기

간단한 쪽지 시험으로 빈출 개념을 다시 정리해 보세요.

1 다음 설명이 맞으면 ○표, 틀리면 ×표 하세요.

(1) If the credit says 'available by negotiation', the same bank can also act as the deferred payment bank. ( )

(2) The issuing bank is only obligated to honor if the beneficiary presents documents directly to it, not via a nominated bank. ( )

(3) In a confirmed credit, both the issuing bank and the confirming bank must pay if the presentation is complying. ( )

(4) The advising bank, upon finding no issue with authenticity, must advise the credit to the beneficiary. ( )

(5) An amendment from the issuing bank automatically takes effect without the beneficiary's acceptance. ( )

2 다음 빈칸에 들어갈 알맞은 말을 적으세요.

(1) The credit must clearly state the ( ) method: sight payment, deferred payment, acceptance or negotiation.

(2) The issuing bank must ( ) if the presentation is complying, and reimburse any nominated bank that has already paid.

(3) A '( ) Bank' is the bank that, upon the issuing bank's authority, adds its confirmation.

(4) The advising bank checks the ( ) authenticity of the credit or amendment before forwarding it.

(5) Any amendment requires consent from the issuing bank, beneficiary, and ( ) bank.

---

01 Which is not a valid availability method under UCP600?

① Acceptance
② Sight Payment
③ Reimbursement
④ Deferred Payment

개념이해 UCP600에서 정한 유효한 신용장 이행 방식은 Sight Payment, Deferred Payment, Acceptance, Negotiation 네 가지이며, Reimbursement는 지급 방식이 아닌 지급 수단(은행 간 정산 방식)에 해당한다.

02 Which statement correctly describes the issuing bank's obligation?

① It must pay even if the documents show discrepancies.
② It can ignore a complying presentation if the applicant objects.
③ It must reimburse the nominated bank that paid under a complying presentation.
④ It only checks documents; if the nominated bank already paid, it has no further role.

개념이해 발행은행(issuing bank)은 적합한 제시(complying presentation)가 있을 경우, 신용장 조건에 따라 지급한 통지은행(nominated bank)에 대해 반드시 상환할 의무가 있다. 이는 UCP600 제7조에 명시된 기본 원칙으로, 지급 책임은 문서 심사 결과에 따라 판단되며, 신청인의 이의나 사후 상황과는 무관하게 작용한다.

오답분석 ① 문서에 불일치가 있다면, 이는 적합한 제시로 보지 않으므로 지급 의무가 발생하지 않는다.
② 신청인이 이의를 제기하더라도, 발행은행은 적합한 제시에 대해 지급을 거절할 수 없다.
④ 통지은행이 이미 지급을 했더라도 발행은행은 적합한 제시에 대해 상환 책임을 진다.

---

1 (1) × (2) × (3) ○ (4) ○ (5) ×
2 (1) availability (2) honor (3) Confirming (4) apparent (5) confirming

03 For a confirmed credit, which is correct?

① Only the confirming bank is liable.
② The confirming bank may revoke its confirmation at will.
③ The confirming bank supersedes the issuing bank's obligation.
④ Both the issuing and confirming banks are liable for complying presentations.

개념이해 확인신용장(Confirmed Credit)의 경우, 발행은행과 확인은행 모두 적합한 제시에 대해 지급 책임을 진다. 이는 UCP600 제8조에 따라, 확인은행은 발행은행과는 독립적으로 자신이 추가한 확약(confirmation)에 따라 수익자에게 지급 또는 상환할 의무를 갖는다.

오답분석 ① 확인은행만 책임을 지는 것은 아니며, 발행은행 역시 책임을 진다.
② 확인은 자의적으로 철회할 수 없다. 한 번 확인을 추가하면 그 확인은 철회 불가능하며, 수익자에 대한 확정적인 지급 약속이 된다.
③ 확인은행은 발행은행의 의무를 대신(supercede) 하지 않으며, 각자의 책임을 별도로 부담한다.

04 Which is correct about amendments under UCP600?

① Transferable credits cannot be amended once issued.
② The issuing bank can unilaterally amend without beneficiary consent.
③ By presenting documents in line with the amendment, the beneficiary implicitly accepts it.
④ If the beneficiary does not provide written acceptance, the amendment never takes effect under any circumstance.

개념이해 개정된 조건에 부합하는 서류를 제출하면, 수익자가 개정을 암묵적으로 수락한 것으로 간주된다.

오답분석 ① 양도가능신용장(transferable credit)도 수정 가능하다.
② UCP600 제10조(a)에 따라, 수익자의 권리에 영향을 주는 수정은 반드시 수익자의 동의가 필요하다.
④ 수익자의 서면 동의가 없어도, 행동(수정 조건에 맞는 서류 제출 등)으로 수락 의사를 표시하면 수정은 효력을 갖는다.

05 What is the core duty of an advising bank?

① To confirm the credit.
② To examine the documents for compliance.
③ To guarantee payment if the issuing bank refuses.
④ To check authenticity and advise the credit to the beneficiary.

개념이해 UCP600 제9조에 따르면, 통지은행의 주요 의무는 발행은행의 신용장이 진짜인지 여부를 검토하고, 이를 변경 없이 수익자에게 전달(advice)하는 것이다.

오답분석 ① 신용장 확인(confirmation)은 확인은행(confirming bank)의 역할이며, 통지은행은 요청이 없는 한 확인 의무가 없다. (발행은행이 요청하고 통지은행이 수락할 경우에만 확인은행의 역할을 겸할 수 있음)
② 서류 심사는 지정은행(nominated bank) 또는 발행은행(issuing bank)의 역할이다. 통지은행은 서류의 진정성을 확인하거나 전달은 할 수 있지만, 조건 충족 여부를 판단하는 의무는 없다.
③ 통지은행은 지급 보증 책임이 없다. 지급 보증은 확인은행 또는 지정은행의 역할이며, 통지은행은 단순히 신용장을 전달하는 역할만을 수행한다.

06 Which statement is incorrect regarding the expiry date?

① An 'open-ended' expiry is standard under UCP600.
② After the expiry date, even complying documents can be refused.
③ A credit must state an expiry date and place for presentation.
④ Typically it is worded "This credit expires on (date) at the counters of (bank/place)."

개념이해 UCP600에서는 무기한(open-ended) 신용장을 허용하지 않으며, 신용장에는 반드시 명확한 유효기일이 설정되어야 한다.

오답분석 ② 신용장은 정해진 유효기일 내에 서류가 제시되어야 하며, 기한을 넘긴 서류는 조건을 충족해도 거절 대상이 될 수 있다.
③ UCP600 제6조(d)에 따르면 신용장은 유효기일과 제시 장소를 명확히 명시해야 하며, 이는 수익자의 권리 보호를 위한 필수 요소이다.
④ 유효기일과 장소는 표준 문구 형태로 신용장에 명시되는 것이 일반적이며, 이는 거래 당사자 모두에게 명확성을 제공한다.

| 정답 | 01 ③ 02 ③ 03 ④ 04 ③ 05 ④ 06 ① |

03 1장 신용장통일규칙(UCP600)
Article 11~15

1 Article 11: Teletransmitted and Pre-Advised(전신과 사전통지된 신용장 및 그 조건변경)

(1) 요약정리
- 전신: 인증된 전신은 유효한 신용장 또는 수정으로 간주되며, 이후 발송되는 우편 확인본은 무시된다.
- 사전통지(Pre-advice): 개설은행이 신용장 발행 준비를 마쳤음을 예고하는 송신으로, 자체로는 유효한 신용장으로 간주되지 않으며, 이후 지체 없이 본 신용장을 발행해야 한다.

(2) 중요 Point
- 'Full details to follow'와 같은 표현이 포함된 전신은 사전통지(pre-advice)로 간주되어 유효하지 않으며, 정식 신용장이 별도로 발행되어야 실제 효력을 가진다. → 시험 빈출!
- 사전통지는 개설은행의 구속력 있는 약속(irrevocably committed)이므로 지연 발행이 불가능하다.
- 전신과 후속 발행본의 조건이 다를 경우, 전신이 우선하며 후속 발행본은 무효로 간주된다.

(3) 빈출 함정

함정 1	• 사전통지는 즉시 유효하다? → × ▶ 팩트: 사전통지(pre-advice)는 개설은행이 유효 신용장 발행 준비가 된 경우에만 송부하며, 이후 지체 없이 본 신용장을 발행해야 한다. • 정답: preliminary until operative / 오답: immediately operative
함정 2	• 전신보다 후속 우편 확인본이 우선한다? → × ▶ 팩트: 인증된 전신은 유효한 신용장 또는 수정으로 간주되며, 후속 우편 확인본은 무시된다. • 정답: teletransmission operative / 오답: mail prevails
함정 3	• 사전통지는 지연 발행이 허용된다? → × ▶ 팩트: 사전통지는 개설은행의 구속력 있는 약속(irrevocably committed)이므로 지연 발행이 불가능하다. • 정답: without delay / 오답: delay allowed

2 Article 12: Nomination (지정)

(1) 요약정리
- 수권: 개설은행은 지정은행에게 지급 또는 매입 권한을 부여하여, 수익자가 신용장을 해당 은행에서 사용할 수 있도록 한다.
- 의무 없음: 지정은행은 결제(honour)나 매입(negotiate) 의무가 없다. (확인은행 제외)

(2) 중요 Point
- 지정은 의무가 아닌 권한 부여에 불과하며, 지정은행은 결제나 매입을 반드시 수행할 의무는 없다. → no obligation
- 확인은행은 예외적으로 결제·매입의 의무를 지므로, 지정은행과 구분해야 한다.
- 지정은행은 신용장 조건에 따라 결제·매입할 수 있는 권한만 가지며, 그 의무는 없다. (단, 개설은행이 지정은행에게 인수(acceptance) 또는 연지급(deferred payment) 확약을 허용할 경우, 지정은행은 어음을 선지급(prepay)하거나 매수(purchase)할 권한도 갖게 됨)

03 1장 신용장통일규칙(UCP600) Article 11~15

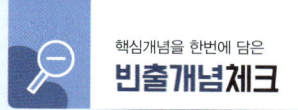

(3) 빈출 함정

함정 1	• 지정은행이 반드시 결제를 해야한다? → ✕ ▶ 팩트: 지정은행은 결제(honour)나 매입(negotiate) 의무가 없다. • 정답: no obligation / 오답: must honour
함정 2	• 확인은행과 지정은행은 동일하다? → ✕ ▶ 팩트: 확인은행은 지급을 보증하는 은행이고, 지정은행은 서류를 제시받는 역할만 수행한다. • 정답: nominated bank / 오답: confirming bank
함정 3	• 지정은 곧 의무를 뜻한다? → ✕ ▶ 팩트: 지정은 의무 부과가 아닌 선택적 권한에 불과하며, 무조건 수행할 필요는 없다. • 정답: unless confirmed / 오답: always obligated

❸ Article 13: Bank-to-Bank Reimbursement Arrangements (은행 간 상환 약정)

(1) 요약정리
- 상환 권한: 개설은행은 상환은행에 상환 권한을 부여하며, 신용장에 URR 적용 여부를 반드시 명시해야 한다.
- URR 미적용 시 상환 권한은 만기일 없이 유지되며, 상환 수수료는 원칙적으로 개설은행이 부담한다. (수익자 부담 시 명시 필요)

(2) 중요 Point
- URR(Uniform Rules for Bank-to-Bank Reimbursements) 적용 여부는 상환 절차의 핵심이다.
- 상환 권한은 명시적으로 부여되며, 만기일이 없다. → 시험 빈출!
- 상환 수수료 책임 분쟁(개설은행 vs 수익자) → 시험 빈출!

(3) 빈출 함정

함정 1	• URR은 자동적으로 적용된다? → ✕ ▶ 팩트: URR(Uniform Rules for Bank-to-Bank Reimbursements)은 신용장에 적용 여부를 명시한 경우에만 적용되며, 명시가 없다면 적용되지 않는다. • 정답: must state if subject / 오답: always optional
함정 2	• 상환은행과 지정은행이 동일하다? → ✕ ▶ 팩트: 지정은행은 수익자로부터 서류를 접수하고 지급·매입·인수하는 은행이고, 상환은행은 개설은행의 요청에 따라 지정은행에게 실제 자금을 송금하는 역할을 한다. • 정답: reimbursing bank / 오답: nominated bank
함정 3	• 상환 수수료는 수익자가 부담한다? → ✕ ▶ 팩트: 별도의 명시가 없는 한 상환 수수료는 원칙적으로 개설은행이 부담한다. • 정답: issuing bank unless specified / 오답: beneficiary

03 1장 신용장통일규칙(UCP600)
Article 11~15

④ Article 14: Standard for Examination of Documents (서류 심사 기준)

(1) 요약정리
- 심사 기간: 서류를 제시받은 은행은 제시일로부터 최대 **5은행영업일** 이내에 서류 심사를 완료해야 한다.
- 표면상 일치: 서류가 신용장 조건과 표면상 일치하는지 확인해야 한다. → **on their face**
- 데이터 일관성: 서류 내 데이터는 신용장 및 다른 서류와 모순이 없어야 한다. → **not conflict**

(2) 중요 Point
- 5은행영업일 기한은 엄격히 적용되며, 초과 시 불일치 처리가 가능하다. → 시험 빈출!
- 심사는 표면상으로만 진행되며, 사실 여부는 확인하지 않는다. → **on their face**
- 데이터 모순(conflict)은 불일치 사유이다. → 시험 빈출!

(3) 빈출 함정

함정 1	• 서류 심사는 제시일로부터 5일 이내에 완료되어야 한다? → ✕ ▶ 팩트: 서류 심사는 제시일로부터 최대 '5은행영업일' 이내에 완료해야 한다. • 정답: **banking days** / 오답: **calendar days**
함정 2	• 서류 내용에 대한 진위를 확인해야 한다? → ✕ ▶ 팩트: 심사는 표면상으로만 진행되며, 사실 여부는 확인하지 않는다. • 정답: **on their face** / 오답: **verify truth**
함정 3	• 데이터 모순이 허용된다? → ✕ ▶ 팩트: 데이터 모순(conflict)은 불일치 사유이다. • 정답: **must not conflict** / 오답: **conflict acceptable**

03 1장 신용장통일규칙(UCP600) Article 11~15

5 Article 15: Complying Presentation (일치하는 제시)

(1) 요약정리
- 결제 의무: 개설은행과 확인은행은 일치하는 제시일 경우 결제(honour)해야 한다.
- 매입: 지정은행은 일치하는 제시를 결제하거나 매입한 후 개설·확인은행에 송부할 수 있다.

(2) 중요 Point
- 일치하는 제시일 경우 개설·확인은행의 결제 의무는 필수이다.
- 지정은행은 매입에 대한 선택이 가능하다. (의무 아님) → **확인은행과 구분**
- '결제(honour)'와 '매입(negotiate)'의 차이를 구분해야 한다.

(3) 빈출 함정

함정 1	• 일치하는 제시일 경우 지정은행은 반드시 매입해야 한다? → × ▶ 팩트: 지정은행은 서류가 일치하더라도 매입 여부를 선택할 수 있으며, 매입 의무는 없다. • 정답: may negotiate / 오답: must negotiate
함정 2	• 확인은행과 지정은행은 모두 매입에 대한 선택이 가능하다? → × ▶ 팩트: 확인은행은 서류가 일치하면 반드시 지급해야 하지만, 지정은행은 자발적으로 이행을 수락하지 않는 한 지급 책임이 없다. • 정답: confirming bank must / 오답: confirming / nominated bank must
함정 3	• 개설·확인은행의 결제는 선택이다? → × ▶ 팩트: 일치하는 제시일 경우 개설·확인은행의 결제는 선택이 아닌 의무이다. • 정답: must honour / 오답: optional

확인문제로 핵심키워드 정리하기

간단한 쪽지 시험으로 빈출 개념을 다시 정리해 보세요.

1 다음 설명이 맞으면 ○표, 틀리면 ×표 하세요.

(1) Banks have up to 7 banking days to complete document examination. ( )

(2) For a complying presentation, the bank must honor or reimburse. ( )

(3) To notify discrepancies, a bank should issue multiple notices for clarity. ( )

(4) A nominated bank, even if named in the credit, has no duty to act unless it wishes to do so. ( )

(5) A reimbursing bank pays a nominated bank according to the issuing bank's instructions, without document examination. ( )

2 다음 빈칸에 들어갈 알맞은 말을 적으세요.

(1) Banks must finish examining documents within ( ) banking days after the day of presentation.

(2) A ( ) presentation meets the credit conditions, UCP600 rules and ISBP.

(3) A ( ) bank is authorized to act but not obligated to do so.

(4) A ( ) bank pays under the issuing bank's reimbursement authorization, not checking for discrepancies.

(5) A pre-( ) credit or amendment means it is telecommunicated in advance and must align with the formal issuance.

01 How many days does a bank have to examine documents?

① 3 calendar days
② 5 banking days
③ 7 banking days
④ 10 calendar days

개념이해 UCP600 제14조(b)에 따르면, 제시된 서류가 신용장 조건에 부합하는지를 판단하기 위해 은행은 제시일 다음 날부터 최대 5은행영업일(banking days) 이내에 심사를 완료해야 한다. 이는 'calendar days'가 아닌 'banking days' 기준이며, 서류가 많거나 복잡해도 기한 연장은 허용되지 않는다.

02 If documents fully comply, the bank must:

① Honor or negotiate or reimburse
② Refuse them and contact the applicant
③ Place them on hold for further instructions
④ Request additional certifications from the beneficiary

개념이해 UCP600 제15조에 따르면, 서류가 신용장 조건에 완전히 부합(compliance)할 경우, 은행은 반드시 결제(honour), 매입(negotiate), 또는 상환(reimburse) 방식 중 하나를 이행해야 한다.

---

1 (1) × (2) ○ (3) × (4) ○ (5) ○
2 (1) 5 (2) complying (3) nominated (4) reimbursing (5) advised

03 If a bank issues multiple separate notices of discrepancy, what risk arises?

① The credit automatically terminates.
② The beneficiary is forced to represent.
③ The applicant must step in to fix the documents.
④ The bank might lose the right to refuse based on later-found discrepancies.

개념이해 UCP600 제16조(c)에 따르면, 은행은 서류의 하자(discrepancies)에 대해 단 한 번에 명확히 통지해야 하며, 나중에 추가로 하자를 발견하더라도 이미 고지하지 않은 내용에 대해서는 거절 권리를 상실할 수 있다.

오답분석 ① UCP600에는 자동 종료(termination)에 대한 규정이 없으며, 단순히 서류에 하자가 있다고 해서 신용장이 종료되지 않는다. 별도 조건 또는 만기일 도달 등 명시적 사유가 있어야만 종료된다.
② UCP600에 따라 수익자는 재제시(representation)를 선택할 수는 있지만, 강제되지 않는다. 즉, 반드시 다시 제시해야 할 의무는 없다.
③ 신용장 거래에서 신청인(applicant)은 서류를 수정하거나 개입할 수 없다.

04 After the bank pays on the assumption of compliance, then finds a hidden discrepancy, can it reclaim the payment?

① Yes, it can always reclaim.
② The credit becomes void retroactively.
③ The confirming bank is forced to repay.
④ No, it generally cannot revert once it has accepted a complying presentation.

개념이해 UCP600 제16조(f)에 따르면, 은행이 제시를 수락하고 지급을 이행한 후에는 원칙적으로 되돌릴 수 없다. 은행의 지급 행위는 최종적이며, 이후 하자가 발견되더라도 이는 은행의 책임이다.

오답분석 ① UCP600은 은행이 일단 '일치하는 제시(compliance)'로 인정하여 지급을 완료한 경우, 사후적으로 환수할 수 있는 권한을 부여하지 않는다.
② 신용장은 지급 완료와 무관하게 소급 무효(retroactive invalidation)가 되는 규정이 없다.
③ 확인은행이 '일치하는 제시'에 따라 정당하게 지급한 경우 개설은행이 추후 하자를 발견해도 확인은행에 책임을 전가할 수 없으며, 지급 책임은 해당 제시에 따라 종료된다.

05 Which is correct about a reimbursing bank's role? (Article 13: Reimbursement)

① It deals directly with the beneficiary.
② It checks the documents for compliance.
③ It can refuse payment even if the issuing bank instructs to pay.
④ It remits funds to the nominated bank under the issuing bank's instructions, without reviewing the documents.

개념이해 UCP600 제13조에 따르면, 상환은행은 개설은행의 지시에 따라 자금을 단순 송금(remit)하는 역할만 수행한다.

오답분석 ① 상환은행은 지정은행과만 거래하며, 수익자(beneficiary)와는 직접 접촉하지 않는다. 수익자와 직접 거래하는 것은 개설은행이나 지정은행의 역할이다.
② 상환은행(reimbursing bank)은 서류 심사(compliance)를 하지 않는다. 서류 심사는 지정은행(nominated bank), 개설은행(issuing bank), 또는 확인은행(confirming bank)이 해야 한다.
③ 지급 지시가 명확하고 상환권이 유효한 경우, 상환은행은 지급을 거부할 수 없다. 상환은행은 단순한 송금 역할을 수행할 뿐, 판단 권한이 없다.

06 If the applicant waives a discrepancy, which is correct?

① The credit is canceled.
② The bank must accept the waiver and pay.
③ The bank must also agree to accept the waiver.
④ The beneficiary automatically forfeits its rights.

개념이해 UCP600 제15조(b)에 따르면, 개설의뢰인(Applicant)이 하자(Discrepancy)를 수락하더라도, 해당 은행(Issuing Bank 또는 Confirming Bank)이 이에 동의하지 않으면 그 하자는 여전히 유효하다. 즉, 은행은 독립된 심사 권한을 가지며, 개설의뢰인의 하자 수락만으로 자동 지급이 이루어지지 않는다. 따라서 은행도 하자 수락에 동의해야만 지급 의무가 발생한다.

오답분석 ① 하자 면제(waive a discrepancy)는 신용장의 취소와는 무관하다.
② 은행은 신청인의 하자 면제 요청을 수락할 의무가 없으며, 자체 판단에 따라 지급 거절이 가능하다.
④ 하자 면제는 수익자의 권리와 무관하며, 수익자가 자동으로 권리를 상실하지 않는다.

| 정답 |

04

1장 신용장통일규칙(UCP600)
Article 16~20

1 Article 16: Discrepant Documents, Waiver and Notice (불일치 서류, 면제 및 통지)

(1) 요약정리
- 서류 불일치 시 **5은행영업일** 이내에 제시자에게 서류 거절에 대한 내용을 단일 통지(single notice)해야 한다.
- 개설은행(issuing bank)은 불일치를 이유로 개설의뢰인(applicant)에게 하자 수락 요청(waiver)을 할 수 있으며, 이는 재량사항이다.
- 서류를 거절하는 경우, 은행은 서류를 보유하거나, 반환하거나, 제시자의 지시를 대기할 수 있다.

(2) 중요 Point
- **5은행영업일** 통지 기한은 엄격하게 적용된다. → **초과 시 은행 권리 상실 가능**
- 면제는 개설은행의 선택이며 의무는 아니다.
- 서류 처리 옵션(보유/반환) → 시험 빈출!

(3) 빈출 함정

함정 1	• 통지 기한이 5은행영업일을 초과해도 된다? → ✗ ▶ 팩트: 5은행영업일 통지 기한은 엄격하게 적용되며, 5은행영업일 초과 시 은행의 권리 상실이 가능하다. • 정답: within 5 banking days / 오답: anytime
함정 2	• 면제를 반드시 요청해야 한다? → ✗ ▶ 팩트: 개설은행은 서류의 불일치(discrepancy)에 대해 개설의뢰인(applicant)에게 면제(waiver) 요청을 할 수 있으나, 이는 의무가 아닌 재량 사항이다. • 정답: may waive / 오답: must waive
함정 3	• 은행의 서류 반환은 의무사항이다? → ✗ ▶ 팩트: 서류 거절 시 은행은 서류 보유, 반환, 또는 제시자 지시 대기 등의 옵션이 있다. • 정답: hold or return / 오답: must return

2 Article 17: Original Documents and Copies (원본 서류 및 사본)

(1) 요약정리
- 원본 요구: 신용장이 요구하는 각 서류의 최소 한 통은 원본(original) 제시가 필요하다.
- 원본 판단: 발행자 서명, 스탬프 등이 있으면 원본으로 간주한다. (서류가 사본임을 별도로 표시하지 않은 경우에 한하여)

(2) 중요 Point
- 최소 한 통의 원본은 필수이다. → 시험 빈출!
- 원본 판단 기준(서명, 스탬프 등)을 숙지해야 한다.
- 사본만 요구한 경우에도 원본 수락이 가능하다. (유연성)

(3) 빈출 함정

함정 1	• 서류 제시는 사본만으로도 충분하다? → ✗ ▶ 팩트: 신용장이 요구하는 각 서류의 최소 한 통은 원본(original) 제시가 필요하다. • 정답: at least one original / 오답: copies sufficient

04 1장 신용장통일규칙(UCP600)
Article 16~20

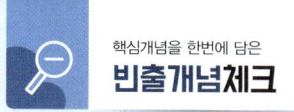

함정 2	• 서명과 스탬프가 없는 서류도 원본으로 간주된다? → ✕ ▶ 팩트: 발행자 서명, 스탬프 등이 있어야 원본으로 간주된다. • 정답: apparent original signature / 오답: unsigned valid
함정 3	• 원본 요구 시 사본 제출은 불가능하다? → ✕ ▶ 팩트: 신용장에서 '사본 제출 가능'(copies acceptable)이라는 문구가 명시되어 있다면, 사본 제출이 허용된다. 반대로 신용장이 '원본만 제출'을 명시하지 않았다면, 일반적으로 원본 또는 사본 모두 가능하다. 단, 명확히 '원본만'이라고 요구하면 반드시 원본이어야 한다. • 정답: copies acceptable if specified / 오답: original only

③ Article 18: Commercial Invoice (상업송장)

(1) 요약정리

- 송장은 원칙적으로 수익자(Beneficiary)가 발행해야 한다. (단, 양도신용장(Transferable credit)의 경우 제38조에 따라 예외가 인정됨)
- 은행은 신용장 금액을 초과한 송장도 수락 가능하다. (단, 결제 또는 매입 금액이 신용장 금액을 초과하지 않는 경우에 한함)
- 설명: 상품, 서비스, 이행 조건 등의 설명은 신용장과 일치해야 한다. (불일치 시 거절 사유가 됨)

(2) 중요 Point

- 상업송장은 수익자가 발행하는 것이 기본 요건이다. → 제3자의 발행은 양도신용장(제38조) 예외로 한정
- 금액을 초과한 송장의 수락은 은행의 재량이나, 결제 또는 매입 금액은 반드시 신용장 한도 내에서 이루어져야 한다. → 시험 빈출!
- 상품 설명 불일치(상품의 명칭 및 설명 등)는 심사 시 자주 발생하는 주요 거절 사유이다.

(3) 빈출 함정

함정 1	• 송장은 제3자도 발행 가능하다? → ✕ ▶ 팩트: 상업송장은 수익자가 발행하는 것이 기본 요건이며, 제3자의 발행은 양도신용장만 예외로 가능하다. • 정답: beneficiary unless Art. 38 / 오답: third party
함정 2	• 신용장 금액을 초과한 결제가 가능하다? → ✕ ▶ 팩트: 금액 초과 수락은 은행의 재량이나, 결제는 신용장 한도 내에서 해야 한다. • 정답: not exceed for honour / 오답: payment exceeds
함정 3	• 설명 불일치가 허용된다? → ✕ ▶ 팩트: 송장과 신용장 간의 상품 설명 불일치(상품의 명칭 및 설명 등)는 심사 시 자주 발생하는 주요 거절 사유이다. • 정답: must correspond / 오답: discrepancy allowed

④ Article 19: Transport Document Covering at Least Two Different Modes of Transport (적어도 두 개 이상의 다른 운송방법을 포괄하는 운송서류)

(1) 요약정리

- 복합운송: 최소 두 가지 운송수단(항공, 선박, 철도, 트럭 등 다른 종류의 운송수단 결합)을 포괄하는 서류이다.
- 요건: 운송인 명시, 서명, 선적·수탁·발송 표시, 신용장 지정 장소 일치 등

04. 1장 신용장통일규칙(UCP600) Article 16~20

(2) 중요 Point
- 복합운송임을 명확히 표시해야 한다. (단일 운송과 구분) → 시험 빈출!
- 서명(운송인 · 선장 · 대리인)과 선적 표시(on board · dispatched)는 필수이다.
- 신용장의 선적지와 목적지 일치는 심사의 핵심 사항이다.

(3) 빈출 함정

함정 1	• 복합운송은 단일 운송수단도 포괄한다? → × ▶ 팩트: 복합운송은 최소 두 가지 운송수단을 포괄한다. • 정답: at least two modes / 오답: single mode
함정 2	• 복합운송 서류에서 서명 생략이 가능하다? → × ▶ 팩트: 서명(운송인 · 선장 · 대리인)은 필수이다. • 정답: signed by carrier · master · agent / 오답: unsigned
함정 3	• 복합운송 서류에서 선적 표시는 불필요하다? → × ▶ 팩트: 발송(dispatched), 수탁(taken in charge), 본선적재(shipped on board) 등의 선적 표시는 필수이다. • 정답: dispatched · shipped / 오답: optional

5 Article 20: Bill of Lading (선하증권)

(1) 요약정리
- 발행자: 운송인(carrier) 또는 대리인이 발행한다.
- 선적 표시: 본선적재(on board)와 선적일, 선적항 · 하역항을 명시해야 한다. (신용장과 일치)
- 무결점: 하자(defective condition) 조항이 없어야 한다. (clean)

(2) 중요 Point
- 'On board' 표기와 선적일은 선하증권의 핵심이다.
- 무결점(clean)은 하자 조항의 부재로 판단한다. → 단어 'clean'은 불필요함
- 신용장에서 지정한 선적항 · 하역항과 일치해야 한다. → 시험 빈출!

(3) 빈출 함정

함정 1	• 'On board'가 기재되지 않아도 된다? → × ▶ 팩트: 본선적재(on board)와 선적일, 선적항 · 하역항을 명시해야 한다. (신용장과 일치) • 정답: on board required / 오답: not needed
함정 2	• 'Clean'이 필수적으로 기재되어야 한다? → × ▶ 팩트: 하자를 암시하는 문구가 없다면 무결점(clean)으로 간주하므로, 'Clean'을 필수적으로 기재해야 하는 것은 아니다. • 정답: no defect notation / 오답: must say clean
함정 3	• 선적항 불일치가 허용된다? → × ▶ 팩트: 신용장에서 지정한 선적항 · 하역항과 일치해야 한다. • 정답: match credit / 오답: discrepancy allowed

확인문제로 핵심키워드 정리하기

간단한 쪽지 시험으로 빈출 개념을 다시 정리해 보세요.

1 다음 설명이 맞으면 ○표, 틀리면 ×표 하세요.

(1) A bank may issue multiple discrepancy notices if new discrepancies are discovered later. (　)

(2) A commercial invoice with no signature is always acceptable. (　)

(3) If the credit requires '3 original' documents, providing 1 original plus 2 copies can suffice unless stated 'all originals.' (　)

(4) A multimodal transport document applies only to sea transport. (　)

(5) A B/L must be signed by the carrier or its agent 'for or on behalf of' the carrier. (　)

2 다음 빈칸에 들어갈 알맞은 말을 적으세요.

(1) The bank must give a refusal notice within (　) banking days of presentation.

(2) A commercial invoice typically shows the (　) as the issuer, unless special conditions apply.

(3) If 'in 2 copies' is required, at least 1 must be (　).

(4) A B/L must be signed by the (　) or by an agent on its behalf.

(5) (　) transport documents cover multiple modes, e.g., sea + air.

---

01 Which is not required in a refusal notice? (Article 16: Refusal Notice)

① Specific details of discrepancies
② The applicant's sales contract number
③ Instructions on whether documents will be held or returned
④ An indication that the bank is refusing the documents

개념이해 판매 계약 번호(sales contract number)는 신용장과 직접적인 관련이 없는 외부 계약이므로, 거절 통지에 반드시 포함될 필요는 없다.

오답분석 ①③④ UCP600 제16조(c)에 따르면, 은행이 서류를 거절할 경우 불일치 사항(discrepancy details), 서류 처리 지시(hold/return/instructions), 은행의 거절 의사(statement of refusal)를 포함한 단일 통지(single notice)를 제시자에게 송부해야 한다.

02 Which is not mandatory on a commercial invoice? (Article 18: Commercial Invoice)

① Matching description of goods
② The issuance date of shipment
③ Currency and amount as per the credit
④ The applicant's details if required by the credit

개념이해 선적일의 발행 날짜(issuance date of shipment)는 송장의 필수 기재사항이 아니다. 송장은 거래 조건, 금액, 수익자 등의 정보를 중심으로 구성되며, 선적일은 선하증권(B/L) 등의 운송서류에서 확인되는 항목이다.

오답분석 ①③④ UCP600 제18조에 따르면, 상업송장(commercial invoice)에 반드시 포함되어야 하는 필수 요소는 신용장 내용과 일치하는 상품의 설명(description of goods), 신용장 상의 통화와 금액(currency and amount), 신용장에서 요구한 경우 개설의뢰인(applicant)의 이름, 수익자(beneficiary)의 발행이다.

---

1 (1) × (2) × (3) ○ (4) × (5) ○
2 (1) 5 (2) beneficiary (3) original (4) carrier (5) Multimodal

| 정답 | **01** ② **02** ②

03 A multimodal transport document indicates:

① Only sea transport.
② Only forwarders can sign it.
③ No on board notation is needed.
④ Two or more different modes of transport.

개념이해 복합운송서류(Multimodal Transport Document)는 화물이 두 가지 이상의 운송 수단(선박 + 트럭, 선박 + 철도 등)을 통해 운송될 경우 발행되는 서류이다.

오답분석 ① 복합운송서류는 선박을 포함한 다양한 수단을 통해 운송될 경우 발행되는 서류이다.
② 운송서류는 운송인(carrier) 또는 그 대리인(agent)이 서명할 수 있다.
③ UCP600 제19조에 따르면 복합운송서류에는 on board 문구가 반드시 요구되지는 않지만, 해당 문구가 포함되어 있다면 반드시 명시되어야 하며, 그렇지 않으면 서류심사에서 문제가 될 수 있다.

04 The credit is for USD 10,000; the invoice is USD 9,900 with no lower limit stated. Is that a discrepancy?

① Must be exactly 10,000.
② An amendment is required.
③ Yes, any difference is a discrepancy.
④ No, it can be acceptable if partial amounts are allowed.

개념이해 UCP600 Article 18(b)와 Article 30(b)에 따르면, 상업송장(commercial invoice)은 신용장에 명시된 금액과 같거나 그 이하일 수 있다. 단, 신용장에서 부분선적(partial shipment)을 허용한다면 일부만 송장 발행(USD 9,900)해도 무방하다.
문제에서 하한선(lower limit)이 명시되지 않았으므로 부분선적이 허용되었다면 USD 9,900는 허용된다. 따라서 불일치(discrepancy)가 아니며, 개설은행이 지급 거절 사유로 삼을 수 없다.

05 Which is incorrect regarding a B/L under Article 20?

① It must be non-negotiable.
② Container transshipment is possible under Article 20(c).
③ If it references a charter party, then Article 22 applies instead.
④ It must show on-board (named vessel) and the carrier's signature.

개념이해 Article 20(a)에서는 'order bill of lading(negotiable B/L)'이 사용될 수 있도록 허용한다. 즉, 선하증권은 negotiable B/L(유통가능) 형태로 발행될 수 있다.

06 If the credit says 'Transshipment not allowed', but the B/L states 'Carrier reserves the right to transship' for container cargo:

① Automatic discrepancy
② The applicant must decide
③ UCP600 does not address transshipment
④ Potentially acceptable under Article 20(c)

개념이해 UCP600 Article 20(c)에 따르면, 컨테이너 화물(containerized cargo) 운송에서 선하증권(B/L)이 '환적을 허용한다'고 표시된 경우, 신용장에서 '환적 불허'라고 명시되어 있어도 불일치(discrepancy)로 간주되지 않는다.

| 정답 | 03 ④ 04 ④ 05 ① 06 ④

05 1장 신용장통일규칙(UCP600) Article 21~25

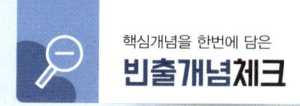

1 Article 21: Non-Negotiable Sea Waybill (비유통 해상화물운송장)

(1) 요약정리
- 발행자: 운송인(carrier) 또는 대리인이 발행한다.
- 선적 표시: 본선적재(on board) 또는 발송을 표시하고, 선적일을 명시해야 한다.

(2) 중요 Point
- 선하증권과 양도 불가능한 해상화물운송장(SWB)의 주요 차이점은 양도 불가(non-negotiable)라는 점이다.
- 'On board' 또는 발송 표시는 필수이다. → 시험 빈출!
- 신용장 조건(선적항·Gㅏ역항)을 준수해야 한다.

(3) 빈출 함정

함정 1	• 선하증권과 요건이 동일하다? → ✕ ▶ 팩트: 양도 불가(non-negotiable)라는 주요 차이점이 있다. • 정답: non-negotiable / 오답: negotiable
함정 2	• 선적 표시를 생략할 수 있다? → ✕ ▶ 팩트: 본선적재(on board) 또는 발송을 표시해야 한다. • 정답: on board · dispatched / 오답: not required
함정 3	• 양도가 가능하다? → ✕ ▶ 팩트: 양도 불가능한 해상운송장은 말 그대로 양도가 불가능하다. • 정답: non-negotiable / 오답: transferable

2 Article 22: Charter Party Bill of Lading (용선계약부 선하증권)

(1) 요약정리
- 용선계약: 용선계약(charter party)에 따른 선하증권임을 표시해야 한다.
- 수락 조건: 신용장에서 허용 시에만 용선계약 선하증권 수락이 가능하다.

(2) 중요 Point
- 신용장에 명시적으로 허용되지 않으면 수락이 불가하다. → 시험 빈출!
- 서명은 선장(master), 선주(owner), 용선자(charterer) 또는 대리인을 통해 가능하다.
- 은행은 용선계약 내용을 심사하지 않는다. (Art. 22(b))

(3) 빈출 함정

함정 1	• 신용장에 명시 없이도 용선계약 선하증권 수락이 가능하다? → ✕ ▶ 팩트: 신용장에 명시적으로 허용되지 않으면 수락이 불가하다. • 정답: specified in credit / 오답: always acceptable
함정 2	• 서명자에 제한이 없다? → ✕ ▶ 팩트: 서명은 선장(master), 선주(owner), 용선자(charterer) 또는 대리인을 통해 가능하다. • 정답: master · owner · charterer · agent / 오답: anyone

05 1장 신용장통일규칙(UCP600)
Article 21~25

함정 3	• 은행이 용선계약 내용을 심사한다? → × ▶ 팩트: 은행은 용선계약 내용을 심사하지 않는다. • 정답: not examined / 오답: examined

③ Article 23: Air Transport Document (항공운송서류)

(1) 요약정리
- 발행자: 항공운송인(carrier) 또는 대리인이 발행한다.
- 요건: 운송 수락 표시, 발행일(선적일로 간주), 출발·도착 공항 명시

(2) 중요 Point
- '운송 수락(Accepted for carriage)' 표시는 필수이다. → 운송 개시 증명
- 발행일이 선적일로 간주되나, 선적일을 별도로 표기할 경우 해당 날짜를 선적일로 본다. → 시험 빈출!
- 신용장에서 지정한 공항과 일치해야 한다.

(3) 빈출 함정

함정 1	• 운항 번호는 필수이다? → × ▶ 팩트: 운항 번호가 없어도 UCP600상 유효한 항공운송서류로 인정받을 수 있다. • 정답: not considered for shipment date / 오답: required
함정 2	• 운송 수락 표시가 불필요하다? → × ▶ 팩트: 운송 수락(Accepted for carriage) 표시는 필수이다. • 정답: accepted / 오답: optional
함정 3	• 제3자가 발행 가능하다? → × ▶ 팩트: 항공운송인(carrier) 또는 대리인이 발행해야 한다. • 정답: carrier or agent / 오답: third party

④ Article 24: Road, Rail or Inland Waterway Transport Documents (도로, 철도 또는 내수로 운송서류)

(1) 요약정리
- 발행자: 운송인(carrier) 또는 대리인이 발행한다.
- 요건: 수령·선적일 표시, 선적지·목적지 명시 → 신용장과 일치해야 함

(2) 중요 Point
- 운송수단(도로·철도·내수로)별 요건 준수는 필수이다. → 시험 빈출!
- 서명 또는 수령 스탬프가 필요하다.
- 발행일은 선적일로 간주되나, 선적일을 별도로 표기한 경우 해당 날짜를 선적일로 본다.

05 1장 신용장통일규칙(UCP600) Article 21~25

(3) 빈출 함정

함정 1	• 운송수단별 요건 준수는 불필요하다? → ✗ ▶ 팩트: 운송수단(도로·철도·내륙수로)별 요건 준수는 필수이다. • 정답: mode-specific / 오답: not required
함정 2	• 서명 없이도 유효하다? → ✗ ▶ 팩트: 서명 또는 수령 스탬프가 필요하다. • 정답: signed · stamped / 오답: unsigned
함정 3	• 수령 표시는 생략이 가능하다? → ✗ ▶ 팩트: 수령·선적일을 표시해야 한다. • 정답: receipt · shipment date / 오답: optional

5 Article 25: Courier Receipt, Post Receipt or Certificate of Posting (특송 배달 영수증, 우편 영수증 또는 우편 증명서)

(1) 요약정리
- 택배 영수증: 택배업체 발행, 수령·픽업일 표시
- 우편 영수증: 우체국 발행, 발송지에서 서명·스탬프 및 일자 표시

(2) 중요 Point
- **신용장에서 허용할 경우에만 유효**하다. → 허용 여부 확인 필수
- 수령·픽업일이 선적일로 간주된다. → 날짜 기재가 중요함
- 제한적으로 사용된다. → 운송서류 대체적으로 택배 및 우편 영수증을 사용하는 곳이 드묾

(3) 빈출 함정

함정 1	• 신용장에 명시되지 않아도 유효하다? → ✗ ▶ 팩트: 신용장에서 허용할 경우에만 유효하다. • 정답: specified in credit / 오답: always acceptable
함정 2	• 날짜 표시 생략이 가능하다? → ✗ ▶ 팩트: 반드시 접수 날짜 또는 발송 날짜가 표시되어야 한다. • 정답: date required / 오답: optional
함정 3	• 일반 운송서류와 동일하다? → ✗ ▶ 팩트: 택배 및 우편 영수증은 수탁(receipt) 또는 발송(posting)만을 증명하는 간접적 운송서류로, 일반 운송서류와는 구분된다. • 정답: courier · post specific / 오답: standard transport

확인문제로 핵심키워드 정리하기

간단한 쪽지 시험으로 빈출 개념을 다시 정리해 보세요.

1 다음 설명이 맞으면 ○표, 틀리면 ×표 하세요.

(1) A non-negotiable sea waybill can be freely endorsed to any party. ( )

(2) If 'Charter Party' is indicated on the B/L, Article 22 applies. ( )

(3) An AWB must have an 'on board' notation to be valid. ( )

(4) Road/rail transport documents do not need the carrier's signature. ( )

(5) A courier receipt should show a date or stamp proving dispatch. ( )

2 다음 빈칸에 들어갈 알맞은 말을 적으세요.

(1) A non-(　　　) sea waybill is not transferable, designating a named consignee

(2) A bill of lading subject to a (　　　) party agreement is governed by Article 22.

(3) An air waybill often shows the carrier's date of (　　　) or dispatch.

(4) Road/rail/inland waterway transport documents must bear the (　　　) or agent's signature.

(5) A courier or post receipt generally requires a (　　　) or official stamp to evidence the date.

---

01 Under UCP600 Article 21 (Non-Negotiable Sea Waybill), which statement is correct?

① It must say 'to order.'
② It references a charter party
③ It is fully negotiable like a normal B/L.
④ It typically names a specific consignee and is not transferable.

개념이해 UCP600 제21조에 따르면, Sea Waybill은 지정된 수하인(named consignee)을 명시하며, 양도 불가능(non-transferable)하다. 소유권 이전 기능은 없고, 단순 인도 지시서 역할만 수행한다.

오답분석 ① 'To order' 문구는 양도 가능한 선하증권(negotiable B/L)에 쓰이는 표현으로, Sea Waybill에는 사용되지 않는다.
② Sea Waybill은 일반 운송계약서를 기반으로 하며, 용선계약(Charter Party)과는 관계가 없다.
③ Non-negotiable sea waybill은 이름 그대로 양도불능 서류이다. 일반 선하증권(B/L)과 달리 소유권 이전(transfer of title)이 불가능하며, 단지 운송과 인도 지시의 역할만 수행한다.

02 Under UCP600 Article 22 (Charter Party B/L), which statement is correct?

① If 'Charter Party' appears, Article 22 is used.
② Article 20 applies exactly the same as for any B/L.
③ Charter party B/L cannot be used for sea transport.
④ The charter party must never appear in the B/L text.

개념이해 UCP600 Article 20(f)에 따르면, 선하증권(B/L)이 Charter Party(용선계약)를 언급한다면, Article 22(Charter Party Bill of Lading)가 적용된다.

오답분석 ② Article 20은 일반 선하증권(B/L)에 적용되며, Charter Party가 언급되면 별도의 Article 22가 적용된다.
③ Charter Party B/L도 해상 운송(sea transport)에 사용되는 유효한 선하증권이다.
④ Charter Party 문구가 명시적으로 포함되어야 Article 22가 적용된다. 해당 문구가 없으면 일반 B/L로 간주될 수 있다.

---

1 (1) × (2) ○ (3) × (4) × (5) ○
2 (1) negotiable (2) charter (3) receipt (4) carrier (5) date

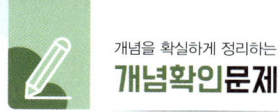

03 Which is not required for an AWB?

① 'On board' notation
② Carrier or agent signature
③ Consignee/airport of destination
④ Flight number (if required by the credit)

개념이해 Article 23(a)(ii)에서 항공화물운송장(AWB)은 자체적으로 운송인의 수취증 역할을 하기 때문에 'on board' 표시가 별도로 필요하지 않다.

오답분석 ② 운송인(Carrier) 또는 운송인을 대신한 대리인(agent)의 서명이 반드시 있어야 유효한 항공운송장(AWB)으로 간주된다. (UCP600 제23조 a(i))
③ 수하인(consignee)과 도착지 공항(airport of destination)이 명확히 기재되어 있어야 한다. (UCP600 제23조 a(iv))
④ 신용장에서 요구한 경우, 해당 항공편(flight number)을 명시해야 조건 충족으로 인정된다.

04 Which best describes the requirements for a courier receipt?

① It must be 'on board.'
② It does not need a date.
③ It is identical to a B/L.
④ It needs a date and courier stamp/mark showing dispatch.

개념이해 Courier Receipt(택배 영수증)는 Courier 회사의 도장(stamp) 또는 마크(mark)가 찍혀 있어야 하며, 이는 택배사가 화물을 접수했다는 것을 보여주는 역할을 한다.

오답분석 ① Courier Receipt는 'on board' 표시가 필요하지 않다.
② 날짜는 필수 기재사항이다.
③ 선하증권(B/L)은 선박 운송에 사용되는 운송 증권이고, Courier Receipt는 택배 화물 접수증이다.

05 Under UCP600 Article 24 (Road/Rail Documents), which statement is incorrect?

① CIM is used for rail.
② CMR is often used for road transport.
③ A carrier's or agent's signature is needed.
④ Any difference in the shipper's address is an automatic discrepancy.

개념이해 UCP600은 송하인 주소의 일부 차이(minor difference)를 이유로 자동 불일치(discrepancy)로 간주하지 않는다.

오답분석 ① CIM은 철도 운송장에 적용되는 국제 규칙으로, 철도 화물 운송에 사용된다.
② CMR은 국제 도로운송에서 자주 사용되는 서류이다.
③ 도로/철도 운송장도 유효하기 위해서는 반드시 운송인(carrier) 또는 대리인(agent)의 서명이 있어야 한다. (UCP600 제24조 a(i))

06 Under UCP600 Article 22~23, Which do they share in common?

① Both require 'on board' notations.
② Both must be labeled 'charter party'.
③ Both require a carrier or agent signature.
④ Both are used only for container shipments.

개념이해 UCP600 제22조(선하증권), 제23조(비유통 항공운송장) 모두 공통적으로 운송인(carrier) 또는 그 대리인(agent)의 서명을 반드시 요구하며, 이는 모든 유형의 운송서류에 공통 적용되는 핵심 요건이다.

오답분석 ① 일부 운송서류(AWB 등)는 'on board' 표기가 필수가 아니다. 예를 들어, 항공운송장(AWB)은 기본적으로 '화물 수령(received for shipment)'의 의미를 가지므로 별도의 'on board' 표기가 없어도 된다.
② 일반 B/L과 Charter Party B/L은 서로 다른 서류이며, 모든 B/L이 Charter Party 표기를 포함해야 하는 것은 아니다.
④ 선하증권(B/L), 항공운송장(AWB), 도로운송장(CMR), 철도운송장(CIM) 등은 모두 컨테이너 화물뿐 아니라 일반 화물 운송에도 사용될 수 있다.

| 정답 | **01** ④ **02** ① **03** ① **04** ④ **05** ④ **06** ③

06

1장 신용장통일규칙(UCP600)
Article 26~30

1 Article 26: 'On Deck', 'Shipper's Load and Count', 'Said by Shipper to Contain' (갑판적재, 내용물 부지약관, 운임에 대한 추가비용)

(1) 요약정리
- 갑판상 선적: 갑판 적재(on deck) 표시는 금지이다. (단, 신용장에서 명시적으로 허용하거나, 'may be'와 같은 가능성 표현은 수락 가능)
- 화주 적재(내용물 부지약관): 'shipper's load and count' 또는 'said by shipper to contain' 조항은 수락 가능하다.

(2) 중요 Point
- 갑판상 선적은 신용장이 명시적으로 허용할 경우에만 수락한다. → 시험 빈출!
- 화주 적재 조항은 은행이 내용 검증을 하지 않으므로 수락된다.
- 신용장에서 갑판상 선적을 금지하고 있는지 확인이 필수이다.

(3) 빈출 함정

함정 1	• 갑판상 선적이 기본적으로 허용된다? → ✗ ▶ 팩트: 갑판상 선적은 신용장이 명시적으로 허용할 경우에만 수락한다. • 정답: prohibited unless permitted / 오답: always acceptable
함정 2	• 화주 적재 조항은 거절해야 한다? → ✗ ▶ 팩트: 화주 적재 조항은 은행이 내용 검증을 하지 않으므로 수락된다. • 정답: acceptable / 오답: unacceptable

2 Article 27: Clean Transport Documents (무고장 운송서류)

(1) 요약정리
상품/포장 하자(defective condition)를 명시한 조항(결점)이 없는 운송서류이다.

(2) 중요 Point
- 'Clean'이라는 단어가 없더라도 하자 조항이 없으면 무결점으로 간주한다. → 시험 빈출!
- 신용장이 'clean on board' 요구 시에도 'clean' 표기는 불필요하다.
- 하자 조항 여부 판단이 심사의 핵심이다.

(3) 빈출 함정

함정 1	• 'Clean'이라는 단어가 필수다? → ✗ ▶ 팩트: 'Clean'이 없더라도 하자 조항이 없으면 무결점으로 간주한다. • 정답: no defect notation / 오답: must say clean
함정 2	• 하자 조항이 있어도 수락된다? → ✗ ▶ 팩트: 'Clean'이라는 단어가 없어도, 결함을 명시한 문구(clause)가 없다면 무결점(clean) 서류로 간주된다. 하지만 결함을 나타내는 조항이 있다면 이는 불일치(discrepant)로 간주되어 거절 사유가 된다. • 정답: not acceptable / 오답: acceptable with defects
함정 3	• 신용장에서 요구하지 않더라도 무결점이어야 한다? → ✗ ▶ 팩트: 신용장에서 무결점 운송서류(clean transport document)를 명시적으로 요구하지 않았다면, 해당 운송서류가 하자 조항을 포함하더라도 그 자체만으로는 수리 거절 사유가 되지 않는다. • 정답: per credit terms / 오답: always clean

06 1장 신용장통일규칙(UCP600)
Article 26~30

❸ Article 28: Insurance Documents and Coverage (보험서류와 부보범위)

(1) 요약정리
- 발행자: 보험회사, 보험업자 또는 대리인 발행한다. → **브로커는 제외함**
- 보상: 신용장 지정 위험(최소 선적지와 목적지 간)을 포함한다.
- 보험금액: 최소 CIF/CIP 금액의 **110%** 이상(신용장에서 금액을 별도로 명시하고 있을 경우에는 해당 금액)

(2) 중요 Point
- 브로커가 발행한 것은 무효이다. → 발행자 자격을 엄격하게 판단, 부보각서(Cover note)는 보험서류로 인정되지 않는다.
- CIF/CIP 가치의 110%는 보험금액의 최소값이다. → 계산 문제로 자주 출제됨
- 'All risks' 요구 시 제외 조항이 있어도 수락이 가능하다.

(3) 빈출 함정

함정 1	• 브로커가 발행한 것도 수락된다? → ✕ ▶ 팩트: 보험회사, 보험업자 또는 대리인만 발행이 가능하며, 브로커는 제외된다. • 정답: insurance company · underwriter / 오답: broker
함정 2	• CIF/CIP 가치의 100%만 보상하면 된다? → ✕ ▶ 팩트: 최소 CIF/CIP 금액의 110% 이상을 보상해야 한다. • 정답: at least 110% / 오답: 100%
함정 3	• 지정 위험에 대한 보상은 불필요하다? → ✕ ▶ 팩트: 신용장에서 요구한 최소 범위 및 명시된 위험(specified risks)은 반드시 보장되어야 한다. • 정답: specified risks / 오답: any risks

❹ Article 29: Extension of Expiry Date or Last Day for Presentation (만기일 또는 제시 최종일의 연장)

(1) 요약정리
만기일 · 제시 최종일이 은행 휴일(불가항력 제외)일 경우 다음 영업일로 연장된다.

(2) 중요 Point → 시험 빈출!
- 선적 기한은 연장되지 않는다. → 만기일과 구분
- 연장은 불가항력(Article. 36) 제외 상황에만 적용 가능하다. → 휴무가 불가항력(전쟁, 자연재해 등) 사유일 경우에는 연장되지 않음
- 실제로 다음 영업일에 제시했을 시 유효한 제시가 되는지에 대한 확인은 필수이다.

06 1장 신용장통일규칙(UCP600)
Article 26~30

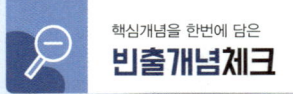

(3) 빈출 함정

함정 1	• 선적 기한도 연장된다? → ✕ ▶ 팩트: 선적 기한은 연장되지 않는다. • 정답: not shipment date / 오답: shipment extended
함정 2	• 불가항력 사유일 경우에도 연장된다? → ✕ ▶ 팩트: 휴무가 불가항력(전쟁, 자연재해 등) 사유일 경우에는 연장되지 않는다. • 정답: excludes force majeure / 오답: includes force majeure
함정 3	• 만기일이 은행 휴무일이더라도 연장 없이 만기일이 유지된다? → ✕ ▶ 팩트: 만기일·제시 최종일이 은행 휴일(불가항력 제외)일 경우 다음 영업일로 연장된다. • 정답: extended / 오답: not extended

5 Article 30: Tolerance in Credit Amount, Quantity and Unit Price (신용장 금액, 수량 및 단가의 허용오차)

(1) 요약정리
- 금액·수량 허용 오차: 신용장에 'about' 또는 'approximately'라는 표현이 있을 경우 금액·수량 모두 ±10%의 오차가 허용되며, 이러한 표현이 없는 경우에는 수량만 ±5% 오차가 허용된다.
- 포장 단위가 명시되어 있을 경우에는 수량 오차도 허용되지 않는다.
- 단가의 허용오차는 신용장에 명시하고 있는 경우에만 적용한다.

(2) 중요 Point
- ±5%는 수량의 기본 오차값이며, 'about' 또는 'approximately' 표기 시 금액·수량의 10% 오차가 허용된다. → 조건 확인이 중요
- 단가의 허용오차는 신용장에 명시가 없으면 적용되지 않는다. → 시험 빈출!
- 신용장에 '포장 단위별 수량' 또는 '개별 품목별 수량'이 명확히 명시되어 있으면 오차는 허용되지 않는다.

(3) 빈출 함정

함정 1	• 단가에도 항상 ±5%가 적용된다? → ✕ ▶ 팩트: 단가의 허용오차는 신용장에 명시했을 때에만 적용된다. • 정답: if specified / 오답: always 5%
함정 2	• 포장 단위별 수량이 명시되어 있어도 오차가 허용된다? → ✕ ▶ 팩트: 신용장에 '포장 단위별 수량' 또는 '개별 품목별 수량'이 명확히 명시되어 있으면 오차는 허용되지 않고 정확히 일치해야 한다. • 정답: no tolerance if stipulated units / 오답: tolerance applies
함정 3	• 금액·수량의 오차는 허용되지 않는다? → ✕ ▶ 팩트: 'about' 또는 'approximately' 표기 시 금액과 수량의 ±10%, 표기가 없는 경우 수량의 ±5%의 오차를 허용한다. (포장 단위 명시 시 제외) • 정답: 5% or 10% per terms / 오답: no tolerance

확인문제로 핵심키워드 정리하기

간단한 쪽지 시험으로 빈출 개념을 다시 정리해 보세요.

1 다음 설명이 맞으면 ○표, 틀리면 ×표 하세요.

(1) 'On deck' is always a discrepancy under UCP600. ( )

(2) A 'clean' transport document cannot contain any adverse notation like 'damaged packages'. ( )

(3) An insurance certificate is acceptable without any signature. ( )

(4) If a credit expires on a Sunday (when banks are closed), it is void. ( )

(5) If the credit is silent, ±5% tolerance is often allowed for the amount or quantity. ( )

2 다음 빈칸에 들어갈 알맞은 말을 적으세요.

(1) Unless specifically permitted, on-( ) notation on a B/L is typically a discrepancy.

(2) A document is called ( ) if it has no adverse or 'foul' notation about the goods' condition.

(3) An ( ) policy/certificate must be signed and meet the credit's coverage percentage.

(4) If the credit expires on a bank holiday, it is extended to the ( ) banking day.

(5) If there is no ( ) clause banning tolerance, ±5% difference may be allowed.

1 (1) × (2) ○ (3) × (4) × (5) ○
2 (1) deck (2) clean (3) insurance (4) next (5) prohibition

개념확인문제

01 If the B/L says 'On deck at shipper's request' and the credit does not allow on-deck shipments:

① Possibly valid
② Force majeure applies
③ Automatic discrepancy
④ Considered partial shipment

개념이해 UCP600 Article 20(e)에 따르면, 신용장에서 on deck shipments(갑판 적재)를 금지하는 조건이 명시된 경우, B/L에 'on deck at shipper's request'와 같은 문구가 기재되면 자동적으로 discrepancy(불일치)가 된다.

02 Which example is not a clean transport document?

① 'Clean on board'
② 'No adverse notation'
③ 'Cargo partially wet, packages damaged'
④ 'Shipped on board in apparent good order and condition'

개념이해 손상에 대한 직접적인 언급이 있으므로 Clean이 아니다.

| 정답 | 01 ③ 02 ③

03 Which is incorrect about insurance documents?

① They must be signed.
② A copy alone suffices with no original.
③ They must meet coverage, e.g. 110% if stated.
④ They must comply with the credit's required risk coverage.

개념이해 보험서류는 UCP600 Article 28에 따라 반드시 원본(at least one original)이 요구된다.

오답분석 ① 보험서는 보험자(insurer), 보험업자(underwriter), 또는 그 대리인(agent)의 서명이 있어야 유효하며, 서명이 없으면 무효이다.
③ 신용장에서 110% CIF 기준이 요구되었다면, 보험금액은 반드시 계약 금액의 110% 이상이어야 한다.
④ 보험서류는 신용장에서 요구한 위험 종류(화재, 침몰 등)를 반드시 포함해야 하며, 요구된 범위를 벗어나면 부적합 판정을 받는다.

04 If the insurance coverage is 10% less than stated and no explicit tolerance clause for insurance, is it a discrepancy?

① The bank must pay anyway.
② It is still acceptable under ±5%.
③ The applicant can waive without the bank's consent.
④ Insurance coverage does not follow ±5% tolerance; it's a discrepancy.

개념이해 오차 허용 규정(UCP600 Article 30)은 금액, 수량, 단위 가격에 적용되고 보험에는 적용되지 않으며, 보험은 신용장 조건에 맞춰서 정확히 충족해야 한다.

05 If the credit's expiry is on a day the bank is closed for business, then:

① The applicant decides.
② It extends to the next banking day.
③ The beneficiary must waive its right.
④ The credit expires anyway on that day.

개념이해 UCP600 Article 29(a)에 따르면, 만료일이 은행 휴무일이면 다음 은행 영업일로 연장된다.

06 Under UCP600 (Articles 26 & 27), which is the correct assessment of a B/L containing the notations 'On deck' and 'Cargo partly wet'?

① Clean B/L.
② Tolerance rules apply.
③ The applicant decides automatically.
④ Possibly two separate discrepancies(deck + damage).

개념이해 UCP600 제27조에 따르면, 신용장에서 무결점 운송서류(clean transport document)를 요구한 경우, 운송서류에는 화물의 상태나 운송 조건에 대해 부정적 언급이 없어야 한다.
- 'On deck': 갑판에 적재되었음을 의미하며, 이는 일반적으로 위험도가 높고 Clean B/L 조건과 불일치(discrepant)한다.
- 'Cargo partly wet': 화물이 일부 습기 피해를 입었음을 의미하며, 상품 상태에 대한 결함을 나타내는 문구로서 불일치(discrepant)한다.

따라서 이 경우는 두 가지 독립적인 하자로 간주되며, 복합적인 불일치(discrepancy)로 판단한다.

| 정답 | 03 ② 04 ④ 05 ② 06 ④

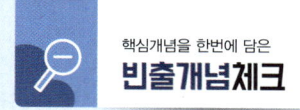

1 Article 31: Partial Drawings or Shipments (분할청구 또는 분할선적)

(1) 요약정리
분할청구·분할선적을 기본적으로 허용한다. (단, 신용장에서 금지하고 있는 경우는 제외)

(2) 중요 Point
- 분할청구·분할선적 자체를 허용한다.
- 같은 운송수단·운송구간·목적지라면 운송서류가 여러 세트여도(선적일·선적항·수탁지·발송지가 달라도) 분할선적으로 보지 않으며, 가장 늦은 선적일을 선적일로 본다.
- 동일 운송방법(선박 등) 안에서 운송수단이 둘 이상(선박 A, 선박 B 등)이면 같은 날짜·목적지라 해도 분할선적으로 본다. → 시험 빈출
- 특송배달영수증·우편영수증·우송확인서가 동일 업체에 의해 같은 장소·날짜·목적지로 스탬프나 서명이 찍힌 경우에는 여러 장이어도 분할선적으로 간주되지 않는다.

(3) 빈출 함정

함정 1	• 부분인출·선적은 항상 허용된다? → ✗ ▶ 팩트: 신용장에서 금지하고 있는 경우에는 허용되지 않는다. • 정답: unless prohibited / 오답: always allowed
함정 2	• 신용장에서 분할청구·분할선적을 금지하더라도 가능하다? → ✗ ▶ 팩트: 신용장에서 금지하고 있는 경우에는 허용되지 않는다. • 정답: prohibited / 오답: permitted
함정 3	• 부분인출·선적이 허용된다면 전체 조건도 면제이다? → ✗ ▶ 팩트: 부분 선적 허용은 운송과 관련된 물량을 나누는 것만 허용될 뿐, 신용장에서 요구된 다른 서류 조건이나 수량 조건까지 부분적으로 충족해도 괜찮다는 뜻은 아니다. • 정답: each complying / 오답: exempt

2 Article 32: Installment Drawings or Shipments (할부청구 또는 할부선적)

(1) 요약정리
할부 중 하나라도 기한 내 제시나 선적이 되지 않으면 신용장은 전체가 무효이다.

(2) 중요 Point
- 할부청구 또는 할부선적 일정이 정해져 있을 경우, 한 번이라도 기한을 놓치면 이후 인출·선적도 전부 무효가 된다. (신용장 이용 불가) → 시험 빈출!
- 기한 준수가 각 할부의 필수 조건이다.
- 부분인출(Article. 31)과는 달리 엄격한 기한이 적용된다.

07 1장 신용장통일규칙(UCP600)
Article 31~35

(3) 빈출 함정

함정 1	• 분할선적 또는 할부선적 일정을 한 번 놓치더라도 나머지 기한은 유효하다? → × ▶ 팩트: 할부 인출 또는 선적 기한 중 한 번이라도 누락되면, 이후 기간도 포함해 신용장 이용이 불가하다. • 정답: ceases / 오답: remains valid
함정 2	• 할부인출·선적에서 기한은 유연하게 적용된다? → × ▶ 팩트: 부분인출(Article. 31)과는 달리 엄격한 기한이 적용된다. • 정답: within period / 오답: flexible
함정 3	• 할부인출·선적과 부분인출·선적은 동일하다? → × ▶ 팩트: 할부 인출·선적과 부분 인출·선적은 비슷해 보이지만 전혀 다른 개념이다. • 정답: installment strict / 오답: partial flexible

❸ Article 33: Hours of Presentation (제시 시간)

(1) 요약정리
서류는 은행 영업시간 내에만 제시 수락이 가능하다.

(2) 중요 Point
- 은행 영업시간 외 제시는 **다음 영업일**로 연기된다. → 시험 빈출!
- 은행별 영업시간의 차이를 고려해야 한다.
- 은행은 반드시 '영업시간 내'에만 서류를 접수할 의무가 있고, 영업시간 외나 휴무일에까지 서류를 받거나 대응할 의무는 없다.
  → 은행 보호 조항

(3) 빈출 함정

함정 1	• 서류는 은행에 언제든지 제시해도 수락이 가능하다? → × ▶ 팩트: 서류는 은행 영업시간 내에만 제시 수락이 가능하다. • 정답: within banking hours / 오답: anytime
함정 2	• 은행 영업시간 외 제시도 당일에 접수된다? → × ▶ 팩트: 은행 영업시간 외 제시는 다음 영업일로 연기된다. • 정답: next banking day / 오답: same day
함정 3	• 은행 영업시간은 무시해도 된다? → × ▶ 팩트: 은행은 반드시 '영업시간 내'에만 서류를 접수할 의무가 있으므로, 은행의 영업시간을 필수적으로 고려해야 한다. • 정답: consider time zones / 오답: ignore

❹ Article 34: Disclaimer on Effectiveness of Documents (서류의 효력에 대한 면책)

(1) 요약정리
은행은 서류의 형식, 정확성, 진정성, 위조 여부, 법적 효력에 책임이 없다.

07 1장 신용장통일규칙(UCP600)
Article 31~35

(2) 중요 Point
- 심사는 표면상(apparent on their face)으로만 하며, 서류 내용의 진위는 무관하다. → 시험 빈출!
- 위조나 법적 문제는 은행의 책임이 아니다. → **핵심 면책 조항**
- 은행은 상품·서비스 상태에 대한 책임 역시 제외된다.

(3) 빈출 함정

함정 1	• 은행이 서류 내용의 진정성을 확인한다? → × ▶ 팩트: 심사는 표면상(apparent on their face)으로만 하며, 서류 내용의 진위는 무관하다. • 정답: no liability / 오답: verifies genuineness
함정 2	• 은행에 위조 탐지 의무가 있다? → × ▶ 팩트: 은행은 서류의 형식, 정확성, 진정성, 위조 여부, 법적 효력에 책임이 없다. • 정답: not responsible / 오답: detects forgery
함정 3	• 은행이 법적 효력을 보장한다? → × ▶ 팩트: 은행은 서류의 형식, 정확성, 진정성, 위조 여부, 법적 효력에 책임이 없다. • 정답: no liability / 오답: ensures legal effect

⑤ Article 35: Disclaimer on Transmission and Translation (전송 및 번역에 대한 면책)

(1) 요약정리
- 지연 면책: 은행은 전송 지연, 손실, 오류에 대한 책임이 없다.
- 번역 책임: 은행은 기술 용어 번역/해석 오류에 대한 책임이 없다. → **제시자가 책임 부담**

(2) 중요 Point
- 전송 문제(지연·분실)는 은행의 책임이 아니다. → 시험 빈출!
- 번역 오류는 제시자가 수정해야 한다. → 시험 빈출!
- 서류 분실 시에도 결제·상환 의무는 유지된다.

(3) 빈출 함정

함정 1	• 전송 지연은 은행의 책임이다? → × ▶ 팩트: 은행은 전송 지연, 손실, 오류에 대한 책임이 없다. • 정답: no liability / 오답: bank responsible
함정 2	• 번역 오류를 은행에서 수정한다? → × ▶ 팩트: 은행은 기술 용어 번역·해석 오류에 대한 책임이 없다. • 정답: presenter responsible / 오답: bank corrects
함정 3	• 서류 분실 시 결제가 면제된다? → × ▶ 팩트: 서류 분실 시에도 결제·상환 의무는 유지된다. • 정답: still obligated / 오답: exempt

확인문제로 핵심키워드 정리하기

간단한 쪽지 시험으로
빈출 개념을 다시 정리해 보세요.

1 다음 설명이 맞으면 ○표, 틀리면 ×표 하세요.

(1) If the credit does not say 'partial shipments allowed', then partial shipments are automatically prohibited. ( )

(2) Missing one instalment can invalidate subsequent instalments. ( )

(3) If documents are delivered after closing hours, they are still considered presented that same day. ( )

(4) Banks do not guarantee authenticity beyond apparent genuineness. ( )

(5) Any translation error commits the bank to liability. ( )

2 다음 빈칸에 들어갈 알맞은 말을 적으세요.

(1) ( ) shipments occur when the total credit is drawn or shipped in multiple lots.

(2) ( ) shipments are those scheduled in separate installments.

(3) If delivered outside normal hours, the documents are counted on the ( ) banking day

(4) Banks do not ( ) the factual validity of documents, only their face.

(5) Banks are not responsible for transmission or ( ) errors absent negligence.

---

01 Under UCP600 Artile 31, how are partial shipments handled by default?

① Prohibited unless allowed
② Allowed unless prohibited
③ Must be clarified by the advising bank
④ Only allowed if the applicant consents each time

개념이해 UCP600 Article 31(a): Partial shipments are allowed unless the credit specifically prohibits them. → 신용장에 별도로 'Partial shipment not allowed'와 같은 문구가 없다면 부분 선적이 허용된다.

02 Under UCP600 Artile 32, if a beneficiary misses one installment date:

① Only that installment is void
② The rest continue unaffected
③ The confirming bank can override this
④ The entire remaining credit is unavailable

개념이해 UCP600 Article 32: If an installment shipment is missed, the entire remaining portion of the credit becomes invalid unless the credit states otherwise. → 1회 분할 선적이라도 기일을 놓치면 남은 할당분은 모두 사용할 수 없게 된다.

---

1 (1) × (2) ○ (3) × (4) ○ (5) ×
2 (1) Partial (2) Instalment (3) next (4) guarantee (5) translation

| 정답 | 01 ② 02 ④

08 1장 신용장통일규칙(UCP600) Article 36~39

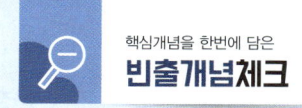

1 Article 36: Force Majeure (불가항력)

(1) 요약정리
- 의무 중단: 불가항력(천재지변, 전쟁 등)으로 영업 중단 시 결제·매입 의무가 면제된다.
- 만기: 중단 기간 내 만기가 도래한 신용장은 영업 재개 후에도 결제가 불가하다.

(2) 중요 Point
- 불가항력 사유(Acts of God, riots 등)는 명확히 정의된다. → 시험 빈출!
- 불가항력 사유는 만기일 연장이 없다. → Article. 29(만기일 또는 제시 최종일의 연장)와 구분
- 만기일이 속한 날에 불가항력 상황이 발생했다면 신용장은 효력을 상실한다. (종료)

(3) 빈출 함정

함정 1	• 만기일이 자동으로 연장된다? → ✕ ▶ 팩트: 만기일이 속한 날에 불가항력 상황이 발생했다면 만기일이 연장되는 것이 아닌 신용장이 종료된다. • 정답: not extended / 오답: extended
함정 2	• 재개 후 다시 결제가 가능한가? → ✕ ▶ 팩트: 불가항력 사유로 은행이 영업을 중단하고 있는 동안 만료된 신용장에 대해서는, 영업이 재개되더라도 결제하거나 매입할 수 없다. • 정답: expired if during interruption / 오답: payable
함정 3	• 불가항력에 따른 영업 중단 및 그 결과는 은행의 책임이다? → ✕ ▶ 팩트: 은행은 천재지변, 폭동, 전쟁, 테러, 파업 등 통제 불가능한 사유로 인한 영업 중단 및 그 결과에 대해 어떠한 책임도 지지 않는다. • 정답: no liability / 오답: bank liable

2 Article 37: Disclaimer for Acts of an Instructed Party (지시받은 당사자의 행위에 대한 면책)

(1) 요약정리
- 지시받은 은행의 행위, 태만, 파산에 대하여 개설·통지은행은 책임이 없다.
- 지시 은행의 수수료는 개설은행이 부담한다. (수익자가 부담할 경우 이를 명시해야 함)

(2) 중요 Point
- 대리 은행의 행위는 개설의뢰인의 위험이다. → 개설·통지은행 면책
- 기본적으로 수수료 책임은 개설은행이 부담한다. → 변경 시 명시 필요
- 외국법 준수 책임은 개설의뢰인이 부담한다. (Article. 37(d))

08 1장 신용장통일규칙(UCP600)
Article 36~39

(3) 빈출 함정

함정	
함정 1	• 대리인의 실수는 은행의 책임이다? → ✕ ▶ 팩트: 지시받은 은행의 행위, 태만, 파산에 대하여 개설·통지은행은 책임이 없다. • 정답: no liability / 오답: bank responsible
함정 2	• 기본적으로 수수료는 수익자 부담이다? → ✕ ▶ 팩트: 기본적으로 수수료 책임은 개설은행이 부담한다. • 정답: issuing bank unless specified / 오답: beneficiary
함정 3	• 외국법 준수 책임은 은행에 있다? → ✕ ▶ 팩트: 외국법 준수 책임은 개설의뢰인이 부담한다. • 정답: applicant liable / 오답: bank liable

❸ Article 38: Transferable Credits (양도신용장)

(1) 요약정리
- 양도 조건: 신용장에 'transferable'로 명시되어 있다면, 제1수익자가 제2수익자에게 양도 가능하다.
- 부분 양도: 분할인출·선적 허용 시 다수의 제2수익자에게 양도 가능하다.

(2) 중요 Point
- 양도는 제1수익자만 요청 가능하다. → 제2수익자는 재양도 불가
- 양도은행은 반드시 개설은행이 지정하거나, 신용장에서 지급은행(nominated bank)으로 지정된 은행이어야 한다. → 역할의 명확화
- 금액, 기한 등은 양도 시 감축 가능하다. (Article. 38(g))

(3) 빈출 함정

함정	
함정 1	• 양도 불가 신용장도 양도가 가능하다? → ✕ ▶ 팩트: 'transferable'이라는 문구가 명시되지 않으면 양도할 수 없다. (non-transferable = 양도 불가) • 정답: transferable only / 오답: any credit
함정 2	• 제2수익자가 재양도할 수 있다? → ✕ ▶ 팩트: 양도는 제1수익자만 요청 가능하며, 제2수익자는 재양도가 불가능하다. • 정답: first beneficiary only / 오답: any beneficiary
함정 3	• 부분 양도가 기본이다? → ✕ ▶ 팩트: 신용장이 부분선적(partial shipment)을 허용할 경우에만 복수의 제2수익자에게 부분 양도가 가능하다. • 정답: if partial allowed / 오답: always allowed

08 1장 신용장통일규칙(UCP600)
Article 36~39

4 Article 39: Assignment of Proceeds (대금 양도)

(1) 요약정리
- 대금 양도: 수익자는 신용장 대금을 제3자에게 양도 가능하다. (준거법 준수)
- 신용장 자체의 이행 권리는 양도 불가하다.

(2) 중요 Point
- 대금만 양도 가능하다. → 신용장 권리는 제외
- 양수인은 은행에 대한 직접적인 권리나 청구권이 없다. → 신용장 제시 불가
- 양도신용장(Article. 38)과는 다른 개념이므로 혼동에 주의한다.

(3) 빈출 함정

함정 1	• 신용장 자체를 양도 가능하다? → × ▶ 팩트: 대금만 양도 가능하며, 신용장 자체의 이행 권리는 양도가 불가능하다. • 정답: proceeds only / 오답: credit transfer
함정 2	• 양수인이 은행에 직접 제시할 수 있다? → × ▶ 팩트: 양수인은 은행에 대한 직접적인 권리나 청구권이 없다. • 정답: no rights vs. bank / 오답: can present
함정 3	• 양도신용장과 동일하다? → × ▶ 팩트: Article. 39(대금 양도)와 Article. 38(양도신용장)은 다른 내용이다. • 정답: assignment / 오답: transferable credit

확인문제로 핵심키워드 정리하기

간단한 쪽지 시험으로 빈출 개념을 다시 정리해 보세요.

1 다음 설명이 맞으면 ○표, 틀리면 ×표 하세요.

(1) In war or natural disaster preventing bank operations, liability is waived under UCP600. (   )

(2) If the advising bank makes an error, the issuing bank is automatically liable. (   )

(3) The original beneficiary can transfer a transferable credit to multiple transferees with no restrictions. (   )

(4) Assignment of proceeds means the credit terms themselves change to a new beneficiary. (   )

(5) Force majeure automatically extends the credit's expiry date. (   )

2 다음 빈칸에 들어갈 알맞은 말을 적으세요.

(1) Force (   ) events such as war or riot exempt the bank from liability if they cannot function.

(2) 'Disclaimer for acts of an (   ) Party' means the issuing bank is not liable for that party's errors unless it caused them.

(3) A (   ) credit may be transferred to a second beneficiary under certain limitations.

(4) (   ) of proceeds is not the same as transferring the credit itself.

(5) Unlike normal bank closure in Article 29, force (   ) does not automatically extend the credit.

01 Which is not force majeure?

① War or riot
② Flood or earthquake
③ Government emergency closure
④ A routine weekend bank holiday

개념이해 UCP600 Article 36에서는 전쟁, 폭동, 천재지변 등 은행이 통제할 수 없는 사건(force majeure)이 발생했을 때 은행이 책임을 지지 않는다고 규정한다. 하지만 단순한 정기 주말 휴일(routine weekend bank holiday)은 예측 가능한 정규 일정이므로 불가항력 사유로 인정되지 않는다.

02 'Disclaimer for Acts of an Instructed Party' means:

① The beneficiary disclaims liability.
② The advising bank shares liability with the issuing bank.
③ The issuing bank is always liable for that party's actions.
④ The issuing bank is not liable for that party's actions unless it was negligent.

개념이해 UCP600 Article 37(a)에서는 발행은행이 확인은행, 지급은행 등 타인(instructed party)의 행위에 대해 원칙적으로 책임을 지지 않음을 명시한다. (단, 발행은행이 잘못된 지시를 내렸거나 부주의(negligence)가 있으면 책임이 있을 수 있음)

---

1 (1) ○ (2) × (3) × (4) × (5) ×
2 (1) majeure (2) instructed (3) transferable (4) Assignment (5) majeure

| 정답 | **01** ④ **02** ④

에듀윌이 너를 지지할게

ENERGY

할 수 있다고 믿는
사람은 그렇게 되고

할 수 없다고 믿는
사람 역시 그렇게 된다.

– 샤를 드 골(Charles De Gaulle)

01 2장 ICC 은행간 화환신용장 대금상환에 관한 통일규칙(URR725)
Article 1~17

1 URR의 개요

핵심구조	• 개설은행(Issuing Bank)이 상환은행(Reimbursing Bank)에 '상환수권(Reimbursement Authorization)'을 발행 • 청구은행(Claiming Bank)이 결제/매입 후 상환은행에 '상환청구(Reimbursement Claim)' 제시가 필요할 경우 상환은행은 '상환확약(Reimbursement Undertaking)'을 발행하며, 이에 따라 취소불능 의무가 발생함
빈출항목	• 상환수권과 신용장은 독립적임 • 취소불능 상환수권 vs 상환확약(Reimbursement Undertaking) • 3은행영업일 처리기한, 주말·공휴일, 불가항력, 수수료 부담자 등

2 Article 1: Application of URR (적용)

(1) 요약정리
- URR725는 '본 상환수권(Reimbursement Authorization)은 URR725를 따른다'라는 문구가 삽입된 은행 간 대금상환 거래에 적용된다.
- URR725 규정은 명시적으로 수정·배제되지 않는 한 모든 관련 당사자(개설은행·상환은행·청구은행 등)를 구속한다.
- 상환은행은 개설은행의 지시 및 수권을 근거로만 행동한다.
- UCP600과 충돌되는 것은 아니다. (override 불가)

(2) 중요 Point
- URR725는 신용장과 독립된 은행 간 상환에 관한 규칙이다.
- 신용장 본문에서 'reimbursement subject to URR725'라는 명시가 필요하다.
- UCP600과 별개지만, 상호 연계해서 쓰인다.

(3) 빈출 함정

함정 1	URR725 applies to any reimbursement arrangement automatically? (URR725는 모든 상환(환급) 약정에 자동으로 적용된다?) → × ▶ 팩트: URR725가 적용되려면 반드시 상환수권(Reimbursement Authorization)에 그 내용을 명시해야 한다.
함정 2	The reimbursing bank may act independently of the issuing bank's authorization? (상환은행은 개설은행의 수권(승인)과 무관하게 독자적으로 행동할 수 있다?) → × ▶ 팩트: 상환은행은 개설은행의 지시·수권에 따라 행동해야 한다.
함정 3	URR725 overrides conflicting provisions of UCP600? (URR725는 UCP600과 충돌하는 조항들에 우선한다?) → × ▶ 팩트: URR725는 UCP600을 무시하거나 우선하는 규칙이 아니며, 상호 보완적으로 적용된다.

3 Article 2. Definitions (정의)

(1) 요약정리
- 개설은행(Issuing bank): 신용장과 그 신용장 하에서 상환수권(Reimbursement Authorization)을 발행하는 은행
- 상환은행(Reimbursing bank): 개설은행이 발행한 상환수권에 따라 청구은행에 대금상환을 수행하도록 지시·수권 받은 은행
- 상환수권(Reimbursement authorization): 신용장과는 독립적인 개설은행의 '상환지시서'

01 2장 ICC 은행간 화환신용장 대금상환에 관한 통일규칙(URR725)
Article 1~17

- 청구은행(Claiming bank): 신용장에서 결제(honour) 또는 매입(negotiation)을 한 뒤 상환은행에 상환 청구하는 은행
- 상환확약(Reimbursement undertaking): 상환은행이 개설은행의 요청에 따라 청구은행에 발행하는 별도의 취소불능 확약
- 상환청구(Reimbursement claim): 청구은행이 상환은행에 대금상환을 청구하는 요청

(2) 중요 Point
- 개설은행(Issuing bank) ↔ 상환은행(Reimbursing bank) ↔ 청구은행(Claiming bank)의 구조를 파악해야 한다.
- '상환보증서(Reimbursement undertaking)'는 별도의 **취소 불능 확약**이다.
- 신용장과 상환수권서가 '독립 문서'임을 인지해야 한다.

(3) 빈출 함정

함정 1	The 'claiming bank' is merely the bank that advises the reimbursement authorization? (청구은행은 단지 상환청구를 제기하는 은행일 뿐이다?) → × ▶ 팩트: 청구은행이란 신용장에서 결제(honour) 또는 매입(negotiation)을 한 뒤 상환은행에 상환청구 하는 은행이다.
함정 2	A reimbursement authorization is not independent of the credit? (상환지시서는 신용장과 독립된 것이 아니다?) → × ▶ 팩트: URR725 명시적 규정에 따라 상환지시서와 신용장은 독립된 별개의 거래이다.
함정 3	A reimbursement undertaking is revocable at will by the reimbursing bank? (상환보증서는 상환은행이 마음대로 취소할 수 있다?) → × ▶ 팩트: 상환보증서는 발행 시점부터 취소불능 확약이 된다.

4 Article 3. Reimbursement Authorizations vs Credits (상환수권 대 신용장)

(1) 요약정리
- 상환수권(Reimbursement Authorization)은 신용장과 독립적이다.
- 상환은행은 신용장 조건에 구속되지 않으며, 오직 상환수권 내용만 보고 행동한다.

(2) 중요 Point
- 신용장 본문에 어떠한 조건이 있어도, 상환은행은 상환수권에서 주어진 지시만 따라야 한다.
- 상환은행이 신용장의 하자 여부까지 확인해야 하는가? → ×

(3) 빈출 함정

함정 1	The reimbursing bank must ensure documents comply with the credit terms? (상환은행은 서류가 신용장 조건에 부합하는지 확인해야 한다?) → × ▶ 팩트: 상환은행은 신용장 조건을 심사하지 않는다.
함정 2	If the credit is cancelled, the reimbursement authorization remains in force automatically? (신용장이 취소되더라도 상환지시서는 자동으로 계속 유효하다?) → × ▶ 팩트: 상환지시서는 신용장과 법적으로는 독립된 문서이지만, 신용장이 취소되었다고 해서 상환지시서가 자동으로 계속 유효한 것은 아니다.

01 2장 ICC 은행간 화환신용장 대금상환에 관한 통일규칙(URR725)
Article 1~17

5 Article 4. Honour of a Reimbursement Claim (상환청구 결제)

(1) 요약정리
- 상환은행은 상환확약(Reimbursement Undertaking) 조건 이외에는 상환의무가 없다.
- 상환수권만 있는 경우, 상환은행은 결제 여부를 판단할 수 있으며, 반드시 결제할 의무는 없다.

(2) 중요 Point
- If no reimbursement undertaking, no obligation to pay. (상환보증서가 없는 경우, 상환은행은 지급할 의무가 없다.)
- 단, 개설은행이 〈취소불능 상환수권 + 상환확약 발행 요청〉을 했다면, 상환은행은 확약 조건 준수 시 결제해야 한다.

(3) 빈출 함정

함정 1	The reimbursing bank is always obliged to honour any claim from the claiming bank? (상환은행은 청구은행의 모든 청구에 대해 항상 지급할 의무가 있다?) → ✗ ▶ 팩트: 상환은행의 지급의무는 상환확약이 발행된 경우로 한정한다.
함정 2	All reimbursement authorizations impose a mandatory payment obligation on the reimbursing bank? (모든 상환지시서는 상환은행에 대해 강제적인 지급 의무를 부과한다?) → ✗ ▶ 팩트: 상환은행은 결제 여부에 대한 자유로운 판단이 가능하다. (Article 4)

6 Article 5. Responsibility of the Issuing Bank (개설은행의 책임)

(1) 요약정리
- 개설은행은 URR725가 요구하는 정보(신용장 번호·통화·금액 등)를 상환수권과 신용장 모두에 명시해야 한다.
- 미준수로 인해 발생하는 결과(지연, 불이행 등)에 대해 개설은행이 책임을 진다.

(2) 중요 Point
URR725는 개설은행이 반드시 필요한 정보(금액, 만기, 청구은행, 수수료 부담 등)를 상환수권에 명시하도록 한다.

(3) 빈출 함정

함정 1	Any omission of required info in the reimbursement authorization is the reimbursing bank's fault? (상환지시서에 필수 정보가 누락된 경우, 그 책임은 상환은행에 있다?) → ✗ ▶ 팩트: 책임은 개설은행에게 있다.
함정 2	The issuing bank can disclaim liability if the claim is delayed due to missing info? (청구가 정보 누락으로 지연될 경우, 개설은행은 책임을 면할 수 있다?) → ✗ ▶ 팩트: Issuing bank holds the responsibility. (개설은행이 책임을 져야 한다.)

01 2장 ICC 은행간 화환신용장 대금상환에 관한 통일규칙(URR725)
Article 1~17

7 Article 6. Issuance and Receipt of a Reimbursement Authorization/Amendment (상환수권·조건변경 발행/접수)

(1) 요약정리
- 모든 상환수권·조건변경(Reimbursement Amendment)은 인증 전신(authenticated teletransmission) 혹은 서명된 서신 형태이다.
- 개설은행은 복수 상환수권을 한 번에(one teletransmission)에 보내서는 안 된다. (명시 동의 제외)
- 상환은행이 행동 준비가 되지 않은 경우 즉시 개설은행에 알려야 한다.

(2) 중요 Point
- '전신 or 서명 서신'이 기본 형식이며, 사본(credit copy)은 무시한다.
- 상환은행이 지시사항(조건 변경 등)에 동의하지 않는다면 즉시 통보해야 한다.
- '개설은행이 신용장 사본을 상환은행에 대신 발행할 수 있다?' → × (문구만으로는 상환수권을 대신할 수 없음)

(3) 빈출 함정

함정 1	A faxed copy of the credit is sufficient as a reimbursement authorization? (신용장의 팩스 사본은 상환 승인서로 충분하다?) → × ▶ 팩트: Must be separate, properly authenticated. (상환 승인서는 신용장과 별도로 존재하며, 반드시 적절히 인증되어야 한다.)
함정 2	Multiple reimbursement authorizations in one SWIFT are always allowed? (한 건의 SWIFT 메시지 안에 여러 개의 상환 승인서가 항상 허용된다?) → × ▶ 팩트: Generally not allowed unless reimbursing bank agrees. (상환은행이 동의하지 않는 한, 일반적으로 허용되지 않는다.)
함정 3	If the reimbursing bank refuses the authorization, no need to inform the issuing bank? (상환은행이 상환 승인을 거부하면, 발행은행에게 알릴 필요가 없다?) → × ▶ 팩트: Must inform without delay. (지체 없이 반드시 통보해야 한다.)

8 Article 7. Expiry of a Reimbursement Authorization (상환수권의 유효기일)

(1) 요약정리
- 원칙적으로 상환수권은 만기일을 적용하지 않는다. → 예외적으로 상환은행이 동의한 경우에만 적용
- 상환은행은 신용장 유효기일에 대한 책임이 없다.
- 개설은행은 미사용분을 취소하고, 즉시 상환은행에 알려야 한다.

(2) 중요 Point
- 'No expiry date' for the reimbursement authorization. (상환수권에는 만기일이 없다.) → 시험 빈출!
- 신용장과 달리 상환수권은 별개이므로, 신용장 만기가 곧 상환수권의 만기는 아니다.

2장 ICC 은행간 화환신용장 대금상환에 관한 통일규칙(URR725)
Article 1~17

(3) 빈출 함정

함정 1	A reimbursement authorization always expires with the credit? (상환수권은 항상 신용장과 함께 만료된다?) → ✕ ▶ 팩트: 상환수권은 그 자체의 유효기한을 가질 수 있으며, 신용장의 만기와 반드시 일치하지 않아도 된다.
함정 2	The reimbursing bank is liable if the credit expires and no claim is received? (신용장이 만료되었고 청구가 접수되지 않은 경우, 상환은행은 책임을 진다?) → ✕ ▶ 팩트: 청구가 없었다면 상환은행은 책임이 없다.
함정 3	The issuing bank need not cancel unused amounts formally? (발행은행은 미사용 금액을 공식적으로 취소할 필요가 없다?) → ✕ ▶ 팩트: Must cancel and inform promptly. (즉시 취소하고 통보해야 한다.)

9 Article 8. Amendment or Cancellation of a Reimbursement Authorization (상환수권의 조건변경·취소)

(1) 요약정리
- 상환확약(Reimbursement Undertaking)이 발행되지 않았다면, 개설은행은 언제든 상환수권을 취소할 수 있다.
- 이미 상환이 일어난 부분은 개설은행이 책임지고 상환해야 한다.
- 취소 시 지정은행(또는 통지은행)에 새 상환지시를 통보해야 한다.

(2) 중요 Point
- 상환확약이 발행된 경우, 상환은행의 동의 없이는 취소·변경이 불가능하다. (Article 9)
- 개설은행이 상환수권을 중도에 취소한 경우, 이미 결제된 부분에 대해서는 책임지고 상환해야 한다.

(3) 빈출 함정

함정 1	The issuing bank can cancel a reimbursement authorization after the reimbursing bank has paid, disclaiming liability? (상환은행이 지급한 후에는, 발행은행이 책임을 부인하며 상환수권을 취소할 수 있다?) → ✕ ▶ 팩트: 이미 지급된 건에 대해서는 발행은행이 일방적으로 상환수권을 취소하거나 책임을 면제받을 수 없다. (발행은행이 해당 금액에 대해 책임을 져야 함)
함정 2	No need to inform the nominated bank if the reimbursement authorization is canceled? (상환수권이 취소되더라도 통지은행(지정은행)에게 통보할 필요가 없다?) → ✕ ▶ 팩트: Must inform and provide new instructions. (반드시 통보하고 새로운 지시를 제공해야 한다.)

10 Article 9. Reimbursement Undertaking (상환확약)

(1) 요약정리
- 개설은행이 상환은행에게 'Reimbursement Undertaking을 발행해달라'고 요청 → 이때 수권은 **취소불능(Irrevocable)**이다.
- 상환은행은 '상환확약(Reimbursement Undertaking)'에 금액·유효일·청구은행 등을 기재 → 발행 시점부터 취소불능으로 구속된다.
- 확약(Undertaking) 수정은 개설은행·청구은행의 동의가 필요하다.

2장 ICC 은행간 화환신용장 대금상환에 관한 통일규칙(URR725)
Article 1~17

(2) 중요 Point
- 상환확약 발행 시 '독립된 취소불능 확약' → 상환은행은 조건 충족 시 대금지급의 의무가 있다.
- '취소불능 상환지시(Irrevocable Reimbursement Authorization)' + '상환확약' → 시험 빈출!
- 조항 구문이 복잡하지만, 핵심은 '확약 발행 후 개설은행의 임의 취소 불가'이다.

(3) 빈출 함정

함정 1	A reimbursement undertaking can be revoked by the issuing bank anytime? (상환 약속은 개설은행이 언제든지 철회할 수 있다?) → ×	
	▶ 팩트: Once issued, it's irrevocable. (한번 발행되면, 철회할 수 없다.)	
함정 2	The claiming bank cannot object to changes in the reimbursement undertaking? (청구은행은 상환 약속 변경에 반대할 수 없다?) → ×	
	▶ 팩트: 상환 약속의 변경은 청구은행에게 통지되어야 하며, 청구은행은 변경에 대해 이의를 제기할 권리가 있다.	
함정 3	No separate mention of amounts or expiry is needed in an undertaking? (상환확약서에 금액이나 만기일을 별도로 명시할 필요가 없다?) → ×	
	▶ 팩트: Must specify currency, amount, latest date, etc. (통화, 금액, 최종 날짜 등을 명확히 명시해야 한다.)	

11 Article 10. Standards for a Reimbursement Claim (상환청구의 기준)

(1) 요약정리
- 상환청구는 원칙적으로 전신(teletransmission) 또는 원본 서신으로 제출할 수 있다. (단, 상환수권에서 전신 청구를 금지하는 특별한 지시가 있는 경우, 전신으로 청구할 수 없음)
- 전신 청구 후 우편 확인서를 보내는 행위는 금지되며, 이로 인해 중복 청구가 발생할 경우 청구은행이 책임을 진다.
- 상환은행은 진정성 확인(Authentication)을 요청할 수 있으며, 이로 인한 지연에 대해서는 면책된다.
- 청구서에는 신용장 번호, 개설은행명, (알고 있다면) 상환은행의 참조번호가 반드시 포함되어야 한다.
- 청구 금액은 원금, 추가 금액, 수수료로 구분하여 각각 명확히 표시해야 한다.
- 개설은행에 보낸 지급·연지급·인수·매입통지서의 사본만으로는 상환청구가 불가능하며, 독립된 청구서가 필요하다.
- 한 통신 또는 서신에 여러 건의 상환청구를 포함하는 것은 금지된다.
- 상환확약(reimbursement undertaking)이 있을 경우에는 청구 조건을 완전히 충족해야 상환이 가능하다.
- 기한부 환어음을 상환은행에 청구하는 경우, 환어음 원본과 함께 물품 설명, 원산지, 목적지, 선적일, 선적지 등을 명시해야 한다.
- 위 요건을 충족하지 않아 발생하는 지연·미인수 등에 대해서는 상환은행이 책임을 지지 않는다.

(2) 중요 Point
- 우편확인(Mail confirmation) 금지 + 진정성 확인(Authentication) 요구 가능 → 시험 빈출!
- 금액 세분 표기(Principal / Additional / Charges)를 누락하면 자동으로 부적합으로 간주된다.

01 2장 ICC 은행간 화환신용장 대금상환에 관한 통일규칙(URR725)
Article 1~17

(3) 빈출 함정

함정 1	A single teletransmission may cover several reimbursement claims? (한 통신에 여러 건의 상환청구가 가능하다?) → × ▶ 팩트: 한 통신에는 한 건의 상환청구만 허용된다.
함정 2	A copy of the claiming bank's advice to the issuing bank can serve as a reimbursement claim? (개설은행의 통지 사본만으로도 상환청구로 인정된다?) → × ▶ 팩트: 통지 사본은 청구서로 인정되지 않으며, 별도의 독립 청구서가 필요하다.
함정 3	Mail confirmation is optional, not prohibited? (전신 청구 후 우편 확인서는 선택 사항이다?) → × ▶ 팩트: 전신 청구 후 우편 확인서는 금지되어 있으며, 중복 청구의 원인이 된다.

12 Article 11. Processing a Reimbursement Claim (상환청구의 처리)

(1) 요약정리

- **3 Banking Days Rule**: 상환청구가 접수된 날의 다음 영업일부터 기산하여 3영업일 이내에 지급 또는 거절 여부를 결정해야 한다.
- 영업시간 외 접수: 상환청구가 영업시간 이후에 도착한 경우, **다음 영업일**에 접수된 것으로 간주한다.
- 청구 전(Pre-debit) 통지 요건: 상환은행이 청구 전 통지를 요구한 경우, 해당 통지를 받은 날의 다음 영업일부터 기산하여 3영업일 이내에 처리해야 한다.
- 비상환 통보: 상환이 거절될 경우, 개설은행과 청구은행 양측에 전신으로 통보해야 하며, 확약(Reimbursement Undertaking)이 포함된 경우에는 거절 사유도 명시해야 한다.
- **소급결제(back-value payment)**는 허용되지 않는다.
- 예정일(Predetermined Date) 청구: 예정일이 명시된 경우, 그 날짜를 기준 10영업일을 초과하여 접수된 청구는 무시할 수 있으며, 이 경우 청구은행에 지체 없이 통보해야 한다.
- 청구 대상: 상환은행은 원칙적으로 청구은행에게만 지급한다.
- 면책 조항: 유보 조건(hold harmless) 또는 면책(indemnity) 문구가 포함되어 있더라도, 상환은행은 이를 수락할 의무가 없다.

(2) 중요 Point

- '3영업일', '10영업일'을 구분하는 것이 중요하다.
- 예정일이 있는 경우, 해당 날짜 기준 10영업일 이내 제출분만 유효하다.

01 | 2장 ICC 은행간 화환신용장 대금상환에 관한 통일규칙(URR725)
Article 1~17

(3) 빈출 함정

함정 1	The reimbursing bank must honour within one banking day of receipt? (상환은행은 청구서를 접수한 당일로부터 1영업일 이내에 지급해야 한다?) → × ▶ 팩트: 상환청구를 받은 날의 다음 영업일부터 기산하여 3영업일 이내에 지급 또는 거절 결정을 내려야 한다.
함정 2	A claim may be submitted 15 banking days before the predetermined date? (예정일보다 15영업일 이전에 상환청구를 제출해도 유효하다?) → × ▶ 팩트: 예정일(Predetermined Date)이 명시된 경우, 그 날짜를 기준으로 10영업일을 초과하여 제출된 청구는 무시(disregard)할 수 있다.
함정 3	Back-value payment can be arranged on request? (요청이 있으면 소급 결제를 할 수 있다?) → × ▶ 팩트: URR725는 소급 결제(back-value payment)를 명시적으로 허용하지 않는다.

13 Article 12. Duplication of a Reimbursement Authorization (상환수권의 중복)

(1) 요약정리
- 개설은행은 서류가 접수된 이후에는 새로운 상환수권을 발행하거나 추가 지시를 내릴 수 없다. (단, 기존 상환수권에 대한 수정(Amendment) 또는 취소(Cancellation)는 가능)
- 동일한 상환에 대해 **이중 지급(Duplicate Payment)**이 발생할 경우, 개설은행이 전액 책임을 지며, 상환은행은 면책된다.

(2) 중요 Point
Duplicate Payment = Issuing Bank Liability → 중복 지급이 발생하더라도 상환은행은 면책되고, 모든 책임은 개설은행에 있다.

(3) 빈출 함정

함정 1	The reimbursing bank must retrieve any duplicate payment? (상환은행은 중복 지급이 발생하면 이를 회수해야 한다?) → × ▶ 팩트: 중복 지급이 발생해도 회수 책임은 개설은행에 있으며, 상환은행은 해당 청구가 유효한 범위 내에서 지급한 것이라면 면책된다.
함정 2	Additional instructions after documents are received are allowed? (서류가 접수된 후에도 추가 지시를 내릴 수 있다?) → × ▶ 팩트: 서류가 이미 제출된 후에는, 개설은행은 기존 상환수권의 수정 또는 취소만 가능하고, 새로운 지시나 상환수권을 발행하는 것은 허용되지 않는다.

14 Article 13. Foreign Laws and Usages (외국법·관습)

(1) 요약정리
- 외국의 법률이나 관습으로 인해 발생한 의무 또는 손해에 대해서는 개설은행이 전적으로 책임을 진다.
- 상환은행은 면책되며, 해당 사유로 인해 손해를 입은 경우 개설은행에 보상을 청구할 수 있다.

01 2장 ICC 은행간 화환신용장 대금상환에 관한 통일규칙(URR725) Article 1~17

(2) 중요 Point
Indemnify the Reimbursing Bank against foreign law risk → 외국법 또는 관습에 따른 손해 발생 시, 개설은행은 상환은행에게 배상(Indemnify)해야 한다.

(3) 빈출 함정

함정 1	Foreign law penalties fall on the reimbursing bank? (외국법에 따른 처벌이나 손해는 상환은행의 책임이다?) → ✕ ▶ 팩트: 상환은행은 외국 법률이나 관습에 따른 책임을 지지 않으며, 개설은행이 이를 보상해야 한다.
함정 2	The issuing bank is not bound by foreign usage? (개설은행은 외국의 관습에 구속되지 않는다?) → ✕ ▶ 팩트: 개설은행은 외국 법률 또는 관습에 따른 손해 발생 시, 그 관습을 몰랐더라도 상환은행에 대해 배상 의무를 부담한다.

15 Article 14. Disclaimer on the Transmission of Messages (통신 송달 면책)

(1) 요약정리
- 상환은행은 통신·우편·서류 전송 과정에서 발생한 지연, 분실, 훼손, 오역 등 일체의 사고에 대해 면책된다.
- 개설은행이 특별한 지시를 하지 않은 경우, 상환은행이 임의로 선택한 송달 수단에 대해서도 면책이 동일하게 적용된다.
- 번역(Translation) 또는 해석(Misinterpretation)상의 오류에 대해서도 상환은행은 책임을 지지 않는다.

(2) 중요 Point
Translation errors also disclaimed → 번역 오류 역시 면책 대상이다.

(3) 빈출 함정

함정 1	Delay in teletransmission makes the reimbursing bank liable? (전신 송달이 지연되면, 상환은행이 책임을 져야 한다?) → ✕ ▶ 팩트: 전신 지연, 누락, 왜곡, 오역 등은 모두 상환은행의 책임이 아니며, 개설은행이 감수해야 할 위험이다.
함정 2	If the reimbursing bank chose the courier, it bears the risk? (상환은행이 택배사를 선택했다면, 그 위험은 상환은행이 부담해야 한다?) → ✕ ▶ 팩트: 지시가 없는 경우 상환은행이 선택한 송달 수단에 대해서도 동일한 면책(disclaimer)이 적용된다.

16 Article 15. Force Majeure (불가항력)

(1) 요약정리
- 천재지변, 폭동, 전쟁, 파업, 공공기관의 제한 등 불가항력 상황으로 인해 영업이 중단된 경우, 상환은행은 면책된다.
- 이로 인해 기한(3영업일 규정 등)도 일시적으로 정지(suspended)된다.
- 단, 상환수권(reimbursement authorization) 자체가 자동으로 연장되지는 않으며, 개설은행이 필요한 조치를 취해야 한다.

01 2장 ICC 은행간 화환신용장 대금상환에 관한 통일규칙(URR725)
Article 1~17

(2) 중요 Point
불가항력(Force majeure) = 면책 + 기한 정지 (suspension)
→ 불가항력 발생 시, 상환은행은 면책되고 3영업일 규정 등도 유예된다. (단, 상환수권이 자동 연장되는 것은 아님)

(3) 빈출 함정

함정 1	The reimbursing bank is still liable even if it was closed due to a natural disaster? (자연재해로 영업이 중단된 경우에도, 상환은행은 여전히 책임이 있다?) → ✕ ▶ 팩트: 지진, 홍수, 폭동, 내전, 파업, 정부 조치 등 불가항력 상황에서 상환은행은 모든 책임에서 면책된다.
함정 2	Force majeure events automatically extend the reimbursement authorization? (불가항력 사유가 발생하면 상환수권은 자동으로 연장된다?) → ✕ ▶ 팩트: 불가항력 상황으로 인해 상환은행의 이행 기한은 일시 정지(suspended)되지만, 상환수권 자체의 유효기간이 자동으로 연장되지는 않는다.

17 Article 16. Charges (수수료)

(1) 요약정리
- 상환은행 수수료는 기본적으로 개설은행이 부담한다.
- 단, 상환수권(reimbursement authorization)에 **수익자 부담(beneficiary's account)**으로 명시된 경우, 해당 금액은 청구금액에서 즉시 차감(deduct)된다.
- 수수료 부담에 대한 지시가 없을 경우, 상환은행 수수료는 자동으로 개설은행이 부담한다.
- 청구은행이 수수료 금액을 명시한 경우, 이는 상환수권에 명시된 금액과 별도로(additional to) 청구할 수 있다.

(2) 중요 Point
Deduct vs Add → 수익자 부담이면 청구금액에서 차감(deduct), 청구은행 수수료는 추가 청구 가능(add on top)

(3) 빈출 함정

함정 1	If charges are on beneficiary's account, the issuing bank later reimburses them? (수수료가 수익자 부담으로 지정된 경우, 개설은행이 나중에 이를 다시 상환한다?) → ✕ ▶ 팩트: 수익자 부담으로 명시된 경우, 해당 수수료는 청구금액에서 즉시 차감되며, 개설은행이 이를 따로 보상하지 않는다.
함정 2	Absent any charge clause, banks must negotiate who pays? (수수료 지시가 없는 경우, 은행 간 협의하여 부담 주체를 정해야 한다?) → ✕ ▶ 팩트: 수수료 부담에 대한 지시가 없는 경우, 상환은행 수수료는 자동으로 개설은행이 부담하게 된다.
함정 3	Extra charges are included within the authorized amount? (추가 수수료는 수권 금액에 포함된다?) → ✕ ▶ 팩트: 청구은행 수수료는 수권 금액에 포함되지 않으며, 명시된 경우 별도로(additionally) 청구할 수 있다.

2장 ICC 은행간 화환신용장 대금상환에 관한 통일규칙(URR725)
Article 1~17

18 Article 17. Interest Claims / Loss of Value (이자 및 가치 손실)

(1) 요약정리
- 이자 손실(interest) 또는 환차손(loss from exchange-rate differences)이 발생한 경우, 이는 청구은행과 개설은행 간에 별도로 합의하여 해결해야 하며, 상환은행은 책임지지 않는다.
- 단, 상환은행이 스스로 확약(reimbursement undertaking)을 제공했음에도 이를 이행하지 않아 손실이 발생한 경우, 그 손실에 대해서는 상환은행이 책임을 진다.

(2) 중요 Point
Reimbursing bank is liable only for its own default → 상환은행은 오직 자신이 확약을 불이행했을 때에만 책임을 진다.

(3) 빈출 함정

함정 1	Exchange-rate losses must be compensated by the reimbursing bank? (환차손이 발생하면, 상환은행이 이를 보상해야 한다?) → × ▶ 팩트: 환차손은 상환은행 책임이 아니며, 청구은행과 개설은행 간의 문제이다. 단, 상환은행이 확약을 이행하지 않아 발생한 손실은 예외적으로 책임을 진다.
함정 2	Interest loss is automatically reimbursed under URR725? (이자 손실은 URR725에 따라 자동으로 상환된다?) → × ▶ 팩트: URR725는 이자 손실을 자동 보상하지 않으며, 보상을 받으려면 개설은행과 별도 협의가 필요하다.

개념을 확실하게 정리하는
개념확인문제

확인문제로 핵심키워드 정리하기

간단한 쪽지 시험으로 빈출 개념을 다시 정리해 보세요.

1 다음 설명이 맞으면 ○표, 틀리면 ×표 하세요.

(1) If the issuing bank has authorized or requested the reimbursing bank to issue a reimbursement undertaking under Article 9, once it is issued, it can still be canceled unilaterally by the issuing bank. (   )

(2) Under Article 7, a reimbursement authorization should not be subject to an expiry date unless the reimbursing bank expressly agrees. (   )

(3) A reimbursement claim received on a Saturday (non-banking day) is deemed to be received on that same day, counting towards the 3-banking-day period. (   )

(4) If a reimbursement claim is presented more than ten banking days prior to a predetermined future date, the reimbursing bank may disregard it and must inform the claiming bank. (   )

2 다음 빈칸에 들어갈 알맞은 말을 적으세요.

(1) Under URR725, a reimbursement authorization is separate from the credit to which it refers, and the reimbursing bank is not (   ) with or bound by the terms and conditions of the credit.

(2) Article 6 states that all reimbursement authorizations must be issued in the form of an authenticated (   ) or a signed letter.

(3) Under Article 10(a)(i), a reimbursement claim must be in the form of a teletransmission, unless specifically prohibited, or an original (   ).

(4) A 'reimbursement (   )' means a separate irrevocable undertaking of the reimbursing bank, issued upon the authorization or request of the issuing bank, to honour the claiming bank's reimbursement claim provided the terms and conditions have been complied with.

01 Under URR725 Article 9, which of the following statements is NOT correct?

① Once the reimbursement undertaking is issued, the issuing bank may still cancel it unilaterally.
② The reimbursing bank is irrevocably bound to honour a claim as of the time it issues the reimbursement undertaking.
③ A reimbursement undertaking must indicate the credit number, amount, and the latest date for presentation of a claim.
④ An authorization by the issuing bank to the reimbursing bank to issue a reimbursement undertaking is irrevocable.

개념이해 URR725 제9조에 따르면, 상환확약(Reimbursement Undertaking)은 발행 시점부터 취소불능이며, 개설은행이 단독으로 취소할 수 없다. 또한 상환확약 발행 시, 신용장 번호·금액·최종 제시기일 등을 명시해야 하고, 상환은행은 이를 발행한 순간부터 결제 의무를 부담한다.

02 Under Article 9 of URR725, once the reimbursement undertaking is issued, who must provide consent for any amendment to be valid?

① Only the issuing bank
② Only the reimbursing bank
③ Both the issuing bank and the confirming bank
④ Both the reimbursing bank and the claiming bank

개념이해 상환확약이 한 번 발행되면, 그 조건변경(amendment)을 유효하게 만들려면 상환은행(reimbursing bank)과 청구은행(claiming bank) 양측 모두 동의가 필요하다. (URR725 제9조).

---

1 (1) × (2) ○ (3) × (4) ○
2 (1) concerned (2) teletransmission (3) letter (4) undertaking

| 정답 | **01** ① **02** ④

03 Under URR725 Article 10, which statement is correct regarding the claiming bank's reimbursement claim?

① It must always be confirmed by the applicant to be valid.
② It may consolidate multiple claims for different credits under a single teletransmission.
③ It may include a copy of its payment advice to the issuing bank instead of a formal reimbursement claim.
④ It can be sent by teletransmission or by an authenticated letter, provided it clearly states the credit number and issuing bank.

개념이해 제10조에 따르면, 청구은행은 전신(teletransmission) 또는 서명된 원본 서신 형식으로 청구해야 하며, 신용장 번호·개설은행 표기는 필수이고, 여러 신용장의 청구를 한꺼번에 합치는 것(복수 청구)은 허용되지 않는다.

04 Which of the following is correct under URR725 Article 11 about reimbursement claim processing?

① A request for 'back value' is permissible if the claiming bank has a valid reason.
② If the claim is received on a Saturday(non-banking day), it is deemed as received on the same day.
③ The reimbursing bank may delay its notice of refusal beyond 3 banking days if it is not sure about the documents.
④ The reimbursing bank must notify both the issuing bank and the claiming bank of non-payment if it decides not to reimburse.

개념이해 Article 11(a)(ii)에 따르면, 상환은행이 상환을 거절하기로 결정했다면, 3은행영업일 이내에 개설은행과 청구은행 모두에게 통지해야 한다.

오답분석 ① URR725는 'back value(소급가치일 지급)'를 허용하지 않으며, 모든 상환은 청구일 기준의 실제 지급일로 처리되어야 한다.
② URR725 제11(d)에 따르면 비영업일에 수령된 청구는 그다음 은행영업일에 수령된 것으로 간주된다.
③ URR725 제11(a)항에 따라 상환은행은 청구서를 받은 날로부터 3은행영업일 이내에 지급 거절을 통지해야 하며, 모호하다고 해서 통지를 지연할 수는 없다.

05 According to URR725 Article 10(b), when the claim involves a time draft drawn on the reimbursing bank, which of the following is NOT required in the claim?

① Country of origin
② The identity of the applicant's local agent
③ Date and place of shipment (if covering merchandise)
④ General description of the goods, services or performance

개념이해 기한부 환어음이 상환은행을 지급인으로 발행되는 경우, 물품·원산지·선적일·선적지 등은 반드시 청구서에 포함해야 한다. (Article 10(b)) 하지만 신청인의 현지 대리인 정보는 규정 요구사항이 아니다.

06 If a reimbursement is due on a future date, which is correct about Article 11(c) of URR725?

① The reimbursing bank can never disregard an early claim.
② The claiming bank must present the claim exactly on that date.
③ The claim should not be presented more than ten banking days before the predetermined date.
④ The reimbursing bank must pay immediately upon receiving the claim, ignoring the future date.

개념이해 Article 11(c)에 따르면, 청구은행은 사전에 정해진 결제일보다 10은행영업일을 초과하여 조기청구할 경우 상환은행은 해당 청구를 무시(disregard)할 수 있으며, 그 경우 즉시 청구은행에 이를 통보해야 한다.

| 정답 | 03 ④ 04 ④ 05 ② 06 ③

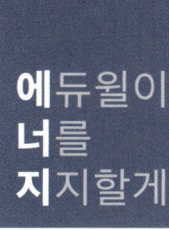

한계는 없다.
도전을 즐겨라.

– 칼리 피오리나(Carly Fiorina)

01 총칙 및 정의

3장 추심에 관한 통일규칙(URC522)

❶ ARTICLE 1. APPLICATION OF URC522 (통일규칙의 적용)

(1) 요약정리

- 적용 범위
  - 본 규칙(Uniform Rules for Collections, 1995 Revision, ICC Publication No.522)은 제2조에 정의된 모든 '추심(Collection)'에 적용되며, 추심지시서(Collection Instruction)에 URC522 적용 문언이 삽입되어 있는 경우 모든 관계당사자를 구속한다.
  - 단, 국가·주·지방 법률 또는 규정과 명시적으로 충돌하지 않는 한 적용한다.
- 은행의 의무
  - 은행은 추심(collecting) 또는 추심지시서 또는 후속 지시를 반드시 취급할 의무가 있는 것이 아니다. → **no obligation**
  - 은행이 취급하지 않기로 선택하면, 지체 없이 통지해야 한다. (without delay, by telecommunication or other expeditious means)

(2) 중요 Point

- URC522는 모든 추심(모든 '서류'가 대상)에 적용된다.
- 추심지시서의 중요성: 추심지시서(collection instruction) 내에 URC522 적용 문구가 있어야만 해당 규칙이 적용되고, 관계당사자를 구속한다.
- 예외조항: 국가법 등 '위반할 수 없는' 강행 규정과 충돌 시에는 예외이다.

(3) 빈출 함정

함정 1	은행은 반드시 추심에 응해야 한다? → ✕ ▶ 팩트: Bank is no obligation to handle a collection. (은행은 추심을 반드시 처리해야 할 의무가 없다.)
함정 2	은행이 취급을 거절해도 통지할 필요가 없다? → ✕ ▶ 팩트: Must advise without delay. (은행은 취급 거절 시 지체없이 통지해야 한다.)
함정 3	본 규칙은 임의 규정이 아니므로 국가법보다 우선한다? → ✕ ▶ 팩트: 국가법이 우선할 수 있다.

❷ ARTICLE 2. DEFINITION OF COLLECTION (추심의 정의)

(1) 요약정리

- 추심(Collection): 은행이 '접수된 지시(instructions received)'에 따라 서류(documents)를 취급하여 지급(payment) 및/또는 인수(acceptance)를 얻거나, 혹은 서류를 지급 또는 인수와 상환으로 인도(deliver)하거나, 기타 조건으로 인도하는 것이다.
- 서류(Documents)
  - 금융서류(Financial documents): 환어음(bill of exchange), 약속어음(promissory note), 수표(cheque) 등 금전 지급 취득 목적의 문서
  - 상업서류(Commercial documents): 송장(invoice), 운송서류(transport documents), 권리증권(documents of title) 등 금융서류가 아닌 모든 서류
- 무담보추심(Clean collection): 상업서류 없이 금융서류만 추심
- 화환추심(Documentary collection): 상업서류가 금융서류에 첨부된 추심 또는 금융서류 없이 상업서류만 있는 추심

01 3장 추심에 관한 통일규칙(URC522)
총칙 및 정의

(2) 중요 Point
- 추심(collection)은 은행이 서류를 '단순 전달'만 하는 것이 아니라, 그에 따른 지급·인수 등의 대가를 받기 위한 처리이다.
- 무담보추심(Clean collection) vs 화환추심(Documentary collection) 구분
  - 무담보추심(Clean collection) = 금융서류만(financial documents only) 첨부
  - 화환추심(Documentary collection) = 금융 + 상업서류 or 상업서류만 첨부
    (financial + commercial) or (commercial alone)

(3) 빈출 함정

함정 1	서류(documents)는 오직 금융서류만 지칭한다? → ✗ ▶ 팩트: 서류는 금융 및 상업서류 모두를 포함한다. (Documents = financial + commercial)
함정 2	화환추심에서는 반드시 금융서류가 첨부되어야 한다? → ✗ ▶ 팩트: 금융서류 없이 상업서류만 있는 추심일 수도 있다.

3 ARTICLE 3. PARTIES TO A COLLECTION (추심 당사자)

(1) 요약정리
- 추심의뢰인(Principal): 추심을 은행에 의뢰하는 당사자
- 추심의뢰은행(Remitting bank): 추심의뢰인으로부터 추심업무를 맡은 은행
- 추심은행(Collecting bank): 추심 과정에 추가로 참여하는, 추심의뢰은행 이외의 모든 은행
- 제시은행(Presenting bank): 실제로 지급인(drawee)에게 서류 제시(presentation)를 하는 추심은행
- 지급인(Drawee): 추심지시서에 따라 서류 제시를 받는 자

(2) 중요 Point
- 추심의뢰인(Principal) ≠ 신청인(Applicant) → UCP600 등과 달리 URC522에서는 당사자 명칭이 다를 수 있음
- 추심의뢰은행(Remitting bank)은 추심을 처음 맡은 은행이며, 추심은행(Collecting bank)은 그 외에 협조하는 은행이다.
- 제시은행(Presenting bank)은 최종적으로 서류를 지급인에게 건네는 은행이다.

(3) 빈출 함정

함정 1	신청인(Applicant)과 추심의뢰인(Principal)은 같은 표현이다? → ✗ ▶ 팩트: URC522에서는 추심의뢰인(principal)이 올바른 표현이다.
함정 2	추심은행(Collecting bank)과 추심의뢰은행(remitting bank)는 동일하다? → ✗ ▶ 팩트: 추심의뢰은행(Remitting bank)과 추심은행(Collecting bank)은 서로 다른 개념이다.

확인문제로 핵심키워드 정리하기

간단한 쪽지 시험으로 빈출 개념을 다시 정리해 보세요.

1 다음 설명이 맞으면 ○표, 틀리면 ×표 하세요.

(1) Under URC522, the 'principal' is the party instructing the bank to handle a collection. ( )

(2) If URC522 is not mentioned in a collection instruction, it may still automatically apply by default. ( )

(3) The bank has an absolute obligation to handle a collection under URC522. ( )

(4) 'Clean collection' under URC522 refers to collection of financial documents not accompanied by commercial documents. ( )

(5) A 'documentary collection' always includes both financial documents and commercial documents. ( )

2 다음 빈칸에 들어갈 알맞은 말을 적으세요.

(1) Under URC522, 'collection' means the handling by banks of documents in accordance with instructions in order to obtain payment and/or ( ).

(2) A 'clean collection' involves financial documents only, whereas a 'documentary collection' may include ( ) documents.

(3) The ( ) is the party that entrusts the handling of a collection to a bank under URC522.

(4) The ( ) bank is the one that first receives the collection from the principal, while the collecting(or presenting) bank is any other bank involved.

(5) The party to whom presentation is to be made is called the ( ), according to the collection instruction.

01 Which of the following statements about 'Clean Collection' under URC522 is correct?

① It includes both financial and commercial documents.
② It is always subject to acceptance D/A conditions only.
③ It involves only commercial documents without financial documents.
④ It means collection of financial documents not accompanied by commercial documents.

개념이해 무담보추심(Clean Collection)은 상업서류 없이 금융서류만 있을 때를 의미한다.

오답분석 ① 금융+상업서류가 동시에 존재하면 화환추심(documentary)에 해당한다.
② D/A 조건과는 무관하다.
③ '상업서류만'이므로 오답이다.

02 Under URC522, 'Principal' refers to:

① The consignee who receives the goods upon arrival.
② Any bank that presents the documents for payment.
③ The party entrusting the handling of a collection to a bank.
④ The bank that handles the collection in the country of payment.

개념이해 'Principal'은 URC522에서 추심거래를 은행에 의뢰하는 당사자를 가리킨다.

오답분석 ① 수하인(Consignee)에 대한 설명이다.
② 제시은행(presenting bank)에 대한 설명이다.
④ 추심은행(collecting bank)에 대한 설명이다.

---

1 (1) ○ (2) × (3) × (4) ○ (5) ×
2 (1) acceptance (2) commercial (3) principal (4) remitting (5) drawee

03 According to URC522 Article 1, if a collecting bank refuses to handle a collection, it must:

① Notify the beneficiary only if requested.
② Disregard the instruction without notification.
③ Immediately notify the party from whom it received the collection.
④ Transfer the documents to another bank automatically.

개념이해 은행이 추심을 거부하려면, 추심을 송부한 당사자에게 지체 없이 통지해야 한다.

04 Which of the following is the correct definition of 'Documents' under URC522?

① None of the above.
② Only financial documents.
③ Only commercial documents.
④ Both financial and commercial documents.

개념이해 Article 2(b): Documents에는 금융서류(Financial)와 상업서류(Commercial)가 모두 포함된다.

05 Which bank is directly entrusted by the principal to handle a collection under URC522?

① Drawee bank
② Collecting bank
③ Remitting bank
④ Presenting bank

개념이해 Remitting bank는 추심의뢰은행으로, Principal이 처음으로 의뢰하는 은행이다.

06 In a Clean Collection, the documents involved are typically:

① No documents at all.
② Both commercial and financial documents.
③ Only financial documents without any commercial documents.
④ Only commercial documents such as invoices, transport documents.

개념이해 Clean Collection은 금융서류만 존재하며 상업서류는 없다.

| 정답 | 01 ④ 02 ③ 03 ③ 04 ④ 05 ③ 06 ③

02 추심의 형식과 구조

3장 추심에 관한 통일규칙(URC522)

1 ARTICLE 4. COLLECTION INSTRUCTION (추심 지시서)

(1) 요약정리
- 추심지시서(Collection instruction): 모든 추심서류에는 URC522 적용 명시 및 완전·정확한 지시가 기재된 추심지시서를 첨부해야 한다.
- 은행은 '추심지시서에 적힌 지시사항'과 URC522에 따라서만 행동해야 한다.
- 추심지시서에 포함될 사항
  - 추심을 송부한 은행 정보(이름, 주소, 연락처 등)
  - 추심의뢰인(Principal) 정보
  - 지급인(Drawee) 정보
  - (필요시) 제시은행(Presenting bank) 정보
  - 추심금액·통화
  - 동봉된 서류 목록
  - 지급·인수 조건 및 서류 인도 조건
  - 수수료·이자 등 처리 지시 등등

(2) 중요 Point
- 은행은 추심지시서를 받기 전, 서류만으로 지시(instructions)를 추론하기 위해 서류를 스스로 검토하지 않는다. (은행은 지시를 얻기 위해 서류를 살피지 않으며, 지시서를 받을 때까지 행동을 유보함)
- 주소 불분명: 추심지시서에 지급인 주소가 불충분하거나 부정확할 경우, 은행은 원칙적으로 책임 없이 노력할 수(may) 있으나 의무는 아니다.

(3) 빈출 함정

함정 1	지급인 주소가 부정확하면 추심은행이 반드시 수정해야 한다? → ✕ ▶ 팩트: no obligation(추심은행은 수정할 의무가 없다.)
함정 2	추심지시서가 없어도 은행이 관례적으로 추심 처리가 가능하다? → ✕ ▶ 팩트: must have collection instruction. (모든 추심에는 반드시 추심지시서가 있어야 한다.)

확인문제로 핵심키워드 정리하기

간단한 쪽지 시험으로 빈출 개념을 다시 정리해 보세요.

1 다음 설명이 맞으면 ○표, 틀리면 ×표 하세요.

(1) Every document sent for collection must be accompanied by a collection instruction. ( )

(2) Banks will examine documents in order to obtain instructions if the collection instruction is missing. ( )

(3) The collection instruction must indicate that the collection is subject to URC522. ( )

(4) If any other party/bank (other than the one who sent the collection) sends instructions, the collecting bank must follow them. ( )

(5) The list of documents in the collection instruction must always include the numerical count of each document. ( )

2 다음 빈칸에 들어갈 알맞은 말을 적으세요.

(1) The collection instruction must state that it is subject to ( ) and provide complete and precise instructions.

(2) Details of the ( ) from which the collection was received must be included in the collection instruction.

(3) The party sending the ( ) instruction is responsible for clearly stating the terms of delivery.

(4) The collection instruction must include the complete name and address of the ( ) to whom presentation is made.

(5) If the drawee's address is incorrect, the collecting bank may, at its own ( ), attempt to find the correct address.

01 According to Article 4 of URC522, which of the following is NOT a mandatory detail in the collection instruction?

① The amount(s) and currency(ies) to be collected.
② The exact rate of exchange for currency conversion.
③ Instructions in case of non-payment or non-acceptance.
④ Details of the bank from which the collection was received(name, address, reference).

개념이해 Article 4(b)에 따르면, 환율(rate of exchange)은 추심 지시서의 필수 기재 사항이 아니다.

오답분석 ① 추심해야 할 금액과 통화 종류는 추심 지시서에 반드시 기재되어야 한다.
③ 미지급 또는 미인수 시 조치 지시는 추심 지시서에 반드시 포함되어야 할 정보이다.
④ 송금은행의 식별 정보는 추심 지시서에 반드시 포함해야 한다. 수금은행(collecting bank)은 추심지시서를 보내온 은행(송금은행)의 정보(은행명, 주소, 참조번호 등)가 명확히 기재되어야 처리를 시작할 수 있다.

02 If the collection instruction does not mention URC 522, can the collecting bank still assume its application?

① Yes, automatically.
② Yes, if the principal verbally agrees.
③ Only when the issuing bank instructs so.
④ No, URC 522 must be incorporated in the text.

개념이해 Article 4(a)(1)에 따라 URC522 적용은 지시서에 명시적으로 기재되어야 한다.

---

1 (1) ○ (2) × (3) ○ (4) × (5) ○
2 (1) URC522 (2) bank (3) collection (4) drawee (5) discretion

| 정답 | 01 ② 02 ④

03 3장 추심에 관한 통일규칙(URC522)
제시의 형식

1 ARTICLE 5. PRESENTATION (제시)

(1) 요약정리
- 제시(Presentation): 제시은행이 추심지시서에 따라 지급인(drawee)이 서류를 수령할 수 있도록 만드는 절차이다.
- 제시 기한: 추심지시서는 지급인이 서류를 인수·지급·수령하기 위해 필요한 정확한 기한을 제시해야 하며, 'prompt', 'immediate' 등 모호한 표현은 무시된다.
- 서류 형태: 은행은 서류를 접수된 상태 그대로 제시하되(단, 필요 인지 부착·배서·스탬프 등 가능), 별도 검사는 하지 않는다.

(2) 중요 Point
- 모호한 표현 무시: '즉시(immediate)' 등은 URC522상 인정되지 않으므로, 명확한 기간 기재는 필수이다.
- 추심의뢰은행이 제시은행을 지정하지 않은 경우, 추심은행이 임의의 제시은행을 선택할 수 있다.

(3) 빈출 함정

함정 1	은행은 서류를 제시하기 전에 반드시 심사해야 한다? → ×
	▶ 팩트: banks will not examine documents. (은행은 서류를 심사하지 않는다.)
함정 2	'prompt', 'immediate'와 같은 표현도 제시 기한으로 인정한다? → ×
	▶ 팩트: URC522에서는 이런 모호한 표현들은 무시된다.

2 ARTICLE 6. SIGHT/ACCEPTANCE (일람출급/인수)

(1) 요약정리
- 일람출급(sight) 서류: 제시은행은 지체 없이 지급(presentation for payment)해야 한다.
- 기한부(tenor) 서류: 인수가 요구될 경우에는 지체 없이 인수제시, 지급이 요구될 경우 만기일에 맞추어 제시해야 한다.

(2) 중요 Point
- 일람출급(sight)은 '지체 없이(without delay)' 제시되어야 한다.
- 만기일이 정해진 환어음 등은 해당 만기일에 맞춰 제시해야 한다.

(3) 빈출 함정

함정	일람출급은 선적일로부터 일정 기간 이후에 제시해야 한다? → ×
	▶ 팩트: 지체 없이 제시해야 한다.
함정 2	기한부 환어음은 즉시 제시해야 한다? → ×
	▶ 팩트: 정해진 만기일에 맞춰 제시해야 한다.

03 제시의 형식

3장 추심에 관한 통일규칙(URC522)

③ ARTICLE 7. RELEASE OF COMMERCIAL DOCUMENTS (상업서류의 인도)

(1) 요약정리
- 인수인도(D/A, Documents Against Acceptance): 인수와 교환하여 서류를 인도
- 지급인도(D/P, Documents Against Payment): 지급과 교환하여 서류를 인도
- 원칙: 기한부 환어음을 포함하는 경우, 상업서류를 인수와 상환(D/A) 또는 지급과 상환(D/P)으로 줄 것인지 지시서에 명시해야 한다.
- 명시가 없으면 기본적으로 D/P(지급인도)로 간주한다.

(2) 중요 Point
- 장래확정일 지급조건(기한부 환어음)이 들어 있으면, 반드시 D/A인지 D/P인지 명시해야 한다.
- 별도의 명시가 없으면 상업서류는 only against payment(D/P)로 간주한다.

(3) 빈출 함정

함정 1	기본적으로 D/A(인수인도) 방식이 자동 적용된다? → ✗
	▶ 팩트: 명시가 없으면 기본적으로 D/P(지급인도)로 간주한다.
함정 2	기한부 환어음이라도 D/P(지급인도)로만은 불가능하다? → ✗
	▶ 팩트: 지시서상 명시하면 D/P(지급인도)도 가능하다.

④ ARTICLE 8. CREATION OF DOCUMENTS (서류의 작성)

(1) 요약정리
- 추심의뢰은행이 '추심은행이나 지급인'에게 환어음 · 약속어음 · Trust Receipt · Letter of Undertaking 등 '추심에 포함되지 않은 서류'를 새로 작성(create)하게 지시하는 경우, 해당 서류의 형식 · 문구를 제공해줘야 한다.
- 그렇지 않으면, 은행은 해당 서류 형식 · 문구에 대해 책임지지 않는다.

(2) 중요 Point
- 서류작성 지시 시, 누가 어떤 문구로 작성할지 명확히 지시해야 한다.
- 은행은 단순 중개 역할이므로, 서류 형식 · 문구 등의 법적 리스크를 부담하지 않는다.

(3) 빈출 함정

은행은 새로 작성해준 서류 문안에 대해 책임을 진다? → ✗
▶ 팩트: No liability unless provided by principal. (문구가 추심의뢰인에 의해 제공된 경우가 아니라면, 은행은 책임지지 않는다.)

확인문제로 핵심키워드 정리하기

간단한 쪽지 시험으로 빈출 개념을 다시 정리해 보세요.

1 다음 설명이 맞으면 ○표, 틀리면 ×표 하세요.

(1) Presentation means making the documents available to the drawee in accordance with the instructions. ( )

(2) If the collection instruction uses words like 'immediate' or 'prompt' without specifying the time, banks must interpret it as 24 hours. ( )

(3) The presenting bank is required to examine the documents in detail for authenticity before presenting them to the drawee. ( )

(4) If the remitting bank does not specify a presenting bank, the collecting bank can choose one. ( )

(5) When the remitting bank instructs the collecting bank to create documents not included in the collection (e.g., a trust receipt), the collecting bank is liable for any wording. ( )

2 다음 빈칸에 들어갈 알맞은 말을 적으세요.

(1) The presenting bank must present sight documents without delay and usance documents at the appropriate time for ( ).

(2) A 'clean collection' involves only financial documents, while a 'documentary collection' may include ( ) documents.

(3) Documents may be released against acceptance or ( ) when accompanied by a usance bill of exchange.

(4) Banks may affix necessary ( ) or endorsements on documents for collection purposes.

(5) 'Presentation' refers to the ( ) bank making documents available to the drawee as instructed.

01 Under Article 5, if the collection instruction uses 'immediate' as the period for the drawee's action, the bank should:

① Interpret it as 1 business day.
② Refuse to handle the collection.
③ Demand a written clarification from the drawee.
④ Apply the standard URC522 rule, which disregards such terms.

개념이해 Article 5(b)에 따라 'immediate' 같은 모호한 표현은 무시된다.

02 Under Article 5(c), banks are authorized to affix any necessary stamps or endorsements on the documents:

① The drawee must pay for it.
② It is always at the expense of the collecting bank.
③ The presenting bank bears the cost if it chooses to proceed.
④ It is at the expense of the party from whom the collection was received, unless otherwise instructed.

개념이해 Article 5(c)에 따라 별도의 지시가 없는 한 비용은 기본적으로 송부 당사자의 부담이다.

---

1 (1) ○ (2) × (3) × (4) ○ (5) ×
2 (1) acceptance (2) commercial (3) payment (4) stamps (5) presenting

| 정답 | **01** ④ **02** ④

04 3장 추심에 관한 통일규칙(URC522)
의무 및 책임

1 ARTICLE 9. GOOD FAITH AND REASONABLE CARE (신의성실과 상당한 주의)

(1) 요약정리

은행의 의무: **신의성실(good faith)**과 **상당한 주의(reasonable care)**

(2) 중요 Point

은행이 수행해야 하는 기본적인 태도는 구체적 의무사항이라기보다는 원칙론에 가깝다.

(3) 빈출 함정

은행은 서류 불일치 시 무조건 책임을 진다? → ×
▶ 팩트: '상당한 주의' 범위 내에서만 책임을 진다.

2 ARTICLE 10. DOCUMENTS vs. GOODS, SERVICES, PERFORMANCES (서류 vs. 물품/용역/이행)

(1) 요약정리
- 서류≠물품: 은행은 물품 인수 의무가 없으며, 물품과 관련한 보관·보험·인도 등 어떠한 의무도 지지 않는다.
- 물품이 사전 동의 없이 은행 주소로 배송되더라도 은행은 책임을 지지 않는다.
- 은행이 물품 보호 조치를 취한 경우에도, 물품 상태나 제3자의 행위에 대해서는 책임이 없다.

(2) 중요 Point
- 은행은 오직 '추심서류'만 다루며, 실제 물품에 대한 책임이나 의무는 없다.
- 은행에게 책임과 의무가 없음에도 자발적으로 개입하는 경우, 비용과 위험은 모두 추심의뢰인(or 물품 발송자)이 부담한다.

(3) 빈출 함정

함정 1	물품이 은행 주소로 배송되면, 은행에게 인도 의무가 있다? → ×
	▶ 팩트: no obligation(은행은 물품을 인수할 의무가 없다.)
함정 2	은행이 물품의 품질·수량을 보증한다? → ×
	▶ 팩트: 은행은 물품의 품질이나 수량에 대해 어떤 보증도 하지 않는다.

3 ARTICLE 11. DISCLAIMER FOR ACTS OF AN INSTRUCTED PARTY (지시받은 당사자의 행동에 대한 면책)

(1) 요약정리
- 은행이 다른 은행(혹은 복수 은행) 서비스를 이용하는 것은 추심의뢰인(principal)의 비용과 위험으로 한다.
- 은행은 자신이 전달한 지시가 타 은행에 의해 이행되지 않아도 책임지지 않는다.

(2) 중요 Point
- 대리기관(타 은행) 선택은 원칙적으로 추심의뢰인의 위험과 비용으로 한다.
- 은행이 지시를 전달했음에도 상대은행이 수행하지 않았다면, 은행은 책임을 지지 않는다.

04

3장 추심에 관한 통일규칙(URC522)
의무 및 책임

(3) 빈출 함정

함정 1	지시가 이행되지 않으면 추심은행이 전부 배상해야 한다? → ×
	▶ 팩트: 지시받은 당사자가 행동하지 않아도, 은행은 책임지지 않는다.
함정 2	부적절한 은행을 선택한 경우, 그 은행을 선택한 은행이 전적으로 책임진다? → ×
	▶ 팩트: 다른 은행을 이용한 경우 그 위험과 비용은 추심의뢰인의 부담이다.

❹ ARTICLE 12. DISCLAIMER ON DOCUMENTS RECEIVED (접수된 서류에 대한 면책)

(1) 요약정리
- 은행은 접수된 서류가 추심지시서와 '외관상 일치하는지' 여부만 확인한다. (누락되었거나 상이한 부분이 있다면 지체 없이 통지해야 함)
- 그 외 서류의 심사나 품질 검사 등의 의무는 없다.
- 서류가 나중에 실제 목록과 다르게 보이더라도, 추심의뢰은행(principal)은 추심은행이 접수한 서류의 종류 및 숫자에 대해 사후 반박은 불가능하다.

(2) 중요 Point
- 은행은 '외관상의 확인(checking appearance)' 정도만 부담한다.
- 은행은 누락·불일치 발견 시 즉시 통지해야 하며, 그 이후에 대해서는 책임이 없다.

(3) 빈출 함정

함정 1	은행은 서류의 완전성과 타당성까지 철저하게 검사해야 한다? → ×
	▶ 팩트: Banks have no further obligation beyond checking appearance. (은행은 외관상 확인 외에는 더 이상의 의무가 없다.)
함정 2	추심의뢰은행은 서류 목록 불일치에 대해 언제든지 반박이 가능하다? → ×
	▶ 팩트: 추심의뢰인은 추심은행이 접수한 서류에 대해 사후에 반박할 수 없다.

❺ ARTICLE 13. DISCLAIMER ON EFFECTIVENESS OF DOCUMENTS (서류의 유효성에 대한 면책)

(1) 요약정리
- 은행은 서류의 형식·정확성·진정성·허위성·법적효력, 물품 품질·수량·상태 등에 대한 책임을 지지 않는다.
- 은행은 서류에 기재된 일반·특수 조건, 서류상 당사자들의 신용도·행위 등에 대해 책임지지 않는다.

(2) 중요 Point
은행은 서류의 외관만 확인할 뿐, 내용 진위나 물품 상태 등은 관여하지 않는다.

(3) 빈출 함정

함정 1	은행이 위조된 서류를 발견한 경우, 모든 책임을 져야 한다? → ×
	▶ 팩트: no liability for genuineness(은행은 서류의 진정성에 대해 책임지지 않는다.)
함정 2	물품의 하자로 인한 손실은 은행에 배상 청구할 수 있다? → ×
	▶ 팩트: 은행은 물품의 품질이나 상태에 대해 책임지지 않는다.

04 의무 및 책임

3장 추심에 관한 통일규칙(URC522)

6 ARTICLE 14. DISCLAIMER ON DELAYS, LOSS IN TRANSIT AND TRANSLATION (송달 및 번역 중의 지연, 멸실에 대한 면책)

(1) 요약정리
- 은행은 통지 또는 서류 송달 지연, 분실, 통신 전송 중 오류, 번역·해석 오류 등에 대해 책임지지 않는다.
- 지시 해석이 모호해 추가 설명을 요청하는 과정에서 발생하는 지연에도 책임이 없다.

(2) 중요 Point
- 전송 지연·분실 리스크는 모두 추심의뢰인이 부담한다.
- 번역 오류나 전문용어 해석 문제도 은행의 책임이 아니다.

(3) 빈출 함정

함정 1	전신(telecom) 지연이 발생하면 은행에게 손해배상 책임이 있다? → × ▶ 팩트: 은행은 통신 지연에 대해 책임지지 않는다.
함정 2	추가 지시 요청으로 인한 대기시간은 은행이 책임져야 한다? → × ▶ 팩트: 지시가 모호하여 발생한 지연도 은행의 책임이 아니다.

7 ARTICLE 15. FORCE MAJEURE (불가항력)

(1) 요약정리
전쟁, 폭동, 천재지변, 파업, 직장폐쇄 등 불가항력(Force majeure)으로 야기되는 결과에 대해 은행은 책임지지 않는다.

(2) 중요 Point
불가항력(Force majeure)으로 업무가 중단됐을 경우, 은행은 해당 책임으로부터 면제된다.

(3) 빈출 함정

> 은행은 불가항력 상황에서도 책임을 져야 한다? → ×
> ▶ 팩트: No liability (불가항력 상황에서는 은행에 책임이 없다.)

확인문제로 핵심키워드 정리하기

간단한 쪽지 시험으로 빈출 개념을 다시 정리해 보세요.

1 다음 설명이 맞으면 ○표, 틀리면 ×표 하세요.

(1) Banks must act in good faith and exercise reasonable care according to URC522 Article 9. (　)

(2) Banks have a responsibility for the existence and quality of goods represented by the documents under URC 522. (　)

(3) If goods are shipped to the bank's address without its prior agreement, the bank has no obligation to take delivery. (　)

(4) Under Article 14, banks are responsible for delays or errors in telecommunication or translation. (　)

(5) Force majeure(such as wars or riots) does not release banks from their obligations under URC522. (　)

2 다음 빈칸에 들어갈 알맞은 말을 적으세요.

(1) Banks must act in good (　　) and exercise reasonable care as per Article 9 of URC 522.

(2) If goods are shipped to the bank without prior consent, the bank has no obligation to take delivery them, and the risk lies with the (　　).

(3) Under Article 13, banks are not responsible for the (　　　) or legal effect of documents.

(4) Article 14 exempts banks from liability for delays in telecommunication or errors in (　　　).

(5) Under Article 15, banks are not liable for consequences arising from force (　　) such as wars or riots.

01 Under Article 9, 'good faith and reasonable care' means:

① Banks are responsible for verifying the goods' quality.
② Banks must guarantee payment even if documents are forged.
③ Banks can disclaim liability even if they act maliciously.
④ Banks must do their best efforts within normal business practices.

개념이해 Article 9에 따라 은행은 정상적인 업무 관행 내에서 최선을 다해야 한다.

02 If goods are delivered to a bank's address without the bank's prior consent:

① The bank must insure them.
② The bank is obliged to store them.
③ The bank has no obligation to take delivery.
④ The bank automatically becomes the consignee.

개념이해 Article 10(a)에 따라 은행은 사전 동의가 없다면 인수 의무가 없다.

오답분석 ① 은행은 물품 보험 가입(insure the goods) 의무가 없다. 물품의 손상, 분실 등에 대비한 보험 책임은 통상적으로 판매자(수출자)나 운송인에게 있다.
② 은행은 추심 절차의 중개인이지, 물품 보관(storage)의 책임 주체가 아니다. 즉, 사전 동의 없이 인도된 물품은 보관 의무가 없다.
④ 운송서류 상에 은행 주소나 이름이 적혀 있다고 해서 자동으로 수하인(consignee)이 되는 것은 아니며, 수하인의 지위는 사전 동의와 계약이 있어야 유효하다.

---

1 (1) ○ (2) × (3) ○ (4) × (5) ×
2 (1) faith (2) sender (3) genuineness (4) translation (5) majeure

03 According to Article 11, if a bank uses the services of another bank to execute the principal's instructions:

① The principal has no recourse.
② The risk and cost fall on the principal.
③ The other bank must indemnify the principal.
④ The original bank is fully liable if instructions are not carried out.

개념이해 Article 11에 따라 위험과 비용은 추심의뢰인(principal)이 부담한다.

04 Under Article 13, banks assume liability for:

① The legal effect of any document.
② The form or sufficiency of any document.
③ The genuineness of signatures on the documents.
④ None of the above.

개념이해 Article 13에 따라 은행은 서류의 법적 효력, 서명의 진정성, 형식이나 적정성 등에 대해 책임지지 않는다.

05 Under Article 14, banks are not liable for:

① Delay in transit of documents.
② Mistakes made by the principal.
③ All instructions from the applicant.
④ The expiry of the underlying contract.

개념이해 Article 14에 따라 은행은 문서 운송 지연 등에 책임지지 않는다.

06 If a strike or lockout interrupts the bank's business, Article 15 indicates that the bank:

① Must remain open for urgent cases.
② Must find an alternative bank immediately.
③ Must compensate the principal for any delay.
④ Has no liability for consequences arising from it.

개념이해 Article 15에 따라 파업이나 직장폐쇄 등 불가항력적 사유로 인해 은행 업무가 중단된 경우, 은행은 그로 인한 결과에 대해 책임을 지지 않는다.

| 정답 | **01** ④ **02** ③ **03** ② **04** ④ **05** ① **06** ④

05 지급
3장 추심에 관한 통일규칙(URC522)

1 ARTICLE 16. PAYMENT WITHOUT DELAY (지체없이 지급)

(1) 요약정리
- 추심된 금액(수수료·비용은 공제 가능)은 추심지시서에 명시된 조건에 따라 추심지시서 송부인(대부분 추심의뢰인)에게 지체 없이 지급해야 한다.
- 별도의 합의가 없는 한, 추심은행은 추심의뢰은행(Remitting bank)에게만 금액을 지급한다.

(2) 중요 Point
- 지급은 without delay, 즉 지체 없이 송금되어야 한다.
- 최종 수취인은 원칙적으로 '추심지시서 송부 당사자'이다.

(3) 빈출 함정

> 추심은행은 별도 합의 없이 추심의뢰인(Principal)이 아닌 제3자에게도 지급할 수 있다? → ×
> ▶ 팩트: 명시적 합의가 없다면 제3자 지급은 허용되지 않는다.

2 ARTICLE 17. PAYMENT IN LOCAL CURRENCY (내국통화에 의한 지급)

(1) 요약정리
- 지급이 지급국 통화(Local currency)로 이루어져야 할 경우, 추심지시서에 달리 명시되지 않았다면 즉시 처분 가능(immediately available)한 지급이 이루어져야 서류를 인도할 수 있다.
- 즉시 처분이 불가능할 경우 서류 인도는 불가능하다.

(2) 중요 Point
지급된 통화가 즉시 처분 가능한지 여부가 관건이다. → 내국통화로 지급 = 곧바로 사용 가능해야 함

(3) 빈출 함정

> 지급이 현지통화로 이루어졌다면, 서류는 자동으로 인도된다? → ×
> ▶ 팩트: Must be immediately available(서류를 인도하려면 지급이 즉시 처분 가능해야 한다.)

05 3장 추심에 관한 통일규칙(URC522) 지급

❸ ARTICLE 18. PAYMENT IN FOREIGN CURRENCY (외국통화에 의한 지급)

(1) 요약정리
외국통화(foreign currency) 결제 시, '추심지시서의 지시에 따라 즉시 송금될 수 있는 경우'에 한해 서류 인도가 가능하다. (즉, 실제로 해외송금이 가능해야 인도 가능함)

(2) 중요 Point
현지의 제한으로 인해 송금이 불가하면 서류 인도는 불가능하다. → 즉시 송금(immediately be remitted)이 핵심

(3) 빈출 함정

외국통화로 지급만 되면, 은행은 서류 인도가 가능하다? → ×
▶ 팩트: Must be remittable(외국통화 지급이 실제로 송금 가능해야만 서류를 인도할 수 있다.)

❹ ARTICLE 19. PARTIAL PAYMENTS (분할 지급)

(1) 요약정리
- 무담보추심(clean collection): 현지 법이 허용하면 분할지급 부분인수가 가능하다. (단, 환어음은 전액 완납 후 서류 인도)
- 화환추심(documentary collection): 추심지시서가 '분할지급 허용'을 명시한 경우에만 인정한다. (단, 전액 지급 후에만 서류 인도 가능)
- 분할지급 허용 시에도 제17조 · 18조(내국통화 · 외국통화 즉시 처리 규정)의 즉시 지급 가능성 조건에 부합해야 한다.

(2) 중요 Point
- 원칙적으로 분할지급은 복잡하여 허용되지 않지만, 무담보추심(clean collection)에서는 현지법에서 허용할 경우에는 가능하며, 화환추심(documentary collection)은 추심지시서에 명시된 경우에만 가능하다.
- 서류 인도 시점: 전액(Full payment) 수령 후

(3) 빈출 함정

함정 1	화환추심(documentary collection)에서는 분할지급이 자동으로 허용된다? → × ▶ 팩트: specific authorization(추심지시서에 명시적으로 허용된 경우에만 분할지급이 가능하다.)
함정 2	서류 인도 직전에는 얼마든지 분할지급을 할 수 있다? → × ▶ 팩트: 서류는 전액 지급 후에만 인도할 수 있다.

확인문제로 핵심키워드 정리하기

간단한 쪽지 시험으로 빈출 개념을 다시 정리해 보세요.

1 다음 설명이 맞으면 ○표, 틀리면 ×표 하세요.

(1) Amounts collected must be made available to the party from whom the collection instruction was received without delay. (　)

(2) In the case of documents payable in local currency, the presenting bank must release the documents only if such currency is immediately available as specified in the collection instruction. (　)

(3) For foreign currency payments, the documents can be released even if the currency is not remittable. (　)

(4) Partial payments are never allowed under URC522. (　)

(5) Under Article 19, partial payments are accepted only if it is a Clean Collection. (　)

2 다음 빈칸에 들어갈 알맞은 말을 적으세요.

(1) Under Article 16(a), collected amounts must be made available without delay after deducting (　　　).

(2) For documents payable in (　　) currency, the bank must ensure it is immediately available unless otherwise instructed.

(3) For payments in foreign currency, the bank must verify it can be (　　　) remitted as per instructions.

(4) In a clean collection, partial payments are allowed if permitted by local law, but financial documents are released only after (　　) payment.

(5) In a documentary collection, partial payments must be specified in the collection instruction, and (　　　) documents are released only after full payment.

01 If the local currency is not immediately available, the presenting bank must:

① Refuse to release the documents.
② Convert the currency at its own risk.
③ Still release the documents to the drawee.
④ Ask the principal to waive the currency requirement.

개념이해 Article 17에 따라 지급인이 부담해야 할 금액을 현지 통화로 즉시 지급할 수 없는 경우, 제시은행은 해당 금액이 지급되기 전까지 서류를 인도해서는 안 된다.

02 In a clean collection, partial payment may be accepted if local law permits. However, the financial document(s) are released to the drawee:

① Only if the drawer agrees.
② Immediately upon partial payment.
③ After full payment has been received.
④ After partial acceptance is noted by the bank.

개념이해 Article 19(a)에 따라 무담보추심(clean collection)에서 부분지급이 허용되더라도 전액 지급이 완료되기 전까지 금융서류는 인도될 수 없다.

---

1 (1) ○ (2) ○ (3) × (4) × (5) ×
2 (1) charges (2) local (3) immediately (4) full (5) commercial

| 정답 | **01** ① **02** ③

06 이자, 수수료, 비용, 기타 규정

3장 추심에 관한 통일규칙(URC522)

1 ARTICLE 20. INTEREST (이자)

(1) 요약정리
- 추심지시서에 이자(interest) 추심 지시가 있고 지급인이 이자 지급을 거절했을 경우, 이자 포기가 가능하다면 서류를 인도할 수 있다.
- 만약 '이자는 포기될 수 없다(not to be waived)'라고 명시되어 있고 지급인이 이자 지급을 거절한다면 서류 인도는 불가하며, 은행은 즉시 이를 통지해야 한다.

(2) 중요 Point
- 이자율·계산방법 등은 추심지시서에 명확히 기재해야 한다.
- **이자 포기 불가** → 지급인이 이자를 지불하지 않으면 은행은 서류를 인도하지 않는다.

(3) 빈출 함정
이자를 포기할 수 없는 조건이어도, 은행이 자체적으로 판단해 서류를 인도할 수 있다? → ×
▶ 팩트: Must not deliver(이자 포기 불가로 명시되어 있고 이자가 지급되지 않으면, 은행은 서류를 인도하면 안 된다.)

2 ARTICLE 21. CHARGES AND EXPENSES (수수료 및 비용)

(1) 요약정리
- 추심지시서에 '수수료·비용은 지급인(drawee)이 부담'이라고 되어 있더라도 지급인이 이를 거절하고, 추심지시서상 포기가 허용되어 있다면 은행은 수수료를 포기하고 서류를 인도할 수 있다. (단, 추심지시서상 '절대 포기 불가'라고 명시되어 있다면, 지급인이 거절할 경우 서류를 인도할 수 없으며, 곧바로 통지해야 함)
- 은행의 실제 발생 비용은 추심의뢰인 등에게 회수가 가능하다.

(2) 중요 Point
추심은행은 모든 발생 비용을 최종적으로 추심의뢰인에게 상환 요구가 가능하다.

(3) 빈출 함정
포기 불가 수수료를 지급인이 지불하지 않는다고 해도, 은행이 임의로 서류를 인도할 수 있다? → ×
▶ 팩트: Not deliver(포기 불가로 명시되어 있고 지급인이 수수료를 내지 않으면, 은행은 서류를 인도하면 안 된다.)

06

3장 추심에 관한 통일규칙(URC522)

이자, 수수료, 비용, 기타 규정

③ ARTICLE 22. ACCEPTANCE (인수)

(1) 요약정리
제시은행은 환어음(bill of exchange) 인수가 외관상 완전·정확한지 확인할 책임이 있으나, 인수에 사용된 서명의 진정성·권한에 대해서는 책임을 지지 않는다.

(2) 중요 Point
'형식(form) 체크'와 '내용(genuineness) 체크'는 다르다. → 은행은 내용에 대해서는 책임지지 않음

(3) 빈출 함정

> 제시은행은 인수 서명이 합법적인지, 서명자가 권한 있는지까지 확인해야 한다? → ×
> ▶ 팩트: No responsibility(은행은 서명의 진정성이나 권한 여부에 대해 책임지지 않는다.)

④ ARTICLE 23. PROMISSORY NOTES AND OTHER INSTRUMENTS (약속어음 및 기타 증서)

(1) 요약정리
약속어음(promissory note), 영수증(receipt), 기타 증서의 서명 진정성·서명 권한에 대해 은행은 책임을 지지 않는다.

(2) 중요 Point
환어음 인수는 Article 22에 따라 '형식 점검'의 책임이지만, 약속어음·영수증 및 기타 서류의 서명에 대해서는 책임을 지지 않는다.

(3) 빈출 함정

> 약속어음의 서명이 위조된 경우, 은행이 책임을 진다? → ×
> ▶ 팩트: No responsibility(은행은 약속어음 등의 서명 진정성이나 권한 여부에 대해 책임지지 않는다.)

⑤ ARTICLE 24. PROTEST (거절증서)

(1) 요약정리
추심지시서에서 구체적으로 지시가 없는 한, 은행은 서류에 대한 거절증서(또는 유사 법적 절차) 발행 의무가 없다.

(2) 중요 Point
- 거절 발생 시, 거절증서가 필요하다면 반드시 **추심지시서**에 명시해야 한다.
- 관련 해당 비용은 추심지시서 송부인이 부담한다.

(3) 빈출 함정

> 은행은 거절증서를 발행할 의무가 있다? → ×
> ▶ 팩트: Only if instructed(거절증서는 지시가 있을 때만 발행 의무가 있다.)

06 3장 추심에 관한 통일규칙(URC522)
이자, 수수료, 비용, 기타 규정

6 ARTICLE 25. CASE-OF-NEED (예비지급인)

(1) 요약정리
- 추심의뢰인(Principal)은 지급인의 불이행(미지급·미인수)을 대비하여 예비지급인(case-of-need)을 지정할 수 있다.
- 단, 예비지급인의 권한 범위를 추심지시서에 명확히 기재해야 한다.

(2) 중요 Point
예비지급인 지정 시, 어떤 조치·권한을 갖는지를 구체적으로 작성해야 한다.

(3) 빈출 함정

예비지급인이 명시되지 않아도, 은행이 자발적으로 대신 지급해줄 수 있다? → ×
▶ 팩트: 예비지급인은 지시서에 명확히 지정되어야 하며, 권한도 구체적으로 기재되어야 한다.

7 ARTICLE 26. ADVICES (통지)

(1) 요약정리
- 통지(advices)의 종류
  - 지급통지(Advice of Payment)
  - 인수통지(Advice of Acceptance)
  - 지급거절/인수거절 통지(Advice of Non-Payment / Non-Acceptance)
- 거절이 발생한 경우 제시은행은 거절 발생 시 사유를 알아본 뒤 즉시 통지해야 하며, **60일** 내 지시가 없으면 서류를 반송할 수 있다.

(2) 중요 Point
- 추심은행/제시은행은 사건 발생 시 **즉시(without delay)** 통보할 의무가 있다.
- 특히 거절 시에는 60일 이내에 답변이 없으면 서류를 반송할 수 있다.

(3) 빈출 함정

함정 1	지급이나 인수가 완료된 경우, 따로 통지할 필요는 없다? → ×
	▶ 팩트: must send advice(지급 또는 인수 후에도 해당 내용을 반드시 통지해야 한다.)
함정 2	지급 또는 인수 거절이 있을 경우, 은행은 서류를 무한정 보관할 수 있다? → ×
	▶ 팩트: 60일 이내에 지시가 없으면, 은행은 서류를 반송할 수 있다.

확인문제로 핵심키워드 정리하기

간단한 쪽지 시험으로 빈출 개념을 다시 정리해 보세요.

1 다음 설명이 맞으면 ○표, 틀리면 ×표 하세요.

(1) If the drawee refuses to pay the interest specified in the collection instruction, and the instruction allows waiver, the presenting bank may deliver the documents without collecting interest. (   )

(2) The interest rate, period, and basis of calculation must be stated in the collection instruction if interest is to be collected. (   )

(3) If the collection instruction does not mention protest in case of non-payment, banks have no obligation to protest. (   )

(4) A case-of-need must always be nominated by the remitting bank. (   )

(5) If the collection instruction states that charges and/or expenses may not be waived, but the drawee refuses to pay them, the bank must deliver the documents anyway. (   )

2 다음 빈칸에 들어갈 알맞은 말을 적으세요.

(1) Under Article 20(b), if interest is to be collected, the (   ) rate, period, and basis of calculation must be specified in the collection instruction.

(2) If the collection instruction states that interest cannot be waived, and the drawee refuses to pay, the bank does not (   ) the documents.

(3) Under Article 21(a), if charges and expenses may be (   ), the bank may deliver the documents without collecting them if the drawee refuses.

(4) If the bank cannot recover charges from the (   ), it may claim them from the party who sent the collection instruction.

(5) Under Article 26, the collecting bank must advise the outcome of payment or non-payment and may return documents if no further (   ) are received within 60 days.

01 Under Article 22, the presenting bank must ensure that the acceptance form appears complete and correct. However, it is not responsible for:

① The tenor of the bill.
② The place of payment.
③ The date of acceptance.
④ The signature's genuineness.

> **개념이해** Article 22에 따라 제시은행(presenting bank)은 수락(acceptance)이 완전하고 정확한지 확인할 책임이 있으나, 서명의 진정성(signature's genuineness)은 책임지지 않는다.

02 When the collection instruction expressly states that interest may not be waived, and the drawee refuses to pay such interest:

① The bank must decide after consulting with the drawee.
② The bank automatically sues the drawee for non-payment.
③ The bank still delivers the documents if partial interest is paid.
④ The bank does not deliver the documents and notifies the sender without delay.

> **개념이해** Article 20(c)에 따라 이자가 지급되지 않으면 서류를 인도할 수 없으며, 은행은 지체 없이 지시인에게 통보해야 한다.

---

1 (1) ○ (2) ○ (3) ○ (4) × (5) ×
2 (1) interest (2) deliver (3) waived (4) drawee (5) instructions

03 Under Article 21(a), if charges and/or expenses are to be for the account of the drawee but the drawee refuses to pay, and they 'may be waived', the bank:

① Must refuse the collection entirely.
② Must still collect them from the drawee.
③ Must get the principal's approval each time.
④ May waive them and deliver the documents.

개념이해 Article 21(a)에 따라 수수료 또는 비용이 지급인(drawee) 부담이지만 면제가 가능한 경우, 은행은 자의적으로 이를 면제하고 서류를 인도할 수 있다.

04 According to Article 21(c), if the bank incurred disbursements for the collection, it can recover them from:

① Only from the drawee.
② Only from the confirming bank.
③ It cannot recover them if the drawee refuses to pay.
④ The remitting bank or ultimately from the principal.

개념이해 Article 21(c)에 따라 은행이 추심과 관련된 비용을 지불한 경우, 그 비용은 추심의뢰은행(remitting bank) 또는 추심의뢰인(principal)에게 회수 가능하다.

05 According to Article 23, the presenting bank:

① Must verify any receipt attached.
② Must confirm the legal effect of the note.
③ Is responsible for the authority of the signatory on a promissory note.
④ Is not responsible for the genuineness of any signature on a promissory note.

개념이해 Article 23에 따라 제시은행(presenting bank)은 환어음(bill of exchange)이나 약속어음(promissory note)에 포함된 서명(signature) 또는 작성인의 권한(authority), 법적 효력(legal effect)에 대해서 책임을 지지 않는다.

오답분석 ① 첨부된 영수증(receipt)의 진정성, 유효성, 법적 효력은 제시은행의 책임 범위가 아니다. 은행은 단지 서류의 외관상 일치 여부만을 확인할 뿐이다.
② 제시은행은 어음의 법적 효력(legal effect)을 판단하거나 보장할 책임이 없다. 은행의 역할은 서류의 처리에 국한되며, 법률적 해석은 거래 당사자의 몫이다.
③ 제시은행은 어음에 서명한 사람의 권한(authority)에 대해 확인할 책임이 없다.

06 Under Article 24, if the collection instruction does not mention protest for non-payment or non-acceptance, the bank:

① Must notify the local court.
② Must protest automatically.
③ Must consult with the drawee.
④ Has no obligation to have the documents protested.

개념이해 Article 24에 따라 별도의 지시가 없으면 은행은 지급 또는 인수 거절 시 거절증서를 작성할 의무가 없다.

오답분석 ① 법원 통지와는 무관하다.
② 항의(protest)는 자동으로 수행되지 않으며 수취지시서에 해당 요청이 명시되어 있어야만 가능하다.
③ 지급인(drawee)과 사전 협의해야 할 의무는 없다.

01 4장 청구보증통일규칙(URDG758)
주요 빈출 1

① Article 1. Application of URDG (URDG의 적용 범위)

(1) 요약정리

- 공식 조문 발췌

  > The Uniform Rules for Demand Guarantees (URDG) apply to any demand guarantee or counter-guarantee that **expressly indicates it is subject to them**. … They are binding on all parties … except so far as the demand guarantee or counter-guarantee **modifies** or **excludes** them.
  > ▶ URDG는 **URDG에 준거하기로 명시**된 청구보증(demand guarantee) 또는 구상보증(counter-guarantee)에 적용되며, 해당 보증에서 이를 별도로 **변경**하거나 **배제**한 범위를 제외 하고 모든 당사자를 구속한다.

- 핵심 요약
  - 명시적 합의: 보증서에 '(subject) to URDG'와 같이 명시해야 적용된다.
  - 적용 범위: 청구보증과 구상보증을 모두 포함하되, 보증서 상에서 명시적(expressly)으로 제외(exclude)하거나 수정(modify)이 가능하다.
  - 구상보증의 자동 적용 여부: 구상보증에만 URDG 문구가 있다 해서 그 하위 청구보증이 자동 적용되는 것은 아니다. (반대도 마찬가지)

(2) 중요 Point
- 명시적(expressly) 표시가 필수이다. → 시험문제에서 URDG 적용 요건으로 자주 등장
- 구상보증(counter-guarantee)도 URDG 적용 가능하다. → 단, 보증서 문구에 따라 달라짐
- 보증서에 modifies/excludes라는 단어가 나오면 URDG 일부 조항만 배제할 수도 있다.

(3) 빈출 함정

함정 1	URDG **automatically** applies to every letter of credit and demand guarantee? (URDG는 모든 신용장이나 청구보증에 자동으로 적용된다?) → × ▶ 팩트: URDG는 보증서나 구상보증서에 명시되어 있을 때만 적용된다.
함정 2	If a **counter-guarantee** is subject to URDG, then the **underlying** demand guarantee must also be subject to URDG? (구상보증이 URDG에 적용된다고 하면, 그 하위의 청구보증도 반드시 URDG에 적용된다?) → × ▶ 팩트: 각각의 보증서에 따로 명시되어야 하며, 구상보증에 적용된다고 해서 청구보증에 자동 적용되는 것은 아니다.
함정 3	URDG can be **excluded** only by **oral** agreement among the parties? (URDG는 당사자 간 구두 합의로만 배제할 수 있다?) → × ▶ 팩트: URDG는 반드시 보증서 내에 명시적으로 배제 또는 수정된다고 기재해야 한다.

01 4장 청구보증통일규칙(URDG758)
주요 빈출 1

② Article 2. Definitions (용어 정의)

(1) 요약정리
- 보증신청인(Applicant): 기초관계상 의무를 부담하는 자로 보증서에 명시된 당사자
- 수익자(Beneficiary): 보증 발행으로 인해 보증금 지급을 받을 권리가 있는 당사자
- 청구보증(Demand Guarantee): 기초계약과 독립적으로, 일치하는 지급청구가 제시되면 지급을 확약하는 보증
- 구상보증(Counter-Guarantee): 다른 보증(청구보증 등)을 발행하도록 보증인에게 요청하고, 그에 대한 지급 책임을 부담하는 별도의 독립 보증
- 영업일(Business day): 보증행위를 수행하는 장소가 정상적으로 영업하는 날

(2) 중요 Point
- Applicant ≠ Instructing Party: 보증신청인(Applicant)과 지시당사자(instructing party)가 '반드시 동일인인가?' → **같을 수도, 아닐 수도 있다.**
- 지급청구(Demand): 수익자가 서명(signed)한 서류로서, 보증에서 요구하는 바에 따라 지급청구의 형식을 갖춰야 한다.
- '서류(Documents)': 종이(paper) 또는 전자(electronic) 형태 모두 가능하다. (재생 가능해야 함)
  ※ '재생 가능'이란 출력·열람·복사가 가능한 형태임을 의미한다. (URDG758 Article 2)

(3) 빈출 함정

함정 1	보증신청인은 반드시 지시당사자와 동일해야 한다? → × ▶ 팩트: 보증신청인과 지시당사자는 동일할 수도, 아닐 수도 있다.
함정 2	수익자는 기초계약상 채무자이다? → × ▶ 팩트: 수익자는 일반적으로 기초계약상 채권자이다.
함정 3	A beneficiary is the party indicated in the guarantee as having obligations under the underlying relationship? (수익자는 보증서에 명시된 자로, 기초계약상 의무를 부담하는 당사자이다?) → × ▶ 팩트: 수익자는 의무자가 아니라, 지급을 청구할 수 있는 권리자이다.

③ Article 5. Independence of Guarantee and Counter-Guarantee (보증과 구상보증의 독립성)

(1) 요약정리
- 공식 조문 발췌

> A guarantee is by its nature **independent** of the underlying relationship … The undertaking of a guarantor to pay under the guarantee is not subject to claims or defences arising from any relationship other than that between the guarantor and the beneficiary.
> ▶ 보증은 기초관계로부터 **독립적**이며, 보증인의 지급의무는 기초관계나 다른 어떠한 관계에서 발생하는 주장이나 항변에 영향을 받지 않는다. → 구상보증도 동일

(2) 중요 Point
- 추상성·독립성: 청구보증은 기초계약과 별개로 오직 '보증인 – 수익자' 관계에서만 효력을 가진다.
- 구상보증의 독립성: 구상보증은 원 보증(청구보증)과는 독립된인 법적 관계이다.

01 주요 빈출 1

4장 청구보증통일규칙(URDG758)

(3) 빈출 함정

함정 1	기초계약(underlying contract)이 무효이면 보증인의 지급 의무도 소멸된다? → ×
	▶ 팩트: 보증은 기초계약과 독립되어 있으며, 계약이 무효여도 보증은 유효하다.
함정 2	구상보증은 청구보증과 동일하므로 서로 독립성이 없다? → ×
	▶ 팩트: 구상보증은 청구보증과 별도의 독립된 법적 관계이다.
함정 3	A demand guarantee is dependent upon the underlying relationship? (청구보증은 기초관계에 의존한다?) → ×
	▶ 팩트: 청구보증은 기초관계와 무관하게 독립적으로 작동한다.
함정 4	A counter-guarantee is automatically canceled if the underlying contract is declared invalid? (기초계약이 무효로 선언되면, 구상보증도 자동 취소된다?) → ×
	▶ 팩트: 기초계약의 무효 여부와 관계없이, 구상보증은 독립적으로 유효하다.

4 Article 7. Non-Documentary Conditions (비서류적 조건)

(1) 요약정리
- 공식 조문 발췌

> A guarantee should not contain a condition other than a date or the lapse of a period without specifying a document to indicate compliance with that condition … the guarantor will deem such condition as not stated and will disregard it …
> ▶ 보증서에 'OO 조건이 충족되어야 한다'라고 쓰였으나, 그 충족 여부를 확인할 수 있는 서류나 지표가 명시되지 않으면 보증인은 해당 조건을 '없던 것'으로 보고 무시한다. 단, 날짜 또는 단순 기간 경과(발행일로부터 2년 후 만료 등)는 비서류적 조건으로 보지 않는다.

(2) 중요 Point
- 조건문이 있으나 이를 증명할 서류가 지정되지 않은 경우, 보증인(guarantor)은 이를 무시할 수 있다.
- '선적이 6월 30일까지 되지 않을 것'과 같은 조건이 서류 없이 명시되어 있다면, 보증인 입장에서는 확인이 불가하므로 무시한다.

(3) 빈출 함정

함정 1	기간의 경과(2년 뒤 자동 만료 등)는 비서류적 조건이므로 무시된다? → ×
	▶ 팩트: 날짜(기간) 그 자체는 비서류적 조건에 해당하지 않는다.
함정 2	The guarantee expires when shipment has not been effected without specifying a document? (보증은 선적이 되지 않았을 때 만료된다고만 써 있고, 이를 입증할 서류가 지정되어 있지 않다?) → ×
	▶ 팩트: 관련 서류가 지정되지 않은 조건은 무시된다.
함정 3	If no document is specified, the guarantor must still verify that condition? (서류가 지정되어 있지 않더라도, 보증인은 해당 조건을 스스로 확인해야 한다?) → ×
	▶ 팩트: 보증인은 해당 조건을 확인할 의무가 없으며, 무시한다.

01 주요 빈출 1

4장 청구보증통일규칙(URDG758)

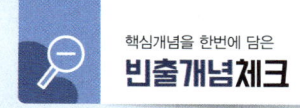

⑤ Article 8. Content of Instructions and Guarantees (지시와 보증의 내용)

(1) 요약정리
- 주요 내용: 보증 발행 지시 시 다음 사항을 명확히 기재하는 것이 권장된다.
  보증신청인, 수익자, 보증인, 기초관계 식별번호, 보증금액(통화 포함), 만료일(또는 만료사건), 서류 제시 형태(종이/전자), 수수료 부담자 등
- 핵심 요약: 지시가 모호하면 분쟁 가능성이 높으므로 '불필요한 세부사항을 과도하게 넣지 말고, 필요한 핵심 정보를 분명히 명시'해야 한다.

(2) 중요 Point
- 보증서에는 어떤 내용을 포함해야 하는가? → 보증신청인(Applicant), 수익자(Beneficiary), 금액(Amount), 만기일(Expiry), 통화(Currency) 등
- 구상보증의 경우 발행된 구상보증(counter-guarantee)을 특정하기 위한 정보도 포함된다.

(3) 빈출 함정

함정 1	지시서에 수익자의 이름이 빠져 있어도 상관없다? → × ▶ 팩트: 수익자는 반드시 지시서에 명확히 표시되어야 한다.
함정 2	보증서에서 사용할 언어(language)는 굳이 정하지 않아도 된다? → × ▶ 팩트: 언어를 명시하는 것이 권장된다.
함정 3	URDG requires no reference to the underlying contract or any mention of the beneficiary? (URDG는 기초계약이나 수익자에 대한 언급 없이도 유효하다?) → × ▶ 팩트: 수익자 및 기초계약 식별 정보 등은 보증서의 명확성과 효력 확보를 위해 포함되어야 한다.

확인문제로 핵심키워드 정리하기

간단한 쪽지 시험으로 빈출 개념을 다시 정리해 보세요.

1 다음 설명이 맞으면 ○표, 틀리면 ×표 하세요.

(1) Under URDG758 Article 5, a demand guarantee is automatically canceled if the underlying contract is canceled. ( )

(2) Article 1 states that URDG758 applies only if the guarantee expressly indicates it is subject to URDG. ( )

(3) Under Article 2, the 'applicant' may or may not be the same as the instructing party. ( )

(4) Article 7 allows the guarantor to disregard conditions that are not evidenced by a specified document or index. ( )

(5) Article 8 recommends specifying the language of documents and the currency in which payment is to be made. ( )

2 다음 빈칸에 들어갈 알맞은 말을 적으세요.

(1) A demand guarantee is independent of the ( ) relationship, according to Article 5.

(2) Article 1 requires that the guarantee expressly indicate it is ( ) to URDG.

(3) Under Article 2, the ( ) is the party indicated as having its obligation supported by the guarantee.

(4) Article 7 states that if no document is specified to show a condition is met, the guarantor can ( ) that condition.

(5) According to Article 8, the ( ) for demanding payment should be clearly stated (e.g., expiry date, documents required).

01 Under Article 5 (Independence of Guarantee), which statement is correct?

① If the underlying contract is amended, the guarantee is automatically amended.
② The guarantee ceases to exist if the applicant's underlying contract becomes void.
③ A demand guarantee depends entirely on the applicant's performance of the contract.
④ The guarantor's obligation is not affected by claims arising from relationships other than the guarantor-beneficiary relationship.

개념이해 보증(guarantee)은 기초계약과 독립적(independent)이며, 보증인(guarantor)의 지급 의무는 보증인 - 수익자(guarantor-beneficiary) 관계 이외의 다른 항변에 영향을 받지 않는다.

오답분석 ① 기본 계약이 수정되어도 보증은 자동으로 수정되지 않으며, 보증서 내용은 별도의 합의나 수정 없이 그대로 유지된다.
② 기본 계약이 무효가 되어도 보증은 유효하게 유지된다. (독립성)
③ 보증은 신청인의 계약 이행 여부와 무관하게 독립적으로 작동한다.

02 According to Article 1, URDG758 applies if and only if:

① The beneficiary requests it verbally.
② There is no need to mention URDG at all.
③ The bank chooses to apply URDG758 for any reason.
④ The guarantee expressly states it is subject to URDG758.

개념이해 URDG758이 적용되려면, 보증서상에 'expressly indicates it is subject to URDG'라는 문구가 반드시 기재되어야 한다.

---

1 (1) × (2) ○ (3) ○ (4) ○ (5) ○
2 (1) underlying (2) subject (3) applicant (4) disregard (5) terms

03 Which of the following is true about the definition of 'applicant' under Article 2?

① The applicant is necessarily a bank.
② The applicant and instructing party must always be the same.
③ The applicant cannot be located in a different country than the beneficiary.
④ The applicant is the party whose underlying obligation is covered by the guarantee.

개념이해 보증신청인(applicant)은 보증이 담보하는 기초관계상 채무당사자이다.

오답분석 ① 보증신청인(Applicant)은 개인, 기업, 기관 등 누구나 될 수 있으며, 은행일 필요는 없다.
② URDG758 제2조에 따르면, 보증신청인(Applicant)과 지시당사자(instructing party)는 동일인일 수도 있고, 아닐 수도 있다.
③ 보증신청인(applicant)과 수익자(beneficiary)는 서로 다른 국가에 있어도 무관하다.

04 Under Article 7 (Non-documentary Conditions), which of the following is incorrect?

① If the condition is supported by the guarantor's own records, it can still be valid.
② The guarantor must always consult the underlying contract to verify any non-documentary condition.
③ The guarantor can disregard a condition if the guarantee does not specify a document to evidence compliance.
④ Conditions like a specific date or period do not automatically become non-documentary if the guarantee indicates a way to verify them.

개념이해 보증인은 기초계약(underlying contract)을 반드시 확인하지 않으며, Article 7에 따라 서류나 보증인 기록으로 확인 불가능한 조건은 무시(disregard)한다.

05 Which of the following is recommended under Article 8?

① Omitting the applicant's name to protect privacy.
② Avoiding any mention of expiry in the guarantee.
③ Prohibiting the specification of currency to maintain flexibility.
④ Including the reference number or other information identifying the guarantee.

개념이해 Article 8은 보증 식별(identification)을 위해 참조번호(reference number)나 기초관계에 대한 명시적 정보 등을 포함하도록 권장한다.

06 Under Article 2, 'demand' means:

① Any unsigned request by the beneficiary.
② A statement by the applicant disclaiming liability.
③ A notice from the instructing party to the guarantor.
④ A signed document by the beneficiary requesting payment under the guarantee.

개념이해 청구(demand)는 수익자(beneficiary)가 서명(signed)한 서류로서, 보증에 따라 지급을 요구하는 문서이다.

| 정답 | 01 ④ 02 ④ 03 ④ 04 ② 05 ④ 06 ④

02 4장 청구보증통일규칙(URDG758)
주요 빈출 2

1 Article 10. Advising of Guarantee or Amendment (보증 및 조건 변경의 통지)

(1) 요약정리
- 보증(또는 보증 조건변경)을 수익자에게 통지할 때, 중간에 통지당사자(advising party)나 제2통지당사자(second advising party)가 개입할 수 있다.
- 통지당사자는 보증의 '외관상 진정성(apparent authenticity)'을 확인한 뒤, 원본 내용 그대로 수익자에게 전달해야 하며, 추가적 확약은 일체 하지 않는다.

(2) 중요 Point
- **외관상 진정성(apparent authenticity)**: 통지당사자가 해야 하는 기본 의무는? → 해당 보증서가 진짜인 것처럼 보이는지(위조·변조 가능성) 정도는 확인해야 한다.
- 통지 거절: 통지당사자가 이를 수행하기 어렵다면, 즉시 요청자(보증인 등)에게 알려야 한다.

(3) 빈출 함정

함정 1	통지당사자는 보증서에 대해 진정성 이상의 보증 책임을 진다? → × ▶ 팩트: 통지당사자는 서류 내용의 정확성·법적 효력 등을 보증하지 않는다.
함정 2	An advising party **undertakes** to pay the beneficiary if the guarantor fails? (통지당사자는 보증인이 지급하지 않으면 수익자에게 대신 지급할 책임이 있다?) → × ▶ 팩트: 통지당사자는 지급 의무가 없으며, 단순히 보증서를 전달할 뿐이다.
함정 3	If a party is asked to advise a guarantee but cannot do so, it should immediately inform the beneficiary? (보증 통지 요청을 받았지만 전달할 수 없는 경우, 수익자에게 알려야 한다?) → × ▶ 팩트: 통지 불가능 시, 통지당사자는 수익자가 아니라 요청자(보증인 등)에게 알려야 한다.

2 Article 11. Amendments (조건 변경)

(1) 요약정리
- 조건변경은 수익자의 동의가 있어야만 유효하다. (수익자가 거절하면 무효)
- 보증인은 조건변경 발행 요청을 이행할 수 없는 경우 즉시 지시자에게 통지해야 한다.
- 수익자가 어떤 조건변경을 부분만 수락하려 할 경우, 이는 전체를 거절한 것과 동일하게 취급된다.

(2) 중요 Point
- 보증인을 임의로 변경할 수 있나? → 불가능(**수익자의 동의** 필요)
- 조건 변경의 효력 발생(Amendment in force): 수익자가 별도의 거절이 없고, 변경된 보증 조건에 부합하는 제시를 한 경우, 조건변경을 수락한 것으로 간주한다.

(3) 빈출 함정

함정 1	조건변경은 수익자의 동의 없이도 보증인 재량으로 효력이 발생한다? → × ▶ 팩트: 수익자가 수락하지 않으면 조건변경은 효력이 없다.
함정 2	부분 수락(partial acceptance)도 가능하다? → × ▶ 팩트: 일부만 수락하려는 경우 전체 조건변경을 거절한 것으로 본다.

02 4장 청구보증통일규칙(URDG758) 주요 빈출 2

함정 3	The beneficiary may partially accept an amendment? (수익자는 조건변경을 부분적으로 수락할 수 있다?) → × ▶ 팩트: 조건변경은 전체 수락만 가능하며, 부분 수락은 무효다.
함정 4	An amendment is binding on the beneficiary even without its agreement? (수익자의 동의가 없더라도 조건변경은 수익자에게 구속력을 갖는다?) → × ▶ 팩트: 수익자의 동의 없이는 어떤 조건변경도 효력이 없다.

③ Article 15. Requirements for Demand (지급청구의 요건)

(1) 요약정리
- 수익자가 지급을 청구(demand)할 때에는, 보증이 요구하는 추가 서류 및 의무 불이행 진술서(supporting statement)를 함께 제시해야 한다.
- 의무 불이행 진술서(supporting statement): 보통 '기초관계상 의무 위반이 있었다'라는 수익자의 진술을 포함한다.
- 만약 보증서에서 의무 불이행 진술서 포함 요건을 제외(excludes)한다고 명시한다면, 의무 불이행 진술서를 제외할 수 있다.

(2) 중요 Point
- URDG758 하에서 지급청구 시 필요한 서류란? → 지급청구(demand) + 의무 불이행에 대한 수익자의 진술(statement by beneficiary that the applicant is in breach)
- 지급청구서 및 의무 불이행 진술서의 날짜는 보증 효력 개시일 이후여야 한다.

(3) 빈출 함정

함정 1	보증에서 달리 정하지 않아도 의무 불이행 진술서(supporting statement)는 생략이 가능하다? → × ▶ 팩트: URDG758의 원칙은 의무 불이행 진술서가 필수이며, 명시적으로 제외된 경우에만 생략 가능하다.
함정 2	The beneficiary does not need to provide a supporting statement of breach? (수익자는 의무 불이행 진술서를 제공할 필요가 없다?) → × ▶ 팩트: 보증서에서 제외한다고 명시하지 않은 이상, 수익자는 반드시 의무 불이행 진술서를 제출해야 한다.
함정 3	A demand can be dated before the guarantee issuance date? (지급청구서는 보증 발행일 이전 날짜로 작성될 수 있다?) → × ▶ 팩트: 지급청구서 및 의무 불이행 진술서는 보증 발행일 이후의 날짜여야 유효하다.

④ Article 17. Partial Demand and Multiple Demands (부분청구와 수차청구)

(1) 요약정리
- 부분청구(Partial demand): 수익자가 보증금액 전부가 아닌 일부만을 청구 가능하다. (보증서에서 '부분청구 금지'라고 하지 않는 한 허용됨)
- 수차청구(Multiple demands): 보증서에 금지 문구가 없다면 여러 번 청구 가능하다. ('multiple demands prohibited'라는 표현이 있으면 단 1회만 청구 가능)

(2) 중요 Point
- 만약 보증서에 'only one demand'라 기재되어 있는데, 첫 청구가 서류 불일치로 거절된 경우 다시 청구가 가능한가? → URDG758에 따르면 보증이 만료되기 전이면 다시 청구할 수 있음
- 초과청구(Overclaim): 수익자가 전체 보증금보다 많은 금액을 청구하면 이는 불일치(dishonour) 사유가 될 수 있다.

02 4장 청구보증통일규칙(URDG758) 주요 빈출 2

(3) 빈출 함정

함정 1	보증서에 'multiple demands prohibited'가 기재되어 있다면, 한 번 청구 후 거절되면 더 이상 청구가 불가능하다? → × ▶ 팩트: 보증이 유효한 기간 내라면 재청구가 가능하다. URDG758은 청구 횟수 제한을 정당한 청구 기준 내에서만 제한하며, 첫 청구가 부적합했더라도 만료 전에는 다시 청구할 수 있다.
함정 2	If multiple demands are prohibited, no second demand is allowed even if the first is rejected? (복수 청구가 금지된 경우, 첫 번째 청구가 거절되었다면 두 번째 청구는 허용되지 않는다?) → × ▶ 팩트: 복수 청구 금지 조항이 있어도, 첫 청구가 거절되었고 보증이 아직 유효하다면 다시 청구할 수 있다.
함정 3	A partial demand is automatically disallowed unless expressly permitted? (부분 청구는 명시적으로 허용되지 않는 한 자동으로 금지된다?) → × ▶ 팩트: 부분청구는 원칙적으로 허용되며, 보증서에 금지 문구가 있어야만 제한된다.

5 Article 20. Examination (서류심사)

(1) 요약정리

- 보증인은 제시된 지급청구와 서류를 받으면, 제시(presentation)가 완료된 날의 **다음 영업일**로부터 최대 **5영업일** 이내에 심사를 마쳐야 한다.
- 서류의 불일치가 있는 경우 거절(refuse) 또는 질의(query) 의사를 통지해야 하고, 만약 그 기간 내에 통지하지 않으면 서류가 일치하는 것으로 간주될 수 있다.

(2) 중요 Point

- 심사기한(5영업일): URDG758도 UCP600과 같이 제출일 다음 날로부터 최대 5영업일 이내에 심사를 마쳐야 하며, 보증서, 신용장 만기, 제출기한과 무관하게 5영업일을 보장받는다.
- 침묵은 승인으로 간주: 보증인이 기한 내에 문제를 제기하지 않으면 서류의 일치로 보게 된다.

(3) 빈출 함정

함정 1	서류의 심사는 7영업일 이내에 이루어져야 한다? → × ▶ 팩트: URDG758은 5영업일 이내가 원칙이다.
함정 2	The guarantor has 7 business days to examine the presentation? (보증인은 제시된 서류를 심사하기 위해 7영업일의 시간이 있다?) → × ▶ 팩트: 보증인은 제시 다음 영업일부터 기산하여 5영업일 이내에 심사해야 한다.
함정 3	If the guarantor remains silent, the beneficiary's demand is automatically rejected? (보증인이 아무런 응답을 하지 않으면, 수익자의 청구는 자동으로 거절된다?) → × ▶ 팩트: 기한 내에 문제 제기가 없으면 일치로 간주될 수 있다.

확인문제로 핵심키워드 정리하기

간단한 쪽지 시험으로 빈출 개념을 다시 정리해 보세요.

1 다음 설명이 맞으면 ○표, 틀리면 ×표 하세요.

(1) Under Article 10, an advising party takes on the same payment liability as the guarantor. ( )

(2) Article 11 states that a beneficiary can partially accept an amendment if it disagrees with some parts. ( )

(3) According to Article 15, a demand must include a statement by the beneficiary indicating the applicant's breach, unless the guarantee expressly excludes that requirement. ( )

(4) Under Article 17, 'multiple demands prohibited' still allows the beneficiary to make another demand if the first one was rejected. ( )

(5) Article 20 grants 5 business days (after the day of presentation) for the guarantor to examine documents. ( )

2 다음 빈칸에 들어갈 알맞은 말을 적으세요.

(1) Under Article 10, the ( ) party advises the guarantee without assuming any undertaking to pay.

(2) Article 11 indicates that an ( ) must be accepted or rejected as a whole; partial acceptance is considered rejection.

(3) According to Article 15, the ( ) statement must indicate in what respect the applicant is in breach.

(4) Under Article 17, if a guarantee does not ban ( ) demands, they are allowed.

(5) Article 20 provides the guarantor with ( ) business days to examine documents after presentation.

---

01 Under Article 10, which of the following is true about an advising party?

① It guarantees payment if the guarantor fails.
② It may modify the guarantee terms on its own discretion.
③ It becomes liable to pay if the beneficiary presents a complying demand.
④ It only checks apparent authenticity and forwards the guarantee or amendment.

개념이해 Advising party(통지당사자)는 서류의 외관상 진정성(apparent authenticity)만 확인하고 정확하게 전달할 뿐, 지급확약(payment undertaking)은 부담하지 않는다.

오답분석 ① 통지당사자는 보증이행이나 지급을 보증하지 않는다.
② 보증 조건을 임의로 수정하는 것은 불가능하며, 보증의 조건은 오직 보증인(guarantor)이나 지시인(instructing party)이 변경할 수 있다.
③ 통지당사자는 지급 책임이 없으며, 지급 책임은 보증인(Guarantor) 또는 지급을 확약한 경우의 확인당사자(Confirming party)에 한해 발생한다.

02 According to Article 11, what happens if the beneficiary tries to partially accept an amendment?

① The entire amendment is considered rejected.
② The instructing party must decide which parts are acceptable.
③ The beneficiary must pay a penalty for partial acceptance.
④ That partial acceptance is automatically binding on the guarantor.

개념이해 Article 11(e)에 따라 부분수락(partial acceptance)은 거절(rejection)로 간주된다. 전부 수락 또는 전부 거절만 가능하다.

오답분석 ② 수익자가 선택적으로 수락하는 구조가 아니며, 조건변경은 전부 수락 또는 전부 거절만 가능하다.
③ 어떠한 벌칙이나 패널티 규정은 없으며, 단순히 전체 거절로 처리된다.
④ 보증인(guarantor)은 수익자의 부분 수락을 자동으로 따르지 않으며, URDG에서 부분 수락은 전체 거절로 간주된다.

---

1 (1) × (2) × (3) ○ (4) ○ (5) ○
2 (1) advising (2) amendment (3) supporting (4) multiple (5) five

| 정답 | 01 ④ 02 ①

03 Under Article 15(a), which document is typically required together with a demand?

① A statement of breach by the beneficiary.
② A shipping document signed by the guarantor.
③ A certificate of good performance from the applicant.
④ No supporting statement at all, regardless of the guarantee's terms.

개념이해 Article 15(a)에서는 수익자(beneficiary)가 '어떤 점에서 신청인(applicant)이 계약을 위반(breach)'했는지를 진술하는 수익자의 진술서(supporting statement)를 요구한다.

오답분석 ② URDG는 신용장(UCP600)과 달리 물품 거래나 운송서류가 중심이 아니며, 특히, 보증인은 운송 관련 당사자가 아니기에 운송서류에 서명하지 않는다.
③ 지급청구(demand)는 수익자가 제기하는 것이며, 그 근거는 신청인의 계약 위반(breach)이다. 따라서 신청인이 의무를 잘 수행했다는 서류는 지급청구에 전혀 필요하지 않으며, 오히려 지급을 거절하는 반대 입장의 증거이다.
④ 보증서에 '수익자의 진술서(supporting statement) 생략 가능'이라고 명시되어 있지 않은 한, URDG 15(a)에 따라 반드시 수익자의 진술서가 필요하다.

04 Which of the following statements about Article 17 (Partial Demand, Multiple Demands) is correct?

① A partial demand less than the full amount is never allowed under URDG.
② If a demand exceeds the amount available, it is a non-complying demand.
③ The beneficiary must use all of the guarantee amount in a single demand.
④ If multiple demands are prohibited, no second demand can ever be made, even if the first was rejected.

개념이해 Article 17에 따르면 보증금액(available amount)을 초과 청구하면 비일치 제시(non-complying demand)로 간주되어 거절될 수 있다. 그 외에 부분청구나 재청구는 허용 가능하다. (조건에 따라)

오답분석 ① URDG는 원칙적으로 부분청구(partial demand)를 허용한다. (단, 보증서에 금지 조건이 있는 경우에는 허용되지 않을 수 있음)
③ URDG에서는 수익자가 보증금액 전부를 한 번에 청구할 필요는 없고 부분청구 및 재청구 모두 가능하며, 보증서에 별도 제한이 없는 한 여러 번 나눠서 청구할 수 있다.
④ 다수 청구(multiple demands)가 금지되어 있더라도, 첫 번째 청구가 거절되거나 무효였다면 다시 청구하는 것은 허용된다.

05 According to Article 20, how many business days does the guarantor have to examine documents?

① 7 calendar days from presentation.
② Until the expiry date, with no specific limit.
③ 3 business days from the moment of receipt.
④ 5 business days from the day after presentation.

개념이해 Article 20 규정상, 제시일(발행인이 문서를 수령한 날)의 다음 영업일로부터 5영업일이 보증인(guarantor)의 서류 심사 기한이다.

06 Under Article 15(b), in a demand under a counter-guarantee, the statement must show:

① That the applicant has no defenses.
② That the guarantor has been paid already.
③ No statement is ever necessary for a counter-guarantee demand.
④ That a complying demand has been received under the underlying guarantee or counter-guarantee.

개념이해 Article 15(b)에서는 구상보증(counter-guarantee)하에서 지급청구 시, '이미 일치하는 제시(complying demand)가 접수되었다'는 진술이 필요하다.

오답분석 ① URDG는 기초계약과의 독립성 원칙에 따라, 신청인의 항변 사유 여부는 지급청구에 영향을 미치지 않는다. 따라서 해당 진술은 필요하지 않다.
② 이미 지급이 이루어졌는지 여부는 진술 요건이 아니며, 중요한 것은 지급했는지가 아니라, 일치하는 청구를 받았는지 여부이다.
③ URDG Article 15(b)는 구상보증 하의 청구에 대해 명시적으로 진술서 요구를 규정하고 있다.

| 정답 | **03** ① **04** ② **05** ④ **06** ④

**에듀윌이
너를
지지할게**
ENERGY

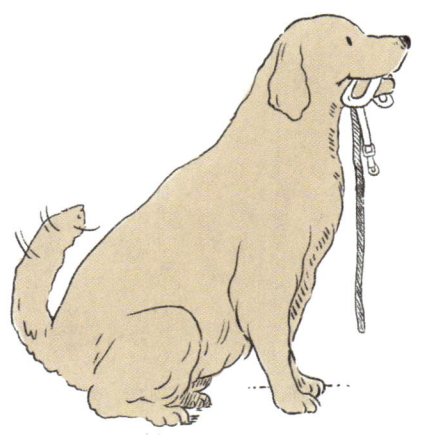

하고 싶은 일에는
방법이 보이고

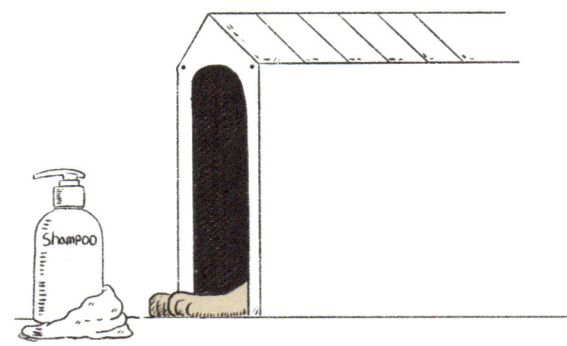

하기 싫은 일에는
핑계가 보인다.

– 필리핀 격언

국제무역규칙

01 Under UCP600, which of the following statements is correct regarding the definition of 'Complying Presentation'?

① It strictly requires the applicant's approval in addition to the issuing bank's examination.
② It refers to any documents that appear accurate, even if they fail to match the credit terms.
③ It means a presentation that meets only the terms of the credit, ignoring standard banking practice.
④ It is a presentation consistent with (i) the credit terms, (ii) UCP600 rules, and (iii) international standard banking practice.

02 If a credit does not specify whether it is revocable or irrevocable, under UCP600, which of the following applies?

① It is presumed revocable unless stated otherwise.
② It is automatically confirmed by any advising bank.
③ It is treated as irrevocable even if not explicitly stated.
④ The issuing bank may cancel it at its own discretion anytime.

---

01 ④ 'Complying Presentation'은 신용장 조건, UCP600 규정, 국제표준은행관행을 모두 충족해야 한다.
오답분석 ① 지급 여부는 개설은행의 서류심사 결과만으로 결정되며, 신청인의 승인이 불필요하다. (UCP는 독립거래 원칙을 따름)
② 신용장 조건을 완전히 충족하지 않으면 일치하는 제시가 아니다.
③ UCP600은 신용장 조건뿐 아니라 국제표준은행관행(ISBP)도 반드시 고려해야 한다.

02 ③ UCP600에서 신용장이 취소가능 여부를 명시하지 않아도 취소불능(irrevocable)으로 간주한다.
오답분석 ① 과거 UCP500 규정에 해당되는 내용이며, UCP600에서는 폐지되었다. UCP600에서 모든 신용장은 명시 여부와 상관없이 무조건 취소불능이다.
② 통지은행은 신용장을 단순 전달만 하며, 확인은 별도로 명시되거나 요청이 있어야 가능하다.
④ 취소불능신용장은 수익자의 동의 없이는 개설은행이라도 임의로 취소가 불가능하다.

03 According to UCP600, which party is typically responsible for adding a confirmation to a credit when requested by the issuing bank?

① The nominated bank, automatically
② The advising bank, if it chooses to accept
③ The applicant, based on the beneficiary's request
④ Only an entity explicitly designated by the applicant

04 Under UCP600 article stating 'Branches of a bank in different countries are considered to be separate banks', how are they treated in credit transactions?

① As one unified entity for all liabilities
② As a single guarantor for any payment
③ As separate banks for UCP600 purposes
④ As exempt if they're in a different jurisdiction

---

03 ② 신용장 확인(confirmation)은 개설은행이 통지은행(advising bank)에 요청하더라도 통지은행이 이를 수락해야 추가되며, 자동적으로 이뤄지지 않는다.

오답분석 ① 지정은행이더라도 확인을 자동으로 추가하지 않으며, 명시적 요청과 동의가 필요하다.
③ 신청인(applicant)은 보증인도 은행도 아니므로 확인을 직접 추가할 권한이 없다.
④ 확인은 개설은행의 권한 또는 요청에 따라 확인은행이 수락하여 수행한다.

04 ③ 동일 은행이라도 다른 국가 지점(branch)은 별개의 은행으로 본다. 예를 들어, HSBC London과 HSBC Hong Kong은 UCP600 적용상 각각의 독립 기관으로 다룬다.

오답분석 ① UCP600은 지점 간 책임 연계를 인정하지 않으며, 국가가 다르면 별개 은행으로 본다.
② 보증 역할(guarantee)은 UCP가 아닌 URDG 등 보증 관련 규칙의 영역이다. 또한, 지점 간 자동 보증 관계는 UCP상 인정되지 않는다.
④ 다른 국가에 있어도 UCP는 여전히 적용되며, 다만 별개의 은행으로 취급될 뿐이다.

국제무역규칙

05 A credit states it is available 'by acceptance' with Bank X. If Bank X refuses to accept the draft drawn on it, which statement is true regarding the issuing bank's obligation under UCP600?

① The issuing bank must still honor if the presentation complies.
② The issuing bank must seek the applicant's waiver of discrepancies.
③ The issuing bank can disclaim liability if the draft is not accepted.
④ The beneficiary should modify the documents to match Bank X's requirements.

06 If a credit states 'Partial shipments are not allowed', how does UCP600 treat multiple sets of transport documents showing shipments on the same vessel and voyage but with different on-board dates?

① Automatically rejects due to multiple documents
② Only allows them if the applicant consents in writing
③ Treats them as partial shipments because on-board dates differ
④ Treats them as one shipment if it's the same vessel/voyage and same final route

---

05 ① 인수방식(acceptance) 신용장에서 지정은행이 환어음을 인수하지 않더라도, 개설은행은 일치하는 서류가 제시되면 결제 의무가 있다.
　오답분석　② 서류가 불일치(non-complying)할 경우에 해당하며, 문제에서는 서류가 일치하는 상황이므로 해당하지 않는다.
③ 서류가 일치하면 개설은행은 무조건 지급 책임을 진다.
④ Bank X는 지정은행(nominated bank)일 뿐이며, 신용장 조건에 맞는 서류를 제출했다면 수정할 필요가 없다.

06 ④ 동일 운송수단(동일 선박·운송구간)이고 최종 목적지가 동일하다면, 일부 날짜 차이가 있어도 부분선적으로 보지 않는다.
　오답분석　① 운송서류가 여러 개더라도 조건이 맞으면 허용된다.
② 신청인의 동의 없이도, UCP/ISBP 기준에 부합하면 인정된다.
③ UCP/ISBP에서는 선적일자가 다르더라도, 선박과 항차, 목적지가 같다면 부분선적으로 보지 않는다.

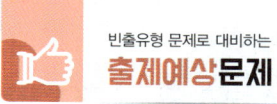

07 Under UCP600, if a bill of lading (B/L) contains the phrase 'intended vessel', what is typically required additionally?

① Automatic invalidation of the B/L
② A 'clean on board' clause for every container
③ A second original B/L from the actual shipping line
④ A final on-board notation with the actual vessel name and date

08 Which of the following is NOT a valid reason for rejecting documents under UCP600?

① The documents conflict with the credit terms
② The presentation is after the credit's expiry date
③ The applicant disputes the goods' quality in the underlying contract
④ The transport document shows later shipment than the latest shipment date

07 ④ 'intended vessel'라고만 되어 있으면, 실제 본선적재 선박명과 적재일(on board date)을 명시한 추가 표기가 필요하다. 그래야 실제로 어떤 선박에 언제 적재됐는지 확인이 가능하다.

08 ③ 은행은 기초계약(underlying contract)과 관련된 문제(품질, 수량, 클레임 등)에 대해 관여하지 않고, 서류만을 기준으로 심사한다. 따라서 신청인이 물품의 품질이 나쁘다고 주장해도, 서류가 일치(compliant)하면 은행은 지급을 거절할 수 없다.

오답분석 ① 신용장 조건과 일치하지 않는 서류는 비일치 제시(non-complying presentation)로, 거절 사유에 해당한다.
② 신용장 만료일 이후의 제시는 무효로 간주되어 거절 사유에 해당한다.
④ 선적 마감일을 넘긴 운송서류는 명백한 비일치로 거절 사유에 해당한다.

국제무역규칙

09 Under UCP600 Article 14, banks have up to five banking days to examine documents. This means:

① They can reduce it unilaterally to 3 days.
② They can extend the period if documents look complex.
③ They must consult the applicant for final approval within 5 days.
④ They must finish the examination within that period, no matter the credit's expiry date status.

10 If a credit requires documents all in English, but the invoice partly uses another language while essential data (value, goods description) is in English, how is it generally treated under UCP600?

① Entirely invalid
② Must accompany a translator's certificate
③ The applicant must waive the non-English portion
④ Acceptable if key parts match credit terms in English and there's no conflict

---

09 ④ 서류를 접수한 다음날부터 5영업일 이내에 심사를 마쳐야 하며, 이 기간은 만기일과 별개로 적용한다.
오답분석 ① 5일은 최대 한도일 뿐 은행이 내부적으로 더 빠르게 처리하는 것은 가능하지만, 이를 일방적으로 단축해 모든 당사자에게 적용할 수는 없다.
② UCP600상 심사 기간은 최대 5영업일 이내로 고정되어 있으며, 이를 연장할 수는 없다.
③ UCP600은 신청인의 승인을 요구하지 않고 은행의 자체 심사 기준으로 판단하며, 기초계약 분쟁도 고려하지 않는다.
10 ④ 필수 정보(물품 설명, 금액 등)가 영어로 명확히 기재되어 있고, 다른 언어 부분이 신용장 조건에 모순을 일으키지 않는다면 은행은 보통 수리한다. (완전 전부 영문이 아니더라도 문제가 되지 않음)
오답분석 ① 핵심 정보가 영어로 명확히 작성되었다면, 일부 외국어가 포함되어도 전체 무효가 되지 않는다.
② UCP600에 기재되지 않은 내용이다.
③ 은행은 서류만으로 판단하며, 신청인의 면제 여부는 서류 수용과 무관하다.

11 A non-negotiable sea waybill under UCP600 typically requires:

① A statement it is 'fully negotiable'
② The applicant's signature as shipper
③ The carrier's name and signature (or agent's)
④ A clause referencing the underlying contract

12 If partial shipments are allowed, which scenario is typically NOT considered a separate partial shipment under UCP600?

① Two separate voyages arriving at the same port
② Two sets of B/L each indicating different vessels
③ Multiple shipments with different bills of lading on distinct dates
④ Multiple consignments consolidated into one shipping document specifying the same vessel/voyage

---

11 ③ 비유통 해상화물운송장(non-negotiable sea waybill)은 운송인(carrier) 또는 대리인(agent)의 명칭과 서명이 중요하다. (UCP600 제21조)

오답분석 ① non-negotiable sea waybill은 양도 불가능한 운송서류로, 양도가능(fully negotiable) 문구가 있으면 비일치 제시로 거절될 수 있다.
② UCP에서는 신청인의 서명 요건을 규정하지 않으며, 서류 심사 시에도 신청인의 개입은 고려하지 않는다.
④ UCP는 기초계약 내용에 대해 언급할 것을 요구하지 않으며, 은행도 기초계약에 관여하지 않는다. (UCP600 제4조)

12 ④ 동일 운송수단과 노선, 하나의 운송서류로 통합 표시된다면 보통 부분선적으로 간주하지 않는다.

오답분석 ① 선박이나 항차가 다르면 부분선적으로 간주된다.
② 서로 다른 선박에서의 별개 선적이므로 부분선적으로 간주된다.
③ B/L과 운송일이 동일하지 않다면 부분선적으로 간주된다.

국제무역규칙

13 A commercial invoice under UCP600 must:

① Show the carrier's stamp to be valid
② Include the beneficiary's bank details
③ Always be signed, regardless of credit conditions
④ Match the credit currency and be made out in the name of the applicant unless stated otherwise

14 If the credit states 'Stale Documents Acceptable', what does it imply?

① Any conflict in shipping date is ignored
② Documents can be presented after the credit expires
③ The beneficiary may delay submission until final settlement is made
④ The bank can accept transport documents over 21 days from shipment, provided it's still before expiry

---

13 ④ 상업송장은 신용장에 표시된 통화와 동일해야 하고, 대부분 개설의뢰인(applicant) 앞으로 발행한다.
오답분석 ① 송장은 운송서류가 아니므로 운송인의 도장이나 서명이 요구되지 않는다.
② UCP600은 송장에 수익자의 계좌 정보를 요구하지 않는다.
③ UCP600에서는 상업송장의 서명을 필수로 요구하지 않는다. (단, 신용장에 'signed invoice'라고 명시된 경우에는 서명 필요)

14 ④ 'Stale Documents Acceptable'은 선적일로부터 21일을 초과해도, 신용장 만기일 전에 서류를 제시하면 수용한다는 의미다. 단, 만기일 이후에는 불가능하다.
오답분석 ① 'Stale documents'는 단지 제시 시점(21일 경과)의 문제일 뿐, 선적일 자체의 문제나 충돌은 여전히 심사 대상이다.
② 'Stale documents'는 선적일로부터 21일이 넘은 서류를 의미하며, 신용장 만기일 이후 제시는 여전히 불허한다.
③ 신용장 만기일 이전에는 반드시 서류를 제출해야 하며, 최종 정산 시점은 무관하다.

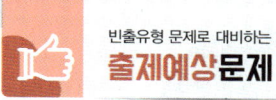

15 For 'Examination of Documents' in UCP600 Article 14, the bank deals with:

① Documents only, not actual goods
② The local court to resolve disputes
③ Goods or services to verify actual performance
④ The underlying contract terms to confirm quantity

16 A credit indicates 'Freight Collect' on the transport document. Under UCP600, which is correct?

① The credit cannot be confirmed
② The applicant must pay the freight anyway
③ The bank refuses automatically because freight isn't prepaid
④ 'Freight Collect' alone doesn't invalidate the document if it meets other terms

---

15 ① 서류의 외관상 진정성과 신용장 조건 및 UCP 규정과의 일치 여부만을 기준으로 심사하며, 실제 물품, 계약 이행 여부, 기초계약 내용 등은 고려하지 않는다.
오답분석 ② 은행은 신용장 조건과 서류만을 기준으로 판단하며, 분쟁 해결을 위해 법원에 판단을 맡기지 않는다.
③ 은행은 물품이나 서비스 실물에 관여하지 않으며, 서류만을 심사한다.
④ UCP600 제4조에 따라, 신용장은 기초계약과는 별개이며, 은행은 기초계약에 관여하지 않는다.

16 ④ 운임 수취인 부담(Freight Collect)이라는 문구가 운송서류에 표시되어 있더라도, 신용장이 해당 문구를 금지하고 있지 않고, 그 외 모든 조건(선적일, 물품명, 목적지 등)이 신용장 조건에 일치하는 경우, 그 서류는 유효한 제시(compliant presentation)로 인정된다.
오답분석 ① 'Freight Collect' 여부는 신용장 확인(confirmation)과는 무관하며, 확인은 개설은행의 요청과 확인은행의 동의에 따라 이루어지는 별도의 절차이다.
② 운임 부담 주체는 신용장 조건 및 기초계약상의 합의 사항이며, UCP는 누가 운임을 지불하는지 판단하거나 개입하지 않는다.
③ 운임 수취인 부담(Freight Collect) 표시만으로는 거절 사유가 되지 않는다. (단, 신용장에서 'Freight Prepaid'가 요구될 경우는 예외)

국제무역규칙

17 A nominated bank that is not a confirming bank, under UCP600, has which obligation?

① It must pay upon every presentation
② It must consult the applicant prior to payment
③ It transforms into a confirming bank by default
④ It has no obligation unless it explicitly agrees to honor or negotiate

18 Under URDG758, a demand guarantee is independent of:

① The guarantee issuance date
② The guarantor – beneficiary demands
③ The guarantor's records showing payment
④ The underlying relationship and the application

---

17 ④ 지정은행이 확인은행이 아니면 신용장상 결제·매입 의무가 자동으로 발생하지 않으며, 별도의 동의가 있어야 책임이 생긴다.
오답분석 ① 지급 의무는 명시적 동의가 있을 때만 발생하며, 모든 제시에 자동으로 지급할 의무는 없다.
② 은행은 서류만으로 판단하며, 신청인(applicant)의 승인이나 확인은 필요하지 않다. (UCP600 제4조)
③ 확인은행이 되려면 개설은행의 요청과 은행의 동의가 있어야 하며, 지정은행이라고 해서 자동으로 확인은행이 되지 않는다.

18 ④ 청구보증(demand guarantee)은 기초계약, 발행신청과는 관계없이 독립성을 지닌다. 구상보증(counter-guarantee)도 마찬가지다.
오답분석 ① 발행일은 보증의 효력 개시 시점 등 중요한 정보에 해당한다.
② 보증은 수익자의 지급 요구에 대응하는 계약이다.
③ 보증인의 내부 기록이나 기존 지급 여부는 심사 또는 책임 판단의 참고가 될 수 있다.

19 A non-documentary condition in a URDG758 guarantee typically is one where:

① It sets a clear expiry date and demands a final invoice
② A specific document is indicated to confirm compliance
③ Fulfillment is verifiable from the guarantor's own records
④ It states an event occurs without referencing how to prove it via a document

20 Under URDG758, if 'Multiple demands prohibited' is stated and the first demand is refused, can a second demand be made before expiry?

① Only if the applicant consents
② Only upon proof of partial usage
③ No, the guarantee is fully utilized
④ Yes, if still within the guarantee's valid period

---

19 ④ 문서나 보증인 기록으로 확인할 수 없는 조건(타 은행 보증이 발행되면 유효기간이 단축된다 등)은 비서류적 조건으로 본다. 이럴 경우 '이행이 입증될 문서'가 없으면 무시한다.
오답분석 ①② 전형적인 서류 조건(documentary condition)에 해당한다.
③ 내부 기준일 뿐, 제시된 서류의 심사 대상이 아니며, 비서류 조건으로 보기 어렵다.
20 ④ '수차청구 금지'는 유효한 단 한 번의 청구만 가능하다는 의미지만, 거절된 청구는 무효이므로 만기 전이면 재청구가 가능하다.
오답분석 ① 보증은 독립적인 계약이며, 신청인의 동의와 무관하게 보증서 조건만 따른다. (URDG758 제5, 6조)
② 보증금 사용 여부와 무관하게, 이전 청구가 거절되었으면 유효기간 내에 새 청구가 가능하다.
③ 첫 번째 청구가 거절되었고, 보증금이 사용되지 않았다면, 보증은 여전히 유효하다.

국제무역규칙

21 The supporting statement required by URDG758 typically:

① Requires the guarantor's countersignature
② Is optional if the demand is under 10,000 USD
③ Must be in a different language than the demand
④ Must explain in what respect the applicant failed its underlying obligation

22 Under URDG758, the guarantor deals with:

① Actual goods or performance
② The underlying relationship's real contract
③ The applicant's bank to verify intangible obligations
④ Only documents that meet the guarantee requirements

---

21 ④ URDG758 제15조에 따라 수익자는 '신청인이 어떤 점에서 기초계약상 의무를 위반했는지' 간단히 기재해야 하며, 이걸 '보강진술(supporting statement)'이라고 부른다.

오답분석 ① 보강진술(supporting statement)은 수익자(Beneficiary)가 작성하여 제출하는 문서이며, 보증인(Guarantor)의 서명이나 확인은 요구되지 않는다.
② URDG758은 청구금액과 무관하게, 보강진술의 제출을 필수 요건으로 규정하고 있다.
③ URDG758에서는 진술서의 언어에 대해 청구서와 달라야 한다는 규정이 없으며, 일반적으로 보증 조건에 따라 언어가 정해지며, 동일 언어로 작성되는 것이 원칙이다.

22 ④ 청구보증은 서류만으로 결제 여부를 결정하며, 기초관계(원 계약) 이행 상태는 보증인의 판단 대상이 아니다.

오답분석 ① 보증인은 실제 물품의 상태나 계약 이행 여부에는 관여하지 않으며, 오직 제출된 서류에 기반하여 심사하고 판단한다.
② URDG758은 보증과 기초계약(underlying relationship)을 별개의 독립적 계약으로 보기 때문에, 보증인은 기초계약의 내용이나 조건을 심사 대상에 포함하지 않는다.
③ 보증인은 지급 청구 시 수익자로부터 직접 서류를 제시받고 이를 검토하는 주체이며, 신청인의 은행과 협의하거나, 계약상 무형의 의무 이행 여부를 확인하는 역할을 하지 않는다.

23 Under URC522, which of the following is the correct definition of 'Clean Collection'?

① Always partial acceptance is allowed
② Must include a trust receipt from the collecting bank
③ Only commercial documents with no financial documents
④ Financial documents unaccompanied by commercial documents

24 Under URC522, if the instruction is 'D/P (Documents against Payment)', the collecting bank:

① Allows acceptance first, then obtains payment
② Must accept partial payments if the drawee requests
③ Releases documents only upon payment by the drawee
④ Returns the documents to the remitting bank after a fixed 10 days if unpaid

---

23 ④ 무담보추심(clean collection)은 상업서류 없이 금융서류만을 단독으로 추심하는 경우를 말한다. 반면, 화환추심(documentary)은 상업서류가 포함된 형태이다.
오답분석 ① URC522에서는 부분수락(partial acceptance)을 반드시 허용한다고 규정하지 않으며, 이는 무담보추심의 정의와도 무관하다.
② 신탁증서(trust receipt)는 일부 무역금융 거래에서 사용되는 별도의 개념으로 무담보추심의 필수 요건이 아니며, URC522 정의와도 무관하다.
③ 무담보추심은 상업서류 없이 금융서류만 단독으로 추심하는 경우를 말한다.
24 ③ D/P(지급인도)는 지급이 완료되어야 서류를 인도하는 조건이다.
오답분석 ① D/A(인수인도)에 대한 설명이다. D/P에서는 단순한 인수만으로는 서류 인도가 허용되지 않으며, 반드시 즉시 지급이 있어야 한다.
② 부분지급은 해당하지 않는다.
④ URC522에는 '10일 후 자동 반환'이라는 규정이 없다.

국제무역규칙

25 Under ISP98, a standby letter of credit is by nature:

① Revocable upon applicant's request
② Independent from the underlying transaction
③ Dependent on the applicant's review of each demand
④ Subject to any fraud exceptions declared in the standby

25 ② ISP98에 따른 보증신용장(standby)은 기초계약과 독립적인 별도 확약으로, 신청인의 승인보다 신용장 조건·서류 심사가 우선한다.
오답분석 ① ISP98에 따른 보증신용장은 기본적으로 취소불능(irrevocable)이다.
③ 보증신용장은 은행이 수익자의 청구를 단독으로 심사하는 구조이므로, 신청인의 사전 승인이나 검토는 필요하지 않다.

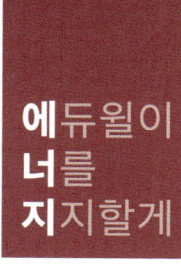

인생의 목적은
끊임없는 전진에 있다.

– 프리드리히 니체(Friedrich Wilhelm Nietzsche)

과목 3

외환관련여신

3과목 개정사항
2025년 이후 개정된 법령, 규정, 기타 내용을 QR코드를 통해 확인하시면 됩니다.

과목공략 포인트

- ✅ 무역금융, 외화대출, 지급보증 등은 실제 업무 흐름에 기반한 문제가 출제된다. 따라서 〈대출 신청 ▶ 실행 ▶ 상환, 보증 요청 ▶ 발급 ▶ 지급〉 등의 프로세스를 단계별로 이해하고 학습하면 문제 적용이 훨씬 수월하다.
- ✅ 〈포페이팅 vs 추심, 단기 vs 중장기 대출, 입찰보증 vs 계약이행보증〉 등의 유사 개념은 혼동하기 쉬운 출제 포인트이므로, 각각의 조건과 효과를 비교하며 학습하는 것이 효율적이다.
- ✅ 〈환산 vs 평가, 거래일 vs 결제일, 기능통화 vs 표시통화〉 등은 개념을 알고 있더라도 시점에 따라 회계 처리가 달라지므로, '언제' '어떤' 기준이 적용되는지를 정확히 구분하는 것이 중요하다.

장별 출제경향 분석

구분	출제 빈도	빈출 키워드
1장 무역금융	████████████	신용장, 포페이팅, 트러스트론, 패킹론, 매입, 유산스 신용장, 적기출금, 적기상환, 추심, 환어음, 무역어음, 수출환어음
2장 외환대출	████████	외화대출, 대출약정서, 차입자, 상환기일, 금리, 환율변동, 운전자금, 시설자금, 단기대출, 중장기대출, 외화표시, 이자지급
3장 외화지급보증	████████	지급보증, 보증신청인, 수익자, 보증금액, 유효기간, 보증수수료, 선급금보증, 입찰보증, 계약이행보증, 지급청구, 지급보증서
4장 외환회계	█████	기능통화, 표시통화, 환산환차, 평가환차, 화폐성항목, 비화폐성항목, 환율, 환산시점, 거래인식일, 결제일, 외화표시채권, 외화자산

01 총론

1장 무역금융

❶ 무역금융의 의의

- 외화획득을 목적으로 수출업체가 물품을 생산하거나, 수출용 원자재·완제품을 구매하는 데 필요한 자금을 지원받는 단기 원화 자금대출이다.
- 일반적으로 선적 전 또는 외화입금 전에 취급되는 금융을 의미한다.

※ 외화대금 회수로 대출금을 상환하는 구조이다.

❷ 무역금융의 연혁

1961	수출금융규정 제정으로 제도 출발
1994	한국은행에서 금융중개지원대출 규정 제정
1999	내국신용장 표시통화 자유화, 제조설비 없이도 생산자금 지원 가능
2014	내국신용장 전면 전자화
2015	국내 용역 수출도 생산자금 대상에 포함(기획·개발업체도 포함)

❸ 무역금융제도의 특징

선적 전 자금 지원	수출물품의 제조·가공 등 생산 전 단계에서 필요 자금 지원
수출 단계별 자금 지원	〈수출계약 → 생산(원자재 조달) → 선적 → 외화대금 회수〉 단계별로 연계된 자금 지원 구조
내국신용장제도 운용	국내 공급자에게도 수출업자와 동일하게 무역금융 지원 가능
사후관리제도 존재	자금의 용도 외 유용 방지, 부당 수혜 시 제재
취급기관 제한	외국환업무 인가를 받은 금융회사만 수출금융 취급 가능
한국은행 자금지원	'금융 중개 지원 대출' 형태로 한국은행이 시중 은행에 저리로 자금을 지원 → 최종적으로 기업들이 저금리 혜택을 받음

01 1장 무역금융
총론

4 무역금융의 종류

생산자금	수출용 제품·원자재의 제조, 개발, 위탁가공, 기획 등에 필요한 자금
원자재자금	수출용 원자재의 국내·국외 구매에 필요한 자금(선수출 후수입 방식 제외)
완제품구매자금	내국신용장에 따라 국내에서 완제품을 구매하는 자금
포괄금융	연간 수출실적 미화 **2억 달러** 미만 업체에 대한 일괄자금지원

5 무역금융별 특징

구분	생산자금	원자재자금	완제품구매자금	포괄금융
대상	제조가공·기획·용역	수입 or 내국구매 원자재	내국신용장 기반 완제품	연간 **2억 달러** 미만 수출 업체
특징	기획·위탁가공 형태도 지원 가능	CIF 기준 or L/C금액 기준 지원	L/C 외화금액 기준 지원	자금 구분없이 일괄지원(포괄방식)
한도 산정	신용장 또는 수출 실적 기준	신용장 또는 수출 실적 기준	신용장 또는 수출 실적 기준	업체별 일괄한도

6 무역금융 기출 포인트!

- 포괄금융은 2억 달러 미만 수출실적 기업에게 용도 구분 없이 현금 대출해준다.
- 생산자금 vs 원자재자금 vs 완제품구매자금의 구체적 구분이 중요하다.
- 무역금융은 선적 전 자금만 지원한다. (**선적 후 자금지원 ×**)
- 생산자금은 제조설비가 없어도 가능하다. → 기획·개발 등도 지원 대상
- 포괄금융은 원자재·생산자금을 일괄하여 사용이 가능하지만, 완제품자금만으로는 사용이 불가능하다.
- 내국신용장 제도 운영: 국내 공급업체도 무역금융 대상에 포함이 가능하다.
- 사후관리 제도 존재: 자금의 용도 외 사용 방지 및 부당수혜 시 제재 등이 있다.
- 융자 취급기관 제한: 외국환업무 인가를 받은 금융회사만 수출금융 취급이 가능하다.

확인문제로 핵심키워드 정리하기

간단한 쪽지 시험으로 빈출 개념을 다시 정리해 보세요.

1 다음 설명이 맞으면 ○표, 틀리면 ×표 하세요.

(1) 포괄금융은 수출 실적 5억 달러 이상 기업에게도 제한 없이 지원된다. ( )

(2) 제조설비가 없어도 생산자금 무역금융을 받을 수 있다. ( )

(3) 무역금융은 한국은행의 지원 없이 외국환은행이 자체적으로 자금을 공급하는 제도이다. ( )

(4) 내국신용장을 활용하면 국내 공급자도 무역 금융을 받을 수 있다. ( )

(5) 무역금융은 생산자금, 원자재자금, 완제품구매자금, 포괄금융 등으로 구성된다. ( )

2 다음 빈칸에 들어갈 알맞은 말을 적으세요.

(1) 무역금융은 수출업체의 (　　) 확보를 위해 단기 원화로 지원되는 자금이다.

(2) 무역금융은 일반적으로 (　　) 전 또는 외화입금 전에 취급된다.

(3) 내국신용장은 국내 공급자에게 (　　)을 보증하기 위한 제도이다.

(4) 무역금융의 제도적 근거는 한국은행의 (　　) 지원대출 프로그램이다.

(5) 무역금융에서 공급자와 수출자 간 거래는 (　　) 기준으로 실적이 인정된다.

01 다음 중 무역금융의 기본 취급 목적에 해당하지 <u>않는</u> 것은?

① 수출 후 세제 환급 지원
② 수출용 원자재의 구매 지원
③ 수출물품 생산을 위한 자금 지원
④ 내국신용장 활용 국내 조달자금 지원

개념이해 무역금융은 기본적으로 자금 지원제도이며, 세제 환급은 세무 지원제도에 해당한다.

02 다음 중 무역금융제도의 특징이 <u>아닌</u> 것은?

① 내국신용장제도 운용
② 융자취급은행이 제한됨
③ 자금의 수출단계별 지원
④ 선적 후에 자금이 지원됨

개념이해 무역금융은 선적 전 자금 지원이 원칙이며, 선적 후 자금지원은 일반 여신에 해당한다.

---

1 (1) × (2) ○ (3) × (4) ○ (5) ○
2 (1) 외화 (2) 선적 (3) 지급 (4) 금융중개 (5) FOB

| 정답 | 01 ① 02 ④

02 1장 무역금융
무역금융

1 무역금융의 융자절차

- 무역금융은 〈수출계약 체결 후 수출신용장 내도 등 거래증빙 확보 → 승인기관의 승인 → 내국신용장 또는 수입신용장 개설 → 선적 및 수출실적 확보 → 수출대금 회수 → 융자금 상환〉의 절차로 진행된다.
- 무역금융은 선적 전 자금지원이 핵심이며 **신용장기준금융**, **실적기준금융**의 두 가지 방법이 존재한다.

2 무역금융의 융자대상

신용장기준금융	수출신용장, 지급인도조건(D/P), 인수인도조건(D/A), 기타 수출계약서, 내국신용장, 구매확인서 등
실적기준금융	과거 수출실적 또는 외화입금실적이 존재하는 경우 지원 가능(수출신용장 보유 불필요)
제외 대상	중계무역, 수출입은행 수출자금대출 수혜자, 무역어음 할인 취급분, 공동사업자금 융자 수혜자

※ 주채무계열 소속 기업체는 한국은행이 한도를 지원하지 않는다.

3 융자대상 수출실적의 인정 범위

국외수출	FOB 금액(CIF 조건일 경우 FOB로 환산 적용)
국내수출 (내국신용장, 구매확인서)	• 내국신용장 표기금액, 세금계산서상 공급가액 등 실거래금액 기준 • 무역어음 인수금액은 중복 지원 방지를 위해 융자 대상에서 제외됨

4 융자대상 수출실적의 인정 시점

수출신용장/내국신용장	매입(추심의뢰) 시점
구매확인서	세금계산서 발급일
사전송금(COD/CAD), 팩토링	외화대금 전액이 입금된 때
보세판매장(자가생산품 외화판매)	외화로 판매 후 외국환은행에 외화가 입금·판매된 때
위탁가공무역(무상수출 포함)	신용장 매입 시(또는 외화 입금 시)

※ 무역어음 인수분은 융자대상 수출실적으로 인정되지 않는다.

5 융자금의 종류

생산자금	국내에서 수출용 물품(또는 원자재)을 직접 제조·가공·개발하거나, 용역을 수출하기 위한 자금
원자재자금	• 해외(또는 내국신용장)에서 구매하는 수출용 원자재 자금 • CIF나 내국신용장 금액을 기준으로 지원
완제품구매자금	내국신용장으로 국내에서 생산된 완제품을 구매할 때 소요되는 자금
포괄금융	전년도(또는 과거 1년) 수출실적이 미화 2억 달러 미만인 업체에 대해, 생산·원자재자금을 구분 없이 일괄 지원

02 1장 무역금융
무역금융

6 융자(수혜)방법

구분	신용장기준금융	실적기준금융
기준	현재 수출신용장	과거 수출실적
심사	건별 심사(신청마다 심사)	융자한도 내 수시 사용 가능
편의성	불편(매번 심사 필요)	편리(사전에 미리 한도 부여)
특징	신규업체에 유리(부족한 실적 보완 가능)	원자재 사전 확보에 유리(자율적 운용 가능)

7 융자한도

- 외국환은행이 과거 수출실적, 업체 신용도 등을 고려하여 자율적으로 한도를 산정한다.
- 포괄금융은 업체별, 나머지 자금은 자금별로 산정한다.
- 실적기준금융의 한도는 **미화 달러**를 기준으로 한다.

※ 실적기준금융의 회전 사용(한도 내에서 자금을 여러 번 반복해서 사용) 가능성, 자율적 한도 산정이 출제 포인트이다.

8 융자금액

- 통상 신용장금액(FOB) 혹은 과거수출실적 금액의 일정 비율(70~80% 등) 내에서 확정된다.
- 일부는 운임·보험료(CIF 기준)나 관세 등 세금 부담분까지 포함하여 지원하기도 한다.

9 융자시기 및 융자기간

- 원칙적으로 선적 전 자금 지원이므로 신용장 선적기일 이내에 대출이 이뤄진다.
- 기간은 수출 이행·외화대금 입금에 맞춰서 설정하며, 일반적으로 **3~6개월** 단기 대출이 많다.

10 융자금의 회수

- 선적 후 외화대금이 들어오면 이를 원리금 상환에 우선 충당한다.
- 실적기준금융의 경우, 약정 만기 시(6개월 등) 일시상환하는 방식도 사용된다.

11 위탁가공무역 관련 무역금융 취급방법

- 국내에서 국산 원자재를 구매하여 해외로 무상수출(위탁가공) 후 완제품을 역수입하거나 제3국으로 판매하는 무역형태이다.
- 국산원자재 구매자금은 무역금융 대상이 되나, '가공하지 않고 그냥 수출하는 부분'도 무상수출로 처리되어 수출실적이 인정된다. (다만 그 실적은 '생산자금 한도 산정'에서는 제외될 수 있으나 원자재자금으로는 가능함)
- 가공임에 대해서는 원자재자금(임가공 내국신용장 형태)으로 지원되는 사례도 있다.

확인문제로 핵심키워드 정리하기

간단한 쪽지 시험으로 빈출 개념을 다시 정리해 보세요.

1 다음 설명이 맞으면 ○표, 틀리면 ×표 하세요.

(1) 실적기준금융은 과거 수출실적만으로도 무역 금융 취급이 가능하다. (　)

(2) 중계무역도 무역금융 융자대상에 포함된다. (　)

(3) 수출신용장에 따른 수출실적은 수출환어음 매입 시점 기준으로 인정된다. (　)

(4) 완제품구매자금은 내국신용장을 기준으로 한다. (　)

(5) 무역금융의 자금종류별 한도는 외국환은행이 과거 수출실적, 업체 신용도 등을 고려하여 자율적으로 정한다. (　)

2 다음 빈칸에 들어갈 알맞은 말을 적으세요.

(1) 무역금융은 신용장기준금융과 (　　)기준금융으로 구분할 수 있다.

(2) 수출신용장과 내국신용장에 의한 수출실적은 (　　) 또는 추심 시점에 인정된다.

(3) 무역금융은 원칙적으로 (　　) 전 자금 지원을 목적으로 한다.

(4) 중계무역, 무역어음 할인취급분 등은 무역금융 (　　) 대상이다.

(5) 구매확인서 방식은 (　　) 발급일 기준으로 수출실적을 인정한다.

01 다음 중 무역금융의 자금구분에 해당하지 않는 것은?

① 생산자금
② 원자재자금
③ 외화환산자금
④ 완제품구매자금

개념이해 무역금융 자금구분은 일반적으로 생산자금, 원자재자금, 완제품구매자금, 포괄금융으로 이루어진다.

02 다음 중 실적기준금융의 특징으로 옳지 않은 것은?

① 회전사용이 가능하다.
② 신용장을 기준으로 한다.
③ 과거 수출실적이 있어야 한다.
④ 융자한도는 외환은행이 자율 결정한다.

개념이해 실적기준금융은 신용장 필요 없이 과거 수출실적만으로 융자가 가능하다.

---

1 (1) ○ (2) × (3) ○ (4) ○ (5) ○
2 (1) 실적 (2) 매입 (3) 선적 (4) 제외 (5) 세금계산서

| 정답 | 01 ③　02 ②

03 수출실적으로 인정되는 시점이 '세금계산서 발급일'인 것은?

① CAD 방식
② 사전송금방식
③ 구매확인서 방식
④ 수출신용장 방식

개념이해 구매확인서는 세금계산서 발급일 기준으로 실적이 인정된다.

오답분석 ① CAD(Cash Against Document, 추심결제) 방식은 수출통관일자 또는 선적일자 기준으로 실적이 인정된다.
② 사전송금(T/T 선지급) 방식은 수출통관일자 또는 선적일자를 기준으로 수출실적이 인정된다.
④ 수출신용장 방식은 일반적으로 선적일자 또는 수출통관일자를 기준으로 수출실적으로 인정된다.

04 다음 중 생산자금 무역금융의 대상이 될 수 없는 업체는?

① 위탁가공업체
② 완제품 수입업체
③ 용역을 수출하는 업체
④ 기획 및 개발 전문업체

개념이해 수입을 전제로 하는 업체는 생산자금 무역금융 대상이 아니다.

05 다음 중 중복금융 방지를 위한 요건으로 가장 적절한 것은?

① 수출신고필증 첨부
② 관세 납부 영수증 제출
③ 공급계약서상 지급기일 명기
④ 동일 외국환은행을 통한 자금 취급 및 수출대금 영수

개념이해 무역금융의 중복 신청 및 대금 중복 수령을 방지하기 위해, 모든 자금 집행과 수출대금 영수를 동일한 외국환은행을 통해 일원화하면 중복 여부 확인이 용이해진다.

06 다음 중 무역금융의 자금 회수가 이루어지는 방식이 아닌 것은?

① 수출대금 입금
② 내국신용장 매입
③ 환위험 보전 청구
④ 수출신용장에 따른 추심

개념이해 환위험 보전은 외환 변동으로 인한 손실을 줄이기 위해 취하는 별도 보전 조치일 뿐, 실제 무역금융 자금 회수와는 무관하다.

오답분석 ① 수출기업이 수출하고, 그 대금이 외화로 입금되면 무역금융 자금의 회수 수단이 된다.
② 내수거래지만 수출에 준하는 거래로 인정되는 경우, 내국신용장에 따라 매입이 이루어지고, 그 매입대금으로 무역금융 자금이 회수될 수 있다.
④ 신용장(L/C)에 따라 서류를 제시하고 대금을 회수하는 방식도 자금 회수 방식에 포함된다.

| 정답 | 03 ③　04 ②　05 ④　06 ③

03 포괄금융

1장 무역금융

1 포괄금융의 도입배경

- 포괄금융은 전년도 또는 최근 1년간 수출실적이 미화 **2억 달러 미만**인 중소 수출업체를 대상으로 자금의 용도 구분 없이 일괄 지원하기 위해 도입된 금융이다.
- 기존에는 자금용도(생산자금, 원자재자금 등)에 따라 융자 신청이 필요했으나, 이 제도를 통해 수출업체의 자금 운용 자율성이 크게 확대되었다.

2 융자대상업체 및 조건

- **2억 달러 미만** 영세 수출기업
- 중소기업기본법상 중소기업

3 수혜업체의 선정 및 취소

- 은행이 재무·신용도 등을 종합 심사해 선정한다.
- 자금 유용 등 위반 시 포괄금융 혜택이 취소된다.

4 융자방법 및 융자 한도

- 신용장기준금융 또는 실적기준금융 모두 활용 가능하다.
- 생산·원자재 등 구분 없이 돈이 한꺼번에 나가므로 사후관리가 중요하다.
- 융자 한도는 외국환은행이 자율적으로 산정한다. (과거 수출실적의 70~80% 등)

5 융자금액 및 융자시기

- 별도의 **용도 구분 없이 현금**으로 일괄 대출한다.
- 원자재 조달 시점, 생산 시점에 맞춰 분할하여 대출하는 것도 가능하다.

6 수출실적관리

- 외국환은행이 꾸준히 기업의 수출실적을 모니터링해야 한다.
- 기업의 실적 대비 대출이 과다해지지 않도록 관리해야 한다.

확인문제로 핵심키워드 정리하기

간단한 쪽지 시험으로 빈출 개념을 다시 정리해 보세요.

1 다음 설명이 맞으면 ○표, 틀리면 ×표 하세요.

(1) 포괄금융은 자금의 용도를 구분하지 않고 일괄지원이 가능한 무역금융 형태이다. (   )

(2) 포괄금융은 수출실적이 미화 5억 달러 이상인 업체도 대상이 될 수 있다. (   )

(3) 포괄금융 수혜업체로 선정되면 해당 연도 말까지는 수출실적이 초과돼도 자격이 유지된다. (   )

(4) 포괄금융은 무역어음 취급금액을 포함하여 융자금액을 산정한다. (   )

(5) 완제품구매자금만으로도 포괄금융을 신청할 수 있다. (   )

2 다음 빈칸에 들어갈 알맞은 말을 적으세요.

(1) 포괄금융은 미화 (   ) 달러 미만 수출실적을 보유한 업체에게 자금용도 구분 없이 융자하는 제도이다.

(2) 포괄금융은 신용장 기준 또는 (   )기준 중 하나를 선택하여 신청할 수 있다.

(3) 포괄금융 수혜업체로 선정된 경우 자격 유지는 당해 (   ) 말까지 가능하다.

(4) 포괄금융 자금은 업체에 직접 (   )으로 지급된다.

(5) 수출실적 초과로 인해 수혜자격을 취소하는 권한은 주거래 (   )에게 있다.

01 포괄금융을 이용할 수 있는 수출실적 조건으로 옳은 것은?

① 내국신용장 실적이 1천만 달러 이상
② 전년도 수출실적이 미화 3억 달러 이상
③ 직전 3년 평균 수출실적이 1억 달러 이상
④ 최근 1년 또는 전년도 수출실적이 미화 2억 달러 미만

개념이해 포괄금융은 최근 1년 또는 전년도(1.1~12.31) 수출실적이 미화 2억 달러 미만인 경우 대상이 된다.

02 다음 중 포괄금융 수혜업체 선정 기준에 해당하지 않는 것은?

① 완제품구매자금 단독 신청
② 제조·가공형 자사제품 수출
③ 내국신용장에 의한 위탁가공
④ 직수출 제품 수출신고서 기준 적용

개념이해 포괄금융은 수출을 위한 제조·가공 등 생산 활동에 기반한 자금 지원을 원칙으로 한다. 따라서 단순히 완제품을 구매해 수출하는 경우는 정책적 지원 대상에서 제외되며, 완제품구매자금은 단독으로 포괄금융을 신청할 수 없다.

---

1 (1) ○ (2) × (3) ○ (4) × (5) ×
2 (1) 2억 (2) 실적 (3) 연도 (4) 현금 (5) 외국환은행

| 정답 | 01 ④ 02 ①

04 1장 무역금융
내국신용장

1 내국신용장의 개요

- 내국신용장(Local L/C)이란 수출용 물품의 생산에 필요한 원자재 및 완제품을 국내에서 조달할 수 있도록 하기 위해 수출업체(구매자)가 국내공급자(공급자)에게 개설하는 지급보증성 증서이다.
- 이는 국내 제조업자도 무역금융을 지원받을 수 있도록 보장하는 제도이며 외화획득형 내수거래를 간주하여 수출 실적, 부가세 영세율 적용, 관세환급 등 다양한 혜택이 제공된다.

※ 내국신용장은 국내업체 간 거래에서만 사용 가능하다. (해외 무역거래에는 불가)
※ 개설은행이 물품대금에 대해 지급보증을 제공하므로 공급자의 대금회수 안정성이 높아진다.

2 내국신용장의 특징

제도 목적	국내 공급자의 수출참여 유도, 수출 기반 확대
적용 범위	국내 제조업자 → 수출업체에 원자재 또는 완제품 공급
보증 성격	개설은행이 지급을 보증하는 신용장
표시 통화	원화, 외화, 원화표시(외화부기) 모두 가능
다수개설	수직/수평 개설 모두 가능
사용 대상	국내거래에 한정, 해외 거래 불가

※ '내국신용장은 외화표시만 가능하다', '해외업체도 거래 가능하다' 등의 오답 지문에 주의해야 한다.

3 내국신용장의 개설 절차

개설신청	수출업체(개설의뢰인)가 은행에 내국신용장 개설을 요청
▼	
은행 심사	은행은 원신용장(수출 L/C) 금액, 수출업체 신용도, 공급 물품의 내용 등을 검토
▼	
금액·조건 확정	필요 물품대금 범위 내에서 내국신용장 개설 금액과 유효기간, 서류제시기간 등을 설정
▼	
개설	은행이 최종적으로 내국신용장을 발행(전자방식으로 진행)

※ 내국신용장의 서류제시기간은 물품수령증명서 발급일로부터 최장 5영업일 범위 내에서 정한다.
※ 개설금액은 공급 물품대금 전액이 아닐 수도 있다. (단, 실거래를 벗어난 과도한 금액 개설은 불가함)

4 내국신용장의 매입 및 결제

구분	내용
공급자	내국신용장 조건에 맞춰 물품 납품 후, 은행에 서류 제시(세금계산서, 물품수령증명서 등)
은행	서류심사를 통해 문제가 없으면 공급자에게 대금을 매입(지급)하고, 이후 수출업체는 수출대금 회수 시 은행에 상환

※ 판매대금추심의뢰서가 발행되어 은행이 서류 확인 후 지급하는 구조이다.
※ 서류 불일치 시 지급 거절이 가능하다.

04 내국신용장

1장 무역금융

5 구매확인서의 의의

- 구매확인서는 외화획득용 원료·물품 등을 사거나 이미 샀을 때 내국신용장과 유사하게 발급되는 증서이다.
- 내국신용장 발급이 어려운 경우에 대체수단으로 이용이 가능하다.
- 외화획득용 물품을 국내에서 공급할 때도 수출실적으로 인정받을 수 있다.

6 내국신용장 vs 구매확인서

구분	내국신용장	구매확인서
개설 주체	외국환은행(개설은행)	외국환은행의 장 또는 지정된 전자무역기반사업자
주요 대상	원·부자재 공급 거래	외화획득용 원료·물품 구매 거래
표시통화	원화, 외화, 원화표시(외화부기) 가능	원화, 외화, 원화표시(외화부기) 가능
관세환급 여부	환급 가능	환급 가능
수출실적 인정시점	매입(추심) 시점	세금계산서 발급일

※ 내국신용장과 구매확인서 모두 부가세 영세율과 수출실적 인정 혜택이 있다.
※ '구매확인서는 관세환급 불가'라는 오답에 주의해야 한다.

7 평균원자재의존율과 평균가득률

개념	• 평균원자재의존율: 수출물품을 만드는 데 들어간 수입 원자재 구매액(원자재의존액)을 수출금액(자사제품수출실적)으로 나눈 뒤 100을 곱한 값 • 평균가득률: 수출금액 중 국내 부가가치(외화가득액)가 차지하는 비율(100% − 평균원자재의존율)
활용	• 무역금융 융자한도 신청 시, 생산자금·원자재자금을 이용하는 업체에게 적용 • 신용장기준금융과 실적기준금융 수혜업체 모두 해당 가능 • 업체가 원자재투입액을 과소·과대 계상했을 경우 은행에 재산정 신청이 가능하며, 은행은 사유가 타당하다고 판단하면 재산정 처리해야 함

8 내국신용장 출제포인트

- 평균가득률 산정 대상은 생산자금, 원자재자금 이용 기업이다.
- 평균원자재의존율과 평균가득률 재산정이 불가능하다고 잘못 서술하는 오답이 자주 등장하니 주의해야 한다.

확인문제로 핵심키워드 정리하기

간단한 쪽지 시험으로 빈출 개념을 다시 정리해 보세요.

1 다음 설명이 맞으면 ○표, 틀리면 ×표 하세요.

(1) 내국신용장은 국제무역에서 사용하는 화환신용장과 동일한 개념으로 운용된다. ( )

(2) 내국신용장은 전자문서 방식으로 개설, 통지, 결제가 가능하다. ( )

(3) 원수출신용장을 근거로 개설되는 내국신용장은 유효기일이 원수출신용장의 선적기일 이전이어야 한다. ( )

(4) 외화표시 내국신용장은 원화 금액 표시 없이 외화로만 표시된다. ( )

(5) 내국신용장 결제방식에는 일람불 방식과 기한부 방식이 있다. ( )

2 다음 빈칸에 들어갈 알맞은 말을 적으세요.

(1) 내국신용장은 수출업체가 ( ) 공급자에게 원자재나 완제품을 공급받기 위해 개설된다.

(2) 내국신용장은 국제신용장과 달리 ( ) 간 거래에 사용된다.

(3) 내국신용장 개설은 수출실적 또는 ( ) 등을 근거로 가능하다.

(4) 내국신용장의 개설조건은 ( )에게 불리하지 않은 조건이어야 한다.

(5) 전자내국신용장은 ( )촉진법에 따라 발급된 전자문서 교환방식으로 인정된다.

01 다음 중 내국신용장의 결제방식으로 적절하지 <u>않은</u> 것은?

① 일람불 결제방식
② 기한부 결제방식
③ 외환신용장 결제방식
④ 판매대금추심결제방식

개념이해 외환신용장 결제방식은 국제 신용장 방식으로, 내국신용장과는 무관하다.

02 다음 중 내국신용장의 개설대상이 <u>아닌</u> 것은?

① 수출업체의 국내 완제품 조달
② 수출업체가 공급받을 수출용 원자재
③ 위탁가공을 위한 임가공계약 체결 시
④ 수출업체가 수입용 기자재를 구매할 때

개념이해 수입용 기자재의 구매는 직접적인 수출 물품의 생산이나 가공에 사용되는 국내 조달 목적이 아니므로 내국신용장의 개설 대상이 아니다. 내국신용장은 원칙적으로 수출과 직결되는 국내 원자재·부품·완제품의 조달 또는 위탁가공 계약 등을 위한 국내 거래에 한해 개설된다.

---

1 (1) × (2) ○ (3) ○ (4) ○ (5) ○
2 (1) 국내 (2) 국내업체 (3) 원수출신용장 (4) 수익자 (5) 전자무역

| 정답 | 01 ③ 02 ④

03 내국신용장의 거래 대상이 아닌 것은?

① 공급자
② 관세청
③ 매입은행
④ 개설의뢰인

개념이해 관세청은 무역 절차에서 신고 및 관세 부과 등의 행정기관이지, 내국신용장 거래 당사자에는 포함되지 않는다.

04 내국신용장과 구매확인서 비교 설명으로 옳은 것은?

① 구매확인서는 관세환급 혜택이 없다.
② 구매확인서는 수출실적으로 인정된다.
③ 내국신용장은 수출실적으로 인정되지 않는다.
④ 내국신용장은 전자문서로 발급이 불가능하다.

개념이해 구매확인서도 무역금융 수출실적으로 인정된다.

오답분석 ① 구매확인서 방식도 수출에 준하는 거래로 인정되며, 관세환급 혜택이 부여된다.
③ 내국신용장(Local L/C)에 의해 이루어지는 국내 공급은 수출에 준하는 거래로 인정되며, 수출실적 및 외화획득과 동일한 혜택(세제 혜택, 환급 등)을 받을 수 있다.
④ 내국신용장도 전자문서(EDI 등) 형태로 발급이 가능하다.

05 다음 중 원화표시(외화부기) 내국신용장의 설명으로 옳은 것은?

① 외화로만 금액이 표시된다.
② 매입은행에서 자동 결제된다.
③ 외화로 결제되며 원화로 환산되지 않는다.
④ 원화로 표시하고 부기 외화금액도 명시한다.

개념이해 원화표시(외화부기) 내국신용장은 금액을 원화 기준으로 표시하고, 참고용으로 외화 금액을 함께 부기하는 형태이다. 이는 국내 거래임을 전제로 원화 결제를 원칙으로 하되, 외화 기준 수출실적 등을 고려하기 위해 외화 금액을 병기하는 방식이다.

오답분석 ① 원화표시 내국신용장은 금액을 원화로 표시하고, 외화는 참고용으로 부기된다.
② 내국신용장은 자동 결제가 아니라, 매입 신청 및 서류 심사를 거친 후 결제된다.
③ 원화표시 내국신용장은 원화로 결제되며, 외화는 수출실적 산정을 위해 원화로 환산된다.

06 다음 중 내국신용장의 주요 특징으로 보기 어려운 것은?

① 국내 간 공급계약에 기초한다.
② 국제 간 무역계약에 기초한다.
③ 공급실적이 수출실적으로 인정된다.
④ 결제가 전자문서 기반으로 가능한다.

개념이해 내국신용장은 국내 간 거래에 대해 개설되며, 국제무역계약은 수출신용장의 대상이다.

오답분석 ① 내국신용장(Local L/C)은 수출업체와 국내 공급업체 간의 내수거래를 기반으로 한다.
③ 내국신용장 거래는 수출을 전제로 한 내수거래로 간주되어, 공급자는 수출실적을 인정받을 수 있다.
④ 내국신용장도 전자문서(EDI)를 통한 전자결제·매입이 가능하다.

| 정답 | 03 ② 04 ② 05 ④ 06 ②

05 1장 무역금융
무역금융 기타사항

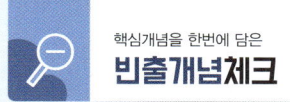

1 평균원자재의존율의 산정

항목	정의	산정식	주의사항
평균원자재의존율	수출금액 중 수입 원자재 비율	원자재비÷수출실적×100	비율이 높으면 부가가치가 낮음
평균가득률	외화가득액 비율	100 − 평균원자재의존율	가득률이 융자한도 결정에 중요함

※ 평균원자재의존율과 평균가득률은 신용장·실적기준금융 모두 적용 가능하며, 재산정도 가능하다.
※ 재산정 사유: 원자재 사용액을 과소·과대 계상한 경우, 실제 영업 구조가 변경된 경우 등에 기업이 신청 → 은행은 기업의 신청이 타당하다고 판단하면 재산정 가능

2 융자취급은행

공통의무	• 수출실적, 소요자금 적정성, 융자기간 등을 종합심사 • 중복금융 방지를 위해 융자 증빙서류 뒷면에 융자취급 내역 기재 • 무역금융이 지정된 용도에 따라 사용되도록 관리 • 제재조치 발생 시 한국은행 및 외국환은행 본점에 통보의무 → '수혜업체에 직접 통보해야 한다'는 오답 주의
신용장기준금액· 실적기준금융 취급 시 유의점	• 신용장기준금융 　− 해당 L/C나 계약서가 무역금융 규정에 적합한지 확인 　− L/C의 유효기간·금액 범위 내에서만 취급 　− 무역어음 인수 취급분은 제외 • 실적기준금융 　− 과거 수출실적의 인정 여부, 기간, 금액 등을 꼼꼼히 확인 　− 만기 도래 시 전액 회수

3 무역금융 기타사항

중복금융 방지	• 무역금융은 동일 증빙으로 여러 번 대출받을 수 없도록 엄격히 관리 • 무역금융을 받은 건에 대해 수출입은행 중복 지원, 무역어음 인수분 등이 중복되지 않도록 체크
무역금융 제재 (자금 유용, 수출대금 미입금, 서류 허위 제출 등 발견 시)	• 경고·제재 • 한도 축소 또는 취소 • 관련 당국(한국은행 등)에 보고

확인문제로 핵심키워드 정리하기

간단한 쪽지 시험으로 빈출 개념을 다시 정리해 보세요.

1 다음 설명이 맞으면 ○표, 틀리면 ×표 하세요.

(1) 평균원자재의존율은 수출물품의 제조를 위해 투입된 수입 원자재 구입비용의 비율을 의미한다. (　　)

(2) 평균가득률과 평균원자재의존율의 합은 100%를 초과할 수 있다. (　　)

(3) 무역금융은 외환업무 인가가 없는 일반은행도 취급할 수 있다. (　　)

(4) 동일 수출신용장에 대한 무역금융과 수출대금 입금은 서로 다른 외국환은행을 통해 처리해도 무방하다. (　　)

(5) 융자취급은행은 수출실적과 수출능력 등을 종합적으로 심사하여 여신 취급여부를 판단해야 한다. (　　)

2 다음 빈칸에 들어갈 알맞은 말을 적으세요.

(1) 원자재의존율은 원자재의존액을 (　　　　)으로 나눈 후 100을 곱하여 산출한다.

(2) 평균가득률은 100에서 (　　　　)의존율을 뺀 값이다.

(3) 무역금융 취급 및 수출대금 입금은 동일 (　　　　)에 의해 통합 처리되어야 한다.

(4) 무역어음은 수출업체가 (　　　　)과 약정을 통해 발행한다.

(5) 융자취급은행은 (　　　　) 준수의무를 지닌다.

---

01 다음 중 무역어음의 특징으로 가장 적절한 설명은?

① 수출실적 없이도 사용 가능
② 완제품구매를 위한 외상계약서
③ 선적 후 자금결제를 위한 후불어음
④ 기한부 환어음이며 인수기관이 지급보증

개념이해　무역어음은 일반적으로 기한부 환어음(usance bill)이며, 인수기관(보증기관)이 인수(acceptance)하여 지급을 보증한다.

오답분석　① 무역어음은 수출실적을 전제로 발행되는 어음으로, 수출계약서, 선적서류 등이 뒷받침되어야 하며, 실적 없는 무역어음 발행은 불가하다.
② 무역어음은 말 그대로 어음일 뿐 외상계약서가 아니다.
③ 무역어음은 단순히 후불 결제를 위한 어음이라기보다는, 수출실적을 수반한 기한부 환어음이다.

02 다음 중 융자취급은행의 의무로 옳지 않은 것은?

① 제재 사유 발생 시 한국은행에 보고
② 모든 신용장에 대해 자동 융자 승인
③ 여신기록을 수출신용장 뒷면에 기재
④ 여신 취급 전 수출실적 및 소요자금 확인

개념이해　융자는 자동 승인되지 않으며, 신용장 내용, 기업의 신용도, 수출계획 등을 심사한 후 승인 여부를 결정한다.

---

1 (1) ○ (2) × (3) × (4) × (5) ○
2 (1) 수출금액 (2) 평균원자재 (3) 외국환은행 (4) 인수기관 (5) 적정여신

| 정 답 |　01 ④　02 ②

06 무역어음제도

1장 무역금융

1 무역어음의 개념

- 무역어음은 수출업체가 수출 전에 필요한 자금을 조달하기 위해 발행하는 기한부 환어음이다.
- 인수기관은 어음을 인수하면서 지급보증 역할을 한다.
- 수출업체는 이 어음을 할인기관에 매각하여 현금을 조달할 수 있다.

2 무역어음의 흐름도

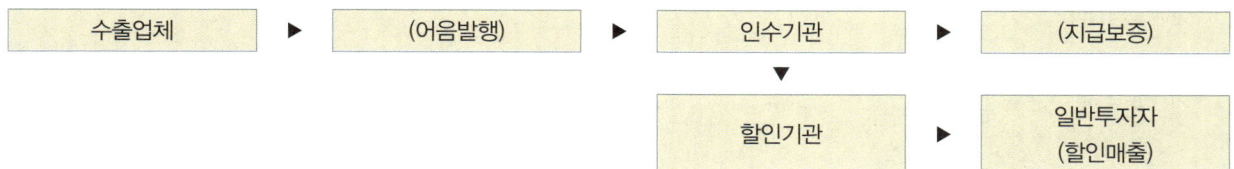

3 인수기관 vs 할인기관

항목	인수기관	할인기관
역할	무역어음을 인수하고 지급보증	보증된 어음을 할인하여 자금 제공
위치	수출업체와 거래관계	일반 금융기관, 투자자
특징	여신성 거래	여신성 거래이지만 일반 자금시장과 연동

4 무역어음의 취급

무역어음은 대출(여신) 취급으로 분류되며, 일반 예금 등 수신 취급이 아니다.
↳ 빈출 개념!

5 무역어음 관련 자금 회수 및 관리

- 무역어음을 발행하고 할인한 경우, 수출대금이 입금되면 해당 어음은 상환된다.
- 무역금융의 자금회수 및 실적관리는 반드시 동일 외국환은행을 통해 이루어져야 하며, 이를 어길 경우 수출실적으로 인정되지 않는다.

확인문제로 핵심키워드 정리하기

간단한 쪽지 시험으로 빈출 개념을 다시 정리해 보세요.

1 다음 설명이 맞으면 ○표, 틀리면 ×표 하세요.

(1) 무역어음은 선적 후 수출대금을 회수하기 위한 환어음이다. ( )

(2) 무역어음은 인수기관이 지급보증을 하기 때문에 여신성 상품이다. ( )

(3) 무역어음 발행인은 반드시 수출실적이 없어도 발행할 수 있다. ( )

(4) 무역어음은 할인기관에 의해 할인될 수 있으며, 이는 대출에 해당한다. ( )

(5) 인수기관은 어음의 지급일에 법적 지급의무를 지며, 보증기관과 유사한 기능을 한다. ( )

2 다음 빈칸에 들어갈 알맞은 말을 적으세요.

(1) 무역어음은 (　　)전에 소요되는 자금을 조달하기 위한 기한부 환어음이다.

(2) 무역어음 발행인은 통상 (　　) 또는 수출실적을 발행 근거로 어음을 발행한다.

(3) 무역어음을 인수하는 금융기관을 (　　)기관이라 한다.

(4) 무역어음의 지급보증을 통해 유통을 원활히 하는 제도를 (　　)제도라 한다.

(5) 인수기관이 인수한 무역어음을 매입하는 금융기관을 (　　)기관이라 한다.

01 무역어음의 인수기관에 해당하지 않는 것은?

① 단자회사
② 종합금융회사
③ 일반 제조업체
④ 외국환업무 인가은행

개념이해 인수기관은 금융기관만 해당하며 일반 제조업체는 포함되지 않는다.

02 무역어음의 인수대상업체에 해당하지 않는 것은?

① 수출신용장 수익자
② 단순 환전소 운영자
③ 수출계약서상 수출자
④ 외화표시 계약의 공급자

개념이해 수출계약 근거가 없는 단순 환전소 운영자는 무역어음의 인수대상업체가 아니다.

---

1 (1) × (2) ○ (3) × (4) ○ (5) ○
2 (1) 선적 (2) 수출신용장 (3) 인수 (4) 무역어음 (5) 할인

| 정답 | **01** ③　**02** ②

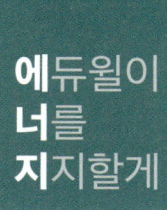

시작하는 방법은
말을 멈추고
즉시 행동하는 것이다.

- 월트 디즈니(Walt Disney)

01 외화대출 개요

2장 외환대출

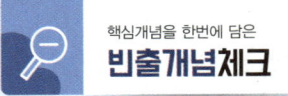

❶ 외화대출의 정의

- 외화대출은 외국환은행이 거주자 또는 비거주자에게 제공하는 외화표시 대출금으로, 사모방식의 외화사채 인수도 포함된다.
- 대표적 자금조달 수단이나 리스크 관리 없이 운용할 경우 심각한 재무위기를 유발한다.

❷ 외화대출의 리스크 사례

KIKO 사태(2008)	• 환율 급등 및 통화옵션 손실 • 외화대출 원리금 상환 부담 급증, 중소기업 파산
은행의 대응	• 대출 회수 강화, 채권보전 조치 • 부실채권 진입 방지 노력

❸ 금융당국의 관리 강화

- 외화대출의 잠재 리스크에 대한 상시 모니터링을 강화하고 있다.
- 은행이 차주에게 환율변동 안내 및 헤지 교육을 의무적으로 수행하도록 지도하고 있다.

❹ 외화대출 실무 시 유의사항

여신운용 원칙	은행업감독규정 제78조에 따라 건전성 확보 의무
여신심사 항목	차주의 자금용도, 상환능력, 담보 보증 여부에 대해 철저한 검토 필요
거주성 구분 중요	거주자, 비거주자에 따라 신고·심사기준 상이
사전 규정 숙지	한국은행 외국환거래업무취급세칙, 외화대출 지침, 외환법령 등을 철저히 숙지해야 함
기준이 없을 시	각 은행별 내부규정을 따르되, 명확하지 않을 경우 한국은행 국제국 외환건전성조사팀과 협의 필요

확인문제로 핵심키워드 정리하기

간단한 쪽지 시험으로 빈출 개념을 다시 정리해 보세요.

1 다음 설명이 맞으면 ○표, 틀리면 ×표 하세요.

(1) 외화대출은 외국환은행만이 제공할 수 있으며, 외화표시 사모사채 인수도 외화대출의 한 유형이다. (　　)

(2) 외화대출은 자금조달 수단으로 매우 안전하고 리스크가 낮은 구조이다. (　　)

(3) 2008년 KIKO사태는 외화대출과 무관한 파생금융상품에만 기인한 사건이다. (　　)

(4) 외화대출 관련 규정에는 외국환거래법, 외환 업무취급세칙, 외화대출 지침 등이 있다. (　　)

(5) 외화대출은 거주자와 비거주자 모두 가능하나, 각각의 규제 및 심사 기준은 동일하다. (　　)

2 다음 빈칸에 들어갈 알맞은 말을 적으세요.

(1) 외화대출은 (　　) 또는 비거주자 등에게 제공되는 외화 표시 대출이다.

(2) 외화대출에는 일반 대출 외에 (　　) 방식의 외화사채 인수도 포함된다.

(3) 외화대출은 (　　)시장의 환율변동 및 금리변동 위험에 민감하게 반응한다.

(4) (　　) 사태는 외화대출과 통화옵션의 복합 리스크가 중소기업 부도를 유발한 사례이다.

(5) 외화대출의 건전성 관리는 (　　) 차원에서 상시 모니터링 대상이다.

---

01 외화대출과 관련된 2008년 KIKO사태의 특징으로 적절한 것은?

① 금리 상승이 주요 파산 원인이었다.
② 환율 하락 시 이익이 발생하는 구조였다.
③ 고정금리로 안정된 금융조건을 제공받았다.
④ 환율 급등과 통화옵션 계약으로 손실이 발생했다.

개념이해　KIKO는 일정 범위의 환율 변동만을 전제로 설계된 통화옵션 계약이었는데, 2008년 글로벌 금융위기 당시 환율이 급등하면서 계약 조건이 발동되어 기업들이 예상치 못한 환차손을 입었고, 대규모 손실과 파산으로 이어졌다.

02 다음 중 외화대출 취급은행의 사전 의무로 올바른 것은?

① 외환거래법 신고 여부만 안내하면 된다.
② 대출금만 지급하면 환리스크 고지 의무는 없다.
③ 차주에게 사후관리 계획을 직접 작성하게 해야 한다.
④ 외화대출의 구조와 리스크를 설명하고 위험고지 확인서를 받는다.

개념이해　금융소비자 보호를 위해 외화대출 구조, 리스크 설명, 위험고지 확인서 제출 등은 필수이다.

---

1 (1) ○ (2) × (3) × (4) ○ (5) ×
2 (1) 거주자 (2) 사모 (3) 국제금융 (4) KIKO (5) 금융당국

| 정답 | 01 ④　02 ④

02 2장 외환대출
외화대출 구분 운용

① 외화대출의 구분

거주성	거주자 외화대출, 비거주자 외화대출
자금용도	경상거래 관련, 자본거래 관련, 기타

② 거주자 외화대출

경상거래 관련 외화대출	수출입 결제 등 실질적인 거래 기반 대출(수출입 L/C 개설, T/T 송금 목적 등)
자본거래 관련 외화대출	• 직접투자, 외화증권취득, 부동산취득 등 자산 형성 목적 • 대부분 한국은행 신고 필요
기타 대출	• 위 두 가지로 분류되지 않는 용도(단순 자금조달, 해외법인 대여 등) • 외환당국의 별도 승인이 필요할 수 있음

③ 비거주자 외화대출

- 국내 소재 외국법인, 외국인 등이 대상이다.
- 외환거래 자유화 이후 대부분 허용되며, 신고 생략도 가능하다.
- 단, 한도 내에서 운용해야 한다. (비거주자 원화대출과 동일 자격이 필요한 등의 제한이 있음)

④ 외화대출 취급형태 (실무 분류)

유형	특징	신고 요건
외화대출	외국환은행이 외화로 직접 대출	신고대상 여부는 자금용도 및 거주성에 따라 다름
내국신용장 방식 외화 대출	내국신용장 개설 후 외화로 대출	한국은행 신고 면제 대상
무역어음 할인	수출계약 기반 환어음 할인	무역금융과 유사하나 외화대출로 분류될 수 있음

⑤ 외화대출 관련 실무 체크포인트

항목	내용
한국은행 신고 여부	경상거래 → 원칙적 면제, 자본거래 → 대부분 신고 필요
보고 주체	원칙적으로 거래외국환은행이 보고 책임을 짐
신고 기준 통화	외화기준으로 금액산정 (원화 환산 ×)
용도 외 사용 금지	목적 외 사용 시 외환위반에 해당 가능
환위험 관리 의무	외화부채 발생 시 환리스크 분석 및 헤지 권고

확인문제로 핵심키워드 정리하기

간단한 쪽지 시험으로 빈출 개념을 다시 정리해 보세요.

1 다음 설명이 맞으면 ○표, 틀리면 ×표 하세요.

(1) 외화대출은 거주자에 대해서만 제공할 수 있으며, 비거주자는 대출 대상에서 제외된다. (　　)

(2) 거주자 외화대출은 자금용도에 따라 경상거래, 자본거래, 기타로 세분화된다. (　　)

(3) 경상거래 관련 외화대출은 원칙적으로 한국은행에 신고가 필요하다. (　　)

(4) 자본거래 관련 외화대출은 외화부동산 취득이나 해외직접투자 등을 목적으로 한다. (　　)

(5) 내국신용장 방식 외화대출은 외환당국에 신고없이도 가능하다. (　　)

2 다음 빈칸에 들어갈 알맞은 말을 적으세요.

(1) 외화대출은 (　　) 및 자금용도를 기준으로 분류할 수 있다.

(2) 거주자 외화대출은 (　　)거래, 자본거래, 기타 대출로 구분된다.

(3) 수출입 결제를 위한 외화대출은 (　　) 결제 관련 외화대출에 해당한다.

(4) 해외직접투자, 외화증권취득, 외화부동산취득은 (　　) 거래의 예이다.

(5) 자본거래 관련 외화대출은 대부분 (　　) 신고가 필요하다.

---

01 거주자 외화대출 중 경상거래에 해당하는 경우는?

① 해외주식 매입
② 외화부동산 취득
③ 수출입 대금 결제
④ 해외지사 설립비용

개념이해 수출입 대금 결제는 경상거래 관련 외화대출의 대표사례이다.

오답분석 ①②④ 자본거래로 분류된다.

02 다음 중 외화대출 신고가 원칙적으로 면제되는 경우는?

① 해외건물 취득 자금
② 해외증권 투자 대출
③ 외화부동산 담보 대출
④ 내국신용장 방식 외화대출

개념이해 내국신용장 방식 외화대출은 외환거래법상 신고면제 대상에 해당한다.

오답분석 ① 해외 부동산 취득은 자본거래에 해당하며, 외화대출을 통한 자금 조달 시 외국환거래법상 신고 의무가 있다.
② 해외 주식·채권 등 금융자산 매입은 자본거래에 해당하므로, 이를 위한 외화대출은 신고가 필요하다.
③ 외화로 부동산을 담보로 대출받는 경우는 자본거래로 간주되며, 신고 대상이다.

---

1 (1) × (2) ○ (3) × (4) ○ (5) ○
2 (1) 거주성 (2) 경상 (3) 수출입 (4) 자본 (5) 한국은행

| 정답 | 01 ③　02 ④

03 외화대출의 위험관리

2장 외환대출

① 외화대출의 주요 리스크 종류

외화대출은 대출 자체의 신용위험 외에도 환율, 금리, 정책, 거치기간에 따른 다양한 위험이 존재한다. 특히 환율변동에 따른 손실 리스크가 가장 핵심이다.

환리스크	외화부채를 원화로 상환할 경우, 환율 상승 시 원화부담이 증가하는 위험
금리리스크	대부분 변동금리 조건이므로, 국제금리 변동 시 이자부담 급증 가능
정책리스크	외환당국의 규제 강화, 자본거래 제한 등 제도 변경 위험
거치기간 리스크	장기간 이자만 납부 시, 원금일시상환 부담이 집중되어 유동성 위기 유발 가능

※ 위 4가지 리스크의 사례형, 비교형 문제가 자주 출제된다.

② 환율 리스크의 구체적인 사례

KIKO 사태 (2008)

- 기업이 외화대출 + 통화옵션 상품(KIKO)을 복합적으로 사용
- 환율 급등으로 수출기업이 대규모 손실 발생
- 환율 상승 → 외화부채 평가손실 + 옵션 이행 손실 → 다수 기업의 파산

※ '외화부채 + 환헤지 미비'가 어떤 위기를 유발하는지 잘 보여주는 사례임

③ 외화대출의 리스크 관리 방안

환리스크	환헤지 도입(선물환계약, 통화스왑 등), 환변동보험 활용
금리리스크	고정금리 전환, 상한금리 조건 포함, 금리캡 상품 병행
정책리스크	자본거래 규제 예의주시, 외환당국의 공지 수시 확인
거치기간 리스크	분할상환 방식 전환, 만기관리 로드맵 수립, 내부통제 강화

④ 은행의 내부통제 및 실무 유의사항

- 외화대출 심사 시 차주의 환변동 대응계획을 반드시 확인한다.
- 리스크 노출이 과다한 차주에 대해선 대출 한도 감축 또는 담보 요구가 가능하다.
- 외화대출 실행 이후에는 리스크 모니터링 시스템 구축이 필요하다.
- 내부 회의체(여신심사위원회 등)에서 리스크 통제 여부에 대한 사전 검토가 필수적이다.

⑤ 외화대출의 위험관리 핵심포인트

- KIKO 사태 관련 환리스크 사례
- 외화대출의 환리스크, 금리리스크, 정책리스크, 거치기간 리스크 구분
- 각 리스크 유형에 대한 대표적인 관리방안
- 은행의 심사·사후관리 시 유의사항

확인문제로 핵심키워드 정리하기

간단한 쪽지 시험으로 빈출 개념을 다시 정리해 보세요.

1 다음 설명이 맞으면 ○표, 틀리면 ×표 하세요.

(1) 환율 상승은 외화대출을 받은 기업의 원화 환산 상환금액을 증가시킨다. (　　)

(2) 금리리스크란 국내 기준금리와 외국기준금리 간의 차이에서 발생하는 이자율 손익을 말한다. (　　)

(3) 정책리스크는 정부의 외환정책 변화로 외화대출 규제가 바뀌는 위험을 포함한다. (　　)

(4) 외화대출의 거치기간 리스크는 분할상환 방식에서 주로 발생한다. (　　)

(5) KIKO 사태는 금리 상승으로 인해 대규모 기업 도산이 발생한 사례다. (　　)

2 다음 빈칸에 들어갈 알맞은 말을 적으세요.

(1) 외화대출에서 환율변동으로 인해 상환금액이 증가하는 위험을 (　　)리스크라고 한다.

(2) 외화대출의 금리변동으로 이자부담이 증가하는 위험은 (　　)리스크이다.

(3) 외환당국의 제도 변경이나 규제로 발생하는 리스크는 (　　)리스크로 분류된다.

(4) 원금상환을 만기일에 일시적으로 수행하는 경우 발생하는 리스크는 (　　)리스크이다.

(5) KIKO 사태는 환율 급등과 (　　) 계약의 복합 위험으로 발생하였다.

---

01 다음 중 외화대출의 위험요소가 <u>아닌</u> 것은?

① 환리스크
② 금리리스크
③ 기업신용등급
④ 회계감사주기

개념이해 외화대출 리스크에는 환율, 금리, 상환능력 등이 포함되나 회계감사주기는 직접 관련이 없다.

02 금리리스크 관리방안으로 적절하지 <u>않은</u> 것은?

① 금리 스왑 활용
② 고정금리로 전환
③ 금리상한제 설정
④ 변동금리를 조건 없이 유지

개념이해 변동금리 조건 유지 시 금리 변동에 무방비로 노출되면 리스크가 커지므로 적절한 통제가 필요하다.

---

1 (1) ○ (2) × (3) ○ (4) × (5) ×
2 (1) 환 (2) 금리 (3) 정책 (4) 거치기간 (5) 통화옵션

| 정답 | 01 ④　02 ④

04 외화대출 금리결정

2장 외환대출

1 외화대출 금리의 결정 방식 종류

외화대출 금리 = 기준금리(Base Rate)[1] + 가산금리(Spread)[2]

[1] 기준금리: 시장에서 일반적으로 적용되는 외화조달비용 수준
[2] 가산금리: 차주의 신용도, 담보유무, 거래규모 등 리스크 요인을 반영하여 은행이 덧붙이는 금리

2 기준금리의 종류

LIBOR (London Interbank Offered Rate)	• 런던은행 간 단기자금 거래 금리 • 런던은행은 국제금융의 중심지로 LIBOR는 가장 일반적 기준금리였으나, 현재는 폐지됨 • 2023년 6월 30일부로 LIBOR 전면 폐지 → 'LIBOR + 마진' 방식은 기준금리로 사용 불가
SOFR (Secured Overnight Financing Rate)	• 미국의 환매조건부 채권 담보 기준 금리 • LIBOR 대체 금리로 부상
EURIBOR	유럽지역 외화대출 기준금리
코픽스(COFIX) 외화	일부 국내 외화조달 금리 산출에 사용

3 LIBOR 금리와 대체지표금리(RFR)

LIBOR 금리란?	• 런던 은행 간 자금 거래 평균금리로, 오랜 기간 전 세계 대출·파생상품의 기준금리로 사용됨 • 하지만 조작 스캔들과 시장 구조의 변화로 인해 2023년 6월 완전 폐지됨

▼

새로운 기준금리의 필요성	기존 대출·파생 계약에 'LIBOR + 1.5%' 등이 명시되어 있어, LIBOR 폐지 이후 금리 공백으로 인해 분쟁·연체·회계 혼란 등의 문제가 발생 → **대체지표금리(RFR)의 필요성 대두**

▼

대체지표금리(RFR)	• USD 　- 대체지표금리: SOFR(Secured Overnight Financing Rate) 　- 산출방식: 美 국채를 담보로 하룻밤(Overnight) Repo거래된 금리 평균 • GBP 　- 대체지표금리: SONIA 　- 산출방식: 은행 간 무담보 O/N 금리 • EUR 　- 대체지표금리: €STR 　- 산출방식: 유로존 은행 간 O/N 금리 ※ 즉, 대체지표금리(RFR)는 '가장 안전한(국채 담보) 단기 실제 거래금리'를 그대로 집계한 값임

▼

04 2장 외환대출
외화대출 금리결정

대체지표금리 (RFR)의 문제점	• LIBOR는 '은행 신용위험 프리미엄'이 포함되어 있어서 대체로 대체지표금리(RFR)보다 0.1~0.3%p 높음 → 이 금리 차이를 **수정스프레드(Credit Adjustment Spread, CAS)**라 부르고, 고정 숫자로 가산함
	• 미연준 수정스프레드(CAS) 권고치(과거 5년 평균)
	  – USD 1M CAS ≈ 0.114%(11 bp)
	  – USD 3M CAS ≈ 0.262%(26 bp)

계약서에 넣어야 하는 항목	• 대체지표금리(RFR) 지정: USD-SOFR · GBP-SONIA · EUR-€STR · JPY-TONAR · CHF-SARON • CAS(수정스프레드) 가산: 대체지표금리(RFR)와 LIBOR의 금리 차이를 상쇄 → **RFR + CAS + Margin** • Fallback 조항 삽입: 기준금리 고시가 중단될 경우, 임시(Temporary) 또는 영구(Permanent) 대체 금리를 적용하도록 미리 정해두는 규정

금리 전환 예시	• LIBOR(3M) + 1.50% → SOFR(3M) + 0.262% + 1.50% = SOFR+1.762%
	  – SOFR: 새로운 기준금리(RFR)
	  – 0.262%: LIBOR와 SOFR 간 평균 격차를 메우는 보정값(CAS)
	  – Margin 1.50%: 기존 계약에서 합의한 가산금리
	• 따라서 전환 전후 실질 금리 수준이 거의 동일해져 차주 · 대주 모두 손익이 바뀌지 않음

❹ 가산금리의 결정 요소

은행은 차주(대출받는 사람)의 신용위험을 평가하여 가산금리를 결정한다.

신용등급	신용도가 낮을수록 가산금리 높음
담보제공 여부	담보가 없을 경우 금리 가산
거래 실적	주거래고객 등은 우대 가능
대출 조건	만기, 상환방식, 용도 등에 따라 차등

❺ 금리 방식의 분류

구분	특징	리스크
고정금리	만기까지 금리 고정	안정적이지만 초기 금리가 높을 수 있음
변동금리	시장금리에 따라 주기적 변경	금리 상승 시 이자 부담 급증 가능

❻ 외화대출 금리 관련 실무 유의사항

- 기준금리를 LIBOR → SOFR로 전환 진행 중이며, 이에 따라 계약서 문구의 변경이 필요하다.
- 금리 조건에 금리 상한제(캡), 하한제(플로어) 등을 설정할 수 있다.
- 비거주자 외화대출의 경우 금리 규제에서 비교적 자유롭다.

확인문제로 핵심키워드 정리하기

간단한 쪽지 시험으로 빈출 개념을 다시 정리해 보세요.

1 다음 설명이 맞으면 ○표, 틀리면 ×표 하세요.

(1) 외화대출의 금리는 기준금리에 가산금리를 더한 구조로 결정된다. (   )

(2) 기준금리는 차주의 신용도나 담보 여부에 따라 달라진다. (   )

(3) LIBOR는 미국 중앙은행이 정하는 기준금리로서 외화대출에서 가장 널리 사용된다. (   )

(4) SOFR은 담보부 환매조건부채권 금리를 기초로 산출되는 미국 기준금리이다. (   )

(5) 고정금리는 금리상한제와 같은 구조를 포함하지 않는다. (   )

2 다음 빈칸에 들어갈 알맞은 말을 적으세요.

(1) 외화대출의 금리는 일반적으로 (   ) + 가산금리 구조로 이루어진다.

(2) LIBOR는 (   ) 은행 간 단기 자금 거래에서 결정되는 금리이다.

(3) SOFR은 미국에서 (   ) 거래에 기초하여 산출되는 금리이다.

(4) 고정금리는 시장금리에 따라 변하지 않는 반면, (   )금리는 일정 주기로 조정된다.

(5) 가산금리는 차주의 (   ), 담보 제공 여부, 거래실적 등에 따라 은행이 정한다.

---

01 다음 중 외화대출 기준금리에 해당하지 않는 것은?

① SOFR
② LIBOR
③ 기준환율
④ EURIBOR

개념이해 기준환율은 환율 관련 지표로, 외화대출 금리와는 무관하다.

02 LIBOR에 대한 설명으로 옳은 것은?

① 유럽채권 시장의 평균 수익률이다.
② 신용등급에 따라 결정되는 개별 가산금리이다.
③ 미국 연방준비제도에서 발표하는 기준금리이다.
④ 런던 은행 간 단기 거래금리로서 외화대출에 널리 사용되었다.

개념이해 LIBOR는 런던 금융시장 내 은행 간 단기자금 거래 금리이며, 대출 기준금리로 널리 사용되었다.

오답분석 ① Eurobond Yield 또는 채권 수익률 지표에 해당하는 설명이다. LIBOR는 채권 수익률이 아닌 단기 대출 금리이다.
② 스프레드(credit spread) 또는 마진에 대한 설명이다. LIBOR는 시장참여 은행 간 평균 제시금리이지, 차주 신용등급에 따라 결정되는 금리가 아니다.
③ 연방기금금리(Federal Funds Rate)에 대한 설명이다. LIBOR는 영국 런던 은행 간의 금리를 말한다.

---

1 (1) ○ (2) × (3) × (4) ○ (5) ○
2 (1) 기준금리 (2) 런던 (3) 환매조건부 (4) 변동 (5) 신용등급

| 정답 | **01** ③ **02** ④

05 2장 외환대출
외화대출 약정 및 실행

1 외화대출 약정의 개요

외화대출은 대출 실행 전 반드시 약정 체결이 필요하다.
※ 약정이란 은행과 차주 간 외화자금의 사용, 상환 조건 등을 규정하는 법적 계약행위를 말한다.

2 외화대출 약정의 구성

여신거래기본약정서	대출의 기본조건, 연체, 담보처리, 분쟁해결 방식 등 규정
외화대출약정서	외화표시 금액, 용도, 이자율, 대출기간 등 개별 외화대출 조건 명시
담보제공 관련 계약서	근저당, 질권설정 등 담보 제공 조건 명시
외화대출 실행신청서	실제 자금 집행 요청서, 환율적용일 및 지급계좌 포함

3 외화대출 실행 절차 요약

차주 신청 ▶ 여신심사 및 승인 ▶ 약정서류 작성 ▶ 실행신청 ▶ 외화 지급

4 외화대출 시 환율 적용 기준

- 외화대출 실행일에는 외국환은행 고시 매매기준율 또는 약정 시 환율이 적용된다.
- 환율은 원화상환 조건 여부에 따라 적용기준이 달라질 수 있다.
  - 외화로 대출 및 상환: 외화 환율 그대로 적용
  - 원화 상환 조건: 실행일 현재 외국환은행 고시환율 기준으로 원화 환산

5 외화대출 실무상 유의사항

약정금액 초과 대출 금지	약정금액 초과 시 불법대출로 분류될 수 있음
실행 후 서류보관	대출금 사용내역, 환율기준 등 추후 감사 대비 필요
비거주자 대상 대출	별도 서류제출 또는 외환신고 생략 가능성 있음

확인문제로 핵심키워드 정리하기

간단한 쪽지 시험으로 빈출 개념을 다시 정리해 보세요.

1 다음 설명이 맞으면 ○표, 틀리면 ×표 하세요.

(1) 외화대출은 실행 전에 반드시 약정을 체결해야 하며, 실행신청서 없이도 대출이 가능하다. ( )

(2) 외화대출약정서에는 외화금액, 대출기간, 이자율 등이 명시된다. ( )

(3) 약정금액보다 초과하여 외화대출을 실행해도 별도의 법적 문제는 발생하지 않는다. ( )

(4) 외화대출 실행일에는 해당일의 외국환은행 고시 매매기준율이 적용될 수 있다. ( )

(5) 실행신청서에는 대출금액, 환율 적용일, 지급계좌 등이 포함된다. ( )

2 다음 빈칸에 들어갈 알맞은 말을 적으세요.

(1) 외화대출 실행을 위해 필요한 문서에는 약정서 외에 ( )신청서가 포함된다.

(2) 외화대출의 기본조건을 규정한 문서는 ( )기본약정서이다.

(3) 대출 실행일의 환율은 보통 ( )은행의 매매기준율이 적용된다.

(4) 실행신청서에는 ( ), 환율 적용일, 지급계좌 등이 포함된다.

(5) 자금용도 외 사용은 외환관리 규정상 ( ) 위반이 될 수 있다.

01 외화대출 실행일에 적용되는 환율 기준으로 옳은 것은?

① 한국은행 기준환율
② 대출심사일 고시환율
③ 외환거래 평균가중환율
④ 외국환은행 고시 매매기준율

개념이해 외화대출 실행일 환율은 해당 외국환은행 고시 기준율을 따르는 것이 원칙이다.

02 다음 중 외화대출 약정 시 자주 규정되는 사항이 아닌 것은?

① 상환방식
② 대출 기간
③ 금리 조건
④ 자금 사용 후 용도변경 허용

개념이해 자금 용도는 약정 시 고정되며, 변경은 원칙적으로 불가하다.

---

1 (1) × (2) ○ (3) × (4) ○ (5) ○
2 (1) 실행 (2) 여신거래 (3) 외국환 (4) 대출금액 (5) 약정조건

| 정답 | 01 ④ 02 ④

06 사후관리

2장 외환대출

1 사후관리의 개요

- 외화대출 실행 후, 차주의 자금용도 준수 여부와 상환계획 이행 여부 등을 점검하고, 관련 내용을 금융당국 및 내부에 보고하는 단계이다.
- 사후관리의 목표는 외화대출이 적정하게 사용되고, 불건전한 외화부채가 누적되지 않도록 감시하는 것에 있다.

2 자금용도 점검 및 모니터링

항목	주요내용
자금용도	약정된 목적 외 사용 불가 ※ 자본거래용 대출은 운전자금으로 사용 금지됨
사용내역 확인	대출금 집행 후 사용내역 자료 제출 필수
이행 미흡 시 조치	약정을 위반할 경우 기한이익이 상실되며, 대출금 회수가 가능함

3 외화대출 관련 보고의무

- 외국환은행은 일정 규모 이상 외화대출에 대해 **한국은행**에 보고해야 한다.
- 보고 내용에는 차주, 대출금액, 용도, 상환조건 등을 포함한다.
- 보고 시점은 원칙적으로 대출 실행 후 **3영업일** 이내이다.

4 이자 및 연체관리

항목	주요내용
이자 처리	• 외화대출 이자는 원칙적으로 외화로 부과 및 수취 • 회계기장 시점은 지급일이 아니라 이자 발생일 기준으로 인식
연체 발생 시 조치	• 이자 연체: 이자연체금리 적용, 연체기간별로 차등 가능 • 원금 연체: 기한의 이익 상실, 담보처분 가능성 발생 • 장기 연체: 회수불능 판단 시 손실처리 검토

※ '연체이자 계산 방식' 또는 '회계인식 시점'의 내용이 실무형 문제로 자주 출제된다.

5 환율 재평가 및 감액관리

- 외화대출은 회계기준에 따라 월말 기준 환율로 재평가한다.
- 환차손이 클 경우 충당금 적립 및 손익 반영이 필요하다.
- 대손충당금 설정은 국제회계기준(IFRS)에 따라 분류한다.

확인문제로 핵심키워드 정리하기

간단한 쪽지 시험으로 빈출 개념을 다시 정리해 보세요.

1 다음 설명이 맞으면 ○표, 틀리면 ×표 하세요.

(1) 외화대출의 자금용도는 약정과 다르게 사용해도 별다른 제재는 없다. ( )

(2) 외국환은행은 일정 규모 이상의 외화대출을 한국은행에 보고해야 한다. ( )

(3) 외화대출 이자는 발생일이 아니라 실제 지급일을 기준으로 회계처리한다. ( )

(4) 외화대출 연체가 발생할 경우 기한이익을 상실할 수 있다. ( )

(5) 외화대출은 월말 환율을 기준으로 평가손익을 산정해야 한다. ( )

2 다음 빈칸에 들어갈 알맞은 말을 적으세요.

(1) 외화대출 집행 후 자금이 약정된 목적 외로 사용되면 ( )이익 상실 조치가 이루어질 수 있다.

(2) 외화대출 실행 후 ( )영업일 이내에 한국은행에 보고해야 할 의무가 있다.

(3) 외화대출 이자는 ( )주의 기준으로 회계처리하여야 한다.

(4) 외화대출의 연체 시에는 ( ) 이자가 부과되며 강제 회수 대상이 된다.

(5) 외화대출의 환산은 ( )를 기준으로 월말 환율을 적용한다.

01 다음 중 외화대출 사후관리 항목으로 옳지 않은 것은?

① 자금용도 점검
② 기준금리 선택
③ 상환 스케줄 확인
④ 연체 발생 시 조치

개념이해 기준금리 선택은 약정 단계에서 결정되므로, 사후관리 항목에 해당하지 않는다.

02 외화대출의 자금용도 외 사용이 적발된 경우 은행의 조치로 가장 적절한 것은?

① 금리 인상
② 대출 연장
③ 자금 재용도 신청서 요구
④ 기한이익 상실 선언 및 회수

개념이해 자금용도 위반은 기한이익 상실 사유가 되어 대출을 조기회수할 수 있다.

---

1 (1) × (2) ○ (3) × (4) ○ (5) ○
2 (1) 기한 (2) 3 (3) 발생 (4) 연체 (5) 외화부채

| 정답 | 01 ② 02 ④

에듀윌이 너를 지지할게

ENERGY

성공으로 가는
엘리베이터는 고장입니다.
당신은 계단을 이용해야만 합니다.
한 계단
한 계단씩

– 조 지라드(Joe Girard)

01 3장 외화지급보증
외화지급보증의 개요

1 외화지급보증의 기본 개념

- 지급보증(Guarantee)은 제3자인 보증인(은행)이 채무자의 요청에 따라 채권자에게 그 채무의 지급을 보증하는 행위를 의미한다.
- 만약 채무자가 계약 불이행 또는 상환 불이행 시, 은행이 **즉시 대신 이행**하는 구조이다.
- 국제거래, 국제입찰, 합작투자, 해외 플랜트 수출 등에서 은행 보증서 발행 요구 빈도가 증가하고 있다.

※ 지급보증은 직접적인 자금부담이 없는 신용공여 여신행위임에도 은행 재무에 영향을 미칠 가능성이 있으므로, 일반대출처럼 신중한 여신심사가 필요하다.

2 지급보증의 핵심 원칙

원칙	내용
독립성 (Independence / Autonomy)	• 핵심: **기초계약과 분리** • 보증은행은 기초계약(Underlying Contract)의 이행 여부와 무관하게 서류가 규칙에 맞으면 즉시 지급하며, 발주처가 계약을 위반했는지, 물품이 불량인지 등을 심사하지 않음(URDG 758 제5조, ISP98 Rule 1.06.) • 부종성(accessory)의 반대 개념
추상성 (Abstraction)	• 핵심: **서류만으로 판단** • 지급 요구(demand)는 문서(document)만으로 진위를 판단하며, 기초채무의 사실 관계·현장 상황은 검증 대상이 아님 • 은행이 서류 진위까지 조사하는 것은 '공정거래 위배'로 봄
문면일치성 (Strict Compliance)	• 핵심: **단어가 틀려도 부결** • 수익자가 제시한 서류는 보증서 조항과 '글자 그대로' 일치해야 하며, 날짜·금액·수취인 명칭 등 오탈자도 불일치 사유임(URDG 758 제19조, ISP98 Rule 4.15.) • 예: 보증서에 'Shipping Documents' 요구가 없음에도 선하증권을 제시한 경우 부결됨

3 지급보증의 유형

분류기준	구분	설명
표시통화 기준	원화표시 / 외화표시	지급보증은 일반적으로 외화표시임
거주성 기준	대내 / 대외 지급보증	대외 외화표시 지급보증은 외국환거래규정 적용 대상임

4 지급보증의 형식

Standby L/C (보증신용장)	• 본래 미국에서 상업은행의 Guarantee 발행 금지에 따라 탄생함 • UCP600, ISP98 등의 규칙을 준용 • 기초계약 불이행을 증명하는 서류(Statement of default)만으로 무조건 지급됨 • 상업신용장(Commercial L/C)과 달리 무역외 거래, 금융보증에 많이 사용됨

3장 외화지급보증
외화지급보증의 개요

Bank Guarantee (은행보증)	• 일반적인 보증문서 형식으로, 국제적으로는 URDG758을 준용 • 청구보증(Demand Guarantee)으로 불리며, 청구만으로 지급하는 무조건적 확약 • 보증인의 항변권 없음, 부종성 제거, 독립성과 추상성 중시 ※ 부종성이란 어떤 권리나 의무가 본 계약(기초계약)에 종속되어 있는 성질을 말하며, 부종성 제거는 보증이 더 이상 본 계약에 종속되지 않고 독립적으로 작동한다는 의미이다.

5 지급보증의 형식 간 비교

항목	Standby L/C(보증신용장)	Bank Guarantee(은행보증)
규칙	UCP600, ISP98	URDG758
용도	금융보증, 이행보증 등 폭넓게 사용	주로 이행성 보증 위주
지역적 사용	미국 중심	유럽 중심
서류 요구	불이행진술서, 환어음 등	간단한 청구서류
문안 특징	간결	계약내용 상세 반영

6 지급보증의 당사자

보증신청인(Applicant)	계약상 채무자
지시당사자(Instructing Party)	보증을 요청하고 보증은행과 약정 체결
보증인(Guarantor)	지급을 보증하는 은행
수익자(Beneficiary)	보증금 청구권 보유자
구상보증인(Counter-guarantor)	해외보증은행에 대한 구상책임을 지는 은행

7 직접보증 vs 간접보증

직접보증(Three-Party)	• 보증인이 수익자에게 직접 발행 • 수익자가 해외보증은행의 신용을 인정할 경우 활용 • 보증인은 지시당사자에게 상환 청구 가능
간접보증(Four-Party)	• 국내 은행(구상보증인)이 현지 보증은행에게 보증서 발행 요청 • 중동국가 등 현지 법률상 외국은행의 보증을 인정하지 않을 때 사용

확인문제로 핵심키워드 정리하기

간단한 쪽지 시험으로 빈출 개념을 다시 정리해 보세요.

1 다음 설명이 맞으면 ○표, 틀리면 ×표 하세요.

(1) 지급보증은 채무자가 계약을 이행하지 못할 경우, 제3자인 보증인이 대신 이행할 것을 약속하는 계약이다. ( )

(2) 지급보증은 자금을 직접 제공하는 대출과 동일한 성격을 가진다. ( )

(3) 지급보증의 주체는 반드시 국내 은행이어야 한다. ( )

(4) 외화표시 지급보증의 경우, 외국환거래규정의 적용을 받는다. ( )

(5) 지급보증은 채무자의 채무불이행에 대한 1차적 책임을 진다. ( )

2 다음 빈칸에 들어갈 알맞은 말을 적으세요.

(1) 지급보증은 채무자 요청에 따라 ( )(은행)이 채권자에게 지급을 보장하는 방식이다.

(2) 지급보증은 ( ) 없이 이루어지는 신용공여 방식이다.

(3) 외화표시 지급보증은 ( ) 또는 상대방의 거주성을 기준으로 대내, 대외로 구분된다.

(4) 대외 외화표시 지급보증은 ( )규정에 따른 사전신고 대상이다.

(5) Standby L/C는 주로 무역 외 거래에 활용되며, ( ) 신용장통일규칙이 적용된다.

---

01 지급보증과 가장 관련이 깊은 개념은?

① 직접대출
② 차입보증
③ 신용공여
④ 자본투자

개념이해 지급보증은 은행이 직접 자금을 제공하지 않지만, 대신 지급을 약속하므로 신용공여에 해당한다.

02 다음 중 지급보증에 해당하지 않는 것은?

① 수출입 계약 미이행시 은행이 지급 보장
② 채무자가 상환하지 않을 경우 은행이 지급
③ 채권자 요청에 따라 은행이 지급확약 제공
④ 은행이 수출대금 회수를 위해 채권자에게 직접 송금

개념이해 직접 자금 이체는 은행이 단순히 대금 결제나 자금 이체를 수행하는 것이며, 보증이 아니라 단순히 대금결제 또는 지급대행 업무이다.

---

1 (1) ○ (2) × (3) × (4) ○ (5) ×
2 (1) 보증인 (2) 자금이전 (3) 지급통화 (4) 외국환거래 (5) 보증

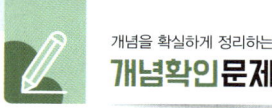

03 다음 중 Standby L/C의 특징으로 옳지 않은 것은?

① 보통 ISP98이 준용된다.
② 운송서류가 반드시 요구된다.
③ 무역외 거래에 많이 사용된다.
④ 기초계약의 채무불이행 시 청구 가능하다.

개념이해 Standby L/C는 대부분 채무불이행 진술서만 요구하며, 운송서류는 필수 요건이 아니다.

04 URDG758은 어떤 형식의 지급보증에 적용되는가?

① 청구보증
② 상업신용장
③ 보증신용장
④ 환어음 결제

개념이해 URDG758은 청구보증(Demand Guarantee)에 대한 국제 규칙이다.

05 지급보증의 기본구조로 옳은 것은?

① 채무자가 채권자에게 보증서 발행
② 보증인이 채무자에게 직접 보증금 송금
③ 채권자가 보증인에게 보증금 지급 요청
④ 채무자가 보증인에게 요청하여, 보증인이 채권자에게 지급보증을 제공

개념이해 지급보증은 채무자의 요청에 따라 보증인이 채권자에게 지급 확약을 제공하는 구조다.

06 다음 중 지급보증의 핵심 원칙과 가장 거리가 먼 것은?

① 독립성
② 추상성
③ 부종성
④ 문면일치성

개념이해 지급보증은 독립성(Independence)·추상성(Abstraction)·문면일치성(Presentation)의 원칙을 따르며, 부종성(Accessory)은 배제된다.

| 정답 | 01 ③ 02 ④ 03 ② 04 ① 05 ④ 06 ③

02 3장 외화지급보증
외화지급보증서 발행

1 외화지급보증서 발행 흐름 요약

보증신청서 접수	보증신청인이 표준양식에 따라 보증 요청
▼	
보증심사	주채무의 이행여부 및 신용도 심사, 여신약정 체결 여부 확인
▼	
보증조건 설정	금액, 기간, 통화, 서류요건 등 주체적 보증조건 확정
▼	
보증서 발행	SWIFT(MT760) 또는 문서 형태로 발행
▼	
보증료 수납	보증료는 기일 내 납부, 지연시 연체이자 부과
▼	
보증서 통지	수익자에 직접 또는 통지당사자(Advising Party)를 통해 전달

2 보증신청서 작성 관련 유의사항

- 국제상업회의소 표준모델 양식을 권장한다. → 비표준 양식 사용은 기각 사유가 될 수 있음
- 보증대상은 주채무의 이행을 담보해야 하며, 기한도 보증대상 주채무와 연동해야 한다.

3 SWIFT 발행 방식

메시지 유형	MT760(보증서용 Free Format 메시지)
사용 사유	SWIFT를 통한 국제표준 전자통신 방식, 속도 및 신뢰성 확보

※ 보증신청에 따라 SWIFT 방식 발행 시 MT760을 이용한다.

02 외화지급보증서 발행

3장 외화지급보증

4 보증기간 및 유효기일 설정

- 보증기간은 은행 내부 여신지침에 따라 최초 **1년** 단위로 설정을 권장하며, 연장이 필요할 경우 만기 **30일** 전 사전 심사를 거친다.
- 주채무 이행기일이 확정된 경우에는 그 이행기일 + 30일(서류 제출·심사 여유를 위한 Grace Period)까지 설정할 수 있다.
- 장기 프로젝트(플랜트·EPC 등)는 전결권자의 승인 하에 **3~5년**까지 가능하며, 연차·반기 리뷰 조건을 붙여 리스크를 통제한다.
- 국제규칙(URDG 758)은 기간 상한을 두지 않는다.
  - 제25조(b): 만기·금액 소진·수익자 면제 시 종료
  - 제25조(c): 만기 미기재 시 '발행일+3년'에 자동 종료(안전장치)

5 내부통제 절차 강화 요건

은행은 지급보증업무와 관련하여 다음 사항을 철저히 준수해야 한다.

구분	내용
거래대상 제한	원칙적으로 없으나, 피보증채무의 적정성 검토 필수
발행관리대장	수기 또는 전산으로 관리하여 이력 필수 기록
보증서 회수	지급보증 해지 시 보증서 원본 여부 기록 유지
보증서 효력 종료	청구권이 소멸되면 보증서 효력도 소멸함(원본 보유와 무관)

※ 유효기일이 지난 보증서의 보증서 원본을 갖고 있으면 유효하다? (X) → 청구권 소멸 시 보증서의 효력도 함께 종료된다.

확인문제로 핵심키워드 정리하기

간단한 쪽지 시험으로 빈출 개념을 다시 정리해 보세요.

1 다음 설명이 맞으면 ○표, 틀리면 ×표 하세요.

(1) 외화지급보증 발행 시, 신청서가 비표준 양식이라면 은행은 이를 거절할 수 있다. ( )

(2) 지급보증 발행은 신용공여에 해당하므로 별도의 내부심사는 생략된다. ( )

(3) 보증서의 유효기간은 1년을 초과할 수 없다. ( )

(4) SWIFT 방식 발행 시 보증서 전송에는 MT103 메시지가 사용된다. ( )

(5) 보증서 발행 이후 수익자에게는 반드시 직접 전달해야 하며, 제3자를 통한 통지는 불가하다. ( )

2 다음 빈칸에 들어갈 알맞은 말을 적으세요.

(1) 외화지급보증 발행 시 신청인은 보증서를 ( )을 통해 수익자에게 전달할 수 있다.

(2) 지급보증서 발행의 내부 심사는 ( )기준에 준하여 진행된다.

(3) SWIFT 방식 지급보증서는 ( ) 메시지를 사용한다.

(4) 보증서의 기본 유효기간은 일반적으로 ( ) 단위로 설정을 권장한다.

(5) 보증서의 효력은 ( )이 소멸되면 종료된다.

---

01 외화지급보증서 발행 시, SWIFT 메시지 형식으로 옳은 것은?

① MT103
② MT202
③ MT760
④ MT799

개념이해 지급보증서 발행은 Free Format 보증서 메시지인 MT760이 사용된다.

오답분석 ① 일반 해외 송금(고객 간)에 사용되는 메시지 형식이다.
② 은행 간 자금 이체 메시지로, 주로 청산 결제용이다.
④ 정보 전달용 메시지로, 조건 협의나 사전 통지 등에 사용된다.

02 다음 중 지급보증서 유효기간에 대한 설명으로 옳은 것은?

① 모든 지급보증은 1년으로 제한된다.
② 주채무 이행기일에 따라 조정될 수 있다.
③ 보증신청인과 수익자의 협의로만 결정된다.
④ 유효기간은 법적으로 6개월 이내로 제한된다.

개념이해 유효기간은 국내 지침상 1년 권고일 뿐 URDG 758에서는 상한을 두지 않으므로, 기초계약의 이행기일에 따라 유연하게 조정이 가능하다.

오답분석 ① 지급보증의 유효기간은 계약의 성격, 주채무의 내용, 수익자의 요구 등에 따라 자유롭게 설정할 수 있다.
③ 유효기간은 보증신청인(채무자)과 수익자의 협의뿐만 아니라, 보증인(은행 등)의 내부 정책, 리스크 기준, 국제관행 등도 고려되어야 한다.
④ 유효기간은 계약의 성격과 합의에 따라 다양하게 설정 가능하다.

---

1 (1) ○ (2) × (3) × (4) × (5) ×
2 (1) 통지은행 (2) 여신심사 (3) MT760 (4) 1년 (5) 청구권

| 정답 | 01 ③ 02 ②

03 3장 외화지급보증
외화지급보증의 실무적용 사례

1 지급청구 처리절차

기본 원칙	• 수익자 청구가 들어오면 보증인은 문면 심사 후 지급여부 결정
	• 조건 일치 시 즉시 지급, 불일치 시 하자 통지
	  – 서류가 보증조건과 일치: 기한 내 지급
	  – 서류에 하자 존재: 명시적인 하자 통보 필요(그렇지 않다면 지급 책임 발생)
	※ 조건 일치 여부는 서류 심사로 판단하며, 불일치 시에도 통보 없이 묵과하면 은행에 책임이 발생함

서류요건	• 보증서에서 청구서만 요구된 경우 그 외 서류는 불필요 • 보강진술서 요구가 없다면 단독 청구서로도 지급 가능

2 외화지급보증 관련 위험요소

은행이 외화지급보증을 실행하면서 반드시 관리해야 할 위험요소이다.

신청인 리스크	채무불이행, 신용위험, 공동시공 리스크 등
수익자 리스크	정치적·경제적 리스크, 외환통제 등
제도적 리스크	외국환거래법상 규제 위반, 제재 위험 등
계약 리스크	기초계약 불완전, 조기해지, 위약 등

3 외화지급보증과 관련된 국제규칙 적용

규칙	적용 문서 유형	특징
UCP600	화환신용장, 일부 Standby	5영업일 규칙, 은행만 개설 가능
ISP98	Standby L/C	조건 미충족 시 보강진술서 필요
URDG758	청구보증(Demand Guarantee)	• 비서류적 조건 가능 • '지급조건 충족 + 지급요청'만으로 이행 가능

※ URDG758은 어떤 서류도 요구하지 않으면 비서류적 조건으로 본다?
→ 부분적으로 정답이나 정확히는 서류 요구가 없고, 은행 기록만으로도 판단할 수 없을 때에만 비서류적 조건이다.

4 외화지급보증 핵심 포인트

청구서 단독 접수	보증서에서만 청구서 요구 시 다른 서류는 불필요
지급청구서 내도	조건 일치 시 즉시 지급, 조건 불일치 시 명시적 하자 통지
정치적·경제적 리스크	보증 리스크는 통상 수익자가 부담하며, 정치적·경제적 리스크를 포함함
보증서의 효력 종료	청구권 소멸 후에는 원본이 있어도 무효
국제규칙 적용	URDG는 보증서 문구에 충실, ISP는 조건 미충족 시 보강진술서 요구

확인문제로 핵심키워드 정리하기

간단한 쪽지 시험으로 빈출 개념을 다시 정리해 보세요.

1 다음 설명이 맞으면 ○표, 틀리면 ×표 하세요.

(1) 지급보증서에서 청구서 외에 명시된 서류가 없을 경우, 청구서만으로도 지급 청구가 가능하다. (　　)

(2) 지급보증은 기초계약의 이행과 밀접히 연동되므로, 보증인은 계약 불이행 여부를 직접 조사해야 한다. (　　)

(3) URDG758 규칙에 따르면, 비서류적 조건은 서류가 명시되지 않거나 판단이 불가능한 경우에 한정된다. (　　)

(4) 수익자의 지급청구에 서류하자가 있다면, 은행은 별도의 통지 없이 지급을 거절할 수 있다. (　　)

(5) 보증서는 보강진술서가 요구되지 않는 경우, 수익자의 청구서만으로 효력이 발생하지 않는다. (　　)

2 다음 빈칸에 들어갈 알맞은 말을 적으세요.

(1) 지급보증은 기초계약과 (　　)된 별도의 확약으로, 서류 심사를 통해 이행된다.

(2) 지급청구서가 제출되었을 때, (　　)가 있을 경우 은행은 이를 반드시 통지해야 한다.

(3) URDG758은 (　　) 보증 거래를 위해 국제적으로 통용되는 규칙이다.

(4) 지급보증에서 요구되는 서류가 명시되지 않았다면, 이는 (　　) 조건으로 간주될 수 있다.

(5) 지급보증의 수익자 리스크에는 (　　)·경제적 리스크가 포함된다.

01 지급보증의 위험요소 중 정치적·경제적 리스크는 어느 당사자에 해당하는가?

① 채무자
② 보증인
③ 수익자
④ 통지은행

개념이해 정치적·경제적 리스크는 수익자(해외 정부, 공공기관 등)와 관련된 위험이다.

02 다음 중 지급보증에 적용되는 국제규칙으로 옳은 것은?

① ISP98
② UCP600
③ URDG758
④ Incoterms2020

개념이해 URDG758은 지급보증(Demand Guarantee)용 국제표준 규칙이다.

---

1 (1) ○ (2) × (3) ○ (4) × (5) ×
2 (1) 독립 (2) 불일치 (3) 청구 (4) 비서류적 (5) 정치적

| 정답 | 01 ③ 02 ③

에듀윌이
너를
지지할게
ENERGY

인생은 끊임없는 반복.
반복에 지치지 않는 자가 성취한다.

– 윤태호 「미생」 중

외환회계의 개요

4장 외환회계

1 외환회계의 의의

- 외환회계는 외국환은행이 외환거래에서 발생하는 자산, 부채, 손익 등을 복식부기 원칙에 따라 기록·정리하는 제도이다.
- 외화재무상태표와 외화계정과목의 처리 기준

  - 근거 법령: 외국환거래법, 외국환거래법 시행령
  - 감독 기준: 은행업감독규정, 은행업감독업무 시행세칙
  - 회계 원칙: 한국채택국제회계기준(K-IFRS)을 기본으로 적용

2 외환회계의 특징

재무제표 구성	외화재무상태표만 작성(손익계산서 등 작성 ×)
계정 배열 방식	일반회계와 동일한 상대적 유동성 배열법 적용
환산 기준	외화 계정은 원화 계정으로 연결이 가능하도록 구성
작성 통화	보통 USD를 기준으로 작성(국제 표준 통화)
외환의 성격	외국통화·외화수표 등 외국환을 상품으로 간주

3 외환손익과 환율

- 외환손익은 이자 + 수수료 + 환차손익 등 복합한 구조로 이루어져 있다.
- 손익은 발생 즉시 원화로 환산하여 회계 처리한다.
- 적용 환율은 현찰매매율, 전신환매매율 등 거래 유형별로 상이하다.

손익 항목	예시
이자	환가료(Exchange Commission) 등
수수료	송금수수료, 신용장 개설수수료 등
환차손익	자산·부채 평가 차이로 인한 손익

01 4장 외환회계
외환회계의 개요

4 외환계정의 특수성: 경과계정과 결제계정

경과계정 (Tunnel Account)	• 거래 종료 전까지 **일시적**으로 처리하는 계정 • 자산계정: 매입외환, 미결제외환, 외화출자전환채권 • 부채계정: 매도외환, 미지급외환
결제계정 (Settlement Account)	• **최종 결제처리** 계정 • 외화본지점, 외화타점예치금, 외화타점예수금 등

5 당방계정 vs 선방계정

당방계정(Our Account, Nostro)	국내은행이 해외은행에 개설한 예금계정
선방계정(Their Account, Vostro)	해외은행이 국내은행에 개설한 예금계정

※ 실제 자금 운용은 선방계정 잔액을 기준으로 한다.
※ 예정대체일 제도: 외화자금이 예정일 내에 회수되지 않더라도, 별도 통보 없이 일정 기한이 지나면 자동으로 원화로 환산되어 회계상 처리되는 제도이다.

6 대내외 구분

외화자산과 외화부채는 거주자 여부를 기준으로 아래와 같이 구분한다.

구분	자산계정	부채계정
거주자 거래	대내외화자산	대내외화부채
비거주자 거래	대외외화자산	대외외화부채

확인문제로 핵심키워드 정리하기

간단한 쪽지 시험으로
빈출 개념을 다시 정리해 보세요.

1 다음 설명이 맞으면 ○표, 틀리면 ×표 하세요.

(1) 외환회계는 재무제표상 손익계산서와 외화 재무상태표 모두를 작성한다. ( )

(2) 외환회계는 외국환은행이 외환거래를 복식부기 방식으로 정리하는 것을 의미한다. ( )

(3) 외환은 상품성과 금융성을 동시에 갖는 자산이다. ( )

(4) 경과계정은 외환거래가 완료된 후 최종 잔액을 보관하는 계정이다. ( )

(5) 외화예수금은 결제 이전의 외화대금을 일시적으로 보관하는 부채성 계정이다. ( )

2 다음 빈칸에 들어갈 알맞은 말을 적으세요.

(1) 외환회계는 외국환은행이 외환거래를 ( ) 원칙에 따라 정리하는 체계이다.

(2) 외화재무상태표에는 외환자산, 부채, ( ) 정보만 포함되며 손익계산서는 작성하지 않는다.

(3) 경과계정은 거래가 ( )된 상태에서 외화를 일시적으로 기록하는 계정이다.

(4) 결제계정은 외환거래가 완료된 후 외화자산의 실질 ( )를 관리하는 데 사용된다.

(5) 외화타점예치금은 ( )은행 내 다른 지점에 외화를 보낸 경우의 자산계정이다.

01 외환회계의 특징으로 가장 적절한 설명은?

① 손익계산서를 중심으로 자산·부채를 표시한다.
② 외화재무상태표만 작성하고 환차익은 제외한다.
③ 복식부기를 적용하지 않고 단식부기로 작성한다.
④ 외화재무상태표를 작성하며 복식부기를 적용한다.

개념이해 외환회계는 복식부기를 적용하며, 손익계산서 없이 외화재무상태표만 작성한다. (환차손익 포함)

02 다음 중 경과계정에 해당하지 않는 것은?

① 매입외환
② 미지급외환
③ 외화예수금
④ 외화출자전환채권

개념이해 외화예수금은 결제계정이고, 나머지는 경과계정이다.

---

1 (1) × (2) ○ (3) ○ (4) × (5) ○
2 (1) 복식부기 (2) 잔액 (3) 미완료 (4) 결제 (5) 동일

03 외환손익은 다음 중 어떤 방식으로 처리되는가?

① 환율 변동분만 반영
② 대체환율로 원화처리
③ 외화로 평가 후 외화금액 유지
④ 발생 즉시 원화로 환산하여 처리

개념이해 외환손익은 발생 즉시 원화로 환산하여 처리해야 한다.

05 외환회계에서 손익계정으로 포함되지 <u>않는</u> 항목은?

① 외환차익
② 송금수수료
③ 외화이자수익
④ 외화타점예치금

개념이해 외화타점예치금은 자산계정이며, 나머지는 손익계정이다.

04 외환회계에서 Nostro 계정에 대한 설명으로 옳은 것은?

① 자산으로 분류되지 않음
② 외환손익 기록을 위한 계정
③ 외국은행이 국내은행에 개설한 계정
④ 국내은행이 해외은행에 개설한 예치금 계정

개념이해 Nostro는 해외 은행에 개설된 당행 명의의 예치 계정이다.

| 정답 | **01** ④ **02** ③ **03** ④ **04** ④ **05** ④

02 4장 외환회계
계정과목

1 자산계정

외화자산은 거래상대방, 결제방식, 통화종류 등 기준에 따라 다양한 계정으로 분류되며, 외환회계상 경과계정, 결제계정, 실물계정 등으로 구분된다.

계정명	성격	내용
매입외환	경과계정	수출환어음, T/T 송금 등 매입 외화 미결제분
외화현찰	실물자산	외국통화 현금 보유분
외화예치금	결제계정	해외은행(Nostro)에 개설한 예치계좌
외화타점예치금	결제계정	국내 타점에 보낸 외화
외화출자전환채권	투자자산	해외투자를 위한 출자전환 예정 외화
대내외화자산	일반자산	거주자 대상의 외화대출금 등
대외외화자산	일반자산	비거주자 대상의 외화대출금

2 부채 계정

외화부채는 외화 자금의 조달, 입금예정분, 외화예수금 등을 포함하며 역시 경과계정과 결제계정, 일반부채로 구분된다.

계정명	성격	내용
매도외환	경과계정	수입환어음, 외화송금 등 매도 외화 미결제분
미지급외환	경과계정	대외지급 예정금
외화예수금	결제계정	외화대금 수령 후 결제 전 보관금
외화타점예수금	결제계정	타점에서 수령한 외화 예수금
외화자금차입금	일반부채	해외로부터의 외화차입
대내외화부채	일반부채	거주자 대상 외화예금 등
대외외화부채	일반부채	비거주자 대상 외화예금 등

02 4장 외환회계
계정과목

3 손익 계정

외환손익은 환차익/손, 수수료수익, 외화이자수익, 외화이자비용 등으로 구분된다.

항목	내용
외환차익/손	외화자산·부채의 환산 시점 변경에 따라 발생
수수료수익	송금, 환전, 신용장 개설, 지급보증 수수료 등
외화이자수익	외화대출이자 수익 등
외화이자비용	외화차입이자 등

4 기타 회계처리 유의사항

- 자산/부채 계정 구분은 원칙적으로 상대방이 누구인가에 따라 결정된다.
- 대내외 자산·부채의 분류 기준은 거주자 여부이다.
- 외화자산, 외화부채는 각각 월말 평가 기준으로 환율 재산정이 필요하다.

5 자산 vs 부채 대표 계정 비교표

구분	자산계정	부채계정
경과계정	매입외환, 외화출자전환채권	매도외환, 미지급외환
결제계정	외화예치금, 외화타점예치금	외화예수금, 외화타점예수금
일반계정	대내외화자산, 대외외화자산	대내외화부채, 외화자금차입금

확인문제로 핵심키워드 정리하기

간단한 쪽지 시험으로 빈출 개념을 다시 정리해 보세요.

1 다음 설명이 맞으면 ○표, 틀리면 ×표 하세요.

(1) 외화현찰은 외환회계상 실물자산이며 자산계정에 속한다. (   )

(2) 외화예수금은 결제 완료 후 외화대금을 보관하는 자산계정이다. (   )

(3) 매입외환과 매도외환은 모두 경과계정이다. (   )

(4) 외화예치금은 해외은행에 예치한 외화로서 결제계정에 속한다. (   )

(5) 외화출자전환채권은 대외투자를 위한 일반 부채계정이다. (   )

2 다음 빈칸에 들어갈 알맞은 말을 적으세요.

(1) 외화예수금은 결제 전 (   )에게 받은 외화자금을 보관하는 부채계정이다.

(2) 외화현찰은 외환은행이 보유한 (   )통화 현금으로서 실물자산이다.

(3) 매입외환은 수출환어음을 매입하였지만 아직 (   )되지 않은 상태의 외화이다.

(4) 외화출자전환채권은 대외투자 목적으로 취득한 (   )성 자산이다.

(5) 외화예치금은 해외은행에 개설한 (   ) 계정에 예치된 외화이다.

01 외화타점예치금의 특징으로 가장 옳은 것은?

① 외화 손익계정이다.
② 외화차입 계정이다.
③ 외화대출 후 수취 계정이다.
④ 동일 은행 타지점에 예치된 자산이다.

개념이해 외화타점예치금은 동일 은행 내 지점 간 자산 이동에 해당한다.

02 다음 중 경과계정이 아닌 것은?

① 매입외환
② 매도외환
③ 미지급외환
④ 외화예치금

개념이해 외화예치금은 결제계정이고, 나머지는 경과계정이다.

---

1 (1) ○ (2) × (3) ○ (4) ○ (5) ×
2 (1) 고객 (2) 외국 (3) 결제 (4) 투자 (5) Nostro

| 정답 | 01 ④ 02 ④

03 난외계정

4장 외환회계

> 핵심개념을 한번에 담은
> **빈출개념체크**

1 난외계정

- 난외계정(off-balance sheet account)은 재무상태표에 직접 반영되지 않지만, 외환거래 진행상 중요한 통제 정보를 기록하는 계정이다.
- 은행이 수출입 관련 외환업무를 할 때, 아직 자산/부채로 인식되지 않은 상태의 외화금액을 추적 관리하기 위해 사용된다.

2 난외계정의 활용 목적

거래진행 통제	자산·부채 발생 이전 단계의 거래 추적
자산·부채 계정 전환 통제	자산화 또는 부채화 시점 명확히 파악
감사 및 내부통제 강화	거래흐름 누락 방지, 부외거래 기록

3 주요 난외계정 항목

수출입신용장(L/C)	• 개설은행이 수입자 요청으로 수출자에게 지급을 보증하는 문서 • 은행의 조건부 지급 약속이며, 실제 지급 시에는 자산계정으로 전환
추심의뢰외환	• 수출자가 은행에 환어음과 운송서류를 넘기고 대금을 회수하도록 요청한 경우 • 자산화 전 단계의 관리용 계정
수입화물대도	• 수입자가 화물을 먼저 수령하고, 대금은 나중에 지급하는 거래 • 은행 리스크 발생 가능성이 있어 난외로 관리
수입신용장 개설잔액	• 수입신용장의 미사용 잔액 추적 • 전액 사용 시 자산 또는 부채 계정으로 전환

4 난외계정의 회계처리 흐름 예시

단계	회계 처리 내용	계정 이동
수입신용장 개설	외화대금 지급 전, 조건부 지급 약정	난외계정 (L/C)
▼		
L/C 조건 이행, 서류 도착	지급 조건 충족, 자산 인식	자산계정(매입외환 등)
▼		
수입자 결제 지연	은행이 대지급, 수입자 미상환 상태	부채계정(미지급외환 등)

5 난외계정의 통제와 감사

- 일일잔액 대조표 관리를 통해 외환거래별 난외잔액을 점검한다.
- 자산·부채화 누락 방지는 외환감사에서 매우 중요한 부분이다.
- 운영 리스크 예방 기능을 수행한다.

03 난외계정

4장 외환회계

6 난외계정과 경과계정의 비교 및 계산 예제

• 난외계정과 경과계정의 개념

구분	정의	대표 계정과목	출제 point
난외계정	재무상태표 본계정(자산·부채) 밖에서 '주기적 메모'로 관리하는 우발채권·우발채무	수입신용장, 지급보증, 외화 선물환 등	우발·약정 = 난외계정
경과계정	결제 시차 때문에 '일시적으로' 금액을 모아 두는 clearing 계정	외화미결제, 미수·미지급외환 등	결제 시차 해결 = 경과계정

• 난외계정과 경과계정의 계산 예제

| 계약체결 (2025-06-17) | • 기업 A가 은행 B에 USD 100,000 선물환 매도(달러를 팔고 원화를 받음) 계약 체결
• 계약 환율(약정환율·Forward Rate): KRW 1,310/USD
• 계약 만기: 2025-09-17
• 분개 |

차변		대변	
난외 선물환매도(USD)	100,000	난외 선물환매도원화상환(USD)	100,000

▼

| 결산일 (2025-06-30) 평가손익 인식 & 경과계정 설정 | • 현물환율(Spot): KRW 1,300/USD
• 기업 A는 결산일 환차손익을 계산해야 함
• 분개 |

차변		대변	
선물환평가손실	1,000,000	미지급선물환평가손실(경과계정)	1,000,000

▼

| 만기일 (2025-09-17) 실제 결제 & 경과계정 소멸 | • 실제 현물환율: KRW 1,340/USD
• 정산 환차손익
 - 만기 환율 1,340원 - 계약환율 1,310원 = -30원(원화 약세, 손실)
 - 정산손실: 30원 × 100,000 USD = 3,000,000원
• 분개(경과계정 소멸 & 실손익 반영) |

차변		대변	
선물환정산손실[1]	3,000,000	미지급선물환평가손실(경과계정)	1,000,000
		외화예금	2,000,000

[1] 134,000,000원(외화예금(USD)100,000 × 1,340원) - 131,000,000원(외화예금(USD) 100,000 × 1,310원)
• 결산 시 인식한 미지급선물환평가손실 1백만 원은 만기일에 대변으로 상계되어 경과계정이 소멸됨
• 만기일 총 선물환정산손실은 3백만 원이며, 이 중 1백만 원은 이미 결산일에 반영된 선물환평가손실 이므로 추가로 반영되는 손실은 2백만 원, 최종 손실은 총 3백만 원임

※ 난외계정은 '약정 사실'만 기록하고, 평가손익은 손익(P/L)계정과 경과계정을 사용해야 한다.
• 즉, 선물환 회계는 난외계정(약정) → 경과계정(평가) → 본계정(결제)의 흐름이다.
• 평가손익 = (계약환율 - 결산환율) × 금액
• 경과계정은 결제 시 반드시 상계·소멸된다.

확인문제로 핵심키워드 정리하기

간단한 쪽지 시험으로 빈출 개념을 다시 정리해 보세요.

1 다음 설명이 맞으면 ○표, 틀리면 ×표 하세요.

(1) 난외계정은 외화재무상태표에 기록되는 자산·부채 항목이다. (   )

(2) 수입신용장은 지급의무가 발생하기 전까지 난외계정으로 관리된다. (   )

(3) 추심의뢰외환은 수출자가 환어음 회수를 위해 은행에 의뢰한 외환이다. (   )

(4) 수입화물대도는 수입자가 물건을 먼저 받고 대금을 나중에 지급하는 거래이다. (   )

(5) 추심의뢰외환은 수출환어음을 이미 자산화한 상태를 의미한다. (   )

(6) 선물환 평가손익은 난외계정에만 기록하고, 손익계정에는 반영하지 않는다. (   )

(7) 결산일 환율이 계약환율보다 낮으면(원화 강세) 선물환매도 기업은 평가손실을 인식한다. (   )

2 다음 빈칸에 들어갈 알맞은 말을 적으세요.

(1) 난외계정은 외환거래 중 (   ) 전에 해당하는 거래를 추적하기 위해 사용된다.

(2) 수출자가 환어음을 은행에 제출해 대금 회수를 의뢰한 외환은 (   )외환으로 분류된다.

(3) 수입자가 물품을 먼저 인도받고 대금을 나중에 지급하는 거래는 (   )대도라고 한다.

(4) 신용장 개설 후 아직 지급되지 않은 미사용 금액은 (   ) 잔액으로 관리된다.

(5) 난외계정은 외화자산 및 부채로 (   )된 거래를 기록하지 않는다.

---

01 수입자가 화물을 먼저 받은 뒤 대금을 나중에 결제하는 거래는?

① 외화차입금
② 수입화물대도
③ 추심의뢰외환
④ 수입신용장 전결제

개념이해 수입자가 화물을 먼저 받은 뒤 대금을 추후 결제하는 선인도 후결제 구조를 수입화물대도라 하며, 난외계정으로 분류된다.

02 다음 중 수출거래에서 발생하는 난외계정이 아닌 것은?

① 매입외환
② 수출신용장
③ 추심의뢰외환
④ 수입화물대도

개념이해 매입외환은 이미 자산으로 인식된 경과계정이며 나머지는 난외계정이다.

---

1 (1) × (2) ○ (3) ○ (4) ○ (5) × (6) × (7) ○
2 (1) 자산화 (2) 추심의뢰 (3) 수입화물 (4) 신용장 (5) 확정

| 정답 | 01 ②　02 ①

04 4장 외환회계
외화자산 및 부채 평가

1 환포지션(Exchange Position)의 개념

- 환포지션이란 외국환 거래에서 외화의 매입액과 매도액 간 차이로 발생하는 잔고(순포지션)이다.
- 이 잔고는 환율변동에 따라 손익이 발생할 수 있는 노출 상태로, 환위험(Exchange Risk)의 직접적인 대상이다.
- 즉, 환포지션은 외환거래의 결과로 남는 포지션(잔고)의 상태를 계량적으로 표현한 것이다.

구분	매입초과 포지션 (Over Bought)	매도초과 포지션 (Over Sold)	스퀘어 포지션 (Square)
외환 매입/매도	매입 > 매도	매입 < 매도	매입 = 매도
외화 자산/부채	자산 > 부채	자산 < 부채	자산 = 부채
환율 상승 시	환차익 발생	환차손 발생	변화 없음
환율 하락 시	환차손 발생	환차익 발생	변화 없음
원화 자금 흐름	원화 유출	원화 유입	없음

2 환포지션 발생 거래유형

환포지션은 주로 원화 수납 조건의 외국환 매도 또는 원화 지급 조건의 외국환 매입에서 발생한다.

거래유형	매입초과 포지션 발생	매도초과 포지션 발생
수출	• 수출환어음 추심전매입 • 수출환어음 부도대금 대외입금 등	• 매입외환 부도대금 자기자금 결제 • 미입금액, Less Charge 징수 등
수입	–	• 수입어음 결제 • 수입대지급 처리
기타	• 타발송금 • 외국통화매입 • 외화예금 지급 • 외화가수금 지급 • 외화수표 추심전매입 등	• 당발송금 • 외국통화 매도 • 여행자수표 판매 등

04 4장 외환회계
외화자산 및 부채 평가

❸ 포지션 조정거래

항목	건별 커버 거래 (Individual Cover Transaction)	일괄 커버 거래 (Bulk Cover Transaction)
정의	일정 금액 이상의 환포지션 발생 시, 본부와의 반대매매를 통해 즉시 환리스크를 제거하는 거래	영업일 마감 시점에 미처리 포지션을 총괄 정산하는 거래
처리 시점	거래 발생 즉시	영업일 마감 시
손익 확정 시점	거래 발생 시점에서 환매매손익 확정	마감 후 정산 시점에 환매매손익 확정
환율 리스크 부담	없음(거래 즉시 환율 고정됨)	있음(마감 전까지 환율 변동 리스크를 영업점이 부담)
거래 방식	건별로 본부와 반대매매	영업점 내부의 매입·매도 상계(Marry) 후 잔여 포지션에 대해 본부와 반대매매
적용 목적	건별로 환리스크 제거	영업일 중 발생한 여러 거래를 종합적으로 정리해 효율적으로 포지션 관리
장점	환리스크 제거가 명확, 손익 관리 용이	업무 간소화, 다수 소액 거래 처리에 적합
단점	거래마다 처리가 필요하여 실무 복잡도 증가	환율변동에 따른 영업점 손실 가능성 존재

확인문제로 핵심키워드 정리하기

간단한 쪽지 시험으로 빈출 개념을 다시 정리해 보세요.

1 다음 설명이 맞으면 ○표, 틀리면 ×표 하세요.

(1) 환포지션이 클수록 환율변동에 따른 손익 가능성도 커진다. ( )

(2) 외화자산이 외화부채보다 많은 경우 매도초과 포지션이다. ( )

(3) 스퀘어 포지션은 외화의 자산과 부채가 동일하여 환리스크가 없다. ( )

(4) 환율이 상승할 경우 매입초과 포지션에서는 환차손이 발생한다. ( )

(5) Cover 거래는 환포지션의 손익을 다음 분기에 이월시켜 처리하는 것이다. ( )

(6) 수입대지급 처리 시 매도초과 포지션이 발생할 수 있다. ( )

(7) 건별 Cover 거래는 본부와 거래 즉시 손익을 확정한다. ( )

2 다음 빈칸에 들어갈 알맞은 말을 적으세요.

(1) 외화자산과 외화부채의 차이로 인해 발생하는 리스크는 ( )이라 한다.

(2) 외환의 매입액이 매도액보다 많은 상태는 ( ) 포지션이다.

(3) 외화부채가 외화자산보다 클 경우 이를 ( ) 포지션이라 한다.

(4) 환율이 상승할 때 매입초과 포지션은 ( )이 발생한다.

(5) 포지션 조정을 위해 본부와 반대 포지션을 체결하는 것을 ( ) 거래라 한다.

---

01 다음 중 '외화자산 > 외화부채'인 경우에 해당하는 환포지션은?

① 스퀘어 포지션
② 매입초과 포지션
③ 매도초과 포지션
④ 리스크 프리 포지션

개념이해 '외화자산 > 외화부채'는 외화를 많이 보유한 상태로, 매입초과 포지션(Overbought Position)이라 불린다. 매입초과 포지션에서는 환율 상승 시 환차익이 발생하며, 환율 하락 시 환차손이 발생한다.

02 다음 중 스퀘어 포지션(Square Position)에 대한 설명으로 옳은 것은?

① 환위험이 발생하지 않는다.
② 외화 매입과 매도가 불일치한다.
③ 외화자산과 부채가 일치하지 않는다.
④ 환율변동에 따라 손익이 크게 발생한다.

개념이해 스퀘어 포지션(Square Position)이란 외환의 매입액과 매도액, 외화자산과 외화부채가 동일하여 환율변동에 따른 손익이 발생하지 않는 상태를 말한다. 즉, 환위험(Exchange Risk)이 발생하지 않는 중립적 포지션이다.

오답분석 ② 스퀘어 포지션은 외화 매입액과 매도액이 동일하다.
③ 외화 자산과 부채가 불일치하면 매입초과 또는 매도초과 포지션에 해당한다.
④ 스퀘어 포지션은 환위험이 없으므로 환율 변동에 따른 손익도 없다.

---

1 (1) ○ (2) × (3) ○ (4) × (5) × (6) ○ (7) ○
2 (1) 환위험 (2) 매입초과 (3) 매도초과 (4) 환차익 (5) 커버

03 다음 중 매도초과 포지션이 발생하는 상황이 아닌 것은?

① 당발송금
② 외화예금 인출
③ 외국통화 매도
④ 수입대지급 처리

개념이해 외화예금 인출은 고객이 은행에 보관 중인 외화를 인출하는 것으로, 은행의 외화자산이 감소하는 거래이다. 이로 인해 매입초과 포지션이 줄어들 수는 있지만, 새로운 매도초과 포지션을 발생시키지는 않는다.

오답분석 ① 외화를 해외로 송금하는 것으로, 외화자산이 감소하여 매도초과 포지션이 발생할 수 있다.
③ 외화보유분을 판매하여 외화자산이 줄어들며, 매도초과 포지션으로 이어질 수 있다.
④ 은행이 수입자의 외화지급을 대신 처리하는 구조로 외화부채가 증가하며, 매도초과 포지션이 발생한다.

04 Cover 거래에 대한 설명으로 가장 적절한 것은?

① 장부상 환차손을 최소화한다.
② 환율 변화에 대한 노출을 유지한다.
③ 환위험을 본부로 이관하여 손익을 확정한다.
④ 포지션을 보전하지 않고 이익을 극대화한다.

개념이해 Cover 거래는 외환 영업점이 발생시킨 환포지션을 본부와의 반대매매를 통해 상쇄하는 방식으로, 환율 변동에 따른 환위험을 본부에 이관하고 해당 시점에 손익을 확정하는 것이 핵심 목적이다.

오답분석 ① Cover 거래는 손익을 회계상 조정하는 수단이 아닌, 외환포지션을 본부에 넘겨 실제 환위험을 제거하고 손익을 실현하는 거래이다.
② Cover 거래는 환율 변화에 대한 노출을 제거하여 리스크를 해소하는 것이 목적이다.
④ Cover 거래는 이익 극대화가 아닌 위험 회피가 목적이며, 포지션을 보전하지 않으면 오히려 리스크에 노출될 수 있다.

05 일괄 Cover 거래의 특성으로 옳은 것은?

① 일계 마감 후 손익을 확정한다.
② 거래 발생 즉시 손익을 확정한다.
③ 영업점은 환위험을 부담하지 않는다.
④ 당일 환포지션 전체를 본부로 이전한다.

개념이해 일괄 Cover 거래는 외환 영업점에서 발생한 환포지션을 영업일 종료 시점에 일괄 정산하는 방식이다. 영업점은 해당 일의 매입·매도 포지션을 내부 상계(Marry)한 후, 잔여 포지션만을 본부와의 반대매매(Cover 거래)로 정리함으로써 환위험을 본부로 이관하고 손익을 확정한다. 따라서 손익 확정 시점은 거래 발생 시점이 아니라 일계 마감 시점이다.

오답분석 ② 건별 Cover 거래에 대한 설명이다. 건별 Cover 거래는 거래 발생 즉시 본부와 반대매매를 체결하여 손익을 확정한다.
③ 일괄 Cover 거래에서는 마감 전까지 환율 변동 리스크를 영업점이 부담한다.
④ 본부는 전체 포지션을 직접 가져가지 않으며, 내부 상계 후 잔여 포지션에 대해서만 반대매매를 통해 정산한다.

06 다음 중 환율 하락 시 환차익이 발생하는 포지션은?

① 스퀘어 포지션
② 매입초과 포지션
③ 매도초과 포지션
④ 고정환율 포지션

개념이해 매도초과 포지션(Over Sold Position)이란 외환 매도액이 매입액보다 많은 상태로, 외화부채가 외화자산보다 큰 구조를 의미한다. 이 경우, 환율이 하락하면(외화 가치 하락) 외화부채를 원화로 환산한 금액이 줄어들기 때문에, 실질적인 환차익이 발생한다.

오답분석 ① 스퀘어 포지션은 외화자산과 부채가 동일한 상태로, 환율이 상승하거나 하락하더라도 손익이 발생하지 않는 환위험이 없는 포지션이다.
② 매입초과 포지션은 외화자산이 외화부채보다 많은 상태로, 환율 하락 시 보유 외화의 가치가 줄어들기 때문에 환차손이 발생한다.

| 정답 | 01 ② 02 ① 03 ② 04 ③ 05 ① 06 ③

외환관련여신

01 외환회계상 자산계정으로만 적절히 묶인 것은?

① 외화예치금, 매입외환, 외화대출금
② 미지급외환, 외화차입금, 외화대출금
③ 외화예치금, 외화예수금, 외화차입금
④ 외화예수금, 외화타점예치금, 외화대출금

02 URDG758의 적용 대상에 가장 부합하는 보증은?

① 단순 대출보증
② 상업신용장 보증
③ 환어음 추심거래 보증
④ 청구보증(Demand Guarantee)

---

01 ① 외화예치금, 매입외환, 외화대출금은 외환회계상 자산계정이다.
오답분석 ② 미지급외환과 외화차입금은 부채계정이다.
③ 외화예수금과 외화차입금은 부채계정이다.
④ 외화예수금은 부채 계정이다.
02 ④ URDG758은 청구보증(Demand Guarantee)에 적용된다.

03 외화대출 리스크와 관련된 설명 중 옳지 <u>않은</u> 것은?

① 환율이 상승하면 대출자의 원화부담이 증가한다.
② 기준금리 상승 시 외화대출 이자도 증가할 수 있다.
③ 외화대출은 원화대출보다 환리스크에 더 민감하다.
④ 환율 변동이 없다면 금리 상승 시 이자도 오르지 않는다.

04 포괄금융에 대한 설명 중 옳지 <u>않은</u> 것은?

① 실적기준금융방식만 활용 가능하다.
② 신용장기준금융방식도 적용 가능하다.
③ 연간수출 1억 달러인 업체도 지원 대상이다.
④ 일정 요건을 갖춘 기업에 대해 자금용도 구분 없이 융자가 가능하다.

---

03 ④ 금리 상승은 환율과 무관하게 외화대출 이자 증가를 초래할 수 있다.
오답분석 ①②③ 외화대출은 환율과 금리 모두에 노출되며, 각 요소는 독립적으로 리스크에 작용한다.
04 ② 포괄금융은 실적기준금융방식에 한정되며, 신용장기준금융방식은 제외된다.
오답분석 ① 포괄금융은 과거 수출실적을 기준으로 융자한도를 부여하는 실적기준금융방식만 허용된다.
③ 포괄금융은 중소·중견 수출기업 등 연간 수출 2억 달러 미만 기업이 주된 지원 대상이다.
④ 포괄금융은 요건을 갖춘 기업에 대해 운전자금·원자재자금 등을 구분하지 않고 일괄적으로 융자가 가능하다.

외환관련여신

05 외환회계상 난외계정에 해당하는 것은?

① 외화콜론
② 미결제외환
③ 외화리스자산
④ 수입물품선취보증

06 외화대출 자금용도 제한이 적용되지 <u>않는</u> 것은?

① 내국수입유산스
② 해외 직접투자 자금
③ 해외차입금 상환자금
④ 외화표시 내국신용장 결제대금

---

05 ④ 난외계정은 재무제표에 직접 반영되지 않고, 부외계정으로 관리되며, 지급보증 관련 항목들이 대표적이다. 확정외화지급보증인 수입물품선취보증은 난외계정으로 처리된다.

오답분석 ① 외화콜론은 외화로 대출한 자금이므로, 외화자산으로 회계상 본계정에 기록된다.
② 미결제외환은 외화로 수취하거나 지급할 예정인 금액으로, 외화자산 또는 외화부채로 처리되는 본계정 항목이다.
③ 외화리스자산은 외화로 표시된 리스계약에 따라 인식되는 자산으로, 대차대조표에 반영되는 외화표시 자산 계정이다.

06 ① 내국수입유산스 등은 외화대출 용도제한에서 예외로 분류된다. (원칙적으로 외화대출은 해외 실수요 목적이 필요하며, 국내 결제자금은 제한되나 유산스는 예외임)

07 다음 중 보증인의 지급책임이 발생하는 조건으로 가장 옳은 것은?

① 지급보증료 납부 여부
② 기초계약의 불이행 증명
③ 수익자의 청구 및 조건 일치
④ 보증신청인의 지급불능 선언

08 다음 중 무역금융 융자대상에서 제외되는 항목은?

① 중계무역 수출
② 내국신용장 매입
③ 수출신용장 매입
④ 위탁가공 무상수출

07 ③ 지급보증은 수익자의 청구와 보증 조건의 일치 여부에 따라 지급된다. 지급보증은 기초계약과 독립된 계약이며, 조건 일치 시 즉시 지급이 원칙이다.

08 ① 중계무역은 실질적 가공이 수반되지 않기 때문에 무역금융 융자대상에서 제외된다.
오답분석 ② 내국신용장 매입은 수출을 전제로 한 내수거래로 인정되어 무역금융 융자 대상이다.
③ 신용장(L/C)에 따른 수출은 정형화된 외화 획득 거래로, 가장 대표적인 무역금융 융자 대상이다.
④ 위탁가공 무상수출은 비록 대가 없이 원자재를 제공하지만, 가공 후 재수출을 전제로 하여 실물수출로 인정되어 무역금융 융자대상에 포함된다.

외환관련여신

09 다음 중 경과계정에 해당하는 항목은?

① 외화콜론
② 외화예수금
③ 외화대출금
④ 외화타점예치금

10 비거주자 대상 외화대출에 대한 설명으로 옳은 것은?

① 국내법인이 아닌 외국기업에는 외화대출이 제한된다.
② 외국환은행은 비거주자에 대해 보증 없이 대출 가능하다.
③ 국내기업의 보증이 있는 경우 비거주자도 외화대출이 가능하다.
④ 국내모기업이 현지법인을 대신하여 차입할 경우 대출이 불가하다.

---

09 ④ 외화타점예치금은 결제 전까지 외환은행 예치 상태로 유지되는 경과계정이다. 경과계정은 거래 미완료 상태에서 임시로 기록되는 계정이며, 결제 시 정리된다.
오답분석 ① 외화로 취급된 여신(대출금)으로, 자산계정에 해당한다.
② 일반적으로 부채계정에 해당한다.
③ 확정된 외화대출로, 자산계정에 해당한다.
10 ③ 비거주자에 대한 외화대출은 국내기업의 보증이나 담보가 있는 경우 가능하다.
오답분석 ① 비거주자(외국기업 포함)에 대한 외화대출은 일정 요건을 갖추면 허용된다.
② 비거주자에 대한 외화대출은 원칙적으로 보증 또는 담보 등 신용보강이 요구된다.
④ 국내모기업이 자회사(비거주자)를 대신해 외화차입할 수 있으며, 국내모기업 명의로 차입 후 자회사에 전대(재대여)하는 방식도 허용된다.

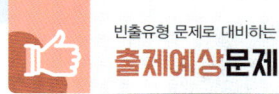

11 지급보증의 청구서 수령 시 보증인이 취해야 할 적절한 조치는?

① 무조건 지급
② 하자 여부에 대한 문면심사
③ 외화 송금 여부 확인 후 지급
④ 보증신청인에 대한 확인 후 지급

12 외환회계에서 외환매매차익 발생 원인으로 가장 적절한 것은?

① 지급보증서의 발행
② 외화계정의 만기 도래
③ 환율변동에 따른 매매차
④ 외화대출금의 이자 감면

11 ② 보증인은 청구서 접수 시 문면상 조건 일치 여부를 심사한 후 지급 여부를 결정한다. 지급보증은 기초계약과 독립되므로, 보증인은 보증 조건과 청구서가 일치하는지에 대해서만 판단하면 된다.

12 ③ 외환매매손익은 환율 변동에 따라 외화를 매매할 때 발생하는 차이에서 비롯된다. 고객이 외화를 사고팔 때 적용되는 매입/매도환율 차이에서 은행에 손익이 발생하며, 이는 주로 환율 움직임에 따라 결정된다.

외환관련여신

13 내국신용장제도의 활용목적 중 가장 핵심적인 것은?

① 보세구역 확대
② 외환보유액 절감
③ 국내 내수시장 보호
④ 수출용 원자재의 안정적 확보

14 외환대출의 금리 결정에 직접적으로 영향을 미치는 요소는?

① 외환보유액
② 한은 기준금리
③ 국내 은행의 환가료율
④ 외화대출 취급은행의 가산금리

13 ④ 내국신용장은 수출용 원자재를 국내에서 조달할 수 있도록 보장하는 제도다. 중소기업이 수출업체로부터 내국신용장을 받아 원자재 공급계약을 체결하고, 은행으로부터 무역금융을 지원받을 수 있도록 한다.
오답분석 ① 내국신용장제도의 목적과는 직접적인 관련이 없다.
② 외환 절감 효과가 간접적으로 있을 수 있으나, 제도의 핵심 목적은 아니다.
③ 내국신용장은 수출을 위한 내수공급 활성화가 목적이다.

14 ④ 외환대출 금리는 주로 해외차입 기준금리에 국내 은행이 부과하는 가산금리에 따라 결정된다. 보통 SOFR 같은 국제 기준금리에 각 은행의 신용리스크·수익률 등을 고려한 가산금리가 붙는다.

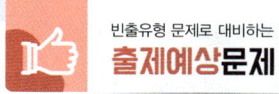

15 URDG758 규칙에 따른 지급보증의 특징 중 옳은 것은?

① 기초계약과의 연계성이 전제된다.
② 수익자의 청구는 언제든 거절이 가능하다.
③ 지급보증은 독립성과 무조건성이 핵심이다.
④ 지급보증의 서류요건이 없을 경우 자동으로 효력이 상실된다.

16 외화계정 자산·부채의 환산 및 평가 방식으로 가장 적절한 것은?

① 정산일 기준 환율
② 평가시점 기준 시장환율
③ 계약시점의 고정환율 적용
④ 금융감독원이 제시한 기준환율

15 ③ URDG758은 보증이 독립적이며 조건만 충족되면 무조건 지급되어야 함을 규정한다. URDG는 추상성(추심서류에만 의존)과 독립성(기초계약과 분리)을 강조하는 구조로, 수익자 보호에 중점을 둔다.
오답분석 ① 청구보증은 기초계약과 법적으로 독립된 별개의 확약이다.
② 수익자가 보증서 조건에 맞게 청구하면, 보증인은 기초계약과 관계없이 반드시 지급해야 한다.
④ URDG758에서는 청구에 요구되는 서류가 명시되지 않은 경우, 기본적으로 청구서만으로도 유효한 청구가 가능하다고 본다.
16 ② 한국채택국제회계기준(K-IFRS)에 따라 외화평가는 실현환율이 아닌 평가일(기말) 기준 시장환율로 환산하여 환차익/손을 계상한다.

외환관련여신

17 무역금융 지원의 정책적 목적으로 옳지 <u>않은</u> 것은?

① 환율방어
② 내국신용장거래 안정화
③ 중소기업 수출금융 지원
④ 수출확대를 통한 외화획득

18 간접보증 구조에서 구상보증인의 역할로 옳은 것은?

① 보증서 발행 직접 수행
② 수익자의 지급청구 처리
③ 채권자의 보증 요청 수령
④ 해외은행에 대한 역보증 제공

17 ① 환율방어는 외환시장 개입을 통해 한국은행이나 정부가 수행하는 기능이다.
오답분석 ②③④ 무역금융은 내국신용장거래 안정화, 중소기업 수출금융지원, 외화획득 촉진을 주요 목표로 한다.
18 ④ 구상보증인은 현지(해외) 보증은행에 보증서 발행을 요청하고, 역보증을 제공한다. 중동·동남아 등에서 외국은행 보증서만 인정되는 경우, 국내 은행이 보증인을 직접 서지 않고 해외은행에 요청하는 간접보증 방식을 사용한다.

19 외화거래 시 발생하는 외화환산손익의 계상 시점으로 옳은 것은?

① 정산일
② 지급일
③ 계약일
④ 발생시점

20 내국신용장제도에 따라 융자 취급이 가능한 은행이 아닌 것은?

① 시중은행
② 산업은행
③ 외국환은행
④ 외국은행 국내지점

19 ④ 외화자산이나 부채는 평가시점(기말)의 환율을 반영하여 원화로 환산되며, 이때 발생하는 외화환산손익은 발생주의에 따라 발생시점에 즉시 손익으로 인식된다. 환율변동에 따라 장부상 원화가치가 달라질 경우, 평가손익은 기말에 재무제표에 반영해야 한다.
20 ④ 외국은행 국내지점은 내국신용장 개설 및 융자취급 권한이 없다.
오답분석 ①②③ 내국신용장 융자는 국내 금융기관 중심으로 운영되며, 외국은행 국내지점은 관여 불가하다.

모바일 OMR 채점 & 성적 분석

QR 코드를 활용하여, 쉽고 빠른
응시 – 채점 – 성적 분석을 해 보세요!

STEP 1   QR 코드 스캔

STEP 2   모바일 OMR 작성

STEP 3   채점 결과 & 성적 분석 확인

해당 서비스는 2026. 07. 31까지만 이용하실 수 있습니다.

▶ QR 코드는 어떻게 스캔하나요?

① 네이버앱 ⇨ 그린닷 ⇨ 렌즈
② 카카오톡 ⇨ 더보기 ⇨ 코드 스캔(우측 상단 모양)
③ 스마트폰 내장 카메라 사용(촬영 버튼을 누르지 않고 카메라 화면에 QR 코드를 비추면 URL이 자동으로 뜬답니다.)

적중
모의고사

적중모의고사 **1**회   274

적중모의고사 **2**회   284

적중모의고사 1회

⏱ 제한시간: 120분

정답과 해설 2p

[1과목] 수출입실무

01 다음 중 「전략물자수출입고시」에 따라 '수출금지' 품목으로 지정될 수 없는 것은?

① 소말리아산 숯
② 콘덴세이트(경질 원유)
③ 미사일 관련 추진체 부품
④ 핵공급그룹(NSG) 통제 품목

02 대외무역법시행령이 정한 '수출' 정의에 포함되지 않는 경우는?

① 거주자가 비거주자에게 용역 제공
② 국내 제조 물품을 증여 목적으로 해외 반출
③ 보세판매장에서 외국인에게 국내 생산품 판매
④ 산업통상자원부 고시에 따라 무상으로 외국에서 외국으로 인도

03 Incoterms 2020 기준 'FOB 부산항' 조건에서 매도인의 위험이 종료되는 시점으로 옳은 것은?

① 본선 적재가 완료되는 순간
② 선적항 CY 반입 시점
③ 본선이 목적항에 도착한 때
④ 선적항 세관 수출신고필증 교부 시

04 컨테이너 화물에 적합한 조건으로, 매도인이 CY에서 운송인에게 인도하면 위험이 이전되는 Incoterms 2020 조건은? [2점]

① FOB ② FCA ③ CPT ④ CIF

05 CAD(Cash Against Documents) 결제방식에 대한 설명으로 옳은 것은? [2점]

① 환어음을 첨부한 D/P Usance
② 선적 후 OA(Net 30)로 결제 유예
③ 선적서류와 상환으로 대금 즉시 결제
④ 물품 인도와 동시에 현장 현금 결제

06 OA(Open Account) 거래의 특징으로 가장 적절한 것은?

① 선적 전에 대금이 지급된다.
② 은행 환어음의 인수가 필수다.
③ 선적통지 시점에 외상채권이 성립한다.
④ 대금회수 위험이 낮아 초기 거래에 주로 쓴다.

07 Banker's Usance L/C에서 'Acceptance Commission'이 부과되는 당사자는? [2점]

① 개설은행
② 상환은행
③ 수출상(수익자)
④ 지정은행(매입은행)

08 신용장 '조건변경(Amendment)' 통지에 대한 설명으로 옳지 않은 것은?

① 부분적(일부) 수락은 허용되지 않는다.
② 개설은행·확인은행·수익자 3자의 합의가 필요하다.
③ 수익자가 묵묵부답이면 변경 내용이 자동 수락된다.
④ 반드시 원 신용장을 통지한 동일 은행을 통해야 한다.

09 상환은행에 대한 'Reimbursement Claim' 용도로 사용되는 SWIFT Message Type은?

① MT 707
② MT 740
③ MT 742
④ MT 756

10 DAP, DPU, DDP 조건을 비교한 설명으로 옳은 것은? [2점]

① DAP는 매도인이 관세를 부담한다.
② DDP는 수입통관 책임이 매수인에게 있다.
③ 세 조건 모두 양하(Unloading)는 매수인 부담이다.
④ DPU는 매도인이 양하를 책임지는 유일한 조건이다.

11 CIF와 CIP 조건의 공통점으로 옳은 것은? [2점]

① 위험 이전 분기점은 목적지 도착 시점이다.
② 두 조건 모두 모든 운송 방식에서 사용 가능하다.
③ 매도인은 지정목적항까지 운임·보험을 모두 부담한다.
④ 운임만 매도인이 부담하고 보험은 매수인이 부담한다.

12 국제팩터링 거래에 대한 설명으로 옳은 것은?

① 신용장 방식의 거래다.
② 수수료는 모두 수입상이 부담한다.
③ 수출상은 별도로 담보를 제공해야 한다.
④ 수출팩터는 소구권 없이 채권을 매입한다.

13 포페이팅(Forfaiting) 거래의 특징으로 옳지 않은 것은?

① 소구권 없이 채권을 매입한다.
② 변동금리로 할인 이자가 결정된다.
③ 별도의 담보·보증을 요구하지 않는다.
④ 통상 1~10년 중장기 어음을 할인한다.

14 다음 중 'NET 30 Days' 조건에 대한 설명으로 옳지 않은 것은?

① 사후송금방식의 일종이다.
② 선적 시점에 채권·채무가 성립한다.
③ 은행이 개입하는 동시결제방식이다.
④ 'OA Nego' 시 은행은 수입상의 물품수령 증빙을 요구한다.

15 추심지시서 표현 중 'D/A'로 간주되는 것은? [2점]

① at sight on arrival of vessel
② D/P, at 30 days after B/L date
③ at 60 days after the date of draft
④ deliver documents against payment

16 OA 거래에서 'OA Nego'의 의미로 옳은 것은?

① 수입상이 PSI 후 결제를 유예
② 수출상이 선적 전 결제 보증을 확보
③ 수입상이 서류 인도 즉시 대금을 결제
④ 수출상이 외상채권을 은행에 매각해 조기 현금화

17 다음 중 수출상에게 가장 높은 대금회수 안전성을 제공하는 결제 방식은?

① D/A
② 포페이팅
③ 사후송금(OA)
④ T/T in Advance

18 다음 중 Incoterms® 2020에서 FOB 조건 사용 시, 매수자가 추가로 점검해야 할 사항으로 옳은 것은?

① 보험 가입 시 담보 범위
② 수출 통관 절차의 책임자
③ 수입 통관 시 관세 부담 주체
④ 본선 적재 전 하역비 부담 주체

19 다음 중 'FOB' 조건 운임 표기로 옳은 것은? [2점]

① freight collect
② freight prepaid
③ freight at CFR basis
④ freight payable at destination

20 SWIFT MT 707(Amendment) 전문을 수익자에게 통지할 때 반드시 기재해야 하는 문구가 아닌 것은? [2점]

① 원 신용장 번호
② Amendment 번호
③ 'Non-negotiable' 표시
④ 'Signature Verified' 표시

21 다음 중 OA Nego와 L/C Nego·D/P Nego를 구별하는 핵심 기준으로 가장 적절한 것은? [2점]

① 매입은행이 요구하는 송금수수료 규모
② 매입은행의 선하증권 담보권 보유 여부
③ 매입은행이 대출한도를 별도로 설정하는지 여부
④ 매입은행이 지정은행(Confirming Bank)인지 여부

22 OA Nego를 취급하려는 은행이 반드시 사전에 징구해야 하는 서류는? [2점]

① 외국환은행 지정서
② 수출상 사업자등록증 사본
③ 수입상의 물품수령 증빙(POD, 인수증 등)
④ 수출상과 수입상 간 기본매매계약서 사본

23 Banker's Usance L/C에서 A/D Charge(인수·할인수수료)를 부담하는 주체는?

① 개설은행   ② 상환은행
③ 수출상(수익자)   ④ 수입상(개설의뢰인)

24 포페이팅(Forfaiting) 거래에 대한 설명으로 옳지 않은 것은?

① 대개 고정금리로 할인한다.
② 담보·보증을 반드시 요구한다.
③ 무소구(Non-recourse) 할인이다.
④ 플랜트·중장기 설비 수출에 활용된다.

25 SWIFT 메시지 유형 중 신용장 조건 변경을 통지할 때 사용하는 형식은?

① MT 707
② MT 740
③ MT 742
④ MT 756

26 다음 중 NET 30 Days 조건의 특징으로 옳은 것은?

① 추심은행이 어음 인수 보증
② 서류 인도와 동시 현금 결제
③ 선적 일자 기준 30일 후 결제
④ 물품 인수 일자 기준 30일 후 결제

27 다음 중 OA Nego를 은행 내부 여신한도에 편입할 때 일반적으로 사용하는 분류는? [2점]

① 동일인 한도여신에 포함
② D/A 매입외환 한도에 통합
③ 무담보대출 한도에서 별도 관리
④ 해외지점 전결 한도로 별도 관리

28 다음 중 SWIFT GPI(Global Payment Innovation)의 핵심 서비스로 적절하지 않은 것은? [2점]

① 해외송금 실시간 추적
② 중계은행 수수료 투명 조회
③ 당일 중 착금(송금 Same-Day)
④ Documentary Credit 전자통지

29 다음 중 SWIFT 메시지 카테고리와 대표 용도를 옳게 짝지은 것은? [2점]

① MT 1xx – 추심업무
② MT 2xx – 국제금융(FX·Swap)
③ MT 4xx – Documentary Credit
④ MT 7xx – 고객송금

30 포페이팅의 할인 대상 채권으로 가장 일반적인 것은?

① 가공무역 수수료채권
② OA 거래 단기 매출채권
③ 선하증권 담보 대출채권
④ 신용장 기반 기한부 환어음

31 OA Nego에서 환매채무(Recourse)가 발생하는 상황은?

① 개설은행이 L/C 취소
② 상환은행이 상환 청구
③ 매입은행이 선하증권 분실
④ 수입상이 만기 대금을 지급 거절

32 대금회수 안전성 기준으로 수출상에게 가장 위험한 결제방식은?

① OA
② D/P
③ CAD
④ Banker's Usance L/C

33 다음 중 OA 거래에 대한 설명으로 옳지 않은 것은?

① 선적통지 시점에 채권이 발생한다.
② 은행은 선하증권 담보권을 확보한다.
③ 우량 기업 중심으로 거래가 제한적이다.
④ 선적서류는 수출상이 직접 수입상에 전달한다.

34 다음 중 SWIFT MT 756의 용도에 대한 설명으로 옳은 것은? [2점]

① 매입은행 → 상환은행 : 상환청구
② 개설은행 → 수익자 : 조건변경 통지
③ 개설은행 → 상환은행 : 상환수권 통지
④ 상환은행 → 매입은행 : 지급·상환 완료 통보

35 OA Nego 한도약정 절차의 순서로 올바른 것은? [2점]

A. 수출상·은행 간 한도약정 체결
B. 수입상 서면 동의 획득
C. 은행 내부 여신승인
D. 물품 선적·선적통지

① A → C → B → D
② B → C → A → D
③ C → A → B → D
④ C → B → A → D

[2과목] 국제무역규칙

36 Under UCP600, which of the following statements is NOT correct?

① 'Applicant' means the party on whose request the credit is issued.
② 'Advising bank' means the bank that advises the credit at the request of the applicant.
③ 'Confirmation' is a definite undertaking of the confirming bank, in addition to that of the issuing bank, to honour or negotiate a complying presentation.
④ 'Complying presentation' means a presentation that is in accordance with the terms and conditions of the credit, the applicable provisions of UCP 600 and international standard banking practice.

37 Which of the following statements correctly reflects the 21-calendar-day presentation rule in UCP600 Article 14(c)?

① The 21 days start from the issuance date of the credit.
② The rule may be waived if the credit expressly allows a different period.
③ The rule governs every document, including those not subject to Articles 19–25.
④ Even if the credit states 'stale documents acceptable,' the 21-day limit still applies.

38 According to ISBP821 (A)23, which misspelling would constitute a discrepancy?

① modle instead of model
② mashine instead of machine
③ 'model 123' instead of 'model 321'
④ fountan pen instead of fountain pen

39 Under ISBP821, the term 'shipping documents' excludes which of the following?

① Drafts
② Bill of lading
③ Courier receipt
④ Multimodal transport document

40 If a credit states 'third-party documents acceptable' what does ISBP821 allow?

① All documents must bear the beneficiary's name as issuer.
② Only transport documents may be issued by a third party.
③ Third-party documents are acceptable only if co-signed by the applicant.
④ Any document(except drafts) may be issued by a party other than the beneficiary unless the credit forbids it.

41 Under ISP98 Rule 1.06, a standby letter of credit is:

① Revocable at will by the applicant.
② Revocable, dependent, and documentary.
③ Binding only upon beneficiary's countersignature.
④ Irrevocable, independent, documentary, and binding.

42 How does ISP98 Article 4.11 treat a non-documentary condition?

① It shall be disregarded.
② It causes the standby to be void.
③ It is subject to applicant's final approval.
④ It must be complied with by separate evidence.

43 Under URDG758 Article 7, which clause is a non-documentary condition? [2점]

① "This guarantee expires two years after issuance."
② "Expiry upon issuance of a performance bond by ABS Bank."
③ "Claim valid only if shipment not effected by 30 June 20XX."
④ "Expiry upon beneficiary receiving USD 1 million on its account."

44 URDG758 Article 5 states that a guarantor's undertaking is independent of:

① its own books and records
② the advising bank's confirmation
③ the beneficiary-applicant relationship
④ obligations under the counter-guarantee

45 Under URR725 Article 1, who bears primary responsibility for indicating that reimbursement is subject to URR 725 in the credit?

① Applicant
② Issuing bank
③ Claiming bank
④ Reimbursing bank

46 A credit calls for a draft at '60 days after sight' drawn on ABC Bank. Which statement is incorrect under UCP 600?

① If available by deferred payment, no draft is required.
② If available by acceptance, ABC Bank may accept the draft.
③ If available by sight payment, drawing a draft is optional.
④ If the credit is available by negotiation, ABC Bank may purchase the draft before maturity.

47 Under ISBP821, which statement about 'stale documents acceptable' is true?

① It applies only to transport documents.
② It overrides the latest shipment date in the credit.
③ It waives the 21-day rule but not the credit expiry.
④ It permits presentation of documents after credit expiry.

48 Which of the following is NOT a shipping document as defined in ISBP821?

① Delivery order
② Mate's receipt
③ Commercial invoice
④ Forwarder's cargo receipt(FCR)

49 Under URR725, a reimbursement undertaking cannot be amended or cancelled without the agreement of the:

① Beneficiary
② Issuing bank
③ Claiming bank
④ Confirming bank

50 If the last day for presentation stated in an ISP98 standby falls on a non-business day at the place of presentation, when is a presentation deemed timely?

① Only on the stated expiration date
② On any day agreed with the issuer
③ On the first following business day
④ On the business day immediately preceding the expiration date

51 Under ISP98, which of the following standby clauses is regarded as a non-documentary condition that must be disregarded when examining a presentation? [2점]

① Demand must state the drawing amount.
② Original commercial invoice must show HS-Code.
③ The applicant's sales contract has been fulfilled.
④ Beneficiary must deliver goods of satisfactory quality.

52 On documents presented Monday 1 September, which notice date would NOT be considered timely under ISP98? (Assume issuer's business days = Monday-Friday) [2점]

① 2 September (Tue)
② 4 September (Thu)
③ 8 September (Mon)
④ 11 September (Thu)

53 A standby simply states 'TRANSFERABLE'. What do the drawing rights mean according to ISP98 Rule 6.02?

① They may be partially transferred.
② They may be transferred by any advising bank.
③ They may be transferred in their entirety more than once.
④ They require only the issuer's consent, not the nominated person's.

54 According to ISP98, if the stated expiration date(30 June Sunday) is a non-business day at the place of presentation, a presentation on which day is still considered timely? [2점]

① 28 June (Fri)   ② 30 June (Sun)
③ 1 July (Mon)   ④ 2 July (Tue)

55 Which statement about partial drawings under ISP98 is correct?

① Partial drawings are prohibited unless the standby expressly allows them.
② Partial drawings are permitted even if the standby states 'one drawing only'.
③ A standby may provide that no partial drawing is allowed.
④ Once any partial drawing is made, no further drawing is possible even if credit remains.

56 Which of the following statements correctly reflects the independence principle in ISP98 Rule 1.07?

① Applicant's insolvency cancels the standby.
② Issuer may demand evidence of shipment before payment.
③ The issuer's obligation is independent of the underlying transaction.
④ A fraud allegation in the underlying contract automatically relieves the issuer from honouring.

57 Under URDG 758 Article 5, which statement best expresses the independence of a demand guarantee?

① The guarantor verifies the physical shipment of goods.
② The beneficiary must first exhaust remedies against the applicant.
③ The guarantor examines only the demand and required documents.
④ The guarantor's liability depends on the applicant's default being proven in court.

58 How many business days does the guarantor have to examine a demand that is not stated to be completed later (URDG 758 Art. 20)?

① 3 banking days
② 5 business days
③ 7 business days
④ 5 calendar days

59 Which URDG758 clause deals with non-documentary conditions that the guarantor must disregard? [2점]

① Article 6
② Article 7
③ Article 17
④ Article 23

60 According to UCP600 Article 2, which definition is correct for an advising bank?

① A bank that issues a credit.
② A bank that confirms and pays the credit.
③ A bank that reimburses the negotiating bank.
④ A bank that advises the credit at the request of the issuing bank.

[3과목] 외환관련여신

61 다음 중 실적기준금융 융자한도 관리에 대한 설명으로 옳지 않은 것은?

① 수입대행업체가 개설한 수입신용장은 실수요자 한도 관리 대상에서 제외된다.
② 융자한도는 전년도 또는 과거 1년간 수출실적을 기준으로 외국환은행이 자율 산정한다.
③ 한도 관리 시 실적기준금융은 미달러화 금액으로 표시하며 한도 내에서 회전사용을 허용한다.
④ 원자재자금의 경우 내국신용장이 한도 안에서만 개설되면 결제 시점에 한도가 부족하더라도 융자가 가능하다.

62 다음 중 무역금융 융자대상에서 제외되는 수출실적에 해당하는 것을 모두 고른 것은?

가. 중계무역방식 수출실적
나. 중장기 연불방식 수출실적
다. 위탁가공무역방식 수출실적
라. 한국수출입은행 수출자금대출 수혜실적

① 가, 다
② 나, 라
③ 가, 나, 다
④ 가, 나, 라

63 생산자금 융자기간을 결정할 때 가장 핵심적으로 고려해야 할 요인은?

① 선적물품의 CIF 가격
② 해당 업체의 1회전 소요기간
③ 외환은행이 보유한 외화 유동성 비율
④ 한국은행이 고시한 수출입은행 대출금리 변동폭

64 무역금융 포괄금융에 대한 설명으로 옳은 것은?

① 전년도 수출실적 3억 달러 업체도 신청 가능하다.
② 내국신용장을 통한 완제품 구매자금도 포함된다.
③ 외국환은행이 아닌 일반 은행도 취급 가능하다.
④ 자금 용도별 구분 없이 생산·원자재 자금을 일괄 지원한다.

65 신용장기준금융과 실적기준금융 비교 설명 중 옳은 것은?
① 신용장기준금융은 신규업체보다 기존업체가 편리하다.
② 실적기준금융 이용 시 융자한도는 한국은행이 직접 산정한다.
③ 실적기준금융은 원자재 사전 비축이 어려운 업종에서 주로 사용한다.
④ 신용장기준금융의 융자기간은 선적기일·유효기일을 감안하여 거래 외국환은행이 정한다.

66 무역금융에서 화물운임분 원자재자금을 별도 취급하려면 은행에 제출해야 하는 필수 증빙은?
① 운임증명서
② 세금계산서
③ 선하증권(B/L)
④ 보험증권(C/I)

67 다음 중 무역금융 융자금액 산정 시 적용하는 환율로 옳은 것은?
① 당일 전신환매입율
② 전전월 현찰매도율
③ 융자취급일 전월 평균 매매기준율
④ 한국은행 고시 기준환율(직전 3일 평균)

68 다음 사례 중 완제품구매자금 융자대상이 아닌 것은?
① 내국신용장으로 국내 생산된 완제품 구매
② 수입신용장 CAD 조건으로 해외 완제품 직수입
③ Local L/C 개설 후 국내 업체로부터 완제품을 공급받음
④ 외화표시 내국신용장에 의해 국내 제조업체가 공급한 완제품 구매

69 외화대출 금리체계에서 기준금리를 구성하는 요소는?
① RFR + 가산금리
② SOFR + SONIA
③ 대체금리 + 가산금리
④ RFR + 조달스프레드 + 가산금리

70 변동금리 외화대출의 기준금리가 0.5%에서 2.5%로 상승했을 때 발생할 직접적인 재무 영향으로 옳지 않은 것은?
① 환차손 증가
② 외화이자 비용 증가
③ 기업 신용등급 하락 위험
④ 현금흐름(영업) 감소 가능성

71 다음 중 거주자 외화대출 용도 제한을 초과하여 예외적으로 허용되는 사례는?
① 해외 원자재 결제자금
② 국내 재고구매 운전자금
③ 해외법인 설립을 위한 직접투자 자금
④ 2008년 10월 26일 이전 체결 KIKO 결제자금

72 LIBOR 산출중단 이후 미 달러화 대출 기준금리로 가장 널리 쓰이는 대체지표는?
① SARON
② SONIA
③ SOFR
④ TONAR

73 다음 중 외화대출 환위험 관리수단으로 적절하지 않은 것은?

① 선물환 매수
② 통화옵션 매수
③ 신디케이티드론 참여
④ 무역보험공사 환변동보험

74 Standby L/C와 Demand Guarantee 비교 중 옳지 않은 것은?

① Demand Guarantee는 URDG758을 준용한다.
② Standby L/C는 UCP600 또는 ISP98을 준용한다.
③ Demand Guarantee는 보증서 내용이 장문인 경우가 많다.
④ Standby L/C는 주로 계약 이행 목적, Demand Guarantee는 불이행 목적이다.

75 다음 중 대내 외화표시 지급보증 사례에 해당하는 것은?

① 국내 은행이 미국 발주처에 보증서 발행
② 해외 은행이 국내 발주처에 보증서 발행
③ 국내 은행이 해외 은행 보증을 역보증하는 형태
④ 국내 은행이 국내 거주자에게 EUR 표시 보증 발행

76 지급보증서 발행이 일반여신과 동일하게 신중히 검토되어야 하는 주된 이유는?

① 보증채무는 자금이 수반되지 않는다.
② 보증서 발행 수수료가 높아 수익성이 좋다.
③ 외국환거래법 신고 대상이 아니기 때문이다.
④ 대지급 발생 시 은행 재무상태에 영향을 미칠 수 있다.

77 다음 중 Standby L/C 요구서류로 가장 일반적인 것은?

① 선하증권 원본
② 환어음 배서본
③ 선적통지서(SN)
④ 청구사유진술서(Statement of default)

78 외환회계상의 경과계정과 결제계정 연결이 틀린 것은?

① 매입외환 - 자산/경과계정
② 외화본지점 - 자산/경과계정
③ 미지급외환 - 부채/경과계정
④ 외화타점예수금 - 부채/결제계정

79 다음 중 미결제외환 계정으로 처리되는 대표적인 예는?

① 수출환어음 추심전매입 부족입금분
② 외화송금수표 발행 후 해외 계정 차기 전
③ 외화표시 내국신용장 매입 후 대금 입금 전
④ 전신송금 실행 직후 우리은행 해외계정 차기

80 외환거래 손익 중 수수료 부문에 해당하지 않는 것은?

① 외화대체료
② 외화수표 매입수수료
③ 수입신용장 개설수수료
④ 전신환매입율과 매도율 차이로 인한 손익

적중모의고사 2회

⏱ 제한시간: 120분   정답과 해설 14p

[1과목] 수출입실무

01 다음 중 FOB 부산항 조건에서 매도인의 위험이 종료되는 시점으로 옳은 것은?
① 목적항 양하 완료 시
② 본선 적재가 끝난 순간
③ 운송인이 B/L을 발행한 때
④ 선적항 세관 수출신고필증 발급 시

02 CIF 조건에서 매도인이 가입해야 할 적하보험의 최소 담보수준과 보험금액 기준으로 옳은 것은?
① ICC(A) / 인보이스 금액의 110%
② ICC(C) / 인보이스 금액의 100%
③ ICC(C) / 인보이스 금액의 110%
④ ICC(B) / 인보이스 금액의 115%

03 CIP 조건과 CIF의 차이점으로 가장 적절한 것은? [2점]
① 운임은 매수인이 부담한다.
② 매도인은 보험 가입 의무가 없다.
③ 위험 이전 분기점이 본선 적재가 아니다.
④ 도착지에서 양하 책임이 매도인에게 있다.

04 OA Nego의 법률적 성격으로 옳은 것은?
① 차환어음 매입
② 무소구 채권양도
③ 운송서류 담보 대출
④ 환매조건부 지명채권 양도

05 은행이 OA Nego를 실행하기 전에 반드시 징구해야 하는 서류로 옳은 것은?
① 외국환은행 지정서
② 기본매매계약서 사본
③ 수출상 사업자등록증
④ 물품수령증(POD) 등 인수 확인서

06 OA Nego 여신은 국내 은행에서 어떤 계정으로 관리되는가?
① 무담보대출 한도
② 동일인 한도 여신
③ D/A 매입외환 한도
④ 해외지점 전결 한도

07 무역계약에서 불가항력 조항(Force Majeure Clause)과 직접적으로 관련이 없는 사례는? [2점]
① 항만 파업으로 인한 선적 지연
② 국가 간 전쟁으로 인한 선박 운항 중단
③ 자연재해(태풍, 홍수)로 인한 공장 가동 불능
④ 수출자가 의도적으로 미리 준비한 원자재를 계약 후에 다른 곳에 유용한 경우

08 신용장 조건변경(Amendment)이 효력을 발생하기 위한 요건으로 옳지 않은 것은?
① 수익자가 서면으로 수락
② 개설은행·수익자 간 합의
③ 수익자의 부분 수락 허용
④ 원 신용장을 통지한 은행 경로로 통지

09 신용장에서 선적일은 명시되어 있으나 '서류제시 기한'이 별도로 기재되어 있지 않을 경우, 서류는 선적일로부터 며칠 이내에 제시해야 하는가?

① 14일　② 18일　③ 21일　④ 30일

10 다음 중 추심방식 수입거래에 대한 은행의 책임으로 옳은 것은? [2점]

① 추심은행은 서류심사의 의무가 있다.
② 추심은행은 상품의 품질과 수량을 반드시 확인해야 한다.
③ 추심은행은 서류의 정확성·진정성 등에 대해서는 면책된다.
④ 추심은행은 수입상이 대금을 지급하지 않을 경우 대신 지급해야 한다.

11 Negative List System에 관한 설명 중 옳은 것은?

① HSK 6단위까지만 분류
② 허용 품목만 고시하며, 그 외는 모두 금지
③ 특정 전략물자만 별도 허가, 나머지는 자유
④ 대외무역법은 원칙적 자유·예외적 제한 방식을 채택

12 Incoterms® 2020에서 DPU 조건만이 갖는 특징으로 옳은 것은? [2점]

① 매수인이 운송비를 부담한다.
② 매도인이 수입통관을 부담한다.
③ 매도인이 보험 가입 의무가 없다.
④ 매도인이 양하(Unloading)까지 책임진다.

13 CFR 조건에서 보험료를 부담하는 당사자는? [2점]

① 매도인　② 매수인
③ 공동 부담　④ 보험 없음

14 DDP 조건의 설명으로 가장 적절한 것은? [2점]

① 위험은 선적지에서 이전된다.
② 매수인이 수입통관을 진행한다.
③ 보험 가입 의무가 매수인에게 있다.
④ 매도인이 수입관세·부가세까지 부담한다.

15 Incoterms® 2020 중 해상·내수로 전용 조건만으로 옳게 짝지은 것은? [2점]

① CPT / CIP / DPU
② FCA / CPT / CIP
③ DAP / DDP / CFR
④ FAS / FOB / CFR / CIF

16 CIP 조건에서 위험이 매수인으로 이전되는 지점으로 옳은 것은?

① 본선 적재 시점
② 수입통관 종료 후
③ 목적항 양하 완료 시
④ 운송인에게 인도할 때

17 SWIFT MT 742 전문의 용도는? [2점]

① 상환수권 통지
② 신용장 조건변경
③ 매입은행의 상환 청구
④ 상환은행의 상환 완료 통지

18 SWIFT MT 756 전문이 의미하는 바는? [2점]

① 신용장 개설 통지
② 운송서류 전자제출
③ 매입은행의 상환 요청
④ 상환은행의 지급 또는 상환 완료 통보

19 SWIFT 메시지 카테고리 연결이 올바른 것은? [2점]

① MT 1xx - 고객송금
② MT 2xx - 추심업무
③ MT 4xx - Documentary Credit
④ MT 7xx - 국제금융

20 포페이팅(Forfaiting) 거래의 특징으로 옳지 않은 것은?

① 별도 담보·보증이 필수이다.
② 플랜트·설비 수출에 활용된다.
③ 중·장기 고정금리 어음이 대상이다.
④ 무소구(Non-recourse) 할인으로 이루어진다.

21 다음 중 매도인이 주운송비를 지급하는 조건(Main-Carriage-Paid Group)으로 올바르게 짝지은 것은? [2점]

① CFR / CIF / CPT / CIP
② FOB / FAS / CFR / CIF
③ FCA / CPT / DAP / DPU
④ EXW / FOB / CPT / DDP

22 다음 중 Incoterms® 2020의 D조건 중 매도인이 수입국에서 통관의무까지 부담하는 유일한 조건은?

① CIF ② DAP
③ DDP ④ DPU

23 CIP와 CIF 조건의 적하보험 비교로 옳은 것은? [2점]

① CIF는 ICC(A), CIP는 ICC(C)
② 두 조건 모두 ICC(C) 최소 담보
③ 두 조건 모두 매수인이 담보 범위 결정
④ CIF는 ICC(C), CIP는 ICC(A) 이상 담보

24 OA Nego(외상수출채권 매입)가 우량 기업 중심으로 제한적으로 운영되는 주된 이유는?

① 매입이 소구권이 없어서
② 환율 변동 위험이 높아서
③ 운송서류 담보권이 없어서
④ 선적지 세관검사 부담이 있어서

25 다음 중 포페이팅(Forfaiting) 거래에 대한 설명으로 옳지 않은 것은?

① 대개 고정금리로 할인한다.
② ICC URF800 규칙을 따른다.
③ 매입은행은 수출상에 소구권을 유지한다.
④ 환어음·약속어음을 무소구로 할인한다.

26 다음 중 DMBU(Demand Bills Usance) 방식의 정의로 가장 적절한 것은? [2점]

① 기한부 어음을 일람불 어음으로 조기 결제하는 방식이다.
② 일람불 어음을 기한부 어음으로 교체하는 무역 결제 방식이다.
③ 수출자가 어음 만기를 임의로 지정하여 연장하는 결제 관행이다.
④ 외관상 일람불 조건이나, 은행이 수입자에게 신용공여를 통해 실무상 기한부 효과를 주는 방식이다.

27 SWIFT 메시지 중 'Authorization to Reimburse' 조건변경을 통보할 때 사용하는 유형은?

① MT 707   ② MT 740
③ MT 747   ④ MT 756

28 SWIFT MT 750 메시지의 용도는?

① 상환 완료 통보
② 하자(불일치) 통지
③ 어음 인수 확인통보
④ 조건변경 예비통지

29 다음 중 보증신용장(Standby L/C)과 청구보증(Demand Guarantee)의 공통점으로 옳은 것은?

① URDG758이 적용되어야 한다.
② UCP600 적용이 불가능하다.
③ 주채무 불이행 시 2차 책임만 부담한다.
④ 원인계약(Underlying Contract)과 분리된 독립적 지급약정이다.

30 다음 중 D/A 방식의 추심거래에 대한 설명으로 옳은 것은?

① 은행은 서류나 물품에 대해 책임을 부담한다.
② 매수인은 대금을 지급한 후 서류를 인도받는다.
③ D/A 방식에서는 수출자에게 선지급(사전송금)이 이루어진다.
④ 매수인은 어음을 인수한 즉시 서류를 받고, 실제 결제는 만기일에 이루어진다.

31 D/P(서류지급)와 D/A(서류인수) 방식 비교로 옳은 것은? [2점]

① D/A는 결제 전 통관이 불가능하다.
② D/A는 Payment 후 서류가 인도된다.
③ D/P는 Acceptance 후 서류가 인도된다.
④ D/P는 결제 전까지 은행이 서류를 보관한다.

32 URC522에 따라 추심지시서에 분할결제 허용 문구가 없는 경우 은행이 취할 조치는?

① 분할결제를 허용한다.
② 분할결제를 거절한다.
③ 수출상 동의만으로 허용한다.
④ 매수인 요청이면 임의 허용한다.

33 수입화물선취보증서(Shipping Guarantee) 발급 건의 추심서류가 은행에 도착했을 때 은행이 우선적으로 해야 할 조치는? [2점]

① 어음에 만기일을 기재한다.
② 선적서류수취증을 생략한다.
③ 서류를 즉시 수입상에 인도한다.
④ 선하증권 원본과 보증서를 상사(선사)에 회수 요청한다.

34 OA Nego 약정 체결을 위해 수출상이 수입상으로부터 받아 은행에 제출해야 하는 필수 서류는?

① 선하증권 원본
② 보험증권 사본
③ 선적서류수취증
④ Standing Payment Instruction(지급지시서)

35 포페이팅 거래에 적용되는 ICC 통일규칙은?

① ISP98 ② URC522
③ URR725 ④ URF800

[2과목] 국제무역규칙

36 Under UCP600 Article 6, which statement correctly reflects both the expiry date and the place for presentation of a credit that is 'available with Issuing Bank by Payment' and shows 'Beneficiary's Country' in field 31D? [2점]

① The credit expires at any bank in the beneficiary's country.
② The credit expires only at the beneficiary's counter-party's bank.
③ Presentation may be made at any nominated bank because availability is by payment.
④ The beneficiary must present complying documents to the issuing bank on or before the stated expiry date.

37 According to UCP600 Article 7, which of the following is incorrect?

① The issuing bank's undertaking is independent of the underlying sales contract.
② The undertaking becomes irrevocable when the credit is issued.
③ The issuing bank's obligation ceases if the advising bank fails.
④ The bank must honour a complying presentation, even if the applicant is insolvent.

38 UCP600 Article 14(b) gives banks a maximum period to examine documents. What is that period?

① 3 calendar days
② 5 calendar days
③ 5 banking days
④ 7 banking days

39 Under UCP600 Article 29, if the expiry date falls on a day the nominated bank is closed for a regular holiday (not force majeure), which rule applies?

① The credit lapses.
② The latest shipment date is also extended.
③ The date rolls forward to the next banking day.
④ Presentation must be advanced to the prior banking day.

40 Which statement best describes the effect of force majeure under UCP600 Article 36?

① Only strikes qualify as force majeure.
② The expiry date automatically extends 30 days.
③ The bank must honour upon resumption even if the credit expired.
④ No liability for presentations during the interruption, and the credit is not revived.

41 Under ISBP821 A15, how is '10 days after shipment' calculated when goods were shipped on 4 May? [2점]

① 13 May
② 14 May
③ 15 May
④ Shipment date inclusive, so 10 May

42 A credit asks for a copy of a bill of lading. Which rule about the 21-day presentation period is correct under ISBP821 A6?

① The 21-day rule still applies.
② Copies must be presented within 14 days.
③ The credit becomes void without originals.
④ Copies may be presented any time up to credit expiry.

43 Under URDG758 Article 25(d), if the guarantee's expiry falls on a non-business day at the place of presentation, what happens? [2점]

① It expires nonetheless.
② It is extended 30 calendar days.
③ It is extended to the next business day.
④ The beneficiary must re-issue the demand.

44 ISP98 Rule 4.01 imposes what standard of document examination?

① Banks must investigate underlying goods.
② Beneficiary must certify commercial reasonableness.
③ Banks may refuse any document not required but presented.
④ Examination is on the face of documents only, against the standby terms.

45 UCP600 Article 31 (Partial Shipments): when partial shipments are allowed, how many drawings/shipments may occur within each instalment period?

① Only one
② Unlimited
③ Two maximum
④ As many as the applicant agrees

46 Under UCP600 Article 32, if the first instalment shipment is missed, what is the effect?

① Only that instalment is lost.
② Beneficiary may ship late with penalty.
③ Shipment dates automatically extend 30 days.
④ Credit ceases for that and all subsequent instalments.

47 Which is acceptable for a non-negotiable sea waybill under UCP600 Article 21?

① Must reference a charter party.
② Must be issued only by the carrier.
③ Cannot be used in port-to-port shipments.
④ May be signed by a freight forwarder if credit allows.

48 Under ISBP821 A18, when a credit demands a cargo receipt (not a transport document under Articles 19–25), which presentation period applies if the credit stays silent?

① 21 calendar days
② 10 days after issuance
③ Same as shipment date
④ No fixed period other than credit expiry

49 For a multimodal transport document under UCP 600 Article 19, which of the following would cause non-compliance?

① It is silent on modes used.
② It shows shipment by rail and sea.
③ It was issued by a freight forwarder.
④ It states shipment was effected only by truck.

50 Under ISBP821 C14, what quantity tolerance applies to the invoice when the credit states 100 MT and is silent on tolerance?

① ±2%
② ±5%
③ +5%/0%
④ No tolerance

51 Under UCP600 Article 8, which statement is incorrect?

① A confirming bank must honour if the credit is available by sight payment with itself.
② A confirming bank is irrevocably bound as soon as it adds its confirmation.
③ A confirming bank's reimbursement duty to another nominated bank arises only after it is reimbursed by the issuing bank.
④ If authorised to confirm but unwilling, a bank must inform the issuing bank without delay.

52 According to UCP600 Article 10, which statement is correct? [2점]

① Partial acceptance of an amendment by the beneficiary is permissible.
② A provision that an amendment will take effect unless rejected within 5 days is binding.
③ If the beneficiary is silent, a complying presentation acts as acceptance of the amendment.
④ An amendment becomes effective for the beneficiary immediately upon issuance by the issuing bank.

53 Under UCP600 Article 17, which of the following is NOT treated as an original?

① A document that states 'Duplicate'.
② A photocopy with no apparent original marks.
③ A document bearing an apparently original signature.
④ A document on issuer's original letterhead with wet-ink stamp.

54 ISBP821 H3 allows an air transport document to be signed by a freight forwarder when:

① The document omits the carrier name.
② The document covers charter-party carriage.
③ The credit requires a carrier-signed air waybill.
④ The credit explicitly permits a 'Freight Forwarder's air waybill'.

55 Under ISBP821 G27, banks do not examine which of the following?

① Charter-party costs clauses
② Whether goods are FIO-stowed
③ Demurrage references on the B/L
④ The content of the charter-party contract itself

56 ISP98 Rule 3.08 stipulates that partial drawings are:

① Allowed only with issuer's consent.
② Prohibited unless the standby permits them.
③ Always permitted unless the standby prohibits them.
④ Automatically allowed in 'extend-or-pay' standbys.

57 Under ISP98 Rule 3.09 'extend or pay', which statement is correct?

① Applicant's consent is required for every extension.
② The issuer's examination period is shortened to one banking day.
③ Issuer must automatically extend expiry upon beneficiary's request.
④ Beneficiary's demand remains valid unless expressly withdrawn after amendment.

58 ISP98 Rule 4.16 lists the minimum data in a separate demand for payment. Which item is not required if the standby is silent? [2점]

① Demand date
② Amount claimed
③ Beneficiary's signature
④ Applicant's acknowledgement

59 URDG758 Article 23 'Extend or Pay' requires the guarantor to:

① Extend only with applicant's consent.
② Pay immediately and refuse any extension.
③ Extend automatically, then re-examine documents.
④ Extend the expiry or pay within 5 business days of demand.

60 Under URDG758 Article 25, which event terminates the guarantee?

① Change of applicable law
② Reduction of amount to zero
③ Beneficiary's assignment of proceeds
④ Partial payment of the guaranteed amount

[3과목] 외환관련여신

61 포괄금융 적용 대상요건에 대한 설명으로 옳지 않은 것은?

① 이용업체 선정은 주거래 외국환은행이 담당한다.
② 연간 수출실적이 2억 달러를 초과하면 즉시 자격이 상실된다.
③ 직전 1년 수출실적이 미화 2억 달러 이하이면 신청 가능하다.
④ 동일 업체가 포괄금융을 이용하면 다른 은행에서도 포괄금융만 이용해야 한다.

62 포괄금융 융자한도 운영에 관한 설명으로 틀린 것은?

① 지급보증한도를 합산하여 관리한다.
② 한도는 주거래 외국환은행이 산정한다.
③ 부거래은행은 자체실적만으로 별도 한도를 책정할 수 있다.
④ 한도 내에서 수입신용장·내국신용장 개설이 가능하며 원자재자금 병행 사용이 허용된다.

63 다음 중 포괄금융 이용업체의 수출실적 관리 책임 주체로 맞는 것은?

① 관세청
② 한국은행
③ 주거래 외국환은행
④ 부거래 외국환은행

64 다음 중 무역어음대출 최저 취급금액 기준으로 옳은 것은?

① 1만원 단위
② 5만원 단위
③ 10만원 단위
④ 제한 없음

65 원자재자금 융자 시 수입신용장 CAD 조건 거래에 대한 산정 기준은?

① CIF 금액
② FOB 금액
③ CAD 승인금액
④ 내국신용장 금액

66 실적기준금융 융자금액 산정식으로 올바른 것은?

① 전전월 현찰매도율 × 신용장 금액
② 당일 전신환매입율 × 신용장 금액 × 융자비율
③ 평균매매기준율과 관계없이 한도 금액 전액 지원
④ 전월 평균 매매기준율 × 업체별 융자한도 금액 × 융자비율

67 다음 중 수입신용장 결제 시점에 융자한도가 부족해도 원자재자금 융자가 가능한 경우는?

① 생산자금
② 포괄금융 원자재자금
③ 실적기준금융 원자재자금
④ 신용장기준금융 원자재자금

68 포괄금융 이용업체 선정 취소 통보의무가 있는 기관은?

① 한국은행
② 한국무역협회
③ 주거래 외국환은행
④ 부거래 외국환은행

69 외화대출 금리체계의 기준금리에 대한 설명으로 옳은 것은?

① 기준금리는 단일 고정금리로 구성된다.
② 기준금리는 대출기간별 대체금리에 은행의 조달비용을 반영한 가산금리로 구성된다.
③ 기준금리는 환율과 연동되어 실시간 변동한다.
④ 기준금리는 LIBOR 고정금리를 기반으로 유지된다.

70 다음 중 가산금리 구성요소에 해당하지 않는 것은?

① 법적 비용
② 기간별 대체금리
③ 리스크프리미엄
④ 유동성프리미엄

71 GBP 통화의 LIBOR 대체지표로 가장 적절한 것은?

① SOFR   ② SONIA
③ SARON   ④ ESTR

72 다음 중 거주자 외화대출 용도로 허용되지 않는 것은?

① 국내 부동산 취득 자금
② 해외 원재료 결제 자금
③ 해외 공장 설립 직접투자금
④ 2008년 10월 26일 이전에 체결된 KIKO 결제자금

73 변동금리 외화대출에서 기준금리 2%p 상승만 발생했을 때 직접 영향으로 옳지 않은 것은?

① 현금흐름 악화
② 손익구조 약화
③ 외화이자 비용 증가
④ 외화 차입원금 증가

74 Back-to-Back Guarantee 설명으로 맞는 것은?

① 선발행 보증을 근거로 또 다른 보증을 발행한다.
② 단독은행이 동일 금액을 두 차례 발행하는 구조다.
③ 간사은행을 포함한 다수 은행이 동일 금액을 분담 발행한다.
④ 보증서 간 상호연동성이 있어 한 보증이 청구되면 모두 청구된다.

75 청구보증통일규칙(URDG758)에 대한 설명으로 옳지 않은 것은?

① 2010년 7월 1일 발효되었다.
② ICC가 표준모델 양식을 제정했다.
③ 보증서에 URDG 적용 문구가 없으면 절대로 적용할 수 없다.
④ Stand-by L/C 대신 Demand Guarantee에 주로 준용된다.

76 다음 사례 중 Syndicated Guarantee(공동참가 지급보증)에 해당하는 것은?

① 해외 은행이 국내 기업에 대출 보증서를 발행
② 국내 은행이 해외 발주처에 단독으로 Performance Bond 발행
③ A은행이 발행한 보증서를 담보로 B기업이 C사를 수익자로 보증 발행
④ A·B·C 세 은행이 각 2천만 달러씩 분담하여 총 6천만 달러의 보증서 발행

77 Stand-by L/C와 Demand Guarantee의 공통적인 특성으로 옳은 것은?

① 부종성
② 지급약정의 추상성
③ 기초계약과 종속성
④ 지급시 청구사유 입증 필요

78 다음 중 경과계정과 결제계정 연결이 옳지 않은 것은?

① 매도외환 - 경과계정
② 외화본지점 - 결제계정
③ 미결제외환 - 결제계정
④ 외화타점예수금 - 결제계정

79 Our Account와 Their Account에 대한 설명으로 옳은 것은?

① 두 계정은 영업상 항상 잔액이 불일치해야 한다.
② Our Account는 해외 은행이 국내 은행 명의로 개설한 계정이다.
③ Our Account는 국내 은행이 해외에 개설한 자행 명의 계정이다.
④ Their Account는 국내 은행이 해외 은행 명의로 개설한 계정이다.

80 다음 중 미지급외환 계정으로 처리되는 사례로 옳은 것은?

① 수출환어음 추심전매입 부족입금분
② 내국신용장 매입 후 대금 입금 완료된 건
③ 전신송금 실행과 동시에 해외 지급은행에 결제된 건
④ 타발송금 대금이 Our Account에 입금되었으나 국내 수취인 미지급 상태

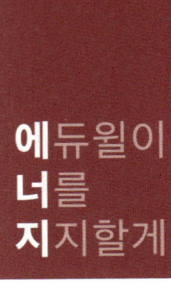

끝이 좋아야 시작이 빛난다.

– 마리아노 리베라(Mariano Rivera)

외환전문역 II종 적중모의고사 1회 OMR 답안지

외환전문역 II종 적중모의고사 2회 OMR 답안지

MEMO

MEMO

MEMO

MEMO

MEMO

**여러분의 작은 소리
에듀윌은 크게 듣겠습니다.**

본 교재에 대한 여러분의 목소리를 들려주세요.
공부하시면서 어려웠던 점, 궁금한 점,
칭찬하고 싶은 점, 개선할 점, 어떤 것이라도 좋습니다.

에듀윌은 여러분께서 나누어 주신 의견을
통해 끊임없이 발전하고 있습니다.

에듀윌 도서몰 book.eduwill.net
- 부가학습자료 및 정오표: 에듀윌 도서몰 → 도서자료실
- 교재 문의: 에듀윌 도서몰 → 문의하기 → 교재(내용, 출간) / 주문 및 배송

2026 에듀윌 외환전문역 Ⅱ종
총정리문제집 + 무료특강

발 행 일	2025년 7월 15일 초판
편 저 자	임재희
펴 낸 이	양형남
개 발	정상욱, 김진우, 김은재
펴 낸 곳	(주)에듀윌
등록번호	제25100-2002-000052호
주 소	08378 서울특별시 구로구 디지털로34길 55 코오롱싸이언스밸리 2차 3층
I S B N	979-11-360-3798-5(13320)

* 이 책의 무단 인용 · 전재 · 복제를 금합니다.

www.eduwill.net
대표전화 1600-6700

2026 최신판

에듀윌 외환전문역 Ⅱ종
개념판서로 이해하고 득점으로 끝내는
총정리문제집 +무료특강

정답과 해설

eduwill

2026 최신판

에듀윌 외환전문역 II종
개념판서로 이해하고 득점으로 끝내는
총정리문제집 +무료특강

2026 최신판

에듀윌 외환전문역 Ⅱ종
개념판서로 이해하고 득점으로 끝내는
총정리문제집 +무료특강

정답과 해설

eduwill

정답과 해설

적중모의고사

1회 274p

01	①	02	①	03	①	04	②	05	③
06	③	07	③	08	③	09	③	10	④
11	③	12	④	13	②	14	①	15	④
16	④	17	②	18	①	19	①	20	③
21	②	22	③	23	③	24	②	25	①
26	④	27	①	28	④	29	③	30	②
31	④	32	①	33	②	34	④	35	③
36	②	37	③	38	②	39	①	40	④
41	④	42	①	43	①	44	③	45	②
46	④	47	③	48	③	49	③	50	③
51	④	52	④	53	③	54	②	55	③
56	③	57	③	58	③	59	②	60	③
61	①	62	③	63	②	64	③	65	④
66	①	67	③	68	④	69	④	70	①
71	④	72	③	73	③	74	②	75	④
76	④	77	③	78	②	79	①	80	④

01 ①

| 정답해설 | 소말리아산 숯은 '수입금지' 대상이지만 수출금지 품목이 아니다. 수출금지는 주로 대량살상무기·무기용 품목 등 전략물자에 적용된다.

| 오답해설 |
② 콘덴세이트(경질 원유)는 전략물자 자체는 아니지만, 특정 제재국(이란, 북한 등)과의 거래 시 수출이 금지될 수 있다.
③ 미사일 관련 추진체 부품은 MTCR 규제 대상 전략물자로 분류되며, 대량살상무기 확산 우려로 수출이 제한된다.
④ NSG 통제 품목은 핵공급그룹(NSG)의 전략물자로 지정되어, 무허가 수출이 금지되며 엄격히 통제된다.

개념 Plus⁺
전략물자의 범위는 핵공급그룹·미사일기술통제체제·호주그룹 품목 등을 포함하며, 북한·리비아 등 제재국으로의 선적 시 특별조치를 받는다. 실제 업무에서는 HS코드뿐 아니라 최종용도를 확인해야 허위 신고 위험을 피할 수 있다.

02 ①

| 정답해설 | 수출은 '물품의 이동'을 전제로 한다. 용역 제공은 수출이 아니라 '무역외 거래'에 해당한다.

| 오답해설 |
② 물품의 이동이므로 수출로 간주한다.
③ 물품이 외국으로 이동하지 않아도 '보세구역 내 외국인 상대 판매'를 수출로 본다. 반대로 '외국인도수출(외국 → 외국)'은 물품 이동이 있지만 국내 반입이 없음을 주의해야 한다.
④ 산업통상자원부 고시에 따른 외국에서 외국으로의 무상이전은 수출의 정의에 포함된다.

03 ①

| 정답해설 | FOB는 'Free On Board'로, 물품이 본선에 실리는 순간 매도인의 비용·위험이 매수인으로 이전된다.

개념 Plus⁺
컨테이너화된 화물은 FCA CY 조건을 더 권장한다. FOB를 그대로 쓸 경우 매도인이 CY 내부 위험을 떠안을 수 있어 분쟁 소지가 있다.

04 ②

| 정답해설 | FCA는 컨테이너 CY·CFS 등 장소 인도가 가능하며, 본선 적재 전 위험을 매수인에게 이전한다.

| 오답해설 |
① FOB(Free On Board)는 해상운송 조건으로, 매도인이 물품을 본선에 적재한 시점에 위험이 이전되며, 컨테이너 화물보다는 벌크 화물에 더 적합하다.
③ CPT(Carriage Paid To)는 운송비를 매도인이 부담하되, 위험은 운송인에게 인도한 시점에 매수인에게 이전되며, 인도 장소가 CY일 수는 있으나 FCA보다 위험 이전 개념이 명확하지 않다.
④ CIF(Cost, Insurance and Freight)는 해상운송 전용 조건으로, 위험은 선적항 본선 적재 시점에 이전되므로 컨테이너 CY 인도 개념과는 거리가 있다.

개념 Plus⁺
FCA + On-Board B/L은 필요 시 매수인이 선사에 'on-board notation' 지시서를 주어야 한다. 이를 모르면 서류상 하자(일람불 거절) 위험이 있다.

05 ③

| 정답해설 | CAD는 서류 인도와 현금 결제가 동시에 이뤄지는 '동시결제' 방식이다.

| 오답해설 |

① D/P Usance는 인도 조건이 아닌 기한부 지급 방식의 추심 거래로, CAD처럼 서류와 즉시 대금을 교환하는 방식이 아니다.
② OA(Open Account)는 물품 선적 후 일정 기간이 지난 뒤(Net 30 등)에 대금을 지급하는 방식으로, CAD처럼 서류와 즉시 대금을 교환하지 않는다.
④ COD(Cash on Delivery)는 물품 인도 시 현금으로 대금을 결제하는 방식으로, CAD와는 달리 서류가 아닌 실물 물품과 대금을 교환하는 조건이다.

> **개념 Plus⁺**
> CAD 방식에서 수입상은 선적 전 검사(PSI)로 품질을 확인한 뒤 결제하므로, 신용장 대비 절차는 간단하나 수출상은 은행 지급보증이 없어 신용위험이 크다.

06 ③

| 정답해설 | OA 거래에서는 물품이 선적되고 매수인에게 선적통지가 이루어진 시점에 외상채권이 성립되며, 이후 약정된 결제기일에 매수인이 대금을 지급한다.

| 오답해설 |

① 선적 전에 대금이 지급되는 방식은 선지급 방식이며, OA(Open Account)는 선적 후 일정 기일에 대금을 지급하는 외상거래 방식으로, 선지급과는 반대 개념이다.
② OA 거래는 환어음이나 추심은행을 거치지 않고 직접 거래 당사자 간 외상 조건으로 이루어지는 것이 특징이다.
④ OA 거래는 대금회수 리스크가 비교적 높기 때문에, 신뢰가 충분히 구축된 장기 거래나 우량 매수인을 대상으로 사용되는 것이 일반적이다.

> **개념 Plus⁺**
> 대금회수는 전적으로 수입상 신용에 의존하므로, 실제 현장에서는 'OA Nego(외상채권매각)'로 유동성을 확보하거나 Stand-by L/C 등 별도 담보를 붙인다.

07 ③

| 정답해설 | Banker's Usance는 개설은행이 어음을 인수(Accept)하므로, 인수수수료(Acceptance Commission)를 수출상(수익자)이 부담한다.

> **개념 Plus⁺**
> 수익자는 매입은행에 매입 시 A/D Charge와 Discount Interest를 동시에 지급하며, 개설은행은 만기 상환 시까지 자금조달 부담이 없다.

08 ③

| 정답해설 | 수익자가 서면으로 수락 의사를 표시하기 전까지는 원 신용장 조건이 계속 유효하며, 침묵은 동의로 간주되지 않는다.

| 오답해설 |

① 신용장 조건변경은 전부 수락 또는 전부 거절만 가능하며, 일부만 수락하는 것은 허용되지 않는다. 이는 신용장의 확약성을 유지하기 위함이다.
② 신용장 조건변경은 개설은행이 제안하고, 수익자가 이를 수락해야 하며, 확인은행이 있는 경우에는 해당 확인은행도 조건 변경에 동의해야 한다. 즉, 관련 당사자 간의 명시적 합의가 필요하다.
④ 신용장 조건변경 통지는 원 신용장을 수익자에게 전달한 동일한 통지은행(advising bank)을 통해 이루어져야 하며, 이는 변경된 신용장의 동일성을 보장하기 위한 절차이다.

> **개념 Plus⁺**
> 조건변경(Amendment)는 MT 707(신용장 변경 전문)으로 송신되며, 원 통지은행을 우회하면 진정성 검증이 어려워 부도 위험이 커진다.

09 ③

| 정답해설 | MT 742는 매입은행이 상환은행에 대금 상환을 청구할 때 사용한다.

| 오답해설 |

① MT 707은 신용장의 조건 변경(Amendment)을 통지할 때 사용하는 메시지 유형이다.
② MT 740은 상환청구권을 갖는 신용장에 대해 개설은행이 상환은행에 상환을 지시할 때 사용하는 메시지 유형이다.
④ MT 756은 상환 결과에 대한 회신(Advice of Reimbursement)으로, 상환은행이 상환이 이루어진 사실을 통지하는 데 쓰인다.

10 ④

| 정답해설 | Incoterms® 2020에서 양하 의무를 매도인이 지는 조건은 DPU가 유일하다.

| 오답해설 |

① DAP(Delivered At Place) 조건에서는 매도인이 도착지까지 운송은 부담하지만, 수입국에서의 관세 및 통관 비용은 매수인이 부담한다.
② DDP(Delivered Duty Paid)는 '관세지급인도조건'으로, 수입국 통관 및 관세·세금 부담을 모두 매도인이 책임지는 가장 무거운 조건이다.
③ DAP, DDP 조건에서는 물품의 양하(Unloading)는 매수인의 책임이지만, DPU에서는 매도인이 양하까지 완료한 후 인도한다.

11 ③

| 정답해설 | CIF(해상 전용)·CIP(전 운송수단) 조건 모두 '운임+보험료'를 매도인이 부담한다.

| 오답해설 |
① CIF와 CIP 조건의 위험 이전 시점은 각각 본선적재·운송인 인도 시점이다.
② CIF는 오직 해상운송에만 적용 가능한 조건이며, CIP는 모든 운송방식에 사용 가능하다.
④ CIF와 CIP 조건 모두 매도인이 운임과 보험을 부담한다.

개념 Plus⁺
Incoterms 2020은 CIP의 보험 담보수준을 ICC(A)로 상향(매도인 부담)했으나 CIF는 ICC(C) 최소담보만 요구한다.

12 ④

| 정답해설 | 국제팩터링은 무신용장 방식이며, 수출팩터는 일반적으로 '비소구(No-Recourse)' 조건으로 채권을 매입한다.

| 오답해설 |
① 국제팩터링 거래는 신용장 방식이 아닌 무신용장 거래로서 수출상과 수입상 간의 개별 계약과 팩터(factor)의 신용보강을 기반으로 한다.
② 수수료(수출팩터+수입팩터)와 이자는 수출상이 부담하므로 FOB 단가에 반영하는 것이 관례이다.
③ 국제팩터링은 외상채권 매입 구조로, 통상적으로 수출상은 별도의 담보를 제공하지 않아도 되며, 대신 수입상의 신용을 수입팩터가 보강해준다.

13 ②

| 정답해설 | 포페이팅은 대부분 '고정금리'부 어음을 무소구로 할인한다.

| 오답해설 |
① 포페이팅은 수출상이 보유한 외상채권을 금융기관이 소구권 없이(Without Recourse) 매입하는 방식으로, 채권 부도 시에도 수출상에게 상환을 요구하지 않는다.
③ 포페이팅은 통상 수입자의 신용을 바탕으로 한 만기일 확정 어음에 대해 담보 없이 거래되며, 신용장, 보증서 등 간접보증 방식이 보강되는 경우도 있으나, 일반적으로 별도의 담보 제공이 요구되지 않는다.
④ 포페이팅은 1년 이상 10년 이내의 중장기 외상채권을 할인하는 무역금융 기법으로, 단기 어음보다 중장기 수출금융에 적합하다.

개념 Plus⁺
포페이팅 거래 시 수출상은 금리·환율 변동 위험을 전가할 수 있어 플랜트·장기설비 수출에 유리하다.

14 ③

| 정답해설 | NET 결제는 은행의 개입 없이 당사자 간 외상결제(사후송금)방식으로 진행된다.

| 오답해설 |
① 'NET 30 Days'는 물품을 먼저 인도한 후, 선적일로부터 30일 이내에 대금을 지급하는 외상 결제방식으로, 사후송금방식(Open Account)의 대표적인 형태이다.
② NET 조건에서는 선적과 동시에 외상채권·채무가 성립하며, 이후 약정된 기일(해당 문제에서는 30일)까지 매수인이 대금을 결제하는 구조이다.
④ OA Nego(Open Account Negotiation)는 은행이 외상채권을 매입해주는 구조로, 수출대금의 회수안전을 위해 수입상이 물품을 수령했다는 증빙서류를 요구하는 것이 일반적이다.

개념 Plus⁺
NET 결제는 수입상 입장에서는 품질 확인 뒤 30일 후에 지급하므로 현금 흐름상 유리하지만, 수출상은 신용리스크 관리가 필수다.

15 ③

| 정답해설 | '60 days after date of draft'와 같이 기한 도래 후 결제 조건은 D/A(인수인도)로 본다.

개념 Plus⁺
표현이 모호할 경우 URC 522 제7조에 따라 은행은 D/P로 간주하므로, 계약 체결 시 문구를 명확히 해야 한다.

16 ④

| 정답해설 | OA Nego는 선적 통지로 확정된 외상채권을 수출상이 은행에 할인 매각해 현금화를 앞당기는 것을 말한다.

개념 Plus⁺
은행은 수입상의 신용조사를 통해 외상채권을 매입한 뒤 만기에 수입상에게 청구하며, 수익자는 이자·수수료를 부담한다.

17 ④

| 정답해설 | 사전송금(T/T in Advance)은 물품 선적 전 대금을 수령하므로 수출상의 입장에서 신용·환리스크가 가장 낮다. 위험은 '사후송금(OA) > 추심 > 신용장 > 포페이팅 > 사전송금(T/T in Advance)' 순서로 높으며, 위험이 낮은 결제 방식일수록 수출상에게 선호도가 높다.

| 오답해설 |
② 포페이팅도 무소구 할인으로 상당히 안전하지만, 할인료·은행 선정 등 추가 비용과 절차가 존재한다.

18 ①

| 정답해설 | FOB(Free On Board) 조건에서는 매도인이 본선 적재 전까지의 비용과 위험을 부담하며, 적재 후의 위험은 매수자에게 이전된다. 따라서 매수자는 해상운송 중 발생할 수 있는 위험(적하 손상, 해난 사고 등)에 대비해 어떤 보험 담보 범위를 설정할 것인지를 사전에 파악하고, 필요 시 직접 보험에 가입해야 한다.

19 ①

| 정답해설 | FOB는 매수인이 주운송비를 부담하므로 B/L에 'freight collect'라고 기재한다.

> **개념 Plus⁺**
> CFR·CPT는 '운임 prepaid', CIF·CIP는 '운임+보험 prepaid'로 표기한다. 서류상 운임 표기 오류는 L/C 부도 사유가 된다.

20 ③

| 정답해설 | Amendment(변경통지)는 기존에 효력이 있는 신용장의 조건을 정식으로 변경하는 문서이기 때문에, 단순한 안내용('Non-negotiable' 또는 'information only') 문서가 아니라 실제 효력이 있는 정식 통지문(Operative message)으로 간주된다.

| 오답해설 |
① 원 신용장 번호는 조건변경(Amendment)이 어떤 신용장에 대한 것인지 명확히 식별하기 위해 필수적으로 기재해야 하는 정보이다.
② Amendment 번호는 변경 사항이 몇 번째 수정인지 나타내는 고유 식별자로, 신용장 조건변경의 이력 추적을 위해 반드시 포함되어야 한다.
④ 'Signature Verified' 표시는 개설은행의 변경 전문에 대해 통지은행이 서명을 검증했음을 나타내는 필수 문구로, 수익자에게 신뢰성 있는 변경 내용을 통지하기 위해 반드시 포함되어야 한다.

> **개념 Plus⁺**
> 예비통지(Pre-Advice, MT 705)는 'For your information only / Non-negotiable' 표기를 하여 무효 서류 오인을 방지한다.

21 ②

| 정답해설 | OA Nego는 '순수 외상채권'만을 매입하므로 선하증권 등 물권적 담보가 없다. 반면, L/C Nego·D/P Nego는 선적서류 담보가 전제이다.

> **개념 Plus⁺**
> OA Nego는 담보권 부재로 인해 은행은 수입상 신용평가에 의존하며, 우량 기업 중심으로 한도 운용이 제한적이다.

22 ③

| 정답해설 | NET/OA 거래는 물품 인수 시점에 채권이 확정되므로, 은행은 물품수령 증빙으로 원인 채권 부존재 위험을 차단해야 한다.

| 오답해설 |
① 외국환은행 지정서는 외환업무 전반에 필요한 문서일 수 있으나, OA Nego 취급을 위한 필수 전제서류는 아니다.
② 사업자등록증 사본은 일반적인 고객확인의 일환으로 활용될 수 있지만, OA Nego에 반드시 요구되는 핵심서류는 아니다.
④ 기본매매계약서 사본은 거래 관계 입증자료로 활용될 수 있으나, 매입의 필수 요건은 아니며 선택적 제출 서류이다.

> **개념 Plus⁺**
> 은행 실무에서는 'POD + 서면양도동의서'로 채권 진정성을 이중 확인한다.

23 ③

| 정답해설 | Banker's Usance는 수익자가 Sight로 대금을 조기 수령하는 구조이므로, 인수·할인 비용(A/D Charge)은 수출상(수익자)의 몫이다.

> **개념 Plus⁺**
> 수익자는 할인·수수료를 FOB 가격에 반영하거나, 개설의뢰인과 별도 'Charge split' 조건을 협의한다.

24 ②

| 정답해설 | 포페이팅은 신용장·은행보증 등 신용보강이 있을 경우 별도의 담보나 보증 없이도 무소구로 채권을 매입한다.

> **개념 Plus⁺**
> 포페이팅은 장기 어음 할인 시 신용장 보증 기능을 활용하며, 환·금리 위험을 포페이터가 부담한다.

25 ①

| 정답해설 | MT 707은 신용장 조건 변경(Amendment)을 통지할 때 사용하는 메세지이다.

| 오답해설 |
② MT 740은 신용장 개설은행이 상환은행에 상환을 지시할 때 사용하는 메세지이다.
③ MT 742는 'Reinbursement Clam' 전문으로, 매입은행이 상환은행 앞으로 상환을 요구할 때 전송한다.
④ MT 756은 상환은행이 매입은행에게 상환이 이루어졌음을 통보하는 'Advice of Reimbursement' 메시지이다.

26 ④

| 정답해설 | NET 거래는 '물품 인수도 시점'에 외상채권이 확정되며, 그날을 기산일로 결제기일을 산정한다.

| 오답해설 |
① 추심은행이 어음을 인수하거나 보증하는 구조는 D/A(인수인도조건) 또는 보증신용장에 해당되며, NET 조건과는 관련이 없다.
② 서류 인도와 동시에 현금이 지급되는 조건은 D/P at sight나 COD(Cash On Delivery)와 같은 즉시 결제 방식이며, NET 조건은 일정 기간 후 외상 결제 방식이다.
③ NET 거래의 결제 기산일은 '물품 인수도 시점'이다.

27 ①

| 정답해설 | 실무상 OA Nego는 신용위험이 높아 '동일인 한도여신' 범위에 편입하여 여신 총액을 관리한다.

> **개념 Plus⁺**
> OA Nego는 은행에 따라 D/A Nego 한도와 통합 운용하기도 하나, 원칙은 별도 계정으로 리스크를 구분·모니터링한다.

28 ④

| 정답해설 | SWIFT GPI는 송금(카테고리 1) 중심 서비스이며, 화환신용장(Documentary Credit) 전용 메시지(MT 7xx)는 대상이 아니다.

| 오답해설 |
① SWIFT GPI(Global Payment Innovation)는 국제 송금의 효율성과 투명성을 높이기 위해 도입된 서비스로, 해외송금의 실시간 추적 기능(Tracker)을 통해 송금 진행 상태를 정확히 확인할 수 있다.
② GPI는 중계은행을 거치는 송금 과정에서 발생하는 수수료를 단계별로 확인할 수 있도록 하여, 수수료 구조의 투명성을 확보하는 데 기여한다.
③ GPI의 주요 목표 중 하나는 신속한 자금이체이며, 일반적으로 GPI에 참여하는 은행 간의 송금은 당일 중(Same-Day) 착금 처리되는 것을 원칙으로 한다.

> **개념 Plus⁺**
> GPI Tracker를 통해 '처리중-완료' 단계별 타임스탬프를 확인할 수 있어 무역자금 자금세탁(AML) 모니터링에도 활용된다.

29 ②

| 정답해설 | MT 2xx는 '은행 간 자금이체·국제금융(FX·Forward·Swap)' 전문이다.

| 오답해설 |
① MT 1xx는 고객송금 전용 전문이다.
③ MT 4xx는 추심 전용 전문이다.
④ MT 7xx는 화환신용장·보증 전용 전문이다.

30 ④

| 정답해설 | 포페이터는 주로 신용장에 근거한 중·장기 기한부 환어음을 무소구로 할인한다.

| 오답해설 |
① 가공무역 수수료채권은 무형서비스에 가까워 포페이팅 대상이 되기 어렵고, 일반적으로 무역금융에서 직접적인 할인 대상 채권으로 보기 어렵다.
② OA 단기채권도 'OA 포페이팅'으로 일부 취급되지만, 비어음 채권이라 제한적이다.
③ 선하증권을 담보로 한 대출은 담보대출(B/L Loan)의 성격에 가깝다.

31 ④

| 정답해설 | OA Nego는 '환매조건부 채권양도'이므로, 수입상이 지급 거절 시 수출상이 매입은행에 환매(상환) 의무를 진다.

> **개념 Plus⁺**
> L/C Nego가 비소구 가능(Confirmed L/C)한 것과 달리, OA·NET 매입은 원칙적으로 소구(With Recourse)이다.

32 ①

| 정답해설 | OA(사후송금)는 은행 지급보증·서류담보가 모두 없고, 수출상이 선적 후 오롯이 수입상 신용에 의존하므로, 수출상에게 가장 위험도가 높은 결제 방식이다.

> **개념 Plus⁺**
> 위험도 순서는 사후송금(OA) > D/A > D/P > L/C > CAD > 사전송금(T/T Advance)이다.

33 ②

| 정답해설 | OA 거래는 은행을 거치지 않으므로 선하증권 등 운송서류가 은행에게 없으며, 담보권도 성립하지 않는다. 따라서 은행은 OA Nego 취급 시 수입상 신용조사와 만기 대금 통제 약정을 중시한다.

| 오답해설 |
① OA(Open Account) 거래는 선적통지 시점에 외상매출채권이 성립되며, 이후 약정기일에 수입상이 대금을 지급한다.
③ 수입상에게 유리한 OA 거래는 대금회수 불확실성이 존재하므로, 일반적으로 신용도가 높은 우량 거래처를 대상으로 제한적으로 이루어진다.
④ OA 거래는 은행을 경유하지 않고 수출상이 선적서류를 직접 송부하므로, 거래상 편의성과 간소화가 가능하지만 신용위험이 상대적으로 크다.

34 ④

| 정답해설 | MT 756은 상환은행이 '지급·상환을 완료했다'고 매입은행에 통보하는 전문이다.

| 오답해설 |
① 매입은행이 상환은행에 상환을 청구하는 메시지는 MT 742이다.
② 개설은행이 수익자에게 신용장 조건변경(Amendment)을 통지할 때 사용하는 메시지는 MT 707이다.
③ 개설은행이 상환은행에 상환수권(Reimbursement Authorization)을 통지할 때 사용하는 메시지는 MT 740이다.

35 ③

| 정답해설 | OA Nego 한도약정 시 은행은 먼저 내부 여신승인(C) → 수출상·은행 간 한도약정 체결(A) → 수입상 서면 동의 획득(B) → 실제 물품 선적·선적통지(D) 순으로 절차를 밟는다.

개념 Plus⁺

여신승인 전에는 약정 체결 자체가 불가능하며, 수입상 동의는 채권양도 효력을 위해 필수이다.

36 ②

| 정답해설 | UCP600 제2조 정의에 따르면 통지은행(advising bank)은 개설은행(issuing bank)의 요청으로 신용장을 통지하는 은행이다.

| 오답해설 |
① 신청인(Applicant)은 신용장을 개설해 달라고 요청한 당사자로, 일반적으로 수입자를 의미한다.
③ 확인(Confirmation)은 확인은행(confirming bank)이 발행은행과는 별도로, 신용장 조건에 부합하는 서류가 제시되었을 때 지급 또는 매입을 확약하는 것이다.
④ 일치하는 제시(Complying Presentation)란, 신용장 조건뿐 아니라 UCP600 규정 및 국제표준은행관행(ISBP)에 모두 부합하는 서류 제출을 말한다.

개념 Plus⁺

- '통지은행 = 개설의뢰인의 요청'에 의해 신용장을 통지한다고 착각하기가 쉽다.
- 비슷한 오답 패턴: advising bank ↔ confirming bank
                     applicant ↔ beneficiary
- UCP600 Definitions 네 가지 항목은 단골 암기 파트이므로, 영문 정의를 원문 그대로 익혀두면 다른 규칙(URR·URDG)의 정의 비교에도 도움이 된다.

37 ②

| 정답해설 | 제14조 (c)는 원칙적으로 선적일+21일 이내이지만, 신용장이 장·단기의 다른 기간을 명시하면 그 기간이 우선한다. 'stale documents acceptable'이 대표적 예외다.

| 오답해설 |
① 개설일(issuance date)이 아닌 선적일(shipment date) 기준이다.
③ 21일 규정은 운송서류(Articles 19~25)에 한정된 것이며, 모든 서류에 일괄적으로 적용되지는 않는다.
④ 신용장에 'stale documents acceptable'이라고 명시되어 있으면, 21일 규정 역시 무시될 수 있다. 즉, 21일 규정이 항상 적용되는 것이 아니다.

개념 Plus⁺

시험에서는 '10 days' 또는 'within 14 May'와 같은 사례 변형이 자주 등장한다.

38 ③

| 정답해설 | ISBP는 의미를 해치지 않는 경미한 오타는 용인하지만, 물품 식별번호가 바뀌면 데이터 충돌로 하자를 판단한다.

| 오답해설 |
① 'modle'은 'model'의 단순 철자 오류로, 의미 전달이 가능하므로 불일치로 간주되지 않는다.
② 'mashine' 역시 'machine'의 단순 철자 오류로, 의미 전달이 가능하므로 불일치로 간주되지 않는다.
④ 'fountan pen'은 'fountain pen'의 단순 철자 오류로, 의미 전달이 가능하므로 불일치로 간주되지 않는다.

개념 Plus⁺

- '의미에는 영향을 주지 않는 단순 철자 오류(meaning-neutral typo)' 여부가 관건이다. 즉, 코드·수량·금액·HS코드 등 핵심 식별 요소 변경은 무조건 불일치로 본다.
- 실무에서 commercial invoice나 packing list 번호 불일치로 자주 부결되므로, 제시 전 최종 교차점검은 필수이다.

39 ①

| 정답해설 | ISBP821 A19 (a)-(b)에서 'shipping documents'는 drafts, tele-transmission reports, courier receipts 등을 제외한다고 정의한다.

개념 Plus⁺

- 시험에서는 courier receipt와 drafts를 함께 제시해 혼동을 유발하니 주의해야 한다.
- drafts는 결제수단이지 선적 증빙이 아니므로 shipping docs 범주에서 제외된다.

40 ④

| 정답해설 | ISBP821 A19 (b) 'third party documents acceptable'은 신용장 또는 UCP가 발행자를 특정하지 않은 모든 서류(환어음 제외)를 제3자가 발행 가능함을 의미한다.

개념 Plus⁺
- 'except drafts' 조건을 놓치지 않도록 주의해야 한다.
- 실제 업무에서는 인증서류(inspection certificate)나 보험증권을 전문기관·보험사가 직접 발행하는 사례가 여기에 해당한다.

41 ④

| 정답해설 | ISP98 1.06 (a): 'A standby is irrevocable, independent, documentary, and binding when issued.'
→ 스탠바이 보증은 일단 발행되면 취소할 수 없고, 독립적이며, 서류에만 기반하고, 법적으로 구속력을 갖는다.

개념 Plus⁺
- 시험에선 네 가지 요소 중 하나를 바꿔 '틀린 보기'로 내는 빈도가 높으니 주의해야 한다.
- 독립성(independence)은 지급 거절 사유(사기 등)를 제외하면 기초거래와 분리됨을 의미한다.

42 ①

| 정답해설 | ISP98 4.11: non-documentary condition(비서류조건)은 무시(disregarded)된다. 이는 스탠바이신용장에서 서류에 의해 입증되지 않는 조건은 심사의 대상이 아니며, 지급 또는 거절의 판단 기준이 될 수 없음을 의미한다. 따라서 비서류조건은 존재하더라도 제시 서류의 심사에서 제외되며, 지급과는 무관하다.

| 오답해설 |
② 비서류조건(non-documentary condition)이 포함되었다고 하여 스탠바이신용장이 무효가 되는 것은 아니다. ISP98은 해당 조건을 무시하도록(disregard) 규정할 뿐이며, 신용장의 법적 효력 자체에는 영향을 주지 않는다.
③ 신청인의 최종 승인 여부는 ISP98에서 인정되지 않는다. 스탠바이신용장은 독립된 약정이므로, 제시된 서류만으로 지급 여부가 판단된다.
④ 비서류조건은 별도의 증빙이나 이행 확인 대상이 아니며, ISP98 제4.11조에 따라 조건의 존재 여부와 관계없이 이행 판단에서 제외된다.

개념 Plus⁺
- UCP600 제14조(Non-documentary condition)와 맥락이 같지만, ISP는 '은행 기록(issuer records)으로 판단 가능한지' 여부에 관한 규정을 포함한다.
- 예를 들어 '수행이 만족스러웠을 때 지급한다(payment subject to satisfactory performance)'와 같은 막연한 조건은 은행이 기록으로 판단할 수 없기 때문에 무시한다.

43 ①

| 정답해설 | URDG 758 7(b): 단순 기간 경과(date or period)로 효력이 끝나는 조건은 서류 요구가 없는 비서류적 조건에 해당한다.

| 오답해설 |
② 수익자의 계좌 입금 확인서(은행 명세서 등)를 통해 입증이 가능하므로 비서류적 조건이 아니다.
③ 선적 여부는 선하증권 등 운송서류로 확인 가능하므로 비서류적 조건이 아니다.
④ 해당 보증서 사본 제출을 통해 조건 충족 여부가 입증 가능하므로 비서류적 조건이 아니다.

개념 Plus⁺
- '대금을 수령하는 즉시(upon receipt of funds)'와 같은 내용은 은행 장부로 확인이 가능하므로, 서류 요구가 없더라도 여전히 서류적(documentary) 조건에 해당한다.

44 ③

| 정답해설 | Article 5(b): 보증인의 의무는 수익자–신청인 관계에서 발생하는 주장·항변에 영향을 받지 않으며, 오직 제시된 문서의 준수 여부만으로 지급 의무를 판단한다.

개념 Plus⁺
- '기초 계약상의 분쟁(Underlying contract disputes) ≠ 지급 거절 사유(payment refusal)'가 원칙이다.
- 독립성 조항은 UCP600 제4조(credits vs contracts)와 병행 이해가 필요하다.

45 ②

| 정답해설 | URR725 제1조: 개설은행이 신용장 본문에 'This reimbursement is subject to URR 725' 문구를 명시할 책임이 있다.

개념 Plus⁺
- 상환은행이 룰 적용을 거절할 수 없도록 최초에 명시하는 것이 실무적인 안전장치이다.
- 시험에서는 'reimbursing bank acts on instructions of issuing bank' 문장과 혼동시키기 위해 상환은행(reimbursing bank)을 정답처럼 배치하는 경우가 잦다.

46 ④

| 정답해설 | 매입(negotiation) 신용장에서 '매입은행 = 어음의 지급인(drawee)'이면 만기 전 매입이 불가하다. 즉, ABC Bank는 어음의 지급인(drawee)이므로 자기 자신이 지급 책임을 지는 어음을 조기 매입할 수 없다.

| 오답해설 |
① UCP600에서 연지급(deferred payment) 방식은 어음을 수반하지 않으며, 은행이 단순히 지급 약속만 제공한다.
② ABC Bank가 신용장 조건상 인수은행으로 지정되었다면, 어음을 인수할 수 있다.
③ 일람출급(sight payment)은 어음 제시가 명시되지 않은 한 반드시 필요하지 않으며, 서류만으로 결제 가능하다.

개념 Plus⁺
- UCP600 Article 6(b), 12(b)에 따르면, Negotiation(매입)은 은행이 환어음을 'without recourse(무소구조건)'로 매입(purchase)하는 개념이다. 따라서 은행이 자기 앞으로 그어진(drawn on itself) 어음을 매입하는 것은 원칙적으로 불가하다.
- 이는 은행이 자기 자신에게 제시된 어음을 할인(discount)하는 셈이 되어, Negotiation의 본질(타인의 지급 책임을 매입하는 구조)에 어긋나기 때문이다.

47 ③

| 정답해설 | ISBP821 A19 (b)-'stale documents acceptable'은 선적일로부터 21일 제한을 면제하지만 신용장 만기일까지는 반드시 문서를 제시해야 한다.

| 오답해설 |
① ISBP821에 따르면 'stale documents'는 모든 제시 서류에 적용될 수 있으며, 운송서류에 한정되지 않는다.
② 최종 선적일(latest shipment date)과는 무관하다. 'Stale documents' 조항은 서류 제시 기한에 관한 것이지, 선적 시한을 변경하는 조건이 아니다.
④ stale documents가 허용되어도 신용장 만기일 이후 제시는 허용되지 않는다. 즉, 만기일(expiry date)이 최종 'safety net'이다. 해당 보기처럼 'credit expiry도 넘어도 된다'와 같은 오답이 자주 출제되니 주의해야 한다.

48 ③

| 정답해설 | ISBP821 A18(a): Delivery order(인도지시서), FCR(운송인 수령증), mate's receipt(본선 수취증)는 운송 관련 서류(transport-related documents)이지만, commercial invoice(상업송장)는 무역계약서류(계약서류)로서 shipping documents(선적서류) 범주에는 포함되지 않는다. 이는 운송 관련 정보를 담고는 있지만, 실제 운송의 책임이나 증거가 되지는 않기 때문이다.

개념 Plus⁺
'shipping documents' 리스트와 'commercial documents'를 구분해야 하며, 신용장 작성 시 의미가 불명확한 용어 사용을 지양해야 한다.

49 ③

| 정답해설 | URR725 Article 9 & Opinion: 청구은행(claiming bank)의 동의 없이 상환확약을 변경하거나 취소할 수 없다.

개념 Plus⁺
- 실무상 claiming bank는 통상적으로 지정은행(nominated bank)이나 중개은행으로서, URR에 따라 지급청구 시 권익 보호 조항이 적용된다.
- 시험에서는 beneficiary(①)나 issuing bank(②)를 정답으로 오인하게 배치하는 경우가 많다.

50 ③

| 정답해설 | ISP98 Article 3.13: 만기일이 비영업일이면 다음 영업일(first following business day)까지 제시가 가능하다.

개념 Plus⁺
- UCP600에는 동일 규정이 없으므로, 두 규칙을 비교하는 문제가 자주 출제된다.
- 실무에서는 'local calendar' 확인이 핵심 포인트이다.

51 ④

| 정답해설 | ISP98 Rule 4.11은 이행 여부를 서류만으로 판단할 수 없는 조건(예: '품질 만족')은 non-documentary condition으로 보아 무시하도록 규정한다.

개념 Plus⁺
- '원본 인보이스'처럼 서류로 확인 가능한 요구는 심사 대상이지만, '품질 만족'은 은행이 객관적으로 검증할 방법이 없어 조건을 배제한다.
- 시험에서는 'applicant to be satisfied', 'goods to arrive safely' 같은 표현이 자주 등장하므로 즉시 무시해야 할 조건임을 파악해야 한다.

52 ④

| 정답해설 | Rule 5.01(b)(i): 서류 제시일의 다음 날부터 3영업일 이내 통지는 일반적으로 reasonable(적시)하다고 간주되며, 7영업일을 초과하면 unreasonable(부적시) 통지로 본다. 따라서 9월 1일 제시 기준, 9월 11일은 8영업일째로 기한을 초과하므로 적시 통지가 아니다.

개념 Plus+

- 계산은 제시일(presentation) 다음 영업일부터 시작한다. (1 Sep 월 → 계산 시작 2 Sep 화)
- '토, 일'은 영업일이 아니므로 착오를 주의해야 한다.
- 통지기한(Timely notice) 미이행 시 Rule 5.03에 따라 개설인은 하자를 주장할 수 없게 되고 결국 지급의무가 발생한다.

53 ③

| 정답해설 | Rule 6.02(b)(i)-(iii): 'Transferable'이라 명시되면 전액을 두 번 이상 양도가 가능하며, 부분양도는 불가능하다. 또한, 지정된 기관(issuer/confirmor or specifically-nominated person)만이 양도를 실행할 수 있다.

| 오답해설 |
① 스탠바이 신용장에 단순히 'Transferable'이라고만 명시되어 있는 경우에는, 일부 금액만을 나누어 다른 수익자에게 이전하는 것이 허용되지 않는다.
② 양도는 반드시 발행은행 또는 지정된 명시은행의 확인 및 절차를 거쳐야 하며, 단순히 통지만 수행하는 통지은행은 그 권한이 없다.
④ 양도는 서류를 제시할 대상이 되는 은행(nominated person)의 동의가 반드시 필요하다.

개념 Plus+

- '전액 + 횟수 제한 없음'은 ISP와 UCP(Article 38) 간의 가장 큰 차이점이다.
- 실제 업무에서 'partial transfer'가 필요하면 standby 문구에 'may be partially transferred' 등을 명시해야 한다.

54 ③

| 정답해설 | Rule 3.13: 만기일이 비영업일이면 다음 첫 영업일 제시까지 유효하다.

개념 Plus+

- '이전 영업일' 규정이 없는 점이 UCP600 Article 29와 다르므로 날짜 방향을 혼동하지 않도록 주의해야 한다.
- 자동소멸 조건이 있는 보증(extend-or-pay)이라도 비영업일 규칙이 우선 적용된다.

55 ③

| 정답해설 | Rule 3.08(a) 용어 정의상 standby는 부분청구를 제한할 수 있으며, 'one drawing only' 조항이 있다면 추가 청구를 금지한다.

개념 Plus+

- 시험 빈출 포인트: 'multiple presentations'(ISP98 Rule 3.08(b))과 구분하여, 부분 금액(partial drawings)이나 부분 제시(partial presentations)에 대해서는 조건으로 설정할 수 있다.
- 연장 또는 지급 조건(Extend or Pay) 구조에서는 한 번에 전액을 청구해야 하므로, 일부만 청구하는 '부분청구'는 허용되지 않는 경우가 많다.

56 ③

| 정답해설 | Rule 1.07은 보증신용장이 기초거래와 독립된 지급보증임을 명시하며, fraud / abuse 사유는 Rule 1.05에서 별도로 규정될 때만 제한적 방어가 허용된다고 명시하고 있다.

개념 Plus+

- '독립성'은 UCP600 Article 4와 동일 개념이지만, ISP는 fraud defence 자체를 규칙 밖으로 두어, 법원의 명령이 아닌 이상 은행은 심사 대상에서 제외된다.
- 실제 분쟁에서 은행이 결제거절을 하려면 법원의 가처분 등 공적 결정이 요구된다.

57 ③

| 정답해설 | URDG758 Article 5는 보증이 '독립' 문서화 상품으로서 서류 심사만으로 지급여부를 판단한다고 규정한다.

| 오답해설 |
① 지급보증은 기초계약의 이행 여부를 확인하지 않으며, 실물확인은 보증인의 의무가 아니다.
② 지급보증은 보증인이 수익자의 청구만으로 무조건 이행하는 제도이며, 채무자(신청인)에 대한 우선적 조치 요구는 독립성 원칙에 위배된다.
④ 지급보증은 법적 판결과 무관하게 수익자의 청구만으로 이행되며, 신청인의 채무불이행 여부가 법적으로 증명될 필요는 없다.

개념 Plus+

- Article 6 'documents vs goods' 역시 실제 이행(performance) 여부가 아닌 문서 일치에 집중함을 재확인한다.
- 은행이 '현장 실사'를 요구하면 URDG 체계 위반이 된다.

58 ②

| 정답해설 | URDG758 Article 20(b): 제시일 다음 날부터 5 business days 내에 문서심사를 완료해야 한다.

개념 Plus⁺
- 'business day'의 정의는 보증서에 별도 규정이 없는 한 보증기관(guarantor)의 영업장 소재지를 기준으로 한다.
- Article 24에 따라 5영업일 내에 통지의무 미이행 시 보증기관은 불일치를 주장할 권리를 실권(preclusion)한다.

59 ②

| 정답해설 | URDG758 Article 7는 'non-documentary conditions shall be disregarded'라고 명시해 ISP98 Rule 4.11과 동일한 취지를 가진다.

개념 Plus⁺
- 시험에서 'satisfactory installation', 'applicant approval' 등의 불명확한 조건은 Article 7에 따라 비서류적 조건으로 간주되어 인정되지 않는다.
- 단, 보증서에 서류에 의한 증명(documentary proof) 형태(certificate of completion issued by engineer 등)로 바꾸면 유효 조건이 된다.

60 ④

| 정답해설 | Article 2: 'Advising bank means the bank that advises the credit at the request of the issuing bank.' → 통지은행(advising bank)은 개설은행(issuing bank)의 요청에 따라 신용장을 통지하는 은행을 의미한다.

| 오답해설 |
① issuing bank(개설은행)에 대한 설명이다.
② confirming bank(확인은행)에 대한 설명이다.
③ reimbursing bank(상환은행)에 대한 설명이다.

개념 Plus⁺
- 확인은행(confirming bank)은 통지은행(advising bank)의 역할을 겸할 수 있으나, 신용장 확인 의무는 별도로 제8조(Article 8)에서 규정된다.
- '제2통지은행'(second advising bank)도 Article 9(c)에서 정의한다.

61 ①

| 정답해설 | 수입대행업체가 실수요자를 위하여 개설한 수입신용장 및 이에 대한 원자재자금 융자액은 반드시 실수요자의 원자재자금 한도에 포함하여 관리해야 한다. 이는 실수요자별 자금 편중 및 과다를 방지하기 위한 규정이다.

| 오답해설 |
② 실적기준 융자한도는 외국환은행이 자율적으로 산정하며, 전년도 또는 과거 1년간 수출실적을 기준으로 한다.
③ 실적기준금융은 미달러화(USD)로 환산하여 한도를 산정하며, 회전사용이 가능하다.
④ 원자재자금의 경우 내국신용장 개설 시점에 융자한도만 충족하면, 이후 결제 시점에 한도가 부족하더라도 융자 실행이 가능하다.

62 ④

| 정답해설 | 중계무역·연불방식·수출자금대출 수혜 실적은 융자대상에서 제외된다.

| 오답해설 |
다. 위탁가공무역 수출실적은 신용장 매입 또는 추심의뢰 시점에 따라 융자대상으로 인정될 수 있다.

63 ②

| 정답해설 | 생산자금은 '수출물품 제조·수출에 소요되는 1회전 기간'을 기준으로 융자기간을 설정한다. 즉, 동일업체라도 상품 특성상 회전기간이 길면 융자기간이 길어지며, 은행의 외화유동성이나 선적가격과는 직접 관련이 없다.

| 오답해설 |
① CIF 가격은 수출물품의 가격 구성 요소 중 하나일 뿐이며, 융자기간 산정과는 직접적인 관련이 없다.
③ 외환은행의 외화 유동성 보유 수준은 자금 공급 여건에 영향을 줄 수는 있으나, 개별 기업의 융자기간을 산정하는 기준은 아니다.
④ 수출입은행의 대출금리 변동폭은 자금의 이자 비용에 영향을 미칠 수는 있지만, 융자기간 자체를 결정하는 핵심 요소는 아니다.

64 ④

| 정답해설 | 포괄금융이란 수출실적 2억 달러 미만 업체에 대해 생산·원자재 구분 없이 일괄 취급하는 제도이다.

| 오답해설 |
① 포괄금융 대상은 전년도 수출실적 2억 달러 미만 업체이다.
② 완제품 구매자금 자체는 포괄금융 대상이 아니다.
③ 포괄금융 취급은 외국환 업무 인가 은행에 한정된다.

65 ④

| 정답해설 | 신용장기준금융은 개별 신용장 조건(선적/유효기일)을 고려해 거래 외국환은행이 융자기간을 결정한다.

| 오답해설 |
① 신용장기준금융은 기존업체보다 신규업체가 편리하다.
② 실적기준금융 한도는 외국환은행이 자율 산정한다.
③ 실적기준금융은 자동차, 기계, 전자부품 산업 등처럼 정기적이고 반복적인 수출이 가능한 업종에 적합하다. 이들 업종은 원자재를 미리 대량으로 확보(사전 비축)해 생산라인을 안정적으로 운영할 수 있으므로, 실적에 따라 한도를 설정하고 자금 회전을 유연하게 운영하기에 유리하다.

66 ①

| 정답해설 | 화물운임 관련 원자재자금은 선박회사 또는 대리점 발급 운임증명서의 운임금액을 기준으로 한다.

> **개념 Plus⁺**
> 운임증명서가 없으면 해당 운임분에 대한 별도 원자재자금 취급이 불가하다.

67 ③

| 정답해설 | 자금별 융자금액은 전월 평균 매매기준율을 곱하여 산정한다. 이는 융자금액의 환산 변동성을 완화하기 위한 통일 규정이다.

68 ②

| 정답해설 | 완제품구매자금은 국내에서 생산된 완제품 조달을 지원하는 자금이며, 해외 직수입(CAD 조건)은 원칙적으로 원자재자금·수입결제자금 대상이다.

| 오답해설 |
① 내국신용장을 통해 국내에서 생산된 완제품을 구매하는 경우, 수출용 원자재 또는 완제품 조달로 간주되어 융자대상에 포함된다.
③ Local L/C 방식으로 국내 업체로부터 완제품을 공급받는 경우, 내국신용장 방식으로 간주되며 융자가 가능하다.
④ 외화표시 내국신용장에 의해 국내 제조업체가 공급한 완제품도 국내조달이므로 무역금융 대상이다.

69 ④

| 정답해설 | 기준금리 = 기간별 대체금리(RFR) + 조달스프레드, 그리고 그 위에 가산금리가 붙는다.

> **개념 Plus⁺**
> 가산금리는 별도 요소로, 위험·원가·이익 등을 반영한다.

70 ①

| 정답해설 | 기준금리 상승만으로는 환율이 변하지 않으므로 환차손(환율 요인)은 직접 증가하지 않는다.

| 오답해설 |
② 변동금리 외화대출의 기준금리가 상승한다면 외화이자 비용이 증가하며, 외화이자 비용 증가는 손익·현금흐름 악화와 신용등급 하락 가능성을 초래한다.
③ 이자부담이 가중되면 기업의 채무상환능력이 낮아져 신용등급 하락 위험이 커질 수 있다.
④ 이자비용이 증가하면 영업활동에서 확보한 현금유입이 감소하며 현금흐름 악화 가능성으로 이어질 수 있다.

71 ④

| 정답해설 | 거주자 외화대출은 통상적으로 외화획득과 직결되는 용도(수출입 관련 등)로만 사용 가능하며, 국내 운전자금, 부동산 투자, 재고 매입 등 내수용 자금으로는 사용이 제한된다. 다만, 특별히 외환당국이 허용한 예외 용도가 있으며, 그 대표적인 사례 중 하나가 KIKO 결제(2008.10.26. 이전 계약) 관련 외화대출이다.

| 오답해설 |
① 외화획득 목적의 정상적인 수입결제 용도이므로 외화대출이 가능하다.
② 내수용 자금에 해당하므로 외화대출 용도에서 배제된다.
③ 자본거래에 해당하여 외화대출 용도로는 원칙적으로 불허한다. (별도 허가 또는 신고 절차 필요)

72 ③

| 정답해설 | USD LIBOR의 대표 대체금리는 SOFR(Secured Overnight Financing Rate)이다.

> **개념 Plus⁺**
> 영국은 SONIA, 일본은 TONAR 등 통화별로 다른 RFR을 사용한다.

73 ③

| 정답해설 | 신디케이티드론은 신용위험 분산 목적이며 환위험 관리수단이 아니다.

| 오답해설 |
① 선물환(FX Forward) 매수는 향후 특정 시점에 고정된 환율로 외화를 매입할 수 있어 환율 상승 시 손실을 방지할 수 있다.
② 통화옵션 매수는 특정 환율에 도달할 경우 환율 손실을 헷지하거나 이익 실현이 가능하다.
④ 무역보험공사의 환변동보험은 환율 변동으로 인한 손실을 보전해주는 정책성 보험으로, 대표적인 환위험 관리수단이다.

74 ④

| 정답해설 | 상업신용장과 달리 Standby L/C의 주 목적은 계약 불이행 시 지급이며, Demand Guarantee도 동일하다. 즉, 양자는 주채무 불이행 보증이 목적이라는 점에서 같다.

75 ④

| 정답해설 | 대내 외화표시 지급보증이란 거래 당사자 모두가 국내 거주자이고, 보증서 발행 통화만 외화(EUR, USD 등)일 때 해당한다. 따라서 국내 은행이 국내 거주자에게 EUR 표시 보증을 발행한 것은 대내 외화표시 지급보증에 해당한다.

| 오답해설 |
① 국내 은행이 비거주자인 미국 발주처를 위한 보증서를 발행한 경우는 대외 지급보증에 해당한다.
② 보증 발행 주체가 해외 은행이므로 국내 은행의 지급보증에 해당하지 않는다.
③ 국내 은행이 해외 은행의 보증을 역보증하는 형태는 간접보증 또는 counter-guarantee에 해당하며, 대내 지급보증으로 분류되지 않는다.

76 ④

| 정답해설 | 채무자가 보증기일 내에 상환하지 못하면 은행이 대신 지급해야 하므로 자산건전성에 직접 영향을 미친다. 따라서 지급보증서 발행 시 담보·재무 구조 등 여신심사 절차는 필수적이다.

77 ④

| 정답해설 | Standby L/C는 대부분 청구사유 진술서만으로도 지급청구가 가능하다. 이는 '무조건부 지급확약'이라는 특성에서 비롯되며, 선적서류 요구는 상업신용장의 특징 중 하나이다.

78 ②

| 정답해설 | 외화본지점 계정은 본·지점 간 외화 이체 및 정산을 위해 사용되는 내부 결제계정으로, 부채로 분류된다.

| 오답해설 |
① 매입외환은 수출환어음을 매입한 후 외화대금을 회수하기 전까지 자산으로 분류되는 경과계정이다.
③ 미지급외환은 외화자금이 수취되었으나 아직 고객에게 지급되지 않은 상태의 금액으로, 부채로 분류되는 경과계정이다.
④ 외화타점예수금은 고객의 외화자금을 타 점포에서 결제하기 위해 예치한 금액으로, 부채로 분류되는 결제계정이다.

> **개념 Plus⁺**
> 경과계정은 거래 미종결 단계, 결제계정은 최종 귀착 계정으로 구분한다.

79 ①

| 정답해설 | 미결제외환은 귀속 미확정 대금을 일시 처리하는 계정으로 추심전매입 부족입금분이 대표적 예시이다.

| 오답해설 |
② 매도외환 계정 경유 없이 바로 외화타점예치금으로 처리한다.
③ 매입외환 계정 경유 없이 바로 외화타점예치금으로 처리한다.
④ 경과계정 경유 없이 바로 외화타점예치금 또는 해외점예수금으로 처리한다.

80 ④

| 정답해설 | 전신환매입율과 매도율 차이로 인한 매매손익은 수수료 부문이 아닌 매매손익(매매마진)으로 분류된다.

| 오답해설 |
① 외화대체료는 외화자금 이동 또는 대체 시 발생하는 수수료로, 수수료 손익에 해당한다.
② 외화수표 매입수수료는 외화수표 거래 시 부과되는 수수료로, 수수료 손익에 해당한다.
③ 수입신용장 개설수수료는 신용장 발행 시 부과되는 금융서비스 수수료로 분류된다.

> **개념 Plus⁺**
> 수수료 부문은 외환 관련 서비스 제공의 대가로 인식되며, 매매손익은 전신환율 등의 환율 차이(마진)에서 발생한 수익 또는 손실로 회계 처리된다.

2회

284p

01	②	02	③	03	③	04	④	05	④
06	②	07	④	08	③	09	③	10	③
11	④	12	④	13	②	14	④	15	④
16	④	17	④	18	④	19	①	20	①
21	①	22	③	23	④	24	③	25	④
26	④	27	④	28	④	29	④	30	④
31	④	32	③	33	④	34	④	35	④
36	④	37	③	38	④	39	③	40	④
41	②	42	④	43	④	44	④	45	②
46	④	47	④	48	④	49	④	50	④
51	③	52	③	53	②	54	④	55	④
56	③	57	④	58	④	59	④	60	④
61	②	62	④	63	④	64	③	65	③
66	④	67	④	68	③	69	②	70	②
71	②	72	①	73	④	74	①	75	④
76	④	77	②	78	③	79	③	80	④

01 ②

| 정답해설 | FOB 조건에서 매도인의 위험은 본선에 적재가 완료되는 시점에 매수인에게 이전된다. 즉, 매도인은 지정된 선적항(부산항)에서 물품을 본선에 실어주는 것까지만 책임지며, 그 이후 발생하는 위험(운송 중 손상, 분실 등)은 매수인이 부담하게 된다.

| 오답해설 |
① DAP, DPU, DDP 등 매도인이 목적지까지 운송 책임을 지는 조건에 해당한다.
③ B/L 발행은 운송서류 처리일 뿐, 위험 이전 시점과는 무관하다.
④ 수출신고는 수출요건 이행에 해당하며, 위험 이전 시점은 물품이 실제로 본선에 적재된 때이다. 단순 신고 완료와는 관련이 없다.

개념 Plus⁺
컨테이너 화물은 보통 CY에서 인도되므로 실제 분쟁을 줄이려면 FOB 대신 FCA를 쓰는 것이 안전하다.

02 ③

| 정답해설 | CIF에서는 매도인이 ICC(C) 최소 담보로 인보이스 금액의 110% 이상을 부보해야 한다.

개념 Plus⁺
매수인이 추가 담보를 원하면 당사자 간의 합의로 ICC(A) 등 상향 담보가 가능하다.

03 ③

| 정답해설 | CIP는 위험 이전 분기점이 본선 적재가 아닌 '적출지에서 운송인에게 인도'하는 시점이다.

| 오답해설 |
① CIP와 CIF 모두 운임은 매도인이 부담한다.
② CIP와 CIF 모두 매도인은 보험가입 의무가 있다.
④ 도착지에서 양하(unloading)는 CIP, CIF 모두 매수인의 책임이다.

개념 Plus⁺
CIP 조건은 컨테이너 화물에 적합하며, 매도인이 운임과 보험을 부담하지만 위험은 운송인에게 인도하는 시점에 매수인에게 이전된다. 이처럼 위험이 일찍 이전되므로, 담보 수준을 ICC(A)로 한 단계 높여 놓은 것이다.

04 ④

| 정답해설 | OA Nego는 수출상이 외상채권을 환매조건부로 은행에 양도하는 거래이다.

개념 Plus⁺
OA Nego는 수입상이 대금 지급을 거절하면 수출상이 채권을 되사는 'With Recourse' 구조다.

05 ④

| 정답해설 | OA 거래는 물품 인수 시점에 채권이 확정되므로, 은행은 물품수령증(POD) 등의 인수 증빙으로 허위 채권 리스크를 차단해야 한다. 물품수령증(POD) 없이 매입하면 '채권 부존재'의 위험이 커지기 때문에 내부 규정상 매입이 불가능하다.

06 ②

| 정답해설 | OA Nego 여신은 신용위험이 높으므로 국내 은행에서 '동일인 한도여신' 범위에 편입해 모니터링한다.

개념 Plus⁺
은행마다 OA Nego와 D/A Nego의 한도를 통합하여 운용하기도 하나, 원칙은 별도 계정 관리이다.

07 ④

| 정답해설 | 불가항력 조항(Force Majeure Clause)은 무역계약에서 자연재해, 전쟁, 파업 등 당사자의 통제를 벗어난 예외적 상황으로 인해 계약 의무를 이행하지 못할 경우, 면책 사유로 인정되는 조항이다. 이는 예측 불가능하고 피할 수 없는 사유에 한해 적용된다. 반면, 수출자가 계약 후 원자재를 의도적으로 다른 곳에 유용한 경우는 고의적인 계약 위반에 해당하므로, 불가항력으로 인정되지 않는다.

08 ③

| 정답해설 | 신용장 조건변경(Amendment)은 '전부 수락 또는 전부 거절'만 가능하고 부분 수락은 허용되지 않으며, 수익자의 침묵은 동의로 간주되지 않는다.

| 오답해설 |
① 조건변경은 수익자의 명시적(서면) 수락이 있어야 효력이 발생하며, 묵시적 수락이나 자동 수락은 원칙적으로 인정되지 않는다.
② 조건변경의 효력을 발생시키기 위해서는 개설은행의 변경 제안과 수익자의 수락이라는 쌍방의 합의가 전제되어야 한다. 이는 변경 내용을 신용장 조건으로서 인정받기 위한 필수 요건이다.
④ 신용장 조건변경은 원 신용장을 통지한 동일한 은행 경로를 통해 수익자에게 전달되어야 유효하다. 이는 변경된 조건의 진위와 정당성을 보장하기 위한 절차이다.

> **개념 Plus⁺**
> MT 707(신용장 조건변경 통지) 전문은 개설은행의 서명 진위 여부를 확인한 후, 'Signature Verified(서명 확인됨)' 문구를 포함하여 수익자에게 통지하는 것이 통상적이다.

09 ③

| 정답해설 | UCP600 제14조(c)에 따르면, 신용장에서 서류제시기한을 명시하지 않았다면 '운송서류의 선적일로부터 21일 이내'에 제시해야 하며, 신용장의 유효기일을 초과해서는 안 된다.

> **개념 Plus⁺**
> • 21일 규정은 선적 후 지체 없이 서류를 제시하도록 유도해, 물품이 도착했음에도 통관 지연이나 손해 발생을 방지하기 위한 것이다.
> • 단, 운송서류가 아닌 서류만 요구되는 경우에는 적용되지 않는다.

10 ③

| 정답해설 | 추심방식은 수출자가 은행을 통해 수입자에게 상업서류를 전달하고, 그 대가로 대금을 회수하는 단순한 결제 방식이다. 이 과정에서 은행은 단순한 서류 전달자 역할만 수행하며, 서류의 내용, 형식, 진정성 등에 대해 책임을 지지 않는다. 또한, URC 522에 따르면 은행은 상품의 품질, 수량, 거래 이행 여부 등 실질적인 사항에 대해서도 어떠한 책임이나 의무를 부담하지 않는다. 즉, 추심은행은 거래의 진정성이나 결과에 관여하지 않으며, 법적 책임도 면책된다.

| 오답해설 |
① 서류심사는 신용장 거래에서만 요구되는 사항이며, 추심거래에서는 서류심사나 정합성 심사 의무가 없다. 즉, 은행은 단순히 서류의 전달과 대금의 수령을 대행하는 기계적 역할만 수행한다.
② 은행은 상품 실물과 관련된 사항(품질·수량 등)에 대해 검사나 확인 의무가 전혀 없다.
④ 추심방식은 무지급보증 거래로, 수입자가 대금을 지급하지 않더라도 은행이 대신 지급할 책임은 없다.

11 ④

| 정답해설 | 우리나라는 '수출입 자유가 원칙, 제한은 예외'인 Negative List 체계를 운용한다.

> **개념 Plus⁺**
> 제한 품목은 통합공고·전략물자고시 등 별도 법령으로 관리한다.

12 ④

| 정답해설 | DPU(Delivered at Place Unloaded) 조건은 유일하게 목적지에서 양하까지가 모두 매도인의 책임이다.

| 오답해설 |
① DPU 조건에서는 운송비를 매도인이 부담한다. 매도인은 지정된 도착지까지의 운송 및 양하까지의 모든 비용을 부담하며, 매수인은 수입통관과 그 이후 비용만 부담한다.
② 수입통관은 DDP 조건에서만 매도인이 부담하며 DPU 조건에서는 수입통관과 관련된 절차(관세 납부 포함)는 매수인의 책임이다.
③ DPU 조건은 운송만 포함되며, 보험은 의무사항이 아니다. 다만, 해당 조건은 EXW, FCA, CPT 등 대부분의 조건에 해당되는 내용이므로, DPU 조건만이 갖는 고유한 특징이라고 말할 수 없다.

> **개념 Plus⁺**
> DAP·DDP는 양하는 매수인 부담이며, DAP는 통관·관세를 매수인이, DDP는 통관·관세를 매도인이 부담한다.

13 ②

| 정답해설 | CFR 조건에서 운임은 매도인이 부담하지만 보험은 매수인이 부담하며, 위험은 본선 적재 시점에 이전된다.

> **개념 Plus⁺**
> 보험을 매도인이 부담하는 조건은 CIF·CIP다.

14 ④

| 정답해설 | DDP(Delivered Duty Paid)는 매도인이 수입통관과 모든 조세·부가세까지를 부담해 의무가 가장 무겁다.

| 오답해설 |
① 위험은 선적지가 아니라 도착지에서 이전된다. DDP는 지정된 도착지에서 물품이 인도될 때까지 위험이 매도인에게 존재한다.
② DAP에 대한 설명이다. DDP에서 수입통관은 매수인이 아니라 매도인이 책임진다.
③ DDP 조건에서 보험 가입은 필수가 아니다.

> **개념 Plus⁺**
> 매도인이 통관 불가국에서는 DDP를 사용하지 않는 것이 원칙이다.

15 ④

| 정답해설 | FAS, FOB, CFR, CIF 네 조건은 해상·내수로 전용 조건이다.

개념 Plus⁺

컨테이너 화물은 동일 항로라도 CPT·CIP 등 운송인 인도 조건을 쓰는 것이 권장된다.

16 ④

| 정답해설 | CIP(Carriage and Insurance Paid to) 조건에서 매도인은 물품을 지정 운송인에게 인도할 때까지의 위험을 부담하며, 그 시점을 기준으로 위험은 매수인에게 이전된다. 즉, 운송비와 보험료는 매도인이 부담하지만, 위험은 운송인 인도 시점에 이전되므로, 목적지 도착 시점이나 양하 완료 시점까지 매도인이 위험을 부담하는 것은 아니다. 따라서 CIP 조건에서 위험이 매수인으로 이전되는 지점은 운송인에게 인도할 때이다.

개념 Plus⁺

CIP에서 운임·보험은 매도인이 부담하지만, 위험은 일찍 이전되므로 ICC(A) 수준의 보험을 요구한다.

17 ③

| 정답해설 | MT 742는 'Reimbursement Claim'으로, 매입은행이 상환은행에 대금 상환을 청구할 때 사용한다.
| 오답해설 |
① 상환수권 통지는 MT 740에 해당한다.
② 신용장 조건변경(Amendment)은 MT 707에 해당한다.
④ 상환완료 통지는 MT 756에 해당한다.

개념 Plus⁺

상환은행이 지급을 완료하면 MT 756으로 '상환 완료'를 통보한다.

18 ④

| 정답해설 | MT 756은 상환은행이 '지급·상환 완료' 사실을 매입은행에 알리는 전문이다.
| 오답해설 |
① 신용장 개설 통지는 MT 700 또는 MT 710에 해당한다.
② 운송서류의 전자제출은 MT 798에 해당한다.
③ 매입은행이 상환은행에 상환을 청구하는 것은 MT 742에 해당한다.

19 ①

| 정답해설 | MT 1xx는 고객송금 관련 카테고리에 해당한다.
| 오답해설 |
② MT 2xx는 은행 간 국제금융·FX 전문 관련 카테고리에 해당한다.
③ MT 4xx는 추심 관련 카테고리에 해당한다.
④ MT 7xx는 신용장·보증 관련 카테고리에 해당한다.

개념 Plus⁺

카테고리 착오로 메시지를 잘못 전송하면 자금 지연 및 부도 사고가 발생할 수 있다.

20 ①

| 정답해설 | 포페이팅은 신용장이나 보증이 있을 경우 별도 담보 없이 무소구로 할인하는 구조이다.
| 오답해설 |
② 포페이팅은 플랜트, 설비, 대형 장치산업 등 고가 수출에 적합한 금융기법으로 활용된다.
③ 포페이팅의 대상은 중장기 고정금리 외상채권이 일반적이다.
④ 포페이팅은 무소구(Non-recourse) 방식이다.

21 ①

| 정답해설 | Incoterms® 2020에서 매도인이 주운송비를 부담하는 조건은 CFR·CIF(해상 전용)와 CPT·CIP(모든 운송수단)이다.

개념 Plus⁺

위 네 조건 모두 위험은 본선 적재(해상) 또는 운송인 인도(다중 운송) 시점에 매수인에게 이전된다.

22 ③

| 정답해설 | DDP(Delivered Duty Paid) 조건은 Incoterms® 2020의 조건 중 매도인의 부담이 가장 큰 조건으로, 물품을 수입국의 지정 목적지까지 운송한 후, 수입통관 절차 및 세금·관세 납부까지 매도인이 전부 책임지는 유일한 조건이다.
| 오답해설 |
① CIF는 해상운송 전용 조건으로, 매도인이 운송비와 보험료를 부담하는 조건이다. 그러나 위험은 본선 적재 시 매수인에게 이전되며, 수입통관 역시 매수인의 책임이다.
② DAP는 매도인이 목적지까지 운송하여 인도하지만, 양하 및 수입통관은 모두 매수인의 책임이다. 즉, 물리적 인도까지만 매도인이 부담하며, 세관 절차나 세금 납부에는 관여하지 않는다.
④ DPU는 매도인이 지정 목적지까지 운송한 후 양하(Unloading)까지 책임지는 유일한 조건이다. 그러나 수입통관 및 세금 납부는 매수인의 의무로, 통관 책임까지 매도인이 지는 조건은 아니다.

23 ④

| 정답해설 | CIF는 최소 ICC(C)·계약가 + 10% 담보, CIP는 광범위 담보 ICC(A)·계약가 + 10% 이상을 매도인이 의무적으로 가입해야 한다.

> **개념 Plus⁺**
> CIP는 위험 이전이 운송인 인도 시점으로 더 빨리 이루어지므로, 담보 수준을 한 단계 상향했다.

24 ③

| 정답해설 | OA Nego는 선하증권 등 운송서류가 은행에 입질되지 않아 담보권이 없으므로, 은행이 수입상 신용에만 의존하게 된다. 따라서 은행은 신용등급·재무구조가 견실한 기업에 한해 한도여신을 허용하며, 내부 위험계정도 별도로 관리한다.

25 ③

| 정답해설 | 포페이터는 소구권을 행사하지 않는 조건으로 중·장기 어음을 할인한다.

| 오답해설 |
① 포페이팅은 고정금리 기반 할인(Fixed Interest Rate Discounting)이 일반적이다.
② 포페이팅은 ICC의 URF800(Uniform Rules for Forfaiting) 국제 표준 규칙을 적용받는다.
④ 포페이팅은 기한부 환어음(Usance Bill) 또는 약속어음(Promissory Note)을 무소구로(discount without recourse) 매입하는 구조이다.

> **개념 Plus⁺**
> 포페이팅 거래에서 수출상은 우발채무에서 벗어나 신용·환리스크를 전가할 수 있다.

26 ④

| 정답해설 | DMBU(Demand Bills Usance)는 서류상 일람불 조건이지만, 수입자의 자금 사정을 고려하여 은행이 일시적으로 외화를 융자하거나 외환계정상 유예를 부여함으로써 실무상 기한부처럼 처리되는 방식이다. 외환회계상으로는 일람불 매입이나, 실제 결제는 만기일에 이루어진다.

27 ③

| 정답해설 | MT 747은 기존 상환수권(MT 740)을 수정·감액·연장할 때 사용하는 'Amendment to an Authorization to Reimburse' 전문이다.

| 오답해설 |
① 신용장의 조건 변경(Amendment)을 수익자에게 통지할 때 사용한다.
② 개설은행이 상환수권(Authorization to Reimburse)을 신규로 통보할 때 사용하는 메시지이다.
④ 상환은행이 매입은행에 지급/상환 완료 사실을 통보할 때 사용한다.

28 ②

| 정답해설 | MT 750 'Advice of Discrepancy'는 매입은행이 개설은행에게 서류 하자(불일치) 사실을 알릴 때 전송하는 전문이다.

| 오답해설 |
① 상환은행이 매입은행에 지급 또는 상환 완료를 알릴 때는 MT 756을 사용한다.
③ 어음 인수와 관련된 통지는 보통 MT 754 (Advice of Payment/Acceptance/Negotiation)가 사용된다.
④ 신용장 조건 변경은 MT 707을 사용한다.

29 ④

| 정답해설 | Standby L/C와 청구보증 모두 독립적·추상적 지급보증으로, 주채무와 관계없이 서류 제시가 일치하면 지급해야 한다.

| 오답해설 |
①② Standby L/C는 UCP600이나 ISP98을 적용하고, 청구보증은 URDG758을 적용한다.
③ 둘 다 1차적 책임을 지는 독립보증이다. (전통적 보증의 2차 책임과 다름)

30 ④

| 정답해설 | D/A(Document against Acceptance) 방식은 수입자가 기한부 환어음(Usance Bill)을 인수(서명)하는 것을 조건으로 상업서류를 인도받고, 실제 대금 결제는 어음 만기일에 이루어지는 외상 결제 방식이다. 즉, 어음 인수 즉시 서류를 수령하고, 대금은 만기일에 결제된다.

| 오답해설 |
① 은행은 단순한 서류 전달자로서, 서류나 물품의 진위·내용·품질 등에 대해 어떠한 책임도 지지 않는다.
② D/P(Document against Payment)에 대한 설명이다.
③ D/A는 외상거래 방식이므로, 수출자에게 사전송금이 이루어지지 않으며, 오히려 수출자가 대금 회수 지연의 리스크를 부담한다.

31 ④

| 정답해설 | D/P는 대금 결제(지급) 전까지 은행이 선적서류를 통제하지만, D/A는 어음 인수 즉시 서류가 매수인에게 넘어가 통관이 가능하다.

| 오답해설 |
① D/A는 서류를 어음 인수 후 인도받기 때문에, 결제 전에 통관할 수 있다.
② D/A는 어음을 인수(Acceptance)만 하면 서류가 즉시 인도된다.
③ 인수(Acceptance)는 D/A 방식의 개념이다. D/P는 인수(Acceptance) 절차 없이, 대금 결제(Payment) 즉시 서류가 인도되는 방식이다.

> **개념 Plus⁺**
> D/A 거래에서는 매수인이 결제 전에 물품을 처분할 수 있으므로 수출상의 위험이 높다.

32 ②

| 정답해설 | 추심서류는 지시서에 'Partial payment allowed(divisible)' 표시가 없으면 분할결제가 금지된다.

> **개념 Plus⁺**
> 분할결제를 허용하면 선적서류 단위로 인도하며, 이 경우 분할 건별 인수 또는 지급 여부를 명확히 해야 한다.

33 ④

| 정답해설 | 은행은 선하증권 원본이 도착하면, 기존에 발행된 Shipping Guarantee(선취보증서)와 함께 선사에 회수 요청을 해야 한다. 이 절차가 누락되면 보증서에 따른 은행의 책임이 계속 남기 때문이다.

> **개념 Plus⁺**
> 선하증권 도착 후 15일 이내에 보증서 회수가 이뤄지지 않으면 일부 은행은 내부 규정상 회수된 것으로 간주하지만, 실제 회수되지 않은 경우 선사와의 분쟁 시 은행은 민·형사상 책임을 질 수 있다.

34 ④

| 정답해설 | 은행은 외상채권이 진정 양도되었음을 입증하기 위해 '수출대금은 은행에 송금하라'는 내용의 지급지시서(Standing Payment Instruction)에 수입상의 서면 동의를 요구한다.

> **개념 Plus⁺**
> 지급지시서(Standing Payment Instruction)는 채권양도의 대항요건을 충족시켜 은행의 권리를 보호한다.

35 ④

| 정답해설 | 포페이팅에는 'Uniform Rules for Forfaiting(URF800)'이 2013년 1월 1일부로 적용 중이다.

| 오답해설 |
① ISP98은 보증신용장(Standby L/C)에 적용되는 규칙이다.
② URC522는 추심거래(D/P, D/A 등)에 적용되는 규칙이다.
③ URR725는 은행 간 상환거래(reimbursement)에 관한 규칙이다.

36 ④

| 정답해설 | Article 6(a)–(c) links the 'date and place for presentation' to the bank stated in the availability field; where the issuing bank is the place of availability, presentation must reach that bank no later than the expiry date.
→ UCP600 제6조 (a)~(c)는 '제시의 일자와 장소'를 신용장에서 명시된 이용 가능 은행(availability field)과 연계되도록 규정하고 있다. 즉, 개설은행이 이용 가능 장소로 지정된 경우, 제시 서류는 신용장 만기일 이전까지 반드시 개설은행에 도달해야 한다.

| 오답해설 |
① UCP600 제6조(a)에 따르면, 신용장은 명확한 만기일과 제시 장소를 지정해야 하며, 'any bank'와 같은 비지정적 표현은 제시 요건을 불명확하게 만들어 규정 위반으로 간주될 수 있다.
② UCP600은 신용장에서 이용 가능 은행(issuing bank 또는 nominated bank)을 명시하도록 요구하며, 거래상대방 은행(counter-party bank)과 같은 비공식 용어는 유효한 제시 장소로 인정되지 않는다.
③ UCP600 제6조(b)에 따르면, 지급은행이 발행은행인 경우 수익자는 지정된 만기일 내에 발행은행에 직접 제시해야 하며, 지정은행(nominated bank)을 통한 제시는 허용되지 않는다.

> **개념 Plus⁺**
> - 'Beneficiary's Country' in field 31D is geographic guidance only; it never overrides 41D.
>   → 신용장 필드 31D의 '수익자의 국가(Beneficiary's Country)' 표시는 단순한 지리적 참고용일 뿐이며, 필드 41D의 내용보다 우선하지 않는다. 신용장 조건상 실제 서류 제시는 반드시 41D 필드에 지정된 은행(개설은행 등)에 해야 한다.
> - If the issuing bank is closed for a normal holiday, Article 29(a) (see Q4) extends the last day; force-majeure closures fall under Article 36 (see Q5).
>   → 개설은행이 일반 공휴일로 인해 휴무일 경우, 제29조(a)에 따라 제시기한은 다음 영업일까지 연장된다. (Q4 참조) 반면, 천재지변 등 불가항력 사유로 인한 휴무는 제36조에 따라 처리된다. (Q5 참조)
> - 실무상 다국 통지(Advising) 은행이 있더라도, 신용장 이용 가능 은행(Availability)이 개설은행(Issuing Bank)이라면 서류를 개설은행에 제출해야 지급받을 수 있다.

37 ③

| 정답해설 | Article 7(a)–(c) states the issuing bank's obligation is independent and irrevocable; failure of another bank never relieves it of liability
→ UCP600 제7조 (a)~(c)에 따르면, 개설은행의 의무는 독립적이며 취소 불가능한(irrevocable) 의무이다. 따라서 다른 은행의 이행 실패가 발생하더라도, 개설은행의 책임은 면책되지 않는다.

| 오답해설 |
① 발행은행의 약정은 매매계약 등 기초 계약과 독립적이다. 신용장은 서류만을 기준으로 하며, 실제 상품이나 계약의 이행 여부와는 무관하다.
② 신용장이 발행되는 순간 취소불능(irrevocable) 상태가 되며, 이는 조건이 충족될 경우 반드시 지급하겠다는 발행은행의 법적 약속이 된다.
④ 신청인(applicant)이 지급불능(파산 등) 상태가 되더라도, 발행은행은 조건에 맞는 서류가 제시되면 반드시 지급해야 한다. 이는 신용장의 독립성과 무조건성 원칙에 따라 이루어진다.

개념 Plus⁺
- 이 규정은 '독립추상성'의 대표조항으로, 인수·결제 거절 사유는 오직 서류 불일치뿐이다.
- 신청인(Applicant)의 파산, 대금미결제 등은 은행 대 은행 관계에서 고려하지 않는다.

38 ③

| 정답해설 | 서류제시일 다음 날부터 연속되는 5영업일 내 심사 및 통지해야 하며, 신용장의 유효기일(Expiry Date)과 무관하게 계산된다.

개념 Plus⁺
- 'Banking day'는 심사은행 소재지의 영업일을 기준으로 한다.
- 실제 현업에서는 2~3일 내 처리해 차후 분쟁을 최소화한다.

39 ③

| 정답해설 | Article 29(a) automatically extends the expiry date or last day for presentation to the first following banking day; shipment dates, however, do not move.
→ UCP600 제29조 (a)는, 신용장 만기일 또는 서류 제시의 최종일이 비영업일에 해당하는 경우, 이를 자동으로 다음 영업일로 연장하도록 규정하고 있다. 단, 선적일(shipment date)은 이 규정에 따라 연기되지 않으며, 원래 지정된 날짜를 따라야 한다.

개념 Plus⁺
- 연장제시 시, 지정은행은 표지서류에 'presented within extended time-limits under 29(a)' 문구를 삽입해야 한다.
- Force-majeure(Art 36)와 달리, 휴업 기간 중에도 신용장은 유효하다.

40 ④

| 정답해설 | Article 36 면책: 업무중단 기간 중 만료된 신용장은 영업 재개 후에도 결제 의무가 없고, 은행은 그 결과에 대해 책임지지 않는다.

개념 Plus⁺
- Article 36에는 테러행위까지 명시적으로 포함되어 있다. (2007 개정)
- '예외 없는 면책'이므로, Beneficiary는 다른 제시 경로(개설은행 직접 제시 등)를 미리 확보해야 리스크를 낮출 수 있다.

41 ②

| 정답해설 |
- 'After' 또는 'From'이라는 표현이 있으면, 기준일(reference date)은 포함하지 않는다. 따라서 '10 days after shipment'는 선적일 + 10일(단, 선적일 제외)로 첫날은 선적일 다음 날부터 계산한다.
- 만약 선적일이 5월 4일이라면, '선적일로부터 10일 후'는 5월 14일이 된다.

개념 Plus⁺
- 시험에서 자주 나오는 'within'과 대비: 'within 2 days of'는 기준일 ±2
- 날짜 계산 실수를 줄이려면 선적일을 '0-day'로 보는 산식을 기억하면 좋다.

42 ④

| 정답해설 | ISBP821 A6(c): 복사본은 UCP600 14(c)의 21일 기본 규정이 미적용되며, 만기일 전에 제시해야 한다.

| 오답해설 |
① UCP600 제14조(c)의 21일 규정은 원본 운송서류(original transport document)를 요구할 때에만 적용된다. 복사본만 요구된 경우에는 해당 규정이 적용되지 않는다.
② ISBP나 UCP600에는 '14일 이내'라는 규정은 존재하지 않는다.
③ 신용장에서 복사본만을 요구한 경우, 원본 서류의 부재는 전혀 문제가 되지 않는다.

개념 Plus⁺
- UCP600 제14조(c)에 따라, 선적일로부터 21일 이내에 제시해야 한다는 규정은 운송서류의 '원본(original)'을 요구하는 경우에만 적용된다. 만약 신용장에서 복사본만 요구되었다면, 이 21일 규정은 적용되지 않으며, 신용장 유효기간 내 언제든지 제시할 수 있다.
- 신청인(Applicant)이 신용장 조건에 'stale documents acceptable'(지연된 서류도 수락)이라는 문구를 넣더라도, 원본 운송서류가 요구되는 경우에는 여전히 21일 규정을 적용하거나 완화한 것으로 해석해야 한다. 하지만 복사본만 요구된 경우에는 애초에 21일 룰이 적용되지 않기 때문에, 이 조건은 의미가 없거나 중복적인 설명에 불과하다.

43 ③

| 정답해설 | Article 25(d): 만료일이 비영업일이면 첫 영업일로 자동 연장된다.

개념 Plus+
- URDG Article 25(d)는 UCP Article 29(a)와 유사하지만, 보증(guarantee)에 특화되어 있다.
- Force-majeure(불가항력)의 경우는 Article 26으로 별도 처리되어 보증서의 유효기간을 30일 연장한다.

44 ④

| 정답해설 | Rule 4.01(a)(b): 결제청구는 문면상 일치성으로 판단하며, 실물·거래배경 조사는 불필요하다.

개념 Plus+
- ISP98 Rule 4.02는 제시된 서류 중 신용장에서 명시적으로 요구하지 않은 서류는 심사 대상에서 제외될 수 있음을 명시한다. 즉, 수익자가 신용장에서 요구되지 않은 서류를 추가로 제출했다 하더라도, 은행은 그 서류를 근거로 거절할 수 없으며, 심사 자체를 생략할 수 있다. 이는 UCP600과의 차이점 중 하나로, ISP98은 명확히 '요구된 서류만 심사한다'는 원칙을 규정하고 있다.
- Standby LC는 실제 거래의 이행 실패를 보완하기 위한 보증적 성격의 신용장이기 때문에, 기초 계약과의 무관성을 더 엄격하게 적용한다. ISP98은 제1조에서 '독립성(independence)'과 '추상성(abstraction)' 원칙을 명확히 강조하며, 기초계약(Underlying contract)과 분리된 별개의 금융 약속임을 전제로 한다. 따라서 기초계약의 분쟁, 미이행, 품질 문제 등은 은행 심사의 고려 대상이 아니며, 오직 제시된 서류의 일치 여부만으로 지급 판단을 내리게 된다. 이는 일반 신용장(UCP 적용)보다 Standby LC에서 더 강하게 적용되는 원칙이다.

45 ②

| 정답해설 | UCP600 제31조(b)는 부분선적이 허용된 경우, 하나의 분할 기간(instalment) 내에서 이루어지는 복수의 선적이나 복수의 제시(drawings)를 하나로 간주한다고 규정한다. 즉, 한 분할 기간 내에는 몇 번의 선적이 있든 '하나의 선적'으로 처리되며, 횟수에 제한이 없다.

개념 Plus+
- UCP600 제31조는 부분선적(Partial Shipment)에 관한 일반 규정으로, 각 분할 기간 내 복수 선적이 허용되며, 선적 횟수에 제한이 없다. 단, 제32조에서 규정하는 할부선적(Instalment Shipment) 조건이 함께 포함된 경우에는, 각 분할 선적 기한을 지키지 않으면 신용장의 전체 효력이 소멸될 수 있다.
- 부분선적이 허용된 경우에는 후속 선적분을 앞당겨 먼저 선적하는 것도 가능하며, 이는 중간 물량 부족 시 조정의 유연성을 인정하는 실무 원칙이다.

46 ④

| 정답해설 | UCP600 Article 32: If the credit requires shipment by instalments and any instalment is not shipped within the period allowed for that instalment, the credit ceases to be available for that and any subsequent instalment.
→ 즉, 어느 하나의 할부 선적 기한을 지키지 못하면, 그 선적뿐만 아니라 이후의 모든 할부 선적분도 무효가 된다.

| 오답해설 |
① 그 한 회차뿐만 아니라 이후 회차까지 모두 무효가 된다.
② UCP600은 지연 선적과 벌금 허용 같은 조건을 자동으로 인정하지 않으며, 정해진 선적 기간을 엄격히 지켜야 한다.
③ 자동 연장 규정은 존재하지 않으며, 날짜 연장은 별도의 수정(amendment)을 통해서만 가능하다.

개념 Plus+
- 할부선적(Instalment Shipment) 조건이 있는 경우, 한 회차라도 선적 기한을 놓치면 해당 신용장은 그 시점부터 효력을 상실하며, 이후 분할분에 대한 제시도 불가능해진다. 은행은 Credit의 Availability(지급 가능성) 자체가 종료되었다고 간주한다.
- 따라서 첫 번째 선적 구간에는 여유 일정(Buffer)을 두고 운송을 계획하는 것이 실무상 리스크 관리의 핵심 전략이다. 첫 회차를 놓치면 전체 계약이 무효화될 수 있으므로, 신중하게 관리해야 한다.

47 ④

| 정답해설 | UCP600 제21조 '비유통해상운송서류(Non-Negotiable Sea Waybill)'에 관한 규정상 신용장(credit)이 허용하는 경우, 운송인(carrier) 외에도 화물운송주선인(freight forwarder)이 서명할 수 있다.

| 오답해설 |
① 비유통해상운송서류는 용선계약(Charter Party)과는 관련이 없다. 용선계약은 별도로 Article 22에서 다룬다.
② 신용장이 허용하는 경우 화물운송주선인(freight forwarder)도 발행 가능하므로, 'only by the carrier'는 틀린 설명이다.
③ 비유통 서류도 항구 간(port-to-port) 운송에서 사용 가능하다.

개념 Plus+
- UCP600 제21조는 비유통 해상운송서류(Non-Negotiable Sea Waybill)에 대한 규정으로, 원본 선화증권(B/L)과 달리 양도나 질권 설정이 불가능하다. 따라서 운송 책임은 동일하나, 유통성은 없는 서류이다.
- 또한, 신용장에 'House B/L not acceptable' 같은 모호하거나 해석이 불분명한 조건이 포함되더라도, ISBP821 A1 규정에 따라 그러한 조건은 문서심사에 영향을 주지 않는 것으로 간주한다. 즉, 서류 심사 시 무시되며, 명확히 정의되지 않은 부정조건은 효력이 없다.

48 ④

| 정답해설 | ISBP821 A18은 'cargo receipt'와 같이 UCP600 제19~25조의 범주에 속하지 않는 운송서류 이외의 서류에 대한 규정이다. 예를 들어, 단순한 '화물 인수증(cargo receipt)' 또는 '운송장'과 같이 서류상 발행일은 있으나 정식 운송서류로 보지 않는 서류들이 이에 해당한다. 이 경우, UCP600에서 규정한 '선적일로부터 21일 이내 제출 규정'은 적용되지 않는다. 따라서 신용장이 별도로 정하지 않았다면, 서류 제출은 신용장 만기일 전까지 언제든 가능하다.

| 오답해설 |
① 21일 규정은 선화증권(B/L) 등 정식 운송서류(Articles 19~25)에만 적용되며, cargo receipt에는 적용되지 않는다.
② ISBP나 UCP600 등에 없는 기준이다.
③ 선적일과 제출 기한이 동일해야 한다는 규정은 없다.

개념 Plus⁺
- 'stale documents acceptable' 조건과도 연결된다.
- 모든 운송계열 서류에 21-day를 기계적으로 적용하면 안 된다.

49 ④

| 정답해설 | 트럭 하나의 운송수단만 사용되었다면, 이는 복합운송(multimodal)에 해당하지 않으므로 Article 19가 아니라 Article 25(road transport document) 등으로 심사되어야 한다. 즉, Article 19 적용 요건을 충족하지 못했기에 비적합(non-compliance)하다.

| 오답해설 |
① UCP600상 운송수단이 구체적으로 명시되지 않아도, 선적장소와 도착장소가 명시되고, 선적이 이루어졌음이 명백하면 허용된다.
② 복합운송의 요건을 충족한다.
③ 포워더도 운송인으로 간주될 수 있으며, 적절한 책임 문구가 있다면 유효한 운송서류로 인정된다.

개념 Plus⁺
- 서류가 'silent', 즉 운송수단에 대해 아무 언급이 없는 경우라도, 그것만으로 불일치(discrepancy) 사유가 되지 않는다. (복합운송으로 추정)
- 단일 운송수단만 명시된 경우, Article 19(복합운송) 대신 Article 20~24의 해당 단일 운송규정으로 분류된다.

50 ②

| 정답해설 | ISBP821 C14: 신용장이 특별히 금지·제한하지 않으면 ±5% 수량이 허용된다. (단 인보이스 금액을 초과한 청구는 불가함)

개념 Plus⁺
- ±5% 룰은 Quantity와 Unit Price 불일치 시 금액이 Credit 상한을 넘지 않는 경우에 적용된다.
- 'EXACTLY / NOT EXCEEDING' 등 절대적인 표현이 있을 경우에는 오차(tolerance) 적용을 배제한다.

51 ③

| 정답해설 | Article 8(c)은 '확인은행은 일치 제시를 지급·매입한 다른 지정은행에게 자체적으로 독립된 지급 의무가 있으며, 개설은행의 선지급 여부와 무관'하다고 규정한다.

| 오답해설 |
① 신용장이 일람불 지급(sight payment) 방식으로 확인은행에서 이용 가능한 경우, 확인은행은 수익자가 조건에 맞는 서류를 제시하면 반드시 즉시 지급해야 한다.
② 확인은행은 확인을 부가한 시점부터 철회할 수 없는 지급 의무를 부담하며, 이는 수익자에 대한 독립적인 법적 약정이다.
④ 발행은행이 확인 요청을 했지만 해당 은행이 확인을 원하지 않을 경우, 지체 없이 발행은행에 이를 통보해야 한다.

개념 Plus⁺
- '확인은행 = 단순 중개자'라는 오해를 노려 자주 출제되니 주의해야 한다.
- 확인은행의 상환의무는 독립이며, 확인서를 추가한 순간부터 취소 불능이다. (Article 8 b)

52 ③

| 정답해설 | UCP600 제10조(e)에 따르면, 수익자(Beneficiary)가 수정신용장(Amendment)에 대해 명시적인 수락이나 거절 없이 침묵(silent) 상태인 경우, 수정된 조건에 부합하는 서류를 제출하면 해당 수정안을 수락한 것으로 간주되어 조건변경 효력이 발생한다.

| 오답해설 |
① 수익자가 수정신용장을 부분적으로만 수락하는 것은 허용되지 않는다. 수정 조건은 전부 수락하거나 전부 거절해야 하며, 일부만 받아들이는 선택은 불가하다.
② 수정안을 5일 이내 거절하지 않으면 유효하다는 문구가 있다 하더라도, 이는 UCP600상 자동으로 구속력 있는 것은 아니다.
④ 수정신용장은 수익자가 수락해야만 유효하다. 발행은행이 발행했다고 해서 자동으로 수익자에게 효력을 미치는 것은 아니다.

53 ②

| 정답해설 | Article 17(a)-(c)는 서명·마크·원본 서식이 없고, 문면상 복제물로 보이는 경우 원본으로 간주하지 않는다.

| 오답해설 |
① Article 17(b)에 따라 문서가 'Duplicate', 'Triplicate'로 표기되어 있더라도, 문면상 복사본임을 명확히 하지 않는 이상 원본으로 처리된다.
③ UCP 600 Article 17(a)에 따라 문서에 명백한 원본 서명(자필, 펜 등)이 있으면 원본으로 인정된다.
④ 발행인의 공식 문서 양식에 수기 또는 날인(stamp)되어 있다면 Article 17에서 언급하는 '원본으로 보이는 외형'을 충족하여 원본으로 처리된다.

54 ④

| 정답해설 | H3(b): 'Freight Forwarder's air waybill acceptable' 문자가 있으면 포워더 서명만으로도 요건을 충족한다.

> **개념 Plus⁺**
> • 포워더 서명 시 직위 표기는 불필요하다.
> • 'Not acceptable'과 같은 부정 조건은 구체적인 규정이 없으면 무시된다. (H4)

55 ④

| 정답해설 | G27: 신용장이 Article 22(b)(charter-party B/L) 적용·범위 명시가 없는 한, 은행은 용선계약 내용을 심사하지 않는다.

| 오답해설 |
① 은행은 Charter-party B/L 상의 비용 관련 조항이나 표기(FIO, demurrage 등)는 외형상 확인할 수 있으므로 심사 대상이 될 수 있다.
② FIO 조건도 선하증권(B/L) 상 표기된 내용으로서 은행이 문면상 확인할 수 있기 때문에 심사한다.
③ B/L 상에 체선료(demurrage) 관련 문구가 있다면, 문면상 정보로서 심사 대상이 될 수 있다.

> **개념 Plus⁺**
> • 시험에서는 '은행이 charter-party contract를 받아 하자 여부를 판단한다.'는 오답이 자주 출제되니 주의해야 한다.
> • 은행의 심사 범위는 서류상 정보에 한정되며, 계약에 관한 내용은 제외된다.

56 ③

| 정답해설 | 스탠바이에서 별도로 금지하지 않는 한, 수익자는 전체 금액이 아닌 일부 금액만 부분적으로 청구(Partial Drawing or Demand)할 수 있다.

| 오답해설 |
① ISP98에서 부분청구는 발행인의 동의를 전제로 하지 않으며, 기본적으로 허용되는 사항이다.
② UCP600과 혼동하기 쉬운 오답이다. ISP98에서는 '허용 명시 시 가능'이 아니라, 금지하지 않으면 자동으로 허용되는 구조다.
④ 'Extend-or-pay' 형태의 스탠바이라도, 부분청구의 허용 여부는 여전히 일반 규정(금지 없으면 허용)에 따르며, 별도로 자동 허용된다고 명시되어 있지 않다.

> **개념 Plus⁺**
> • 스탠바이에 'one drawing only' 문구가 포함된 경우, 수익자는 한 번만 청구할 수 있으며, 청구 횟수와 금액 모두 제한된다.
> • 이는 Rule 3.08(b)의 Multiple presentations(하나의 청구를 여러 서류로 나누어 제출하는 경우)와 구별하여 학습할 필요가 있다. 즉, '부분 청구(Partial drawing)'와 '서류 분할 제출(Multiple presentations)'은 엄연히 다른 개념이다.

57 ④

| 정답해설 | 3.09(b): 'extend or pay' 요청 상황에서, 보증서의 만기를 연장하는 amendment(조건변경)가 발행된 후에도 수익자가 청구를 철회하지 않는 이상, 기존의 지급청구는 계속 유효하다. (자동 철회되지 않음)

| 오답해설 |
① Rule 3.09는 수익자-발행인 간 규정이며, 반드시 신청인의 동의가 필요한 것은 아니다.
② ISP98의 심사기간은 일반적으로 3~7영업일이며, 1영업일로 단축된다는 규정은 없다.
③ 수익자가 요청한다고 해서 발행은행이 자동으로 연장하지 않는다.

> **개념 Plus⁺**
> • 시험에서는 '자동 연장'으로 오답이 자주 출제되니 주의해야 한다.
> • Rule 3.09는 실무상 보증기간 관리가 핵심이다.

58 ④

| 정답해설 | Rule 4.16(b): ① 발행일(demand date), ② 청구 금액(Amount claimed), ③ 수익자 서명(Beneficiary's signature)은 필수이다.

> **개념 Plus⁺**
> Applicant's acknowledgement(확인)는 독립성 원칙에 위배되어 요구가 불가능하다.

59 ④

| 정답해설 | Article 23(b): 보증인은 청구 수령일+5영업일 이내에 연장 또는 지급을 선택해야 한다.

개념 Plus⁺
- 실무에서는 '자동 연장' 문구 없이도 본 규정만으로 권리가 유지된다.
- 연장 발행 시 기존 청구는 철회된 것으로 본다. (Art 23(c))

60 ②

| 정답해설 | Article 25(a): 금액이 0이 되면 보증은 종료된다.

개념 Plus⁺
- 'Reduction & termination' 조항은 step-down 보증에서 사용된다.
- 부분결제 후 잔액이 남으면 보증은 계속된다.

61 ②

| 정답해설 | 선정된 연도 말까지는 수출실적이 2억 달러를 넘어도 자격을 유지한다.

| 오답해설 |
① 포괄금융 대상 업체 선정은 주거래 외국환은행이 실적·신용도 등을 고려하여 자율적으로 판단한다.
③ 포괄금융은 직전 1년 수출실적이 2억 달러 이하인 중소·중견 수출기업을 대상으로 한다.
④ 포괄금융은 업체 단위로 적용되므로, 이용 업체는 모든 외국환은행에서 포괄금융 방식만 이용해야 한다.

62 ④

| 정답해설 | 수입·내국신용장 개설은 가능하지만 원자재자금과 병행 사용은 불가하다.

| 오답해설 |
① 포괄금융의 융자한도는 수입신용장, 내국신용장, 지급보증 등 다양한 방식의 이용실적을 포함하여 합산 관리한다.
② 융자한도는 수출실적 및 신용도를 바탕으로 주거래 외국환은행이 자율적으로 산정한다.
③ 부거래은행도 주거래은행 통보 후 포괄금융 산정방식으로 한도를 계산한다.

63 ④

| 정답해설 | 월별 실적은 부거래 외국환은행이 관리카드에 기재 후 주거래은행에 송부한다.

개념 Plus⁺
주거래은행은 부거래은행 자료를 종합하여 최종관리한다.

64 ③

| 정답해설 | 무역어음대출은 10만원 미만 절사로, 최저금액은 10만원 단위로 취급한다.

65 ③

| 정답해설 | CAD 조건 수입은 수입승인·계약서상의 금액을 원자재자금 융자대상으로 본다.

66 ④

| 정답해설 | 실적기준금융은 전월 평균 매매기준율에 업체별 융자한도 금액과 비율을 곱해 산정한다.

67 ③

| 정답해설 | 실적기준금융 원자재자금은 결제 시 한도가 부족하더라도 융자를 허용한다.

| 오답해설 |
① 내수 목적의 자금으로 수입신용장 거래와는 무관하다.
② 한도 초과 시 융자가 불가하다.
④ 한도 내 개설이 원칙이며, 결제 시점에 한도가 부족하면 융자가 불가하다.

68 ③

| 정답해설 | 포괄금융 이용업체 선정 및 취소는 주거래 외국환은행의 권한이며, 업체가 선정 취소되는 경우 주거래 외국환은행은 해당 내용을 한국은행에 통보할 의무가 있다. 이 제도는 포괄금융의 자율성과 책임성을 강화하기 위해 한국은행이 아닌 실제 금융거래를 취급하는 주거래 은행이 중심이 되어 운용된다.

69 ②

| 정답해설 | 기준금리는 대출기간별 대체금리에 은행의 조달스프레드와 가산금리를 더한 방식으로 산정된다.

| 오답해설 |
① 외화대출 금리는 시장 상황에 따라 주기적으로 조정되는 변동금리 체계를 주로 따른다.
③ 환율은 외화대출의 환차익/환차손에는 영향을 주지만, 기준금리 자체는 환율과 직접적인 연동 관계가 없다.
④ 과거에는 LIBOR가 기준금리로 사용되었지만 폐지되었으며, 최근에는 미국의 환매조건부 채권 담보 기준 금리인 SOFR가 사용된다.

70 ②

| 정답해설 | 기간별 대체금리는 기준금리 요소이며 가산금리에 포함되지 않는다.

71 ②

| 정답해설 | 영국 파운드화의 대표 대체금리는 SONIA이다.
| 오답해설 |
① 미국 달러(USD)의 대체금리이다.
③ 스위스 프랑(CHF)의 대체금리이다.
④ 유로(EUR)의 대체금리이다.

72 ①

| 정답해설 | 국내 부동산 구입은 거주자 외화대출 제한 용도에 해당한다.
| 오답해설 |
② 수입 결제와 관련된 외화 사용은 정상적인 무역거래 목적으로 외화대출 허용 대상이다.
③ 외화 사용의 대표적인 생산적 용도이며, 해외직접투자 목적으로 허용된다.
④ 외환당국은 해당 시점 이전에 체결된 KIKO 계약 이행자금에 한해 외화대출을 예외적으로 허용하고 있다.

73 ④

| 정답해설 | 금리 상승은 이자비용에 영향을 줄 뿐 원금(외화)은 변하지 않는다.
| 오답해설 |
① 변동금리 외화대출의 기준금리가 상승하면, 이자율도 함께 상승하여 기업이 부담해야 할 이자비용이 증가한다. 이는 고정비 성격의 현금 유출을 확대시키므로, 기업의 영업 현금흐름에 직접적인 악영향을 미친다.
② 기준금리 상승은 외화이자 비용의 증가로 이어지고, 이는 재무제표상 금융비용 항목의 증가를 유발한다. 결국, 영업외비용이 커져 당기순이익이 감소하므로, 손익구조가 약화되는 효과가 발생한다.
③ 변동금리 대출은 기준금리에 일정 마진(spread)을 더한 구조이므로, 기준금리가 오르면 즉시 적용 이자율이 상승하게 된다. 이에 따라 기업은 더 많은 외화이자를 부담하게 된다.

74 ①

| 정답해설 | Back-to-Back은 선(先)보증을 담보로 2차 보증을 발행하는 형태다.
| 오답해설 |
② 단일 은행이 동일 금액을 반복 발행하는 구조와는 관련이 없다.
③ 신디케이티드 보증(Syndicated Guarantee)에 대한 설명이다.
④ 보증은 독립된 약속이므로 상호연동 청구 구조와는 맞지 않다.

75 ③

| 정답해설 | URDG758은 원칙적으로 보증서에 'subject to URDG758' 또는 유사한 명시적 적용 문구가 있어야 적용되나, 보증서 문구가 URDG 조항과 상당히 유사하거나, 당사자 간 국제표준보증관행에 따르기로 한 정황이 명확한 경우 묵시적 적용이 인정되기도 한다.
| 오답해설 |
① URDG758은 2010년 7월 1일부터 전 세계적으로 시행되었다.
② ICC는 URDG758과 함께 권고용 보증서 표준양식(Model Forms)을 부속서로 제정하여 보급하고 있다.
④ URDG는 특히 건설 보증 등에서 많이 활용되는 Demand Guarantee에 특화되어 있으며, Stand-by L/C에는 주로 ISP98이 사용된다.

76 ④

| 정답해설 | Syndicated Guarantee(공동참가 지급보증)는 다수 은행이 보증금액을 분담하여 하나의 지급보증을 공동으로 발행하는 구조이다. 이는 일반적으로 대규모 프로젝트에서 리스크를 분산하기 위한 방식으로 사용되며, 공동으로 하나의 보증서를 발행하거나 각각의 은행이 동일한 조건으로 부분 보증서를 개별 발행하기도 한다.
| 오답해설 |
① Loan Guarantee(대출보증)에 해당한다.
② 단독은행이 발행한 보증이므로 Syndicated Guarantee(공동참가 지급보증)에 해당하지 않는다.
③ Back-to-Back Guarantee에 해당한다.

77 ②

| 정답해설 | Stand-by L/C와 Demand Guarantee 모두 기초계약과 독립된 추상적 지급약정을 특징으로 한다.

| 오답해설 |
①③ Stand-by L/C와 Demand Guarantee는 독립성 원칙이 적용된다.
④ Stand-by L/C나 Demand Guarantee에서는 명시된 서류 제출만 충족하면 지급되며, 청구사유 입증은 필요하지 않다.

78 ③

| 정답해설 | 미결제외환은 결제 완료 전의 임시 계정이므로 경과계정으로 분류한다.

| 오답해설 |
① 매도외환은 고객에게 외화를 팔고 아직 결제가 완료되지 않은 상태일 때 사용하는 경과계정이다.
② 외화본지점은 본지점간 외화 자금의 이동을 반영하는 계정으로, 실제 외화가 오가는 결제계정이다.
④ 외화타점예수금은 외화를 타지점(타은행 또는 다른 계정)에서 입금받아 결제를 위한 자금으로 보관 중인 결제계정이다.

79 ③

| 정답해설 | Our Account(노스트로)는 국내 은행이 해외 은행에 개설한 자행 명의 계정이다.

| 오답해설 |
① Our Account와 Their Account는 회계상 쌍방 계정이므로 정상적으로 운영될 경우 잔액이 일치해야 한다.
② Our Account는 국내 은행이 해외에 개설한 계정이다.
④ Their Account는 해외 은행이 국내 은행에 개설한 자기 명의 계정이다.

80 ④

| 정답해설 | 타발송금 대금 미지급 상태는 미지급외환(경과계정)으로 처리한다.

| 오답해설 |
① 매입금액이 추심대금보다 적게 들어온 경우 부족액을 조정하거나 손실 처리해야 하며, 입금되지 않은 외화이므로 미결제외환 또는 손실 항목으로 처리한다.
② 대금이 입금 완료되었고, 외화 처리도 끝난 건이므로 미지급 상태가 아니다. 즉, 미지급외환에 해당하지 않는다.
③ 이미 송금이 완료 및 결제된 건으로, 미지급 상태가 아니다. 즉, 미지급외환에 해당하지 않는다.

MEMO

MEMO

MEMO

MEMO

MEMO

MEMO

MEMO

정답과 해설

2026 최신판

에듀윌 외환전문역 Ⅱ종
개념판서로 이해하고 득점으로 끝내는
총정리문제집 +무료특강

고객의 꿈, 직원의 꿈, 지역사회의 꿈을 실현한다

에듀윌 도서몰
book.eduwill.net
- 부가학습자료 및 정오표: 에듀윌 도서몰 > 도서자료실
- 교재 문의: 에듀윌 도서몰 > 문의하기 > 교재(내용, 출간) / 주문 및 배송